D1513597

# ALORS SURVIENT
# LA MALADIE

Ont coordonné la recherche:

Pour la SIRIM: Bernard Lamaze
Albane Gonzalès
Claudine Szymanski
et Benoît Lesage, médecins


Pour la SIRIC: Marcel Cornelis


Ont coordonné la rédaction:

Isabelle Marchant
Gérard Szymanski

## S.I.R.I.M

Société Internationale de Recherche Interdisciplinaire
sur la Maladie

# ALORS SURVIENT LA MALADIE

## La vie quotidienne
vue à la lumière
du fonctionnement
du cerveau

Empirika / Boréal Express

Diffusion pour le Québec:
Dimédia, 539, boul. Lebeau,
Saint-Laurent, Québec

Dépôt légal: 1er trimestre 1984
Bibliothèque nationale du Québec

# INTRODUCTION

Un jour de mai, la nouvelle s'est répandue comme une traînée de poudre parmi les collaborateurs de la S.I.R.I.C. : l'une des nôtres, une jeune femme de trente ans, mariée depuis trois ans, était atteinte d'un cancer. Elle voulut savoir la vérité sur sa maladie, elle la sut : le pronostic était sombre...

La seule chose que les médecins ne lui dirent pas, c'est le temps qui lui restait à vivre. Son mari s'en inquiéta :

— Est-ce qu'elle peut vivre encore deux ou trois ans?

— Sans doute moins...

— Combien? Un an?

— Peut-être moins...

C'était à peine croyable. Qui aurait pu penser quelques jours plus tôt que Dominique était condamnée à brève échéance?

Ses nombreux amis médecins ont veillé à ce qu'elle reçoive les meilleurs soins, prenant la peine de lui expliquer avant chaque examen, ce qui l'attendait précisément, si l'intervention serait désagréable, importante ou anodine, et la tenant au courant selon son vœu de l'évolution de son mal.

Depuis quelques années, les recherches de la S.I.R.I.C. portaient sur l'environnement et son influence sur l'individu, étudiés à la lumière du fonctionnement du cerveau. Et de façon répétitive, nous avions observé la coïncidence entre l'apparition de la maladie chez un homme, et certains facteurs de son environnement. Mais en apprenant la maladie de Dominique, ce qui n'était jusque-là qu'un sujet intéressant devint une préoccupation cruciale. Nous nous sommes lancés dans une recherche beaucoup plus approfondie sur l'origine de la maladie. Qui sait, il était peut-être encore temps de sauver Dominique...

C'est la folle question que se posent tous ceux qui sont ainsi touchés dans leurs proches.

Les médecins de la S.I.R.I.C. se sont mis en quête de travaux et publications traitant de l'approche psychosomatique de la maladie, bien que ce domaine soit habituellement abordé avec méfiance dans les milieux médicaux... (A vrai dire, il faudrait déjà s'entendre sur ce que recouvre le mot *psychosomatique*). Etant donné l'urgence de la situation, leur recherche eut peu de résultats.

Mais un jour, ils ont eu connaissance des travaux du psychologue américain Le Shan qui rapporte plusieurs guérisons de cancéreux, pourtant condamnés. Notamment Le Shan a eu l'occasion d'aider un avocat de trente-cinq ans atteint d'une tumeur maligne au cerveau, et condamné lui aussi à brève échéance. Cet homme aurait souhaité faire une carrière de musicien, mais son père l'avait poussé à faire du droit. Il fréquentait une jeune fille, mais sa mère l'avait contraint à en épouser une autre. Il avait bien tenté un jour de changer de profession, or c'est à cette époque précisément que le cancer s'était déclaré. Finalement, se sachant condamné, il voulut se ménager un peu de bonheur pour les mois qui lui restaient à vivre. C'est pourquoi il prit deux décisions d'importance capitale : il quitta sa femme et se remit à la musique. Dès lors, son cancer a fondu comme neige au soleil. Dix ans plus tard, il joue encore dans un orchestre symphonique...

La guérison du jeune avocat nous parut à l'époque fort surprenante. Aujourd'hui, il nous est plus facile d'avancer des hypothèses. Cet homme n'était pas seulement contrarié dans ses projets et ses émotions, il était bel et bien enfermé dans les projets de ses parents. Celui qui vit prisonnier d'une emprise peut se porter comme un charme, mais s'il pose des actes qui contrarient cette emprise, il a bien des chances de tomber malade. Et ce n'est qu'en se soustrayant *totalement* à la mainmise qui pèse sur lui qu'il pourra recouvrer la santé. De nombreux cas nous l'ont confirmé.

Qu'en était-il pour Dominique ? Elle ne pouvait pas avoir d'enfant. Quand elle avait eu la confirmation définitive de cette stérilité, elle n'avait pu s'empêcher de penser que dans ces conditions, *sa vie n'avait plus aucun sens.* Surprise elle-même de cette réaction, elle avait compris que derrière cette pensée suicidaire se cachait une programmation familiale émotionnellement très chargée. Etait-ce là l'origine de son mal ? Qui sait ? Dominique avait pourtant envisagé sereine-ment de ne pas être mère, elle avait élaboré un certain nombre de projets personnels... Mais sans doute les causes de sa maladie étaient bien plus complexes, et le temps lui manqua pour les mettre à jour... Nous avons perdu cette course contre la mort. Dominique est décédée neuf mois plus tard. Mais jusqu'à son dernier souffle, elle a participé activement à nos recherches, et l'avant-veille de sa mort, elle y travaillait encore, bien qu'elle sût pourtant depuis plusieurs mois, que pour elle il était trop tard.

Par la suite, nous nous sommes penchés avec beaucoup d'intérêt sur un livre tout à fait remarquable et qui n'a cependant retenu que furtivement l'attention du grand public, peut-être parce qu'il expose un problème effroyable sans y apporter de solution... Il s'agit de « Mars », une autobiographie parue chez Gallimard, signée du pseudo-nyme de « Fritz Zorn ».

Atteint d'un cancer à l'âge de trente-deux ans, après quinze ans de dépression, l'auteur, un jeune professeur, raconte comment il a été « éduqué à mort ». Dans la famille bourgeoise et conservatrice qui fut la sienne, il n'existait qu'un seul vrai problème : comment maintenir à tout moment et entre tous une parfaite harmonie de pensée et de sensibilité ? Chacun devait sans cesse se conformer aux opinions des autres, s'adapter à leurs goûts. La politique, l'argent, la religion, la sexualité étaient autant de sujets que, par un accord implicite, on avait bannis de la conversation. Il y aurait eu trop de risques de voir apparaître des divergences... Dans cette famille, une décision délicate était habituellement renvoyée à des lendemains toujours reculés. Enserré dans ce monde clos et feutré, Fritz n'eut jamais l'occasion au cours de son enfance, de se frotter aux autres, et moins encore de se sentir différent.

Mais un jour, il entra au lycée. Elève sage, timide et rougissant, il fut particulièrement mal à l'aise au cours de gymnastique. Dans bien des domaines, ses camarades se montraient capables d'activités qui lui étaient étrangères. Ils savaient aussi gérer leur argent, discuter avec un professeur, défendre une idée. Ils apprenaient à danser, sortaient avec des filles. Surpris de cette différence, Fritz tenta de se l'expliquer, ou plutôt de se justifier : « Je suis trop jeune », « Je m'occupe, moi, de choses élevées » (intellectuelles), « Je n'ai pas le temps de faire du sport. » Mais ses alibis se détruisaient d'eux-mêmes. Traumatisé par son inadaptation à ce milieu, il commença une dépression qui devait durer quinze ans ! Il aurait aimé rencontrer une fille. Alors il s'est fait violence pour apprendre à danser et sortir. Mais de là à rencontrer l'âme sœur... Il se lança dans l'art, mais demeurait incapable de se faire une opinion personnelle. Puis il souffrit d'une maladie du foie qui lui fournit une nouvelle explication à sa mélancolie.

A la fin de ses études, il fut nommé professeur dans une autre ville, et partit habiter loin de ses parents, dans un appartement bien à lui. Il sombra davantage encore dans la dépression. A trente ans, on lui découvrit des ganglions suspects : c'était un cancer. Il voulut, avant de mourir, entreprendre une psychothérapie « analytique ». Déjà auparavant, il avait suivi plusieurs psychothérapies, mais sans qu'aucune ne lui apporte le secours qu'il en attendait. La dernière fut éclairante : elle lui permit de comprendre enfin qu'il avait toujours vécu sous la coupe de son père et de sa mère. Cependant l'analyste ne put lui expliquer davantage *la nature* de cette emprise, ni lui proposer *les moyens de s'y soustraire*. La séparation physique d'avec ses parents n'avait rien résolu, bien au contraire, puisque son « fichier de mémoire » restait marqué, déterminé par cette mainmise.

En écrivant son livre, Zorn a revécu toute son histoire, ravivant en même temps les émotions du passé, et renforçant ainsi encore davantage l'emprise qui était gravée en lui. Il était « programmé » pour n'être jamais autonome. Il a bien tenté pourtant de prendre ses distances, et les nécessités de la vie l'y ont contraint, mais, n'ayant pu se libérer de l'emprise qui l'en empêchait, cette tentative d'autonomie lui fut fatale...

Fritz Zorn décrit sa mort en ces termes :

« Tout d'un coup, je n'allais plus bien. La dépression n'était plus souterraine et refoulée, elle se montrait au grand jour. (...) Ce que je crois, c'est que je ne suis pas moi-même le cancer qui me dévore, c'est ma famille, mon origine, c'est un héritage en moi qui me dévore. (...) Ce qu'il y a d'affligeant dans toute cette situation, c'est que *l'affaire n'est pas réglée du fait que je ne veux pas être comme mes parents,* et *dès lors que je lutte aussi,* afin de n'être pas comme eux, mais que mes parents sont logés en moi, pour moitié corps étranger et pour moitié moi-même, et me dévorent. (...) Je définirais ma tragédie en disant que je n'ai pas pu être et incarner dans ma vie ce qui m'apparaissait comme seul digne d'être vécu, parce que dans ma vie manifestement, *ce ne sont pas ma volonté et mes sentiments et mon moi qui ont été l'essentiel,* mais seulement et toujours l'héritage des autres en moi. Ce n'est pas ce que je voulais qui est arrivé, mais ce que mes parents ont déposé en moi. (...) C'est *comme un gigantesque corps étranger qui me ronge et dont je souffre* »[1].

Le neurophysiologiste Henri Laborit apporte à cette intuition de Zorn une confirmation dans « L'éloge de la fuite » (Laffont - 1976).

« Nous sommes tous pourris, tous vendus ; il n'existe à mon avis ni amour, ni altruisme, ni liberté, ni responsabilité, ni mérite qui puissent répondre à des critères fixés d'avance, à une échelle de valeur humainement conçue ; tout cela est chienlit pour permettre l'établissement des dominances. (...) J'ai compris ce que bien d'autres avaient découvert avant moi : que l'on naît, que l'on vit et que l'on meurt seul au monde, enfermé dans sa structure biologique qui n'a qu'une seule raison d'être, une seule : *celle de se conserver.* J'ai

---

1. C'est nous qui soulignons.

découvert aussi que, chose étrange, la mémoire et l'apprentissage faisaient pénétrer les autres dans cette structure, et qu'au niveau du moi, *elle n'était plus qu'eux.* J'ai compris enfin, que la source profonde de l'angoisse existentielle,... c'est cette solitude de notre structure biologique enfermant en elle-même l'ensemble, anonyme le plus souvent, des expériences que nous avons reçues des autres [1]. »

Sur un tout autre ton, Mouloudji nous tient les mêmes propos dans une de ses chansons, de manière tout à fait savoureuse :

« Catholique par ma mère, musulman par mon père,
Un peu juif par mon fils, bouddhiste par principe,
Alcoolique par mon oncle, dépravé par grand-père,
Névrosé par grand-mère, royaliste par ma mère,
Fataliste par mon frère, communiste par mon père,
Marxiste par mimétisme, raté par mes aïeux.
Athée, oh grâce à Dieu !... »

Mais au fond, chacun ne pressent-il pas plus ou moins clairement cette pénétration des autres en lui ? J'élève mes enfants comme j'ai été élevé moi-même. Il m'est pourtant arrivé plus d'une fois de faire la critique de cette éducation reçue. J'ai si souvent juré que plus tard, moi, quand j'aurai des enfants, j'aurai soin de m'y prendre tout autrement. Et cependant, je me surprends à commettre aujourd'hui les mêmes erreurs sur bien des points. Je réagis comme mon père. Avec mon conjoint, je me comporte comme ma mère. J'ai perdu mon emploi pour avoir été trop timide comme mon grand-père ou trop impulsif comme l'était mon oncle...

Dans une famille, on n'hérite pas seulement d'un front large ou d'un nez aquilin, mais d'un certain nombre d'attitudes. Et chacun, à son corps défendant, reproduit aujourd'hui les mêmes comportements, qui furent autrefois ceux de tel ou tel de ses parents proches. Est-il besoin d'ajouter que ces comportements sont *rarement adaptés à l'environnement d'aujourd'hui ?*

La maladie naît souvent de cette inadaptation : « Je n'ai pas l'esprit libre », « Je me rends compte que j'agis de façon

---

1. C'est nous qui soulignons.

négative, mais c'est plus fort que moi... », « J'aimerais faire autrement, mais je n'y arrive pas... ». Plus grave, il est des personnes totalement inadaptées à leur environnement qui, à force d'être enfermées dans leur monde, ne s'en aperçoivent même plus.

Depuis plusieurs années, nos recherches ont porté sur ces questions, en vue d'y apporter quelques solutions. C'est qu'il y va pour chacun d'un mieux-vivre, de sa réussite, et bien souvent de sa santé.

Dans « Communication ou Manipulation », nous avons mis en évidence un certain nombre de ces situations qui privent un individu de son autonomie, et nous avons en même temps présenté des solutions expérimentées. Mais le sujet n'est pas épuisé, loin s'en faut. Et il reste bien des ombres à éclaircir.

LE BON FONCTIONNEMENT ET LE DÉRÈGLEMENT D'UN ORGANISME SONT ÉTROITEMENT LIÉS À LA FAÇON DONT L'INDIVIDU SE COMPORTE FACE À LA VIE, SELON QU'IL L'EMPOIGNE OU QU'IL LA SUBIT.

*
**

Si dans l'approche de la maladie, nous nous sommes intéressés *au manque d'autonomie* de l'individu, nous avons également porté notre attention sur son *environnement*.

En effet, bien des malades en pressentent eux-mêmes le rôle déterminant : « Je suis tombé malade quand j'ai perdu mon travail », « quand j'ai divorcé », « c'est depuis mon déménagement que j'ai fait un ulcère »...

Souvent, les généralistes, eux aussi, pressentent bien que la cause d'une maladie se trouve dans l'environnement de leur client, mais ils n'ont ni le temps, ni les données nécessaires pour pousser plus avant leurs investigations. De plus, par formation, le médecin s'intéresse avant tout, pour ne pas dire exclusivement, aux manifestations organiques, et donc, s'il est soucieux de faire correctement son métier, il n'en néglige pas moins un champ d'investigation important...

Ce constat est également celui du professeur Milliez :

« Le médecin actuel ne connaît bien que les maladies organiques. On les lui a apprises, et il sait presque toujours bien les traiter. Mais il y en a très peu qui connaissent bien les maladies psychosomatiques ; ils les ont découvertes au contact de leurs patients... Il faudrait qu'il y ait des médecins capables d'enseigner cette approche, et ces médecins existent sûrement, mais pas dans les Facultés. Ce sont généralement des médecins praticiens qui ont appris un sens réel du rôle et de l'action du psychisme dans le développement de la maladie, de ces maladies qualifiées souvent de « maladies de la civilisation » [1].

Mais... « pour savoir ce qu'est une famille, on est obligé d'y aller, de voir où elle est logée, comment elle vit. C'est une exigence qu'il n'est pas facile de satisfaire. (...) C'est ce que fait encore le généraliste, que ne fait plus le pédiatre. (...) Bien connaître le secteur rural, l'artisanat, le commerce, permet de découvrir les implications d'un contexte chez un individu, dans la manière dont il réagit vis-à-vis de la maladie. C'est capital. Une des facettes de cette culture qui me tient tant à cœur est l'ensemble de ce qui concerne l'environnement du malade, là où va éclore la maladie. Ce sont des données assez précises de socio-ethnologie, de psychologie, de psychiatrie et, bien évidemment, de la médecine professionnelle et du travail » (A. Minkowski) [1].

Ainsi, le médecin est amené à soigner des malades de milieux et de professions très divers. C'est justement sur ce point que la S.I.R.I.C. a fourni des informations d'un grand intérêt. Composée de trois cents personnes, un **très large éventail de professions et de milieux** y est représenté et étudié de près [2].

Mais ce n'est pas tout. Les études sociologiques et psychologiques entreprises par la S.I.R.I.C. n'ont pas été abordées à travers le prisme déformant des systèmes, mais avec comme seule référence **les données physiologiques sur le fonctionnement du cerveau.** Ces travaux étaient donc *directement utilisables pour une recherche médicale.* Recherche qui s'inscrit dans un courant qui met l'accent sur la responsabilité

1. « Une certaine idée de la médecine » P. Milliez et A. Minkowski — Ramsay éd. 1981.
2. Une liste des collaborateurs de la S.I.R.I.C. figure à la fin de cet ouvrage.

de l'environnement et sur la part du psychisme dans la genèse des maladies. Le terme « psychosomatique » né de ce courant qui s'affirme depuis quelques décennies, ne rend malheureusement pas compte de la réalité, car il est beaucoup trop restrictif ainsi qu'ambigu.

C'est à l'occasion du cancer de Dominique que la S.I.R.I.C. a proposé à ses membres, appartenant au milieu médical, para-médical, et à ses psychologues, de se regrouper dans une société-jumelle : la S.I.R.I.M. (Société Internationale de Recherche Interdisciplinaire sur la Maladie.)

Les médecins se sont alors mis à l'œuvre. Mais rapidement, ils se sont heurtés à trois difficultés majeures.

— Tout d'abord, ils étaient formés à ne prendre en compte que les affections organiques, et se désintéressaient des troubles fonctionnels. Ainsi une diarrhée retient leur attention dans la mesure où elle s'intègre dans le tableau d'une entérocolite ou d'une pancréatite... Par contre, la diarrhée que déclenche un patient chaque fois qu'il doit rencontrer son patron ou sa belle-mère, ne concerne pas le praticien qui l'abandonnerait volontiers aux psychologues. Il a été très difficile pour les médecins d'élargir leur champ d'investigation.

— D'autre part, ils avaient la conviction intime que des généralistes, ou même des spécialistes, sont exclus de toute Recherche, chasse gardée des hospitalo-universitaires. Chacun sait qu'une Recherche, digne de ce nom, ne saurait se mener qu'à grand renfort de dosages sophistiqués, sur des séries randomisées (prises au hasard), le tout appuyé sur des statistiques. Et pourtant... François Jacob n'a-t-il pas raison de dire dans « Le jeu des possibles » (Fayard) que la science commence quand on se cantonne à des questions limitées : ce sont des questions limitées qui conduisent à des réponses générales.

— Troisième difficulté : les médecins ne sont pas formés à dialoguer sur la maladie avec des non-médecins. Et même à l'intérieur du monde médical, la sensibilité hiérarchique est si forte qu'il faut vaincre bien des barrières pour que médecins et infirmières ou autres professions para-médicales puissent s'asseoir autour d'une même table où tous deviennent des partenaires à part entière. Cette concertation à laquelle nous

nous sommes appliqués depuis plusieurs années rejoint tout à fait la réforme préconisée par M. Jack Ralite, Ministre de la Santé ; lors du journal télévisé du 1<sup>er</sup> février 1983, il en a indiqué clairement la richesse, voire la nécessité.

Quant à la collaboration entre médecins et psychologues, elle relève de la gageure. Or cette gageure fut tenue ! Car à leur tour, des psychologues ont accepté de faire abstraction de leur système freudien et autres thérapies nouvelles, pour s'attacher directement à l'étude des facteurs contemporains au déclenchement de la maladie.

*Quelle fut la démarche spécifique* de la S.I.R.I.M. ?

Dans un premier temps, elle a mis en rapport la maladie avec l'environnement du malade, d'une part, et avec son type de comportement, d'autre part. Elle a regroupé à ce titre des observations qui montrent que la maladie n'intervient pas par hasard, mais qu'elle se déclenche, évolue, se stabilise ou disparaît au gré de certains événements, comme l'affirme le Dr Henri Laborit : « Il paraît évident que pour faire une infection ou une affection néoplasique, il ne suffit pas d'un contact avec un microbe ou un virus, ou un irritant local chroniquement subi. On a trop focalisé sur le microbe, le virus ou le toxique cancérigène et pas assez sur le sujet, sur son histoire passée et présente, ses rapports avec son environnement[1]. »

Dans un second temps, les médecins se sont penchés plus spécialement sur l'organe intermédiaire entre l'environnement d'une part, et l'organisme d'autre part : **le cerveau.** Ils ont donc cherché à tâtons la jonction entre l'environnement, les types de comportement, le fonctionnement du cerveau — en particulier la mémorisation et les émotions — et leurs conséquences somatiques, c'est-à-dire la maladie, qu'elle soit fonctionnelle ou organique.

A cet effet, la S.I.R.I.C. a apporté un champ d'observations privilégié. Chacun de nous, à un moment ou à un autre, étant tombé malade, une expérimentation « in vivo » a pu être menée, et ceci pendant plusieurs années. Les médecins ont pu longuement discuter avec le malade, cerner ses

1. « Inhibition de l'action » p. 135 H. Laborit — Ed. Masson, 1979.

conditions de vie, chercher avec lui des solutions et en suivre les résultats. Ces observations et celles de consultations en cabinet médical constituent la *partie empirique* de cet ouvrage. Evidemment, chaque cas a été soigneusement maquillé pour des raisons de discrétion évidentes, sans avoir été pour autant faussé.

Quant à la *partie fondamentale* de cet ouvrage, elle est solidement appuyée sur les travaux neurobiologiques du Dr Henri Laborit, pionnier en la matière. Lors de nos rencontres, il nous a toujours réservé le meilleur accueil, et nous tenons ici à l'en remercier vivement.

De plus, les études de physiologie neuroendocrinienne du Pr J.-P. Henry, qui synthétisait déjà le travail de quatre-vingt-dix-sept autres scientifiques, nous furent indispensables : dans certains cas, cet éclairage biochimique est venu confirmer certains mécanismes que nous avions déjà découverts sur le plan sociologique et psychologique. Confirmation des plus stimulantes. Ailleurs, l'inverse s'est produit : ce sont des indications biochimiques qui nous ont poussés à chercher comment, à l'échelon du comportement humain, celles-ci se concrétisaient.

Une dernière confirmation nous est parvenue du Pr Ph. Lazar, Directeur de l'I.N.S.E.R.M. (Institut National de la Santé et de la Recherche Médicale). Dans la lettre qu'il a adressée à la S.I.R.I.M., il apparaît clairement que nos options prises depuis plusieurs années, rejoignent ses souhaits.

« A l'avenir, à côté de la recherche hospitalière qui ne peut par définition porter que sur des populations que sélectionne le recrutement par l'hôpital, il est indispensable que se développe une recherche portant sur la santé dans toutes les composantes physiques, sociales et mentales qu'évoque l'Organisation Mondiale de la Santé, et cela à partir d'échantillons représentatifs de la population générale. Il est également indispensable qu'à côté du rôle joué par les chercheurs, les universitaires ou les médecins hospitaliers, se développe celui des médecins praticiens et plus généralement de l'ensemble des acteurs du système de santé, en particulier des travailleurs sociaux, des psychologues ou des sociologues, ou encore bien sûr des économistes. L'avenir est donc à la multidisciplinarité et à la complémentarité des approches. » (Le 28 octobre 1982.)

|  |  |
|---|---|
| Pour la S.I.R.I.M., | Pour la S.I.R.I.C., |
| Docteur B. Lamaze | B. Romand |

# PREMIÈRE PARTIE

# CERVEAU ET ENVIRONNEMENT

# CHAPITRE 1

# LE CERVEAU : UN INSTRUMENT PRÉCIEUX

« L'indispensable base de la pathologie est toujours la physiologie. C'est-à-dire l'étude des processus biologiques normaux qui remplissent une fonction normale dans l'intérêt de l'espèce »[1]. L'intérêt de l'espèce, et d'abord, de l'individu[2] !

Ce livre traite de la santé. Or, la santé suppose une adaptation constante de la physiologie de l'individu aux conditions de l'environnement. Cette adaptation se fait grâce à notre cerveau. Il est donc indispensable d'examiner précisément comment fonctionne cet organe capital.

« Il ne s'agit pas de tout connaître, il s'agit de comprendre. Il est tout de même curieux qu'on demande un permis pour conduire une automobile, et qu'on ne demande pas de permis pour conduire son cerveau, qui est une machine beaucoup plus compliquée, mais qui répond à des lois relativement simples. La connaissance de son fonctionnement permet une action plus efficace sur l'environnement » (Henri Laborit, interview TF 1, 1982).

1. « L'Agression » K. Lorentz — Flammarion, 1977.
2. Conservation de l'individu ou de l'espèce ? De toute évidence il s'agit des deux.

# UN ORGANISME VIVANT EST UN ORGANISME QUI S'ADAPTE

## Adaptation à l'environnement

Une des caractéristiques fondamentales de tout être vivant est qu'il peut s'adapter aux variations parfois brutales du milieu qui l'entoure : passer du froid au chaud, de la lumière à l'obscurité, du sec à l'humide... Cette possibilité d'adaptation est une NÉCESSITÉ VITALE. D'une manière générale, l'organisme vivant perçoit les changements survenant dans son environnement immédiat (= information) et apporte une réponse permettant en principe la survie de l'individu et/ou de l'espèce.

Chez les êtres vivants les plus primitifs (les unicellulaires tels que les paramécies ou les bactéries), cette survie est assurée par des réactions simples : certaines de ces bactéries ont besoin de lumière pour vivre et se dirigent spontanément vers une source lumineuse ; c'est l'effet de phototactisme.

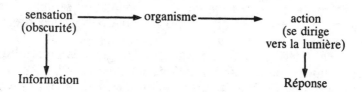

## Le cerveau, organe de l'adaptation de l'individu

En quelques quatre millions d'années, l'évolution a doté les organismes vivants qui se sont succédé sur terre, d'organes de plus en plus perfectionnés leur permettant de toujours mieux s'adapter à l'environnement et donc de toujours mieux assurer leur survie.

On suit sur l'échelle de cette évolution le développement d'un organe qui atteint chez l'homme une complexité prodigieuse : *le système nerveux central* (S.N.C.) comprenant le cerveau. On peut comparer la différence qui existe entre le cerveau humain et le système nerveux rudimentaire des organismes les moins évolués, à la différence entre un ordinateur et un boulier : l'ordinateur peut traiter infiniment plus d'informations et offrir des réponses extrêmement variées, là où le boulier ne permet que très peu d'opérations.

A la suite d'une information fournie par l'environnement, le cerveau est capable de répondre par un grand nombre d'actions et de réflexions, ainsi que de provoquer dans l'organisme des modifications physiologiques, pour une meilleure adaptation.

### Adaptation du cerveau à l'environnement par le fonctionnement action-réflexion

J'habite une maison mitoyenne dans un petit village lorrain. Un soir de pluie, en rentrant ma voiture, j'aperçois d'importantes flaques d'eau devant mon garage. De plus, l'eau s'infiltre dans le sol et commence à inonder la cave où j'ai entreposé mon bois pour l'hiver : il faut donc absolument arrêter cette infiltration. Ainsi, après avoir recueilli l'information « cave inondée », je *réfléchis* et je décide d'*agir*.

Je demande conseil à mon voisin, maçon en retraite, qui me dit qu'il devient nécessaire de couler une dalle légèrement inclinée devant ma maison : de cette façon, les eaux de pluie s'évacueront dans le caniveau.

Je me rends alors en ville chez différents entrepreneurs. Je me renseigne sur les délais de réalisation du travail, sur les prix : il faut faire vite, l'hiver approche. Je compare les devis. C'est un va-et-vient incessant entre des actions diverses et des temps de réflexion qui doivent aboutir à une *décision,* celle qui sauvegardera au mieux mes intérêts.

Je choisis un artisan pour lui confier le travail (action), mais avant de signer, je rentre chez moi et m'accorde un léger temps de réflexion. Bien m'en prend car mon voisin connaît un maçon avec qui il a jadis travaillé : par son intermédiaire, je peux avoir de fortes réductions. Je contacte ce maçon et constate qu'il est beaucoup moins cher que les autres. Je conclus le marché avec lui.

Ainsi, on constate quatre temps dans le fonctionnement du cerveau :

1. le recueil de l'information : l'eau stagne devant mon garage ;
2. réflexion du cerveau sur cette information : ma cave risque d'être inondée ;
3. action visant à adapter l'individu à la situation : je demande l'avis d'un maçon ;
4. évaluation des résultats de l'action qui pourra déboucher sur une nouvelle action : le maçon m'a conseillé de couler une dalle, cette proposition me semble pertinente, je vais donc me mettre en quête d'un artisan pour faire exécuter ce travail.

(cf. *Communication ou Manipulation*, S.I.R.I.C., Editions Empirika, deuxième partie, chapitre 1).

### Adaptation de l'organisme

Au dernier moment, le maçon, victime d'un accident, me fait faux bond. Je reste seul à quinze jours de l'hiver avec ma dalle à couler à tout prix. Il faut absolument trouver une solution. Je décide, malgré mon manque d'expérience, de faire le travail moi-même, conseillé par mon voisin.

Gâcher le mortier, porter les pierres, les sacs de ciment, poser la semelle, tout cela m'a demandé un surcroît d'énergie. Et j'ai pu mener l'entreprise à bien parce que, commandé inconsciemment par le cerveau, mon organisme s'est préparé à l'effort, avant même le début du travail : mon cœur bat plus fort, je respire plus amplement, mes bronches se dilatent, les artères qui irriguent mes muscles se dilatent, tandis que celles qui irriguent mon tube digestif se contractent afin d'apporter le maximum d'oxygène aux muscles qui en ont besoin pour travailler. Toutes ces adaptations de l'organisme dépendent donc de l'information parvenue à mon cerveau : il faut à tout prix finir la dalle en dix jours.

Le système nerveux central peut réguler les fonctions vitales de l'organisme. Sans lui, l'être humain n'est qu'un objet insensible aux modifications de l'environnement : c'est un « corps mort ». Cette adaptation permanente n'est pas chose évidente : elle met en œuvre des organes spécifiques dont le fonctionnement obéit à des règles précises.

Quels sont, dans le cerveau, les éléments moteurs ?
Et comment fonctionnent-ils ?

## LES TROIS CERVEAUX

Ces trente dernières années ont amené des découvertes passionnantes en matière de neurophysiologie. Le cerveau humain est fait de trois parties aux fonctions différentes, toutes les trois nécessaires au bon fonctionnement de l'ensemble. Hypothalamus, cerveau limbique et néo-cortex sont ces trois parties qui forment un cerveau « tri-unique » selon l'expression de Mac Lean.

### L'hypothalamus : la voix du corps dans le cerveau

L'hypothalamus est le plus primitif puisqu'il existe déjà chez les reptiles, d'où son autre nom de cerveau reptilien (minuscule : environ cinq grammes). C'est le siège de la régulation des fonctions vitales : fréquence cardiaque, calibre des bronches, fonctions digestives, température interne, circulation du sang dans les vaisseaux ; tout cela est coordonné par ce minuscule organe, l'hypothalamus. De plus, il est le siège d'automatismes innés : faim, soif, agressivité, activité sexuelle, fécondité, lactation, etc. On peut le comparer à un ordinateur central : tenu au courant de l'état de l'organisme à tout instant, il transmet, si nécessaire, ses informations aux autres cerveaux. C'est la voix du corps dans le cerveau, celui qui fait valoir les arguments biologiques dans les choix de l'action.

Si par exemple vers onze heures du matin je ressens une petite crampe au creux de l'estomac, c'est l'hypothalamus qui déclenchera les automatismes qui me poussent à chercher à manger, de préférence des aliments sucrés (l'hypothalamus sait à tout moment quel est le taux de sucre de mon sang).

### Le cerveau limbique : la plaque tournante du cerveau

Il pèse environ trois cents grammes. Il se développe progressivement chez les mammifères et coiffe littéralement l'hypothalamus. En réalité, cette zone cérébrale qui assure la transition entre l'hypothalamus et le néo-cortex n'est pas morphologiquement bien délimitée, on préfère parler de « système limbique » (Mac Lean 1952).

Il a deux fonctions capitales :

— C'est un **sélecteur** : à partir des besoins de l'organisme, il sélectionne dans l'environnement ce qui est apte à le satisfaire.

Je suis dans un cocktail. Il fait chaud. J'ai soif (information de l'hypothalamus). Le serveur passe et m'offre des cacahuètes salées : machinalement je refuse. Un autre me présente un verre : machinalement je le prends. Je le porte à mes lèvres... Du whisky ! quelle horreur ! je n'oublierai jamais que la seule fois que j'en ai bu, j'avais alors treize ans, j'ai été malade toute la nuit.

C'est grâce à mon système limbique que j'ai sélectionné le verre parce que mon organisme a besoin de liquide, j'ai soif. Mais voilà que le liquide en question est du whisky, breuvage dont j'ai fait l'expérience, il y a bien des années. Cette expérience est restée gravée dans ma mémoire comme très déplaisante, d'où le sursaut émotionnel : « Quelle horreur ! ». Mon cerveau intègre l'expérience de ce soir et la prochaine fois quand j'aurai soif, non seulement mon système limbique sélectionnera un liquide, mais parmi les liquides, il fera un tri : « Surtout pas de whisky ! »

La seconde fonction découle de la première :

— C'est un **cerveau émotionnel** : le cerveau limbique attribue, en fonction d'une expérience, une émotion aux faits et c'est cette émotion qui conditionne la mémorisation. Un fait présente ou non un intérêt, donc est mémorisé ou non, selon qu'une émotion plus ou moins forte lui a été assignée : je serais bien gêné de donner une réponse satisfaisante à celui qui s'inquiéterait de savoir ce que j'ai pu manger à midi lundi dernier ! Ce repas pris dans la routine quotidienne ne me laisse aucun souvenir particulier. Par contre, je me souviens fort bien de ce petit festin que ma femme m'a offert il y a six mois déjà, pour notre dixième anniversaire de mariage. Ce repas, chargé émotionnellement de souvenirs communs, me revient tout de suite en mémoire dès que quelqu'un y fait allusion.

Il en va de l'action comme de la mémoire : plus je suis motivé, c'est-à-dire plus l'action est émotionnellement chargée pour moi, plus je serai poussé à agir. Donc, si mes dix années de mariage sont chargées de souvenirs communs heureux, je serai plus motivé pour préparer la fête en écrivant par exemple un mot gentil à ma femme ou en lui achetant un bijou qu'elle désire depuis longtemps.

Au niveau anatomique, il existe deux structures particulières de ce cerveau limbique : *l'amygdale* et *l'hippocampe,* ainsi nommés à cause de leur forme. Si le cerveau limbique est très compliqué et comporte de nombreux éléments, on peut, sans trahir la réalité, dire que ces deux éléments sont les plus importants : l'hippocampe est plutôt responsable de la sélection et de la mise en archives des faits, et l'amygdale, principalement responsable de la charge émotionnelle.

Le cerveau limbique intervient à tous les stades du traitement de l'information :

— au départ, il détecte dans l'environnement l'information jugée intéressante et y prête attention ;

— au moment d'agir, il donne la motivation, cette énergie qui facilite plus ou moins l'action ;

— quand il s'agit d'évaluer le résultat de l'action, il dirigera la mémorisation des résultats vers la mémoire à long terme sous forme de réussite ou d'échec : cette expérience est à renouveler ou au contraire à éviter la prochaine fois.

Le système limbique est une plaque tournante dans le fonctionnement du cerveau. C'est un carrefour quasi obligatoire entre le monde extérieur, l'hypothalamus, le néo-cortex et les organes moteurs. Sans lui, aucun esprit critique possible (sélection), ni aucune envie d'agir (motivation). Néanmoins, il est totalement tributaire de l'interprétation de l'événement faite par le néo-cortex. Ainsi, il est à la fois indispensable et dépendant. Le cerveau limbique vient donc multiplier les possibilités de l'hypothalamus ; grâce à ce deuxième cerveau l'adaptation à l'environnement s'affine.

### Le néo-cortex : la « matière grise »

On retrouve les structures du système limbique dans le cerveau de tous les vertébrés ; il n'en est pas de même pour le néo-cortex, la « matière grise » proprement dite.

Dernier-né au cours de l'évolution, il a pris chez l'homme une place prépondérante : il occupe 85 % du volume de notre cerveau et se compose de plus de dix milliards de neurones, chacun articulé plus de cent mille fois avec les autres. Il pèse onze cents à douze cents grammes. On compare souvent le cerveau à un ordinateur ; en fait, chaque neurone en lui-même a les capacités d'un véritable ordinateur qui reçoit des informations, les traite, les stocke en mémoire, les communique à d'autres neurones et envoie des ordres adaptés.

Les possibilités offertes par l'hypothalamus et le cerveau limbique pour s'adapter, c'est-à-dire pour agir dans l'environnement, sont déjà immenses. Le néo-cortex apparaît comme un *multiplicateur* de ces possibilités : c'est lui qui me permet d'acheter un steack au supermarché, de reconnaître une cantate de Bach, de vérifier ma feuille d'impôts, de saluer ma voisine, de parler et discuter avec elle des dernières nouvelles, de préparer un examen. C'est grâce à ses étonnantes possibilités que je peux garder en mémoire les milliers d'informations dont j'ai besoin un jour ou l'autre : le nom des personnes que je rencontre ou simplement leur visage, des adresses, des numéros de téléphone, la date d'aujourd'hui, le programme de télévision pour la semaine, mon emploi du temps, la saveur des aliments, le son produit par les machines ou les voitures autour de moi...

En somme, au néo-cortex sont dévolues deux fonctions importantes : la mémorisation des faits d'une part, la réflexion sur ceux-ci d'autre part.

La *mémorisation* : l'expérience vécue sélectionnée par l'hippocampe est emmagasinée sous forme biochimique dans les neurones du néo-cortex.

La *réflexion* se fait grâce aux connexions des neurones entre eux, qui permettent d'associer les faits stockés en mémoire.

Le néo-cortex est réparti en deux hémisphères droit et gauche.

Chez les mammifères, ces deux hémisphères fonctionnent ensemble de la même façon : l'hémisphère droit reçoit les informations provenant de la moitié gauche du corps : œil, oreille, narine, etc. Inversement, c'est l'hémisphère gauche qui analyse les informations perçues par la moitié droite du corps. Le néo-cortex permet à ces animaux une certaine « vie sociale » : ils peuvent communiquer par signaux visuels ou par cris, s'avertir de la présence d'un danger, d'un point d'eau, de nourriture... Si un chien obéit à son maître, c'est qu'il est capable de percevoir les nuances dans l'intonation de la voix.

De plus, chez l'homme, les deux hémisphères ont acquis des fonctions différentes et complémentaires, ce qui multiplie encore les possibilités d'agir. Ainsi (du moins en ce qui concerne les droitiers) :

— L'hémisphère gauche est spécialisé dans les fonctions plus *abstraites,* plus complexes : lire, parler, compter, réfléchir, analyser dans le détail, établir des relations de cause à effet.

— L'hémisphère droit est celui qui permet de reconnaître globalement une situation, de la *percevoir dans son ensemble,* et de lui attribuer une *coloration émotionnelle.*

Il n'existe pas d'hémisphère dominant : il y a deux hémisphères *complémentaires,* réunis par le corps calleux qui permet à chacun de communiquer à l'autre son information.

Ainsi, lorsque, dans un musée, je m'arrête devant un tableau, c'est mon hémisphère droit qui me permet d'analyser l'impression qui s'en dégage et de le situer : « C'est un Van Gogh », « J'aime ce tableau »... Et mon hémisphère gauche, lui, détaille la composition des formes, le jeu des couleurs et des perspectives, la représentation des objets et des personnages.

Si je rencontre un vieil ami, c'est mon hémisphère droit qui me permettra de reconnaître sa voix et de déterminer s'il est plutôt calme, ou nerveux, ou en colère. Mais c'est grâce à mon hémisphère gauche que je peux converser avec lui, que je lui rappellerai la promesse faite il y a six semaines de l'inviter à dîner chez moi...

Ces deux hémisphères appréhendent donc l'environnement de façon complémentaire, et c'est leur analyse qui est transmise aux cerveaux limbique et reptilien.

En somme, nous n'avons pas trois cerveaux, mais **quatre** : Hypothalamus, limbique, hémisphère droit, hémisphère gauche, qui se sont développés au fur et à mesure de l'évolution.

Chaque pièce de ce prodigieux assemblage apporte des possibilités nouvelles au service d'un même impératif vital de base : s'adapter, c'est-à-dire *agir pour faire face aux dangers de notre environnement, agir pour améliorer sans cesse nos conditions de vie, satisfaire nos besoins, tirer profit des événements.*

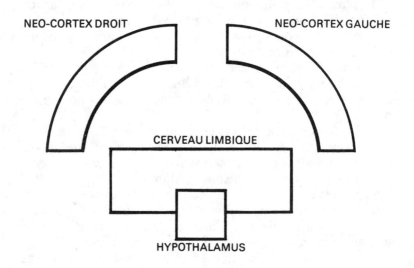

## COMMENT FONCTIONNE LE CERVEAU

Examinons maintenant, à la lumière de la vie quotidienne, comment fonctionne l'ensemble du cerveau.

### Première situation : le mélomane

J'ai trouvé une annonce pour un concert : au programme « Les diables de Loudun » de Penderecki. Ce nom me dit vaguement quelque chose, mais sans plus. Dans mes fiches de mémoire, il n'y a qu'un nom. Je décide donc ce soir de rester chez moi.

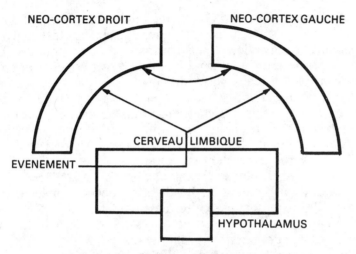

FICHES NEUTRES OU NEGATIVES :
EVENEMENT NON RETENU

Je regarde alors les programmes de radio. Quelle aubaine, France-Musique retransmet « Les fêtes romaines » œuvre de Respighi, dirigée par Ozawa. C'est une œuvre que je connais bien. Je l'ai entendue sous la direction d'un célèbre chef d'orchestre autrichien. J'en ai d'ailleurs un enregistrement, c'est pourquoi je choisis d'écouter le concert.

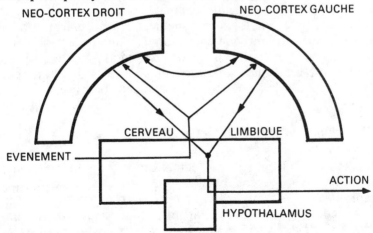

FICHES POSITIVES

Or, l'interprétation d'Ozawa me bouleverse, bien que j'aie déjà entendu souvent cette œuvre. L'exécution est méconnaissable, magistrale, je suis surpris et absolument ravi. La comparaison entre l'interprétation d'Ozawa et celle du chef d'orchestre autrichien est édifiante ! Ainsi, au niveau des détails, je me rends compte (cerveau gauche) des différences : « le chœur des chrétiens » mis en arrière-plan dans les exécutions classiques, prend dans l'interprétation d'Ozawa le devant de la scène, alors que « les rugissements des bêtes féroces » restent en retrait.

Mais ce qui est plus étonnant encore, c'est que *globalement* (cerveau droit) l'œuvre de Respighi est devenue méconnaissable. Ozawa a donné à cette œuvre de style classique, une consonance moderne, proche du style de Stravinski ! Je *décide* de me procurer sans faute le disque.

A partir de ce moment, se déclenche un autre scénario : comment faire pour trouver le disque ? C'est le cerveau limbique qui me donne et maintient la *motivation* après l'écoute du concert. C'est le néo-cortex qui établit, grâce à son *imagination* et à ses *mémoires,* un certain nombre de *stratégies* visant à obtenir le disque. Celui-ci n'est pas édité en France, m'a-t-on dit. Cherchons dans les catalogues allemands : rien ! Or, il ne figure pas plus dans les catalogues américains. Un ami part en vacances aux Etats-Unis, à tout hasard, je lui demande de chercher là-bas, mais il revient bredouille. Bref, de longues semaines passent, mais toujours motivé (cerveau limbique) par mon dernier concert, je reste à l'affût du disque introuvable. Trois mois plus tard, j'apprends que le disque va paraître en France et que l'on peut dès à présent le commander. Je saute sur l'occasion.

### Deuxième situation : le retard d'Alfred

Dans une entreprise, le directeur du personnel réagit à une situation relativement banale : suivons son cheminement cérébral.

Alfred arrive en retard. Par un pluvieux matin de décembre, après avoir salué le balayeur dans la rue, il a poussé la porte de l'établissement bien après ses camarades. Le directeur consulte sa montre : neuf heures treize, et fronce les sourcils :

— Pourquoi ce retard, Monsieur Alfred ?

— C'est la bobine du delco, Monsieur le Directeur.

— C'est la cinquième fois de l'année, sans compter les trois enterrements de parents proches, ajoutés aux cinq arrêts-maladie. Bref, treize absences en tout, Monsieur Alfred.

— Que voulez-vous, Monsieur le Directeur, c'est l'hiver. Les voitures ne démarrent pas, les angines sévissent et les grand-mères trépassent.

Le directeur ulcéré, tremblant, l'air furieux :

— Je vais vous renvoyer !

*Que s'est-il passé au niveau du cerveau ?*

— Quand Alfred est arrivé au bureau, le balayeur l'a salué, mais n'a rien remarqué. Dans sa mémoire, il n'existe aucun élément pour attirer son attention. Il continue son travail.

Par contre, dans la mémoire du directeur sont stockés le poids des charges salariales de la société et les précédents retards d'Alfred.

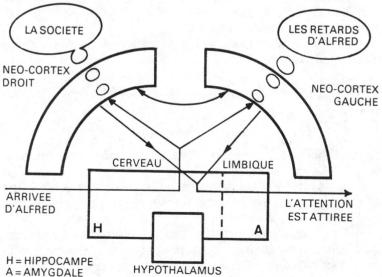

Nouveau va-et-vient dans le cerveau du directeur : il perçoit globalement (cerveau droit) le retard manifeste d'Alfred qui tranche avec l'arrivée massive des autres employés à huit heures.

Il précise le délit en consultant sa montre (cerveau gauche).

L'amygdale, centre de l'émotion, entre en fonction : « Bon sang, une heure treize de retard, c'est inacceptable ! » Puis de nouveau, le cerveau fonctionne avec va-et-vient entre les hémisphères droit et gauche.

— « Ce n'est pas la première fois » : cerveau droit.

— « Treize retards pour des motifs différents » : cerveau gauche.

A la réponse d'Alfred, l'activité cérébrale franchit un seuil, il faut agir à tout prix : il y a treize retards, des explications loufoques, hier il a demandé une augmentation, et le travail n'est pas fait !

Au total, simultanément, deux réactions se produisent dans le cerveau du directeur :

— une réaction dans l'environnement : le renvoi d'Alfred.

— une adaptation de l'organisme aux émotions suscitées par la situation : (à partir de l'hypothalamus, informé par l'amygdale).

● accroissement du rythme cardiaque,

● augmentation de la salivation,

● dilatation pupillaire (résultat de l'action nerveuse sur le globe oculaire).

*Résumons le fonctionnement du cerveau par un schéma simple*

1. Le système limbique retient l'information qui l'intéresse à partir des renseignements des mémoires du néo-cortex (Alfred est en retard)

2. Il la transmet intégralement aux cerveaux droit et gauche qui perçoivent cette information, chacun selon sa spécificité (c'est le treizième)

3. Cette information est confrontée à droite et à gauche grâce au corps calleux, ce qui permet à chaque hémisphère de la moduler (les excuses ne tiennent pas debout)

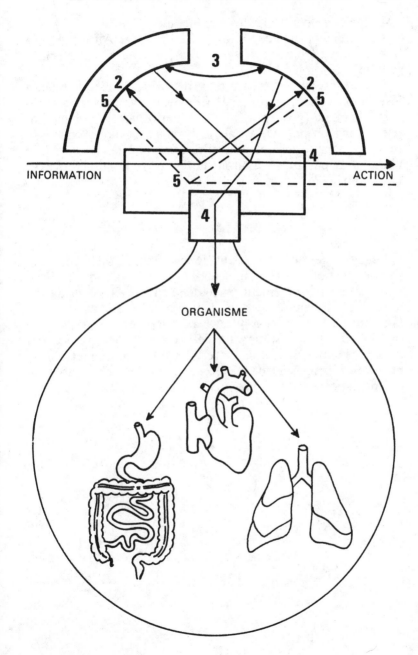

4. De cette confrontation va découler
• *une action* sur l'extérieur (faire renvoyer Alfred)
• et *une adaptation de l'organisme* en vue de cette action (colère).

5. Le limbique enregistre cette action et ses résultats selon le schéma échec ou réussite. Cet événement, chargé émotionnellement (positivement ou négativement) sera mémorisé à long terme. A l'avenir le cerveau limbique pourra le ressortir pour servir une nouvelle action (« Une autre fois, je n'attendrai pas treize retards successifs pour faire renvoyer un employé »).

Le système nerveux, dont le cerveau fait partie, s'est développé pour assurer une meilleure adaptation de l'individu à son environnement, gage de la survie. Or, cette survie nécessite une action ajustée et une constante adaptation de l'organisme. Si l'action n'est pas adaptée, ou si elle est impossible, il en résultera un désordre, un déséquilibre qui peuvent compromettre la santé. C'est donc une question de **prévention primaire** que d'*apprendre à agir efficacement,* ce qui présuppose une *réflexion elle-même efficace.*

# CHAPITRE 2

## LE CERVEAU :
## UN INSTRUMENT TROP SOPHISTIQUÉ...

« L'histoire humaine d'une part, les recherches actuelles sur le cerveau d'autre part, font irrésistiblement penser qu'à un moment des derniers stades décisifs de l'évolution biologique de l'homo sapiens, une erreur a dû se produire, et qu'il y a une faille, un défaut de construction virtuellement fatal dans notre équipement héréditaire — plus précisément dans les circuits de notre système nerveux — ... Telle est l'hypothèse horrible mais plausible que doit affronter toute recherche sérieuse sur la condition humaine. » (A. Koestler - « Janus ».)

### ... POUR DISTINGUER LE RÉEL DE L'IMAGINAIRE

Ainsi le cerveau humain est un instrument hautement sophistiqué. Et comme tous les instruments sophistiqués, son maniement est délicat, facilement il tombe en panne ou provoque même des accidents.

« Aucun dispositif dans le cerveau ne permet de distinguer le rêve de la veille, l'hallucination de la perception, l'imaginaire de la réalité, le subjectif de l'objectif » (Edgar Morin). Voilà ce que constate le scientifique.

Depuis quelques millions d'années, le cerveau s'est développé en prise directe avec l'environnement auquel il doit s'adapter. Il semble donc naturel que si le cerveau se coupe de l'environnement, il fonctionne « en roue libre ».

Toute réflexion doit donc nécessairement être vérifiée et confortée par une action. Le cerveau vérifie sa réflexion à l'aide de systèmes de signalisation : le premier système est constitué par nos cinq sens : la vue, l'ouïe, l'odorat, le goût et le toucher, et le néo-cortex a permis de développer ce que Pavlov appelle un second système de signalisation : à savoir le **langage.**

Le langage humain représente dans l'évolution un progrès indiscutable puisqu'il nous permet de communiquer avec autrui, de mener une réflexion à plusieurs, d'échanger des informations. Utilisé à bon escient, il apporte à l'homme des possibilités supplémentaires pour mieux agir sur son environnement. Néanmoins, chacun a expérimenté que le langage peut devenir une arme redoutable.

Reprenons le cas d'Alfred qui arrive en retard au travail. Cette fois-ci, ce n'est plus le directeur du personnel mais le P.-D.G. qui constate le retard. C'est lui qui interroge Alfred, qui se met en colère, et le renvoie.

Or, le P.-D.G. qui s'emporte ainsi à cause des retards répétés d'Alfred n'a jamais constaté *lui-même* ces retards : il tient ces informations du chef du personnel « qui les lui a dites ». Trop occupé, le P.-D.G. n'a pas pris la peine de vérifier lui-même cette information ; il fait confiance...

En s'emportant ainsi face à l'unique retard qu'il ait constaté de ses propres yeux, le P.-D.G. indique clairement qu'il a intégré les informations de son directeur du personnel comme étant la réalité. En clair, au lieu de réagir sur ce que son cerveau a perçu directement, le P.-D.G. adapte son action (poser des questions, renvoyer Alfred) et son organisme (colère, tachycardie...), à des informations transmises oralement, donc de seconde main, qui peuvent être *vraies...* *ou fausses.*

Pour distinguer l'imaginaire de la réalité, notre cerveau a besoin sans cesse de *confronter* l'information à la réalité. Il doit fonctionner sur le mode « Action-Réflexion »...

Or, le *langage* rend plus difficile cette confrontation ; en effet, n'importe qui peut me dire n'importe quoi, et beaucoup de ces informations sont invérifiables. On peut me dire que Jules César était un général carthaginois, que l'essence augmente en raison de la hausse du dollar, que dieu existe ou qu'au-dessus de 1 200 mètres d'altitude, il n'y a plus à craindre d'attraper le tétanos.

*Jusqu'où peut aller ce fonctionnement aberrant ?*

L'hypothalamus travaille d'une part par automatismes, mais il est également subordonné aux ordres émanant du néo-cortex. Si le néo-cortex fournit des données en contradiction avec celles que l'hypothalamus reçoit de l'organisme, c'est le message du néo-cortex qui fait loi.

**L'hypnose**[1] offre une illustration éclatante de ce fait étonnant. Lors d'une émission télévisée en septembre 1981, le Dr L. Chertok, neuropsychiatre, a proposé un document pour le moins surprenant. C'est la classique expérience de la vésication : il appose pendant quelques minutes sur le bras d'un sujet hypnotisé une pièce de monnaie, en lui suggérant que cette pièce est chauffée à blanc. En quelques minutes, se développe sur le bras, d'abord une rougeur, puis une cloque qui circonscrit exactement la pièce de monnaie. Cette expérience est incompréhensible sur le plan neurophysiologique, et pourtant le fait est là.

La suggestion, affirment tous les spécialistes de l'hypnose, pour être efficace, doit être adressée en termes très simples, et surtout fournir des images mentales. La suggestion, dans le cas présent, informe le néo-cortex qu'une pièce brûlante est posée sur un bras. Le néo-cortex enclenche alors la cascade de réactions physiologiques qui amènent l'hypothalamus à « prendre ses dispositions » : commander une vasodilatation qui aboutit à la formation d'un œdème : la cloque.

*En clair, faussement informé, le néo-cortex droit impose à l'organisme une adaptation à un environnement fantasmatique.* Voilà comment fonctionne un cerveau qui ne confronte pas les informations reçues à la réalité.

L'hypnose, discipline scientifique enseignée dans les universités des plus grands pays, nous offre des centaines de démonstrations de ce genre. Le Pr M. H. Erickson a

---

1. Le sujet de l'hypnose est longuement abordé dans *Communication ou Manipulation* S.I.R.I.C., Ed. Empirika 1982.

consacré sa vie à ce sujet déterminant. L'une des principales conclusions à tirer de ses études en matière de neurophysiologie, est que le cerveau d'un sujet mis en état de réceptivité, — c'est-à-dire qui ne peut exercer de jugement critique sur les informations qu'on lui soumet —, peut imposer à l'organisme des *changements physiologiques qui compromettent gravement sa santé.*

*Expériences de laboratoire seulement ? Hélas non.*

On cite le cas célèbre d'un technicien enfermé par mégarde dans un wagon frigorifique. A l'ouverture du wagon, les cheminots ont trouvé le technicien mort de froid. Il avait relaté sur papier ses dernières heures, décrivant tous les signes d'une *mort par le froid.* Or, la réfrigération du wagon... ne fonctionnait pas ! Ce technicien est donc mort « gelé » par une température de quelques 20°...

Que s'est-il passé ? Quand il s'est aperçu qu'il était bel et bien enfermé dans ce frigidaire roulant, il s'est dit : « Je vais mourir de froid ». Et cette information *fausse* a prévalu sur celles que pouvaient lui communiquer tous les récepteurs de température disséminés dans son corps. Ce fait soulève inévitablement de sérieuses questions :

— *Ainsi l'organisme est capable de se suicider simplement parce que sa mémoire, ses émotions lui fournissent des informations fausses.*

— *Le cerveau reptilien obéit aux ordres du néo-cortex sans pouvoir faire valoir les informations réelles que lui reçoit. Il y a là incontestablement un vice de construction, dont les conséquences sur la santé sont des plus graves.*

Si la poésie chante les merveilles de la nature, la science, elle, nous invite à davantage de réserve.

## DOUBLE COMMUNICATION

Autre incident : lorsque deux informations contradictoires parviennent à un même cerveau, il se « bloque », il ne peut plus commander d'action adaptée.

Je peux insulter violemment mon voisin tout en lui

adressant un large sourire. Son hémisphère gauche reçoit mes paroles blessantes et son hémisphère droit capte mon sourire avenant... Comment va-t-il réagir ? Doit-il s'emporter ou répondre calmement ?

L'attitude inverse le perturbera davantage : je peux lui adresser des paroles aimables tout en lui manifestant mon mépris par mon attitude et mon regard. Là encore, son hémisphère droit et son hémisphère gauche reçoivent des informations contradictoires.

Les travaux des psychologues qui se sont intéressés à cette question indiquent que *c'est l'information parvenue à l'hémisphère droit qui est déterminante*. C'est-à-dire que, dans ce second cas, mon voisin est très mal à l'aise face à moi. Mais il est incapable de dire pourquoi. Il se produit alors un phénomène curieux : au lieu de constater, en attendant d'autres éléments, son embarras, l'hémisphère gauche de mon voisin cherche à fournir à tout prix une explication logique : « Mon voisin est vraiment sympathique de s'inquiéter de ma santé ; et pourtant, quelque chose me déplaît chez lui... C'est curieux, je ne vois pas bien quoi... Oh, je dois me faire des idées... Quand même, la prochaine fois que je le verrai, je changerai de trottoir. D'ailleurs, j'ai remarqué que je n'arrivais pas à m'entendre avec les gens de son milieu. Ils ont une mentalité à part. »

M. H. Erickson s'est longuement intéressé à cette double communication qui perturbe considérablement celui à qui elle s'adresse. Un exemple simple de cette double communication est ce que l'on nomme « l'image subliminale ». Il s'agit par exemple d'intercaler au milieu d'un film sur les bateaux, quelques photos de scènes violentes. Le spectateur éclate alors en sanglots ou se met à hurler. Il est tout à fait incapable d'expliquer le pourquoi de cette réaction violente ; il dira n'avoir vu qu'un film sur les bateaux. Si on le presse, il fournira n'importe quelle explication lui passant par la tête, (ou plus exactement par l'hémisphère gauche). Ce bateau lui rappelle une histoire triste, il vient brusquement de repenser à ses problèmes de bureau...

En fait, c'est l'hémisphère droit qui a capté les images violentes, trop fugitives pour que l'hémisphère gauche qui procède par analyse puisse les percevoir. L'hémisphère droit ainsi informé ne tarde pas à commander à l'organisme, par l'intermédiaire des cerveaux limbique et reptilien, une réaction physiologique : des pleurs, des hurlements.

Enfin, la double communication peut s'adresser au même hémisphère et non plus aux deux. Ici, la réaction n'est plus une question de lutte d'influence entre les hémisphères, mais le résultat d'un désordre : *des informations contradictoires parviennent au cerveau émotionnel,* aucun fonctionnement n'est possible, l'organisme se détraque.

Durant le mois de juillet 1982, la télévision suisse a proposé aux autres nations de l'Europe le film « Mérette ».
Issue d'une famille calviniste très pratiquante, Mérette âgée d'une dizaine d'années, se révolte devant la mort prématurée de sa mère. Elle se refuse alors à croire en un dieu infiniment bon et tout-puissant. Son père tente de réconcilier Mérette avec la foi en la contraignant à venir au temple, à réciter ses prières. Mérette se cabre et refuse l'inacceptable : « Si nous sommes entre les mains d'un dieu à la fois très aimant et omnipotent, pourquoi a-t-il fait mourir maman » ?
Le père, à bout d'arguments et de patience, confie Mérette à un pasteur, chargé de ramener cette brebis égarée au bercail.
Commence alors le forcing : sermons, prières, discussions, punitions... En vain. Mérette comprend de moins en moins. Elle est tiraillée entre le souvenir douloureux de sa mère disparue et la foi aveugle, censée « ouvrir son cœur à l'amour divin » qu'on essaie de ranimer chez elle. Toutes les contraintes inspirées par le fanatisme se heurtent à un mur, celui du bon sens de Mérette.
Après quelques mois de « traitement », voyant son échec et craignant que d'autres enfants ne suivent « le mauvais exemple de Mérette », le pasteur décide de l'enfermer. Sa chambre devient comme un quartier de haute sécurité. Mérette est coupée du monde. Mais, pas plus que la mort de sa mère, ce fanatisme meurtrier d'un homme d'église ne

parvient à prouver à Mérette l'existence d'un Dieu Bon et Tout-Puissant. La fillette, décidément, ne sera pas touchée par la grâce.

Elle décide de ne plus lutter. Poussée dans ses retranchements, Mérette finit par abandonner la lutte et sombre progressivement dans une léthargie muette. Enfin, épuisée, elle meurt.

## Que s'est-il passé ?

Tant que Mérette n'avait pas perdu sa mère, tout allait bien : le dimanche était un beau jour où, bien habillée, elle accompagnait ses parents au temple pour chanter les louanges de dieu. Après cet office, venait un bon repas. Le tout était émotionnellement unifié. Or, voilà que sa mère disparaît. Mérette est maintenant déchirée : effondrée d'avoir perdu celle qui lui prodiguait tant d'affection, elle est malgré tout contrainte d'adresser des hymnes au créateur. Geste éloquent, on la voit pendant un sermon se boucher les oreilles, ne supportant plus cette *tension* entre deux élans émotionnels : l'espérance, la paix, l'amour inculqués des années durant d'une part, la déception, la tristesse et l'impuissance constatées d'autre part. Poussée dans ses retranchements, Mérette choisit de s'éteindre.

D'une manière plus générale, la foi nous pose à tous le même problème. Lorsque nous, médecins, devons tenter de soulager les souffrances de cancéreux, d'incurables, surtout lorsqu'il s'agit d'enfants, nous éprouvons quelques difficultés à croire que notre destin est régi par un dieu infiniment bon et tout-puissant. Et les pirouettes intellectuelles n'y peuvent rien. Le Dr Solignac a, lui aussi, abordé ce sujet. Son ouvrage « La névrose chrétienne » est une enquête minutieuse qui décrit bien dans quelles impasses se sont engagés beaucoup de croyants qui payent de leur santé ce double message contradictoire. Malgré tout, le Dr Solignac s'affirme comme croyant et pratiquant.

Ces constatations nous invitent à considérer la foi comme une « grâce » réservée à certains :

« Bienheureux ceux qui ont cru en touchant du doigt le contraire »...

M. H. Erickson a été lui aussi, affronté à des patients ainsi malmenés. Il cite le cas d'une jeune fille qui fréquente un garçon, étudiant comme elle.

Un soir, celui-ci lui déclare sa flamme. Elle l'assure de la réciprocité de ses sentiments, mais lorsqu'il tente de la prendre dans ses bras, elle réagit alors violemment, le frappe, vomit, puis s'enfuit chez elle où elle s'enferme pendant des semaines, refusant toute alimentation et toute discussion.

Le Dr Erickson parvient à approcher cette jeune fille et à la faire parler. Il constate qu'elle est violemment tiraillée entre deux élans : d'une part son attitude envers le jeune homme, d'autre part les mises en garde maintes et maintes fois réitérées par sa mère : « N'embrasse jamais un garçon, c'est très sale... »

Ainsi, le jour où son ami lui déclare sa flamme, la jeune fille se trouve dans une impasse. Son néo-cortex ne peut fonctionner correctement, son cerveau limbique et son cerveau reptilien vont en subir le contrecoup : la « machine » s'affole, se détraque : vomissements, anorexie, dépression...

Ainsi, notre cerveau peut intégrer deux ou plusieurs messages contradictoires. Il peut s'agir de messages s'adressant à deux structures distinctes du cerveau : l'hémisphère droit et l'hémisphère gauche par exemple, qui traitent et mémorisent alors chacun pour leur part les données perçues. Il peut s'agir également de deux messages s'adressant au même cerveau. Or, le cerveau doit commander une action et une réaction physiologique adaptée. L'adaptation sera, pour le moins, perturbée. C'est dans ce cadre que peut apparaître la maladie.

## LE DÉLIRE

Nous venons de le voir : dès qu'il ne confronte plus ses productions à la réalité, grâce à l'action, le cerveau ne peut plus distinguer le réel de l'imaginaire. Oublie-t-il de vérifier la justesse de sa réflexion, il tourne alors en roue libre : c'est la porte ouverte au délire.

Il faut distinguer du délire la rêverie banale qui constitue une simple évasion : l'adolescente transie qui attend son prince charmant, l'homme qui s'imagine gagner des sommes fabuleuses au Loto, le jeune garçon qui rêve de conduire un avion supersonique...

Ces chimères, qui viennent agrémenter par la fiction la grisaille quotidienne, restent sans grandes conséquences.

Par délire, il faut entendre des phénomènes autrement plus complexes et inquiétants. C'est, d'après le Petit Robert, « l'état d'un malade qui émet des idées fausses, en totale opposition avec la réalité ou l'évidence, généralement centrées sur un thème personnel ».

A cette définition, les manuels de Psychiatrie ajoutent que l'esprit critique, les facultés de réflexion sont abolis dès qu'il est question du thème de ce délire.

On distingue plusieurs sortes de délires : délires oniriques, délires hallucinatoires, délires alcooliques, bouffées délirantes, délire de l'accès maniaque... Dans tous les cas, la machine cérébrale est comme détraquée. Elle produit de l'imaginaire. Le diagnostic de délire est, dans l'ensemble, relativement aisé à porter, surtout pour les psychiatres avertis de ce genre d'égarement.

Exemples banals pour commencer : une voisine persuadée que tout le monde lui en veut. Un grand-père certain que ses enfants cherchent à le déposséder de ses biens ; un obscur artisan qui pense avoir fait de géniales découvertes en physique nucléaire.

Aussi longtemps qu'il reste strictement individuel, circonscrit si l'on peut dire, il est sans gravité. Mais il peut contaminer un ami, une famille, un voisinage. Il peut se propager à des dizaines de personnes. G. Roux de Montfavet, employé des P.T.T, a réussi à convaincre certaines personnes qu'il était la réincarnation du Christ. Comme il se plaisait à le répéter lui-même : « Jadis, le Christ s'appelait Jésus. Aujourd'hui il s'appelle Georges. » En dehors du Vaucluse, ces histoires n'ont guère fait d'adeptes.

Les psychiatres ont déjà observé ces délires communicatifs. Le premier, Legrand du Saulle, a décrit avec précision ce phénomène (« Délire de persécution » — chapitre IV : Folies à deux, 1871).

### Certains délires se propagent

Ce qui est inquiétant pour la collectivité, c'est que certains de ces délires se révèlent plus communicatifs que d'autres... Au même titre que la rougeole ou la scarlatine, ce sont des *maladies contagieuses.*

Examinons, à cette lumière, une situation apparemment banale : au bureau, Françoise, sténodactylo, s'ingénie à faire courir sur son chef les bruits les plus divers, les insinuations les plus sournoises. A l'en croire, ce chef est une brute à moitié alcoolique, un mal marié, un refoulé sexuel qui a besoin de se montrer autoritaire pour masquer ses complexes... Elle distille ainsi son venin au milieu des conversations, et bientôt plusieurs secrétaires la suivent dans son délire. Elles trouvent aussi, finalement, que Françoise a raison : le comportement de cet homme a quelque chose de ridicule, de bizarre. Désormais dès que le chef de service pénètre dans la pièce, ce ne sont que regards complices qui s'échangent d'une machine à l'autre, et gare à lui s'il s'avise de demander quoi que ce soit à ces dames. Tout sera fait avec une négligence maussade.

Que s'est-il donc passé ?

A l'origine de cette coalition, on trouve une femme en mal de pouvoir. Sans doute n'est-elle pas si assurée que ça, face à son chef. Le discours qu'elle tient à ses collègues ne trouvera d'écho qu'auprès de celles qui rêvent aussi de pouvoir ou, plus banalement, ont peur de leur chef. Si l'on n'est pas branché sur ce genre de préoccupation, ce discours ne prend guère. Le voisin qui se voit entouré de gens malveillants en parle à d'autres qui, généralement, sourient sauf... si le confident a, lui aussi, une dent contre la personne qui fait l'objet de la calomnie du fabulateur. Un homme qui raconte à qui veut l'entendre que sa femme le trompe n'accroche pas les passants, sauf ceux qui éprouvent la même rancœur contre leur compagne, fondée ou non. Une mère qui prétend que d'autres lui « volent » ses enfants passera facilement pour une folle... sauf chez d'autres parents possessifs. *Là où les émotions sont communicables, le message, lui-même, passe par la même occasion.* Là où il ne peut pas y avoir de correspondance émotionnelle, le « message » ne passe pas du tout. Un haussement d'épaules et l'on passe à autre chose.

Au départ, Françoise reste plus ou moins consciente de la perfidie de ses paroles. Mais elle finira bientôt par y croire. Quant aux autres, contaminées par le délire de leur collègue, elles risquent de ne jamais s'apercevoir que la réalité est tout autre. A partir du moment où elles entrent dans ce délire, elles interprètent les faits à travers ce miroir déformant qui fait voir le chef de service sous le jour le plus noir. « Serais-tu aussi chaste que la glace, aussi pure que la neige, tu n'échapperais pas à la calomnie », écrit Shakespeare dans Hamlet. Et Delavigne : « Plus une calomnie est difficile à croire, plus pour la retenir les sots ont de la mémoire. » Enfin, Jean-Paul Sartre : « Il suffit qu'un seul homme en haïsse un autre pour que la haine gagne de proche en proche l'humanité entière » (« Le Diable et le Bon Dieu », Gallimard).

### Les quatre marques de fabrique du délire communautaire

Ce fait divers dans un bureau nous amène à dégager les quatre grandes caractéristiques de ce délire socialement dangereux et si difficile à combattre.

— A la base, on trouve, chez le fabulateur, *une peur, une haine, une jalousie* qui vont généralement de pair avec *un désir secret de pouvoir, d'ascendant.*

— Cette base émotionnelle trouble donnera inévitablement au discours du délirant une tonalité elle aussi émotionnelle. Les personnes chez qui ces bouffées d'angoisse n'éveillent aucun sentiment n'entrent pas dans le délire. Par contre tous ceux qui, de près ou de loin, partagent des émotions semblables sont des proies faciles, prêtes à emboîter le pas du premier calomniateur venu titiller adroitement leur fantasme. C'est ainsi, sans doute, qu'un slogan comme « Vous êtes inquiets, rejoignez-nous » cherche à coaliser des foules.

— La raison de cette efficacité étrange est simple : *une émotion forte altère le jugement*, surtout si elle en exhume d'autres. En réveillant ainsi de vieux démons d'angoisse chez quelqu'un, on l'empêche d'exercer son esprit critique sur le contenu du message adressé. C'est d'ailleurs là un principe de l'hypnose. Les psychiatres sont régulièrement invités à se prononcer sur la santé mentale de certains individus. L'embarras dont ils font preuve parfois pour diagnostiquer un délire est éloquent. En effet, les délirants élaborent de véritables fictions cohérentes et, par là, très convaincantes. Si le médecin chargé de l'expertise, réceptif à l'émotion du patient, ne prend pas la peine de vérifier systématiquement chaque élément, il se trouve rapidement happé lui aussi dans le délire.

— Autre caractéristique du délire : il crée une étrange cohésion, *une cohésion contre*. Les cibles de cette croisade peuvent être un bouc émissaire : tantôt un tiers innocent, tantôt une collectivité, accusés de circonstance. Parfois on amalgame des catégories de gens qui n'ont rien à voir entre eux mais qu'on rend tout à coup responsables de tous les maux, réels ou imaginaires, d'un pays. Dès l'époque du Krach de l'Union Générale en 1882, la droite française s'est mise à parler de « forces judéo-maçonniques ». Plus tard, l'antisémitisme, s'appuyant sur les Protocoles, s'inventera des conjurations obscures entre « ploutocrates juifs de Wall Street » et « bolcheviks enjuivés » unis pour détruire la civilisation chrétienne. Céline, lui, parle des « judéo-britanniques »[1], etc.

Qu'une femme soit violée, qu'une villa soit dévalisée, qu'un homme soit précipité sous une rame de métro, certains témoins auront vu, le plus souvent, un « homme basané ». Le racisme, lui aussi, constitue un délire cohésif. Issu d'une peur à l'égard de celui qui est différent, il se mue en haine militante, aveugle, qui porte à croire les pires absurdités et se justifie parfois par des élucubrations pseudo-intellectuelles des plus fantasques. La doctrine du national-socialisme en fournit une démonstration tristement écla-

---

1. *La Parole Pamphlétaire* Marc Angenot — Paris, Payot, 1982, p. 126-127.

tante. On peut dire que cette cohésion qui règne entre ceux qui partagent un même délire est un véritable danger social.

### Que se passe-t-il lorsqu'un délire s'étend à des milliers d'individus ?

Lorsqu'un délire s'appuie sur des constructions intellectuelles élaborées, lorsqu'il mobilise des foules entières qui perdent tout sens critique, on a alors affaire à une *idéologie*.

Que le contenu en soit politique, religieux, économique, philosophique, une idéologie possède toutes les caractéristiques du délire, à commencer par la peur contagieuse qu'elle communique à ses adeptes. On a pu dire que le XVIII$^e$ siècle fut le siècle des Lumières, le XIX$^e$ siècle celui de la révolution industrielle. Le XX$^e$ siècle, lui, restera dans les annales de l'Histoire le siècle de la peur. C'est également le siècle des grandes idéologies. En quelques décennies, nous avons assisté à l'éclosion de ces champignons vénéneux, ces délires de grand format dont les pires sont sacralisés...

L'Histoire nous a laissé le témoignage de grandes épidémies de peste ou de choléra qui ont ravagé des nations entières. Elle nous offre aussi des exemples sanglants de fantasmes organisés, véritables délires collectifs dont certains ont la vie dure... Comment peut-on à la fois prêcher la grande fraternité humaine, la paix ou la sérénité d'un côté, tout en terrorisant, assassinant et fusillant de l'autre ? Comment se fait-il que des millions d'individus dotés du même cerveau que vous et moi adhèrent à de tels égarements ? C'est le mystère du délire. Les voies du cerveau sont impénétrables.

Combien d'hommes n'ont-ils pas payé de leur vie leur élémentaire bon sens face aux inepties des idéologies proposées ! Galilée est devenu le symbole de cette multitude de gens sacrifiés à des délires momentanément sacrés « religion d'Etat », voire « religion ou vérité universelle ». Il ne faut pas oublier que derrière lui se tiennent des millions d'autres, eux aussi coupables de n'être pas entrés dans le délire officiel ou d'en être sortis. Ils sont stigmatisés sous le nom d'hérétiques, dissidents, apostats, révolutionnaires, contre-révolutionnaires, subversifs.

Quelles lois occultes régissent donc l'élaboration de ces délires ? D'où tirent-ils leur étrange force de cohésion ? Quelle sorte de rage permet leur propagation ?

Tout bien considéré, il semble que le contenu affiché d'une idéologie ne soit qu'un trompe-l'œil. Toutes visent invariablement le même but : *le pouvoir.* Or la contrainte physique, intimidante, extérieure, est moins efficace à long terme que la contrainte de l'esprit, celle qui se loge à l'intérieur même de l'individu et lui dicte sans coercition apparente ce qu'il doit faire. Amener un sujet à adhérer de tout son esprit à une idéologie, c'est lui faire bâtir lui-même une prison solide. Le seul vrai danger reste alors qu'il parvienne un jour à réfléchir. C'est cela qu'il faudra empêcher à tout prix.

Au départ d'une idéologie, on trouve toujours un petit cénacle qui crée un abcès de fixation autour de quelques thèmes restreints et émotionnels : par exemple la sécurité, les hérétiques, les rouges, les impérialistes. Il faut quelque part éveiller la peur.

« Pour que la contagion puisse s'exercer, il faut des conditions émotionnelles communes entre les membres du groupe : la suggestibilité, l'imitation et l'acceptation grégaire font le reste. Dès 1949, nous avons insisté sur le rôle de la peur qui nous a paru l'émotion la plus constante à l'origine des psychoses collectives. (...) La peur facile à réduire chez l'individu est la forme archaïque de l'émotion ; elle est l'anxiété qui est au cœur de l'homme et qui domine le plus facilement des collectivités. La peur, qui est à l'origine de la plupart des guerres, est la base des psychoses collectives »[1].

A partir de ces thèmes obsessionnels se développe une peur communicative : on voit partout des menaces, des coupables qui intriguent dans l'ombre. On les fait voir aux autres : « L'Université est tout entière aux mains des marxistes. » Ou bien : « La France est abâtardie par tous ces gens de couleur qui vivent sur son sol ; il faut lui rendre son visage d'antan en la purgeant de tous ces corps étrangers qui sont la cause de sa ruine présente. »

1. « Psychoses collectives et suicides collectifs » Georges Heuyer — P.U.F., 1973.

Ces délires se propagent donc à ceux qui partagent la même peur mais aussi à ceux chez qui on la crée, par voie de presse par exemple. Sur ce terrain réceptif n'importe quel acte suggéré mobilise des énergies insoupçonnées qui donnent lieu à de véritables croisades, des guerres sacrées, du prosélytisme actif pour la bonne cause. Ce procédé de la peur suscitée ou réveillée pour mobiliser les foules est à la base de bien des campagnes publicitaires ou électorales.

S'agit-il de phénomènes marginaux ?

A. Koestler constate que, tout au long de l'Histoire, curieusement, on tue moins par intérêt propre que par fanatisme. C'est pour lui une des preuves de la « tare endémique » qui affecte l'homo sapiens : « On est amené ainsi à la conclusion peu conformiste que le malheur de notre espèce n'est pas un excès d'agressivité mais une aptitude excessive au dévouement fanatique. Il suffit d'un coup d'œil sur l'histoire pour nous convaincre que les crimes individuels commis par égoïsme jouent un rôle insignifiant par rapport aux massacres perpétrés au nom du loyalisme le plus altruiste à l'égard de la tribu, de la nation, de la religion ou de l'idéologie politique, « ad majorem Dei gloriam ». Je dis bien altruiste. Sauf une infime minorité de mercenaires et de sadiques, les gens ne font pas la guerre par cupidité, mais par dévouement à un roi, à un pays, à une cause. L'homicide commis pour raisons personnelles est statistiquement exceptionnel dans toutes les cultures, y compris la nôtre. L'homicide sans raison égoïste commis au péril de la vie du meurtrier, est le phénomène dominant de l'histoire »[1].

Autre caractéristique : avec ceux qui entrent en délire, il devient rapidement impossible de dialoguer. Aucun argument venu du dehors n'a de prise car leur mémoire et leur réflexion critique sont pétrifiées. Bien au contraire, toute tentative de discussion sera prise pour une manœuvre et provoquera plutôt un renforcement hérissé de la cohésion. Ces gens sont comme prisonniers d'une cage de verre, étanche et transparente : de l'extérieur, ils ont l'air d'être comme tout le monde, mais quand on leur parle, notre voix ne leur parvient pas.

---

1. « Janus ».

De nos jours, les délires peuvent se communiquer plus rapidement que jamais, grâce aux médias qui se chargent de les propager. L'expérience qui fut réalisée par Orson Welles est à ce titre démonstrative. Reprenant à la radio américaine le scénario de « La guerre des mondes » écrit par son homonyme H. G. Wells, il simulait « une invasion des martiens et la rendait imminente par un bruitage bien organisé. Toute la ville fut terrorisée et s'apprêtait à s'enfuir. Notre apprenti sorcier eut beaucoup de mal à faire revenir le calme chez ses auditeurs. Il avait créé une psychose collective expérimentale par effet de choc ». Ce choc fut tel que les auditeurs voyaient réellement des martiens, certains se sont même suicidés de peur. « La voix de la radio, par ses vibrations humaines, propage l'émotion, l'indignation, la fureur, la peur ; par le cri, l'appel, l'impression auditive déclenche la contagion » (Heuyer G., *op. cit.*).

L'auteur conclut : « La presse et la radiodiffusion, au lieu de diffuser des informations aggravées de commentaires, qui aboutissent à une véritable propagande, devraient accepter de contrôler et de limiter leurs renseignements sur des sujets dangereux pour la santé mentale de leurs lecteurs et de leurs auditeurs. »

Voilà qui devrait inviter les responsables des chaînes radio-télévisées à la méditation.

Le temps n'arrange rien, bien au contraire. Le délire ne fait que s'organiser davantage ; il se fortifie toujours plus et la fureur destructrice ne fait que s'amplifier, même si elle s'exerce « au service des Droits de l'Homme », ou « par Amour de l'Humanité ».

Tous les paradis concentrationnaires, de droite comme de gauche, violemment athées ou religieusement militants, sont le produit de ces minorités d'enragés qui communiquent leur délire meurtrier. Et l'histoire officielle qui est enseignée n'est-elle pas, pour une large part, l'histoire des délires successifs qui ont mobilisé et ravagé, voire conduit à l'abattoir, parfois des siècles durant, des foules innombrables ?

Pour celui qui s'est laissé contaminer par un délire, tous ceux qui ne partagent pas cette « vision » avec lui sont des mauvais : ils sont tous à mettre dans le même sac, quelle que soit la diversité de leurs options. Eux, ils sont les fils des Ténèbres que les enfants de Lumière condamnent. Le manichéisme est un pur produit du délire.

Enfin ces délires sont par essence *totalitaires*. Tout le monde doit entrer dedans. Il y a quelques années, le parti unique au pouvoir d'un Etat africain obtint 98,3 % des suffrages aux élections par les méthodes que nous savons. Au lieu d'être rassurée par cette confortable majorité, l'oligarchie au pouvoir était hantée par la peur : « Qui sont ces 1,7 % qui n'ont pas voté pour nous ? » De quoi avaient-ils peur ? Tout simplement que quelque homme de bon sens ne dévoile leurs sinistres manœuvres. Le délire se veut universel et le pouvoir qui le représente se veut totalitaire. Le plus obscur représentant du bon sens les inquiète à mort. C'est la grande peur du xxe siècle, dont souffre une grande partie de la planète aujourd'hui.


ET POURTANT... et pourtant la population, les gens du commun ne sont pas tous atteints, loin de là.

Le 20 juin 1981, Bernard Cathelat, directeur du Centre de Communication avancée, spécialisé dans des sondages perfectionnés, faisait état à TF1 (Emission Questionnaire) des chiffres suivants : selon lui, la population française se décompose actuellement en quatre groupes distincts qui n'ont rien à voir avec le découpage politique :

— Les « oubliés de l'expansion », ceux qui pensent « Travail, Famille, Patrie » avec des majuscules. Ceux-là représentaient 75 % de la population en 1948 d'après lui ; ils ne sont plus aujourd'hui que 15 %.

— Les « aventuriers », les cadres dynamiques, tous les « jeunes loups » et les « vieux lions » qui ont participé et récolté les fruits de l'expansion économique des années 60. Férus de technologie, cosmopolites, « multinationaux », mentalité de l'an 2000 ; ils étaient 45 % en 1972, ils ne sont plus aujourd'hui que 15 %, eux aussi.

Quant aux autres, toujours plus nombreux, ils constituent l'ensemble des gens essentiellement préoccupés de leurs intérêts propres.

— Parmi eux, 22 % constituent ceux que Cathelat appelle

les « décalés ». C'est une frange de la population sans vrais projets, sans utopie, pas favorable non plus à une contestation violente. Eux s'évadent dans la musique, l'art, la drogue, le voyage ou quelque autre dérivatif.

— Enfin les 49 % qui restent, que Cathelat appelle les « recentrés », portent les germes d'une évolution sociale évidente, même si elle n'est pas sur l'avant-scène des médias. Ils s'orientent vers l'écologie, le mutualisme, la décentralisation des pouvoirs. L'Etat, l'Eglise, l'Europe... tout cela les laisse froids. Ils sont prêts à s'engager mais dans des actions locales, pour des intérêts concrets, réalistes, ceux de leur vie quotidienne.

Ainsi sept Français sur dix s'écartent des grandes institutions, des idéologies à grand tirage pour se consacrer à leurs intérêts propres et à ceux de leur entourage immédiat. Voilà un signe de santé mentale !

En présence de ce phénomène, des esprits chagrins poussent des cris d'épouvante... Ils parlent de pourriture, de déconfiture, d'intérêts bassement égoïstes, de morale bassement terre à terre. Pourquoi bassement, au fait ? Ils parlent aussi de crise des institutions. Il semble effectivement que beaucoup en 1983 soient fatigués d'attendre des institutions ce qui ne vient toujours pas. Ils parlent également de crise de la presse ! Disons crise d'une certaine presse qui ne rejoint pas les intérêts des gens.

Ces quelques pages sur le délire nous permettent de toucher du doigt ce qui menace quiconque néglige les règles du fonctionnement du cerveau. Nous avons tous le même cerveau et nous sommes tous exposés à être chevauchés par les fantasmes d'autrui si nous ne le faisons pas fonctionner sainement.

La paléontologie, la physiologie attestent que le cerveau s'est développé pour nous permettre de nous adapter dans notre environnement, c'est-à-dire d'y agir. Cette perspective paraît trop finaliste à certains qui estiment que le cerveau sert aussi, pour ne pas dire exclusivement, à « penser ». Si nous avons consacré quelques pages au délire, c'est justement parce que, hélas, le cerveau est un organe capable de « penser » : de penser à l'écart de toute réalité, de construire un monde imaginaire, puis de descendre dans l'arène pour matérialiser ses idées folles... Oui, mille fois hélas, le cerveau est capable de « penser ».

Au travers de sa longue évolution, il est devenu un organe de plus en plus sophistiqué, qui de ce fait est exposé aux dérapages les plus insensés et les plus meurtriers.

Pourtant, il peut être utilisé à bon escient, notamment pour agir, en alternance avec une réflexion toujours critique ; c'est alors que grâce à lui nous pouvons préserver notre intégrité biologique face à un environnement souvent hostile.

# CHAPITRE 3

# LES TROIS NÉCESSITÉS FONDAMENTALES :

**Agir**
**Avoir sa place**
**Trouver un achèvement social**

Chacun d'entre nous vit dans un environnement à la fois matériel et social. Cet environnement complexe, sans cesse en mouvement, nous met en demeure de résoudre des problèmes pour assurer notre survie en agissant.

## AGIR SUR L'ENVIRONNEMENT, qu'est-ce à dire ?

La plupart de nos actions sont *routinières* et nous les réalisons sans même y prendre garde, en obéissant à des *automatismes*.

Mais parfois, nous sommes amenés à *affronter ou à fuir des difficultés.*
— Tantôt ce sont des *facteurs favorables* qui se présentent à nous ; il est dans notre intérêt d'en tirer profit : des soldes, la rencontre d'une âme sœur, l'ouverture d'une école à proximité de la maison, une nouvelle formule de prêt bancaire, la vente d'un terrain adjacent à ma propriété, etc... Certes, nous ne sommes pas si souvent ainsi gâtés par la vie.
— Tantôt de *nouveaux besoins* s'imposent à nous ; nous sommes contraints d'y répondre : Luc veut s'inscrire en fac ;

or ses parents ne peuvent lui payer ses études. Il dépose donc une demande de bourse. Un mois plus tard, il apprend qu'elle lui a été refusée. Il lui faut trouver une solution coûte que coûte : il finit par décrocher un poste de surveillant de lycée. Horaires difficiles. En attendant de trouver mieux, Luc adopte cette solution à titre provisoire.

Autre situation : demain, grève des trains ; Dominique cherche un voisin susceptible de l'emmener en voiture à la ville.

Notre vie quotidienne est faite de ces multiples actions à mener pour satisfaire des besoins.

— Tantôt des *éléments extérieurs nous menacent ;* bon gré mal gré, nous devons faire face : Gilberte a un logement près de son travail et le propriétaire veut l'expulser. — Emile vient de recevoir par écrit un blâme non fondé de son employeur. — Le mur de la maison d'Alain est fissuré : il doit envisager des réparations coûteuses, sinon, quelle autre solution ?...

Tous ces tracas nous contraignent sans cesse à agir, à réagir.

Ainsi, en ces diverses circonstances, il appartient au cerveau d'entreprendre une action efficace. Tantôt l'individu doit *s'adapter* à un environnement difficile, tantôt il doit *empoigner l'environnement* lui-même afin de le rendre vivable.

Or il arrive que ni l'un ni l'autre ne soient possibles : l'environnement se durcit en fatalité ; si l'individu y reste, il va y laisser sa peau. C'est là qu'il peut avoir recours à une autre solution : la FUITE.

La FUITE peut se présenter sous différentes formes :

— J'ai soif, j'entre dans un café pour boire un verre, et me retrouve en présence de quatre loubards qui cherchent à me provoquer. M'engager dans une bagarre, à un contre quatre ? Pas question. Face à cette menace, je déguerpis et vais boire un verre au café d'en face.

— Dans le film « Mon oncle d'Amérique », Alain Resnais montre une famille où tout le monde se dispute. Dans cette situation sans issue, le père finit par se retirer, garde son projet de vie conjugale, mais va le réaliser avec une autre compagne, ailleurs et en paix.

— Un étudiant a toujours rêvé de devenir médecin, mais il a redoublé sa première, puis sa deuxième année, et chemin faisant, il se rend compte qu'il ne réussit pas dans cette voie. Il change donc de projet, et s'oriente vers des études de kinésithérapie, qu'il réussit.

Ce sont là trois manières de fuir.

*Affronter* ou *fuir* une difficulté sont donc deux *actions,* deux stratégies élaborées par le cerveau pour répondre à une situation donnée. Ce sont deux solutions actives qui permettent de préserver l'intégrité de la personne.

Or il arrive que l'individu soit incapable aussi bien d'affronter sa difficulté que de la fuir. Prisonnier de la situation, il reste « coincé ».

Le cerveau ne peut plus élaborer de stratégie adaptée aux nécessités de la situation. Engendré par l'environnement, ce désordre se répercute sur les systèmes de contrôle des organes.

Alors apparaissent des troubles, des lésions, des maladies.

*Eprouver des difficultés à agir ou ne pas pouvoir agir provoque des maladies* qui seront décrites dans le chapitre sur la neurophysiologie.

## AVOIR SA PLACE

Dans une zone du cerveau limbique est mémorisée « ma place », c'est-à-dire les *endroits* qui me sont familiers, qui m'appartiennent, ainsi que ma *position sociale* (Sinnamon).

C'est ce que l'on appelle le TERRITOIRE.

Le sens du territoire n'est donc pas une valeur arbitraire mais il repose sur un substratum physiologique. On le retrouve aussi bien dans le cerveau des animaux que dans celui des hommes.

Pour bien comprendre cette nécessité biologique chez l'homme, examinons un instant à quel besoin fondamental le territoire répond chez l'animal. Ce qui est vrai pour l'un, l'est aussi pour l'autre.

L'animal doit s'adapter sans cesse à son environnement : il lui faut subvenir à ses besoins tout en se protégeant de multiples dangers et agressions. Néanmoins, il peut mener un certain nombre d'activités à l'abri de ce souci constant dans certains lieux qui lui sont familiers, au sein desquels il dispose de toute son agressivité. Ces lieux constituent son territoire qu'il marque à sa façon : il délimite un terrain de chasse, ménage un abri pour sa progéniture, réserve un endroit pour abriter son repos, etc... Il s'agit là d'un code qui — en principe — est respecté par les autres animaux de la même espèce. Fréquemment, un animal privé de son territoire tombe malade, et peut mourir.

De la même façon, l'homme habite une jungle codée au sein de laquelle il délimite son territoire. Il a besoin, lui aussi, d'un certain espace pour développer ses différentes activités ; mais, bien entendu, celles-ci lui posent des exigences incomparablement plus grandes et plus complexes qu'à l'animal [1].

Ainsi, le territoire de l'homme comporte plusieurs secteurs : habitat, travail, couple, enfants, loisirs...

Contrairement à l'animal, l'homme doit *construire* ces divers secteurs par un grand nombre d'actions, et donc y investir du *temps*.

Enfin, chez l'homme, les divers secteurs sont singulièrement *imbriqués :* que l'un s'hypertrophie, les autres en pâtissent, se dégradent, ce qui provoque une rupture d'équilibre.

C'est ce que nous allons mieux comprendre à travers une série de maladies consécutives à l'absence ou à la perte du territoire.

### A la conquête d'un territoire

Deux jumeaux de cinq ans partagent la même chambre depuis leur naissance. Leurs parents ont changé récemment

---

1. P. et M. J. Chombard De Lauwe ont pu ainsi déterminer qu'au sein d'une population ouvrière française, 8 à 10 mètres carrés au moins sont nécessaires par personne. Au-dessous de ce seuil, les *pathologies physiques (maladies) et sociales (criminalité) doublent.*

les papiers peints de cette pièce, et depuis, il y flotte une petite odeur suspecte dont ils ne parviennent pas à trouver l'origine. Un lavabo au siphon déficient ? Une fosse septique mal isolée ? Ils ont beau nettoyer soigneusement et régulièrement la pièce, la petite odeur persiste. Jusqu'au jour où, fortuitement, en déplaçant les meubles, ils découvrent de larges taches sur le papier peint. L'un des garçons finit par avouer que, oui, c'est bien lui l'auteur du forfait : il urine régulièrement sur les murs de sa chambre, parce qu'il ne supporte plus de la partager avec son frère. Cette chambre est la sienne, il tient à la garder pour lui seul. Qu'on se le dise.

Et en effet, dès que ses parents ont installé une autre chambre pour son frère, il cesse immédiatement ses souillures revendicatives. Plus besoin de marquer un territoire qui lui est enfin reconnu. A peine croyable, mais garanti authentique !

La privation ou l'amputation du territoire peut prendre un caractère moins souriant, et on a rapporté de nombreux cas d'énurésie chez des enfants qui ne disposent pas d'un espace vital personnel suffisant.

### Absence de territoire et énurésie

Deux enfants de cinq et six ans dorment dans la même chambre. Toutes les nuits, ils mouillent leurs draps. Une assistante sociale conseille à leur mère d'aménager dans son appartement deux chambres séparées, puisqu'elle en a la place. Ainsi fut fait et dès la *première nuit,* l'énurésie a disparu chez les deux enfants.

Quelques mois plus tard, les parents décident de transformer une des chambres en salon. De nouveau les deux enfants dorment dans la même pièce. Et dès la première nuit, l'énurésie réapparaît chez l'un et l'autre.

De nombreux cas semblables ont été rapportés tout aussi surprenants.

Une jeune femme confie à sa voisine, Françoise, les difficultés qu'elle rencontre avec sa fille Gaëlle, qui, à sept ans, mouille ses draps toutes les nuits, et inquiète de plus en plus ses parents par son comportement : quand elle ne se dispute pas avec sa sœur aînée, elle reste prostrée sur son lit en étreignant son édredon.

Françoise a remarqué à l'occasion que les deux enfants partagent non seulement la même chambre, mais aussi les mêmes vêtements. Pour aider ses voisins désemparés, elle propose de prendre Gaëlle chez elle pendant une dizaine de jours.

Or chez Françoise, Gaëlle dispose d'une chambre bien à elle. Elle peut la décorer selon ses goûts. D'abord étonnée, puis ravie elle se familiarise vite avec ce nouvel espace. Et au bout de quelques jours, si Françoise ou l'un de ses enfants ose entrer sans frapper, elle se fâche. Puis Françoise lui achète une robe brodée à ses initiales. « Mais que dira ma sœur ? » s'inquiète Gaëlle. « Rien, cette robe est à toi, rien qu'à toi. » Gaëlle se montre de plus en plus vive, c'est même elle qui insiste pour faire sauter les crêpes ! Elle joue, elle rit avec les enfants de Françoise.

En disposant d'un « territoire-chambre », elle a pu rapidement développer plusieurs secteurs : une vie sociale, l'apprentissage d'activités nouvelles. *Dans le même temps, l'énurésie a totalement disparu.*

Il ne s'agit pas bien entendu d'écarter les autres causes de l'incontinence qui peuvent être très diverses : conflits familiaux, surprotection de la mère, difficultés scolaires, troubles organiques, etc. Néanmoins, la multiplicité des cas nous invite, devant un enfant énurétique, à nous interroger sur la qualité, voire sur l'existence de son territoire.

### Amputation du territoire

*Atteinte au territoire à l'origine de troubles physiques*

Chez l'adulte aussi, l'amputation du territoire peut se manifester par des troubles physiques. Un généraliste rapporte ce cas de migraine qui durait depuis huit ans :

« Une célibataire de vingt-cinq ans vient me consulter pour des migraines intenses survenant environ une fois par semaine, mais sans périodicité nette. Les crises, me dit-elle, commencent en général en début d'après-midi, et l'obligent assez souvent à s'aliter, parfois jusqu'au lendemain matin. Elle en souffre depuis l'adolescence, le problème me paraît donc de taille.

Je l'examine et diagnostique une migraine ophtalmique. Dans un premier temps, je lui prescris un traitement, et nous convenons de rechercher la ou les causes de ses migraines lors d'un entretien ultérieur. Le traitement se révèle sans effet. J'entreprends alors de l'interroger sur le *contexte* dans lequel sont apparues ses migraines.

Il faut remonter, dit-elle, à son adolescence. Elle habitait encore chez ses parents. Cette période de sa vie lui laisse un sentiment de malaise. Je lui demande de préciser sa pensée, et de décrire des situations matérielles.

Sa mère voulait tout connaître de sa vie privée, elle fouillait indiscrètement dans ses affaires et s'accordait un droit de regard sur tout son courrier. A la fin de ses études, la jeune femme a quitté ce milieu familial étouffant pour louer un appartement avec deux amies, et cependant, ses migraines n'ont pas cessé. Ses amies, il est vrai, ont à son égard une attitude un peu semblable à celle de sa mère : elles envahissent sa chambre, usent de ses affaires sans même lui demander son consentement, et invitent de nombreux amis, de préférence à l'improviste. Cette situation lui pèse, mais elle ne parvient pas à réagir.

Je l'interroge sur sa vie professionnelle, sur sa vie senti-mentale ; aucun fait marquant ne se dégage. Il m'apparaît évident que cette patiente n'est pas plus chez elle dans son appartement qu'elle ne l'était dans sa famille. A ce stade de notre conversation, je lui parle du territoire chez l'homme. Elle écoute mes explications avec beaucoup d'intérêt.

Deux ans plus tard, je la revois. Elle a tiré profit de notre entretien précédent et remis aussitôt de l'ordre chez elle. Commençant par refuser les intrusions intempestives de ses amies dans sa chambre, leur ingérence dans ses affaires, elle s'est décidée enfin à chercher un autre appartement, pour elle seule cette fois.

A son grand étonnement, cette réaction énergique a été suivie de la disparition totale et immédiate de ses migraines, et ce, sans prendre le traitement de fond que je lui avais pourtant prescrit. »

*Avoir sa place, c'est pouvoir agir de façon autonome*

Un médecin rapporte le cas d'une jeune femme, Brigitte, qui vient consulter pour fatigue, difficultés à trouver le sommeil, instabilité d'humeur et palpitations.

« L'examen clinique ne révèle aucune particularité, ce qui m'amène à interroger la jeune femme pour chercher dans son environnement une cause possible de son état dépressif. Elle m'apprend qu'elle est mariée depuis près d'un an et qu'elle a naturellement changé de style de vie. Est-elle heureuse en couple ? Oui, Dominique, son mari, est un garçon charmant, très attentif ; d'ailleurs, ils sont toujours ensemble. Oh bien sûr, vous savez ce que c'est, le mariage est un tournant dans la vie, on change d'habitudes, de style de vie, de fréquentations, c'est peut-être cela qui lui pèse au fond ? Cette réflexion en forme de lieu commun me met la puce à l'oreille : j'interroge Brigitte sur ses activités avant le mariage : elle avait plusieurs hobbies et s'investissait beaucoup dans un groupe de danses folkloriques. Et aujourd'hui, elle a tout abandonné. D'ailleurs, son mari qui faisait beaucoup de sport, suivait des cours de guitare, sortait souvent, lui aussi, a abandonné ses activités antérieures.

Je propose à la jeune femme, pour bien matérialiser cette situation, d'inscrire sur un tableau les différents secteurs de sa vie et de celle de son mari, avant et après leur mariage.

| BRIGITTE | DOMINIQUE |
|---|---|
| — Relations familiales ; | — Relations familiales ; |
| — Relations : amis qu'elle rencontrait aux cours de danse ; | — Relations : amis (sport) ; |
| — Secteur vie professionnelle ; | — Secteur vie professionnelle ; |
| — Secteur loisirs : | — Secteur loisirs : |
| • danses folkloriques, | • sport, |
| • voyages (avec le club de danse), | • guitare, |
| • photographie. | • bricolage. |

### SECTEURS COMMUNS
— Aménagement de la maison selon leurs goûts communs ;
— Amis, relations communes ;
— Vie sexuelle ;
— Projets communs (achat d'une maison).

Ce tableau succinct une fois dressé, nous soulignons ensuite les secteurs que Brigitte et Dominique ont abandonnés : à l'évidence, *ils se sont cru obligés de renoncer aux secteurs acquis avant leur mariage,* ce que ne justifie pas leur situation matérielle.

Brigitte acquiesce, m'assure qu'elle va en parler avec son mari, et qu'ils prendront des dispositions. Je ne lui prescris aucun traitement.

Elle me téléphone trois semaines plus tard, pour m'informer que chacun a repris ses activités antérieures, indépendamment de son conjoint, et s'est aménagé une pièce personnelle selon ses goûts propres. Du coup, *les symptômes de dépression ont totalement disparu en une semaine.* Elle conclut qu'elle a sous-estimé jusque-là les conséquences de l'abandon de ses loisirs : ayant repris ses activités au club de danse, elle a en même temps retrouvé ses amis, retrouvé une certaine activité physique et envisage de partir en voyage à l'occasion d'une tournée de spectacles organisée par le club. »

Ainsi, la pratique médicale quotidienne nous a amenés à rechercher en cas de syndrome dépressif, si une éventuelle restriction du territoire ne coïncide pas avec l'apparition des premières manifestations cliniques.

Toutefois, il ne s'agit pas de systématiser ces observations. Des cas décrits plus loin dans cet ouvrage apporteront d'autres éléments de réflexion à propos des dépressions.

La mésaventure de Brigitte et Dominique a connu une issue heureuse.

Mais combien de personnes, dès lors qu'elles cohabitent avec un conjoint ou un partenaire, abandonnent purement et simplement leur territoire propre. A vrai dire, si on y regarde de plus près, au bout de quelques années, le mariage (ou le concubinage) aboutit assez souvent à cette situation : l'un s'est épanoui tandis que l'autre s'est plutôt étiolé. D'ailleurs, ce dernier vous avouera le plus souvent — s'il vous parle en confiance — qu'il a le sentiment d'*habiter chez son conjoint,* que l'appartement commun, en réalité, est bel et bien le domaine de l'autre... En général, cette situation n'est pas l'aboutissement de quelque calcul prémédité, mais plutôt d'une dérive inévitable lorsque des individus, partageant une vie commune, abandonnent ou négligent leur territoire propre.

L'observation suivante que nous rapporte un généraliste en est l'illustration criante :

« Un professeur du secondaire vient me voir. Il est traité depuis un an pour une tuberculose pulmonaire. Son traitement semble efficace, mais depuis le début de l'année scolaire, il présente une fatigue importante qu'il ne parvient pas à surmonter. Les examens complémentaires et une radio pulmonaire permettent d'éliminer une reprise de la tuberculose. En revanche, l'environnement dans lequel il vit peut amener des éléments d'explication.

En effet, ce professeur vient d'être muté de Dijon à Clermont-Ferrand, et se voit confier des classes de sixième, alors qu'il a toujours enseigné en terminale. Il doit donc préparer entièrement le programme de toute l'année scolaire. Or, il lui est très difficile de travailler chez lui : il a bien un bureau, mais sa femme, qui s'ennuie dans cette ville, invite fréquemment ses amis à venir passer plusieurs jours chez eux, et le bureau est devenu une chambre d'ami. De plus, elle a proposé à son jeune frère de treize ans de venir s'installer chez eux pendant l'année scolaire ; il y travaillera mieux que chez ses parents, et son mari pourra lui donner des cours particuliers, n'est-ce pas ? Quand il n'y a pas d'invité à la maison — ce qui arrive parfois — le bureau devient la salle de télévision. Mon client ne peut guère s'y installer pour travailler que très tard le soir.

Bref, si je dois l'en croire, sa femme lui marche allègrement sur les pieds. A vrai dire, il ne semblait pas s'en être aperçu, on dirait plutôt qu'il prend conscience de la situation au fur et à mesure qu'il me la décrit... Cependant, il est toujours dangereux pour un médecin de se laisser annexer aux intérêts parfois inavoués de l'un ou l'autre de ses clients, surtout lorsqu'il s'agit de conflits conjugaux. Pour éviter cet écueil, je reste sur une prudente réserve et me cantonne scrupuleusement à des considérations parfaitement matérielles et objectives. J'explique à ce professeur la notion de territoire, besoin vital de tout être humain. A lui de réfléchir sur les moyens concrets qu'il peut prendre pour disposer d'un minimum d'espace et de temps pour travailler.

L'idée fait son chemin, puisque deux semaines plus tard, il revient me voir et m'apprend qu'il a installé la télévision dans une autre pièce, et que son bureau est désormais fermé à clef pour qu'en son absence, personne ne vienne déranger ses affaires. « Si la privation de territoire peut entraîner la maladie, il se pourrait bien que là soit l'origine de ma tuberculose... Quand je suis tombé malade l'an dernier, nous avions des difficultés financières. Ma femme est très dépensière, et dilapidait notre argent en petits cadeaux à ses nombreux amis, et en invitations répétées. Pour arrondir les fins de mois, je donnais jusqu'à vingt-cinq heures de cours particuliers chaque semaine, et c'est elle qui me procurait des clients... grâce à ses amis. Nous avons bien essayé d'établir un budget régulièrement, et chaque mois, les revenus du foyer sont aujourd'hui partagés équitablement en diverses enveloppes ; mais inévitablement, à la fin du mois, ma femme, incorrigible sur le chapitre de la prodigalité, n'a plus le sou pour nourrir la famille... Alors elle puise dans mon argent de poche ou dans celui de ses enfants. »

Quant aux autres secteurs, il les a abandonnés peu à peu. Il souhaitait préparer son agrégation, mais il n'en a pas le temps. Il faisait de l'anglais, de l'allemand et de la planche à voile. Il ne fait plus rien de tout cela. Il consacre aujourd'hui tout son temps aux cours particuliers.

A l'évidence, voilà un couple qui entretient des relations peu claires... J'explique à mon client qu'il existe d'autres modes de relations conjugales : par exemple entre conjoints, on établit un contrat clair qu'on remet à jour régulièrement. Chacun dispose de son compte bancaire personnel, mène sa vie de façon autonome, et on se retrouve à deux pour un certain nombre d'activités et d'intérêts communs, choisis ensemble. Je connais plusieurs couples qui se félicitent d'avoir adopté cette attitude. Si cela peut lui donner des idées...

Quelques mois plus tard, il revient en consultation, et je le trouve dans une forme étonnante. Il a retrouvé tout son dynamisme physique et psychique. Il s'est attelé à la préparation de son agrégation et consacre de nouveau une partie de son temps à ses loisirs. De plus, c'est en reprenant peu à peu possession de son territoire qu'il a compris quel jeu jouait sa femme : elle a peu apprécié cette prise d'autonomie, et le lui a clairement fait sentir. Mais lui, de plus en plus solide, l'a mise devant un ultimatum : « Ou bien tu cesses de lancer des invitations à tout propos et de distribuer l'argent du ménage, ou bien je demande le divorce. » Ulcérée, le lendemain matin elle prépare le petit déjeuner pour toute la famille, sauf pour lui. Il frappe du poing sur la table et exige : « Ici, c'est moi qui fais rentrer l'argent, tu me prépares mon petit déjeuner comme pour tout le monde. » Pour la première fois, elle se fait toute petite, et comprenant que son règne est fini, commence à envisager une autre façon de vivre...

Avec du recul, je pense que cet homme était bel et bien tombé sous l'emprise de sa femme. D'ailleurs, *l'annexion du territoire est souvent le premier acte d'une prise de pouvoir.* Mais quand un individu est tombé sous la coupe d'un autre, il est très difficile de l'arracher à cette emprise. D'abord, parce qu'il n'est pas simple de faire un diagnostic certain de la situation, ensuite parce que le « prisonnier » a tendance le plus souvent à prendre fait et cause pour son geôlier. Il a toutes les peines du monde à réaliser, à voir, que sa situation est inacceptable, et surtout à qui elle profite. En récupérant son territoire, en menant un projet personnel, il lui devient alors évident que cette construction personnelle est entravée par le projet d'un autre. »

Si le respect du territoire de chacun est capital dans un couple, à plus forte raison une famille peut être un lieu privilégié pour l'épanouissement de tous ses membres, pourvu que chacun dispose d'un coin qui lui est propre, et puisse développer ses goûts et ses activités librement sans déranger ses proches.

Mais, dans le cas contraire, on peut voir apparaître, chez les enfants comme chez les parents, des troubles physiques ou psychiques.

*Asthme chez un enfant qui n'a pas sa place au sein de sa famille*

Un pneumo-allergologue a été amené à soigner un asthme chez un jeune Nord-Africain de onze ans, Saïd.

Le père est décédé et la mère est débordée avec six enfants à charge. Saïd est l'avant-dernier. Sa mère parle très mal le français mais le comprend bien. Parallèlement au bilan de l'asthme, je m'intéresse à la vie de l'enfant. La maman m'explique que c'est un enfant très difficile, « tout mauvais ». Je lui affirme qu'à onze ans, on n'est pas « tout mauvais », et demande à le revoir avec quelqu'un qui parle bien français.

A la deuxième consultation, Saïd vient avec sa mère et sa sœur de vingt ans. Celle-ci m'explique que Saïd est toujours comparé à son frère d'un an plus jeune qui est, lui, l'enfant « tout bon ». D'autre part, les conflits avec sa mère portent surtout sur les devoirs à faire après l'école et sur l'heure des repas.

J'explique que Saïd ne peut pas supporter de devoir être comme son frère et qu'il a besoin d'être reconnu comme différent. Puis, je m'adresse directement à lui :

— Que veux-tu faire plus tard ?

— Chauffeur de taxi.

— Pour cela, tu as besoin de savoir bien lire et écrire : tu devras lire des cartes, reconnaître le nom des rues. Et le travail à l'école, comment ça va ?

— Oh, j'ai du mal en français, en grammaire.

— Bon, il faut prendre les moyens de progresser. Je te propose ceci : d'abord, tu vas faire tes devoirs tous les jours régulièrement, mais comme c'est *ton affaire personnelle*, c'est toi qui décideras si tu les fais avant d'aller jouer, ou après. Bien sûr, tu préviendras ta mère de ce que tu as décidé. D'autre part, si tu veux progresser en français, tu pourrais lire « Le club des cinq », c'est passionnant, tu sais, Et enfin, pour les repas, il faut absolument rentrer à l'heure, sinon, tu déranges tout le monde. Tu n'aimes pas être dérangé toi non plus, n'est-ce pas ?

Comme plusieurs séances de désensibilisation sont nécessaires, je revois Saïd et sa mère régulièrement. Elle est soulagée, car son fils n'a plus de crise. Elle a cessé comme convenu de le comparer à son frère, et lui de son côté a tenu ses engagements : il est à l'heure à table, et fait ses devoirs sans rechigner. *Il a enfin sa place. Il est enfin reconnu en tant qu'individu.*

**Territoire et combativité**

Un animal privé de territoire perd en même temps son agressivité. De même, on a constaté qu'un homme dont le territoire est atteint de façon importante, a tendance à se laisser aller, à ne plus se battre contre les événements, contre la maladie.

Un employé de mairie est en arrêt de travail pour dépression profonde depuis près d'un an. A quarante ans, son état empire de façon alarmante. Il ne peut plus travailler, et attend l'acceptation de son dossier d'invalidité. Aujourd'hui, il se met à boire... ; son médecin tente de l'aider :

— Comment organisez-vous vos journées ?

Il ne les organise pas.

— Mais vous avez bien une activité à la maison, vous n'êtes pas un peu bricoleur ?

Si. Il est même très habile de ses mains, il a réalisé lui-même la plupart des travaux d'aménagement de sa maison. Mais il n'entre même plus dans son atelier, depuis que ses enfants en font leur salle de jeux. Au reste, il a renoncé à retrouver ses outils souvent épars au milieu du jardin.

— Exigez donc de vos enfants qu'ils n'entrent pas dans votre atelier. *Chacun chez soi.* Par ailleurs, il faut absolument que vous vous imposiez un emploi du temps précis. Un chômeur qui ne gère pas son temps est appelé à dépérir, vous savez.

Il sait. Il veut bien essayer de faire ce qu'on lui dit... ça ou autre chose, après tout...

*Deux semaines plus tard,* ce n'est plus le même homme qui parle. Il a commencé par reprendre possession de son atelier, et il a établi une liste de travaux à faire.

— Vous savez, la clôture qui est abîmée depuis l'an dernier, je l'ai réparée !

Et peu à peu, de semaine en semaine, on le voit progresser d'une façon saisissante.

— S'il était possible de reprendre le travail à la mairie, vous seriez content ?

Content ? Mais il ne rêve que de ça... Pendant trois mois, il affronte les tracas administratifs, et obtient enfin la révision de son dossier.

Depuis deux ans, cet homme a retrouvé son emploi et ne songe plus à boire. *En restaurant un secteur* de son territoire important pour lui, le bricolage, il retrouve sa *combativité.* Et cette combativité lui a permis de prendre d'autres difficultés à bras-le-corps. Après quoi, de nouvelles réussites sont venues à leur tour renforcer son tonus.

Pour l'homme comme pour l'animal, *territoire et combativité sont indissolublement liés.* Fort d'un territoire riche et construit, un homme se battra pour le sauvegarder. Mais si son territoire est par trop restreint ou amputé, il n'aura plus le ressort de préserver les secteurs qui lui restent.

Il arrive fréquemment que des vieillards, une fois rentrés à l'hôpital, ou à l'hospice, c'est-à-dire, une fois privés de leur environnement familier, de leurs amis, de leurs menues occupations quotidiennes, se laissent soudain glisser vers la maladie, vers la mort. On parle alors du « syndrome de glissement ».

Cette démission physique et psychique se retrouve parfois chez certains handicapés.

Jérôme, ergothérapeute, accueille dans un centre de rééducation une femme de cinquante ans, atteinte de sclérose en plaques, dans un état de délabrement physique et moral extrême. Elle est incontinente, ne se lave plus, et se déplace avec peine dans un fauteuil roulant. Son seul désir : qu'on la laisse en paix rentrer chez elle.

Sa maladie est apparue il y a quelques années, juste après son divorce. Elle en est aujourd'hui à sa deuxième poussée, déclenchée quelques mois après le décès de son ami. Elle en a assez. Sa vie de couple représentait pour elle un secteur primordial. Privée de cette partie de son territoire, elle n'a plus de ressort ni de motivation pour continuer à vivre.

Jérôme lui propose un contrat : « Je veux bien vous aider à rentrer chez vous, mais de votre côté, il faut faire un effort pour la rééducation. »

Rentrer chez elle, dans son appartement crasseux... Quelle pauvre motivation. Suffisante pourtant pour qu'elle accepte le contrat. Elle commence par se laver. C'est peu, mais l'agrément de se sentir propre lui donne envie de couper cette chevelure qui n'a pas vu un peigne depuis plusieurs mois. Son miroir lui renvoie alors une image dont elle s'étonne. Et pourquoi ne pas prendre au sérieux cette incontinence ? S'il y a le plus petit moyen d'en venir à bout, ce serait tout de même infiniment plus agréable. Et de semaine en semaine, elle progresse en rééducation, retrouve une fonction urinaire normale, se fait des amis parmi les autres malades, échange avec eux des conseils, des adresses... Et puis, l'obésité dans un fauteuil roulant pose des difficultés supplémentaires dont, tout compte fait, elle se passerait bien. Elle commence donc un régime.

Enfin, elle peut rentrer chez elle, dans un appartement qu'elle a fait remettre à neuf. Aujourd'hui, elle est autonome.

Ainsi par deux fois, la vie de couple de cette femme fut anéantie. Privée de ce secteur-couple, important à ses yeux, elle reste sans force, plus rien ne semble compter pour elle.

La deuxième poussée de la maladie intervient dans ce contexte d'abandon. Peut-être la détresse de cette femme explique-t-elle l'ampleur des signes, ampleur inhabituelle à ce stade de la maladie.

Bien sûr sa sclérose en plaques n'est pas guérie. Mais cette malade a pu reconstruire des secteurs solides : elle a retrouvé le courage d'affronter sa toilette quotidienne, sa cuisine, l'entretien de ses vêtements et même elle participe activement à une association d'handicapés. Sa maladie s'est stabilisée.

Trop d'exemples le confirment journellement pour en douter encore : la santé d'un individu est intimement liée à la qualité, à l'intégrité de son territoire.

Le Dr Lawrence Le Shan a mis en évidence un certain profil des personnes souffrant d'un cancer. Entre autres caractéristiques, il constate que souvent, ces personnes sont incapables d'agressivité, et n'ont, pour diverses raisons, plus de but dans la vie. Il a d'autre part observé qu'un certain nombre de cancéreux, même gravement atteints, ont vu régresser leur maladie jusqu'à totale disparition en reprenant en main différents secteurs de leur vie. La perte du territoire pourrait bien être à l'origine de certains cancers. C'est dire l'importance qu'il faut accorder à sa construction et son intégrité...

Pour un homme, *avoir sa place,* c'est disposer d'un *territoire,* c'est-à-dire d'un ensemble de secteurs dans lesquels il peut *agir* de façon à :
— assurer sa *survie,*
— protéger son *intégrité,*
— se procurer *confort et sécurité,*
— *se développer.*

────────────FICHE CULTURELLE────────────

CONSÉQUENCES DE L'ATTEINTE DU TERRITOIRE DANS DIFFÉRENTES ESPÈCES ANIMALES

Chez les poulets changés quotidiennement de groupe et donc *sans territoire géographique ni social,* on constate une diminution de la synthèse d'anticorps (Ac) et une baisse de l'agressivité (Levieux).

Chez le rat *en surpopulation,* plusieurs chercheurs ont démontré la baisse de l'immunité humorale (Salomon 1979) ou cellulaire (Morisse, Cotte, Huonnic-1982), qui sont les deux formes complémentaires des moyens de défense de l'organisme.

La *claustration* dans les jardins zoologiques est à l'origine de nombreux maux : espérance de vie diminuée, troubles sexuels, stérilité, malgré l'abondance de nourriture. A cause d'un déficit immunitaire, le singe contracte la tuberculose alors qu'il n'est pas sujet à cette maladie dans son milieu naturel.

Aux très nombreux travaux des éthologistes et physiopathologistes s'ajoutent toutes les observations faites sur le tas dans l'élevage moderne. Très vite, vétérinaires, techniciens, responsables de production ont fait le lien entre la bonne santé et le respect des normes de territoire. Qu'il s'agisse de vaches, de cochons ou de volailles, si l'on ne respecte pas les normes minimales de longueur de mangeoires, d'abreuvoirs, d'aires de repos, il y a baisse de performances, maladie voire mortalité. En outre, il existe des seuils de proximité entre les animaux au-delà desquels se manifeste l'agressivité. Et si l'animal n'a pas la possibilité de fuir, cette agressivité devient beaucoup plus violente, au point d'entraîner des combats mortels.

Enfin, dans le monde des animaux familiers, les exemples abondent. Les cas d'eczéma consécutifs à des déménagements ou à l'absence du propriétaire sont fréquents chez les chiens. J. Haessler et P. Pageat (1982) décrivent même un cas d'énurésie et de défécation spontanée chez un chien. Ce trouble du comportement a été déclenché du fait de l'adoption d'un enfant de trois ans par les propriétaires de l'animal. Ainsi celui-ci a redéfini son territoire face à « l'intrus » par des émissions d'urine et de matières fécales sur la moquette et les murs de l'appartement ! Sa façon habituelle de délimiter son territoire dans la nature.

## TROUVER UN ACHÈVEMENT SOCIAL

Une action peut être finie, *terminée,* mais elle n'est *achevée* que lorsqu'elle a atteint son but.

Ainsi, une partition peut être terminée, sans être pour autant achevée. L'œuvre ne connaîtra son achèvement que lorsqu'un musicien aura accepté de l'interpréter devant un public, venu l'écouter et l'applaudir.

Dès lors, cette réussite rejaillira sur l'auteur qui s'en trouvera socialement affermi : plus et mieux qu'avant, il aura *sa place* parmi les autres.

En revanche, lorsqu'une action avorte, n'atteint pas le but escompté, ce non-achèvement de l'action affecte la position sociale de l'auteur. Il a moins sa place qu'auparavant.

Le *non-achèvement social* n'est pas neutre : il crée un *passif.* Ainsi, au lendemain de l'échec, la situation de l'auteur est pire que celle d'une personne n'ayant encore rien entrepris.

## L'achèvement et le non-achèvement social

### Une affaire de cadeaux

Pour ma fête, vous m'avez fait cadeau d'un joli tableau. Il vous a coûté assez cher, et vous l'avez choisi avec soin. Vous êtes heureux de me l'offrir, je vous remercie, il ne fallait pas... Bref, vous espérez à votre prochaine visite retrouver ce tableau sur le mur de mon salon, de mon couloir ou de ma chambre à coucher. Ce serait là « l'achèvement social » de votre geste d'amitié. Vous seriez sûr alors que votre choix m'a plu, que votre geste d'amitié m'a touché. Sous-entendu : « Ainsi, voyant le tableau, vous penserez à moi... » Mais voilà qu'en revenant chez moi, vous ne trouvez pas trace de ce tableau. D'abord un peu vexé, puis vaguement inquiet, vous hasardez une question : « Mon cadeau ne vous a peut-être pas plu » ? Je me confonds en excuses : « Mais non, qu'allez-vous penser là, je n'ai pas encore trouvé le temps de planter un clou pour le suspendre, voilà tout ». Vous ne me croirez pas. Et vous aurez raison ! Mais si je vous réponds que j'ai donné votre tableau à la kermesse paroissiale comme lot pour la tombola, nous nous quitterons fâchés à mort, et pour cause !

En tout cas, vous ne ferez pas une nouvelle fois l'effort... ni les frais de m'offrir un nouveau cadeau. Le premier n'a pas eu l'achèvement social qu'il méritait, et cela ne vous encourage pas à recommencer.

En revanche, si lors de votre prochaine visite, vous retrouvez votre tableau suspendu dans mon bureau, et si je vous dis : « Plusieurs personnes sont restées médusées devant ce tableau et m'ont demandé où je l'avais acheté », et si j'ajoute que c'est un cadeau de vous, alors vous ne contrôlerez plus votre émotion. Un tel « achèvement social » de votre geste vous incitera à me faire d'autres cadeaux, et cette générosité s'accompagnera chez vous de réactions biochimiques, mais oui !

Autre exemple de non-achèvement social (garanti authentique) :

Un couple, marié depuis plusieurs années, s'entend à

merveille. Malheureusement ils ont le même défaut : artistes l'un et l'autre, ils ne résistent pas à la tentation, dès qu'ils trouvent dans une devanture un joli bibelot, un tableau merveilleux, de l'acheter sur-le-champ, et fréquemment leurs fins de mois sont difficiles. Ils prennent alors une décision draconienne : chacun tiendra la bourse du ménage à tour de rôle. Et quand celui qui est responsable des finances touche au dernier billet de cinq cents francs, il doit prévenir l'autre : attention, il n'est plus possible d'engager de folles dépenses. Las, aucun des deux ne tient parole ! Le responsable des finances voit-il un objet d'art à son goût, il a soin de demander l'avis de son conjoint... mais sans le tenir au courant de l'état des fonds... Bien sûr, l'autre est toujours d'accord pour acheter ! Et c'est ainsi que, régulièrement, l'alerte est donnée trop tard : « On n'a plus un sou pour finir le mois ! ».

Ces deux complices se mettent alors d'accord sur une nouvelle convention : lorsque l'un d'entre eux ne s'est pas conformé au règlement convenu, l'autre devra exprimer de façon symbolique son indignation feinte. Il devra casser quelque chose, pour marquer le coup. Casser quoi ?

Eh justement ! les buffets sont encombrés de cadeaux de mariage, services d'assiettes et de tasses de toutes sortes qu'ils n'utilisent jamais « parce qu'ils ne les trouvent pas beaux ! » Aussi, chaque fois que l'un se fâchera contre l'autre, il cassera une de ces assiettes, une de ces tasses. Et cela fait par la même occasion de la place dans ce buffet pour y mettre de belles choses, y ranger de nouvelles acquisitions de leur goût.

Cela aussi est « l'inachèvement social » de ces vieux cadeaux de mariage... Si la famille et les amis savaient...

Abordons maintenant des situations plus graves.

### Une maternité

Ma femme vient d'avoir un enfant. Cette naissance est l'achèvement normal de neuf mois de grossesse, elle vient couronner une longue attente habitée de fatigues, de peines, d'espoirs et d'appréhensions.

J'ai fabriqué un berceau pour cet enfant, et le voilà couché dedans. Ma femme lui a tricoté une layette, il la porte aujourd'hui. Nous avons pris soin de lui aménager une chambre au calme, de la décorer, et voilà qu'il s'y repose à présent.

*L'achèvement* d'une maternité, c'est cela : un beau bébé qui rit, qui pleure, qui respire la santé. Bien sûr, il nous donnera du souci, comme tous les enfants, mais nous sommes prêts à les affronter, *forts de notre bonheur d'aujourd'hui*. D'ailleurs, dans deux ans nous aurons sans doute un deuxième enfant. Ma femme hésitait un peu jusqu'à présent, mais son premier accouchement s'est tellement bien passé qu'elle est maintenant tout à fait *prête à envisager* une nouvelle grossesse. Elle sait précisément ce qui l'attend, elle n'a plus aucune crainte.

La naissance de notre enfant constitue un achèvement *social*. Pourquoi social ? Il suffit de voir ma femme pousser son landau au parc Montsouris pour le comprendre : quand elle rencontre d'autres mères, elle peut parler d'égale à égale avec elles. Elle a trouvé sa place parmi ces femmes, désormais elle sait ce que sont les joies et les angoisses de la maternité, elles se comprennent à mi-mots. De plus, notre enfant, lui aussi, a pris sa place parmi nous. Et quelle place !

Notre voisine, Françoise, a eu malheureusement beaucoup moins de chance que nous. Elle devait accoucher à peu près en même temps que ma femme, mais au huitième mois, elle a perdu son enfant. Elle avait elle aussi préparé un berceau, une chambre. Mais au lieu de l'enfant tant attendu, elle n'a connu qu'un séjour déplaisant et douloureux à l'hôpital. Rentrée chez elle, elle se retrouve seule avec son mari. Entre eux, il y a un grand vide.

L'enfant, avant de naître, tenait déjà une grande place. Il n'a pas vécu, et pourtant sa place est toujours là, terriblement vide.

Bien sûr, ils ne sont pas le seul couple au monde à ne pas avoir d'enfant, mon frère et sa femme n'en ont pas non plus, mais c'est dû au choix délibéré qu'ils ont fait. Ils sont heureux ensemble, ils ne ressentent nullement cette grande absence...

Nous avons reçu Françoise et son mari : elle n'est guère motivée pour être enceinte à nouveau. Elle sait qu'au moindre malaise, à la moindre contraction, elle s'affolera. Vivre neuf mois dans la crainte d'une fausse couche lui paraît pour l'instant au-dessus de ses forces. Plus tard, peut-être, mais rien n'est moins sûr. Privée de son enfant, Françoise se sent *socialement* diminuée, mal à l'aise : il lui pèse de rencontrer d'autres mères, leur bonheur lui fait mal, très mal...

### *Une affaire professionnelle*

Pourquoi un jeune, après le baccalauréat, consacre-t-il encore cinq ans à poursuivre des études dans une école d'ingénieurs ? Pour pouvoir par la suite travailler dans l'industrie.

Après avoir passé vingt ans sur les bancs de l'école, Roger vient de réussir son diplôme. Il a trouvé une place où il pourra non seulement exploiter ses connaissances, mais les élargir par l'expérience. Après une période d'essai de six mois, son embauche est définitive. Ses longues années d'étude viennent de connaître leur *achèvement* normal. Le but est atteint.

Et cette réussite lui donne du poids au milieu des autres. Il a maintenant pleinement sa place dans l'entreprise, et pas seulement sur l'organigramme du chef du personnel, mais bel et bien sur le terrain. Quand ils rencontrent une difficulté, les techniciens viennent frapper à sa porte, sûrs de trouver une réponse avisée. Son directeur lui a confié la réalisation d'un projet délicat et coûteux. Dans cinq ans, Roger parlera avec ses jeunes collègues comme un ingénieur accompli. Et s'il estime alors que son entreprise lui offre une évolution de carrière trop limitée, il posera sa candidature ailleurs. Sur son curriculum vitae figureront à la fois ses diplômes et son expérience professionnelle. D'ailleurs, lors de tout entretien, on lui demandera ce qu'il sait faire, ce qu'il a déjà réalisé, ce qui lui permet de prétendre à des responsabilités accrues. En revanche...

### Non-achèvement social du premier degré

Jacques, ingénieur de la même promotion, n'a pas connu l'achèvement social de sa peine. Voilà un an qu'il a terminé ses études. Il a écrit une centaine de lettres et subi plusieurs dizaines d'entretiens pour trouver un emploi, en vain. Il n'y a pas de place pour lui.

Après avoir consacré cinq longues années à des études spécialisées, il pouvait prétendre à un emploi intéressant ; il s'apprêtait à expérimenter ses connaissances sur le terrain mais non, on n'a pas besoin de lui. Il s'est marié l'an dernier, la vie n'a pas été facile tous les jours, il serait temps qu'un salaire régulier lui permette de rembourser les emprunts avec lesquels il a payé ses études. Non, au lieu de prendre sa place dans la vie professionnelle, comme il devrait le faire, il s'est inscrit au chômage, ne serait-ce que pour avoir la sécurité sociale.

La situation de Jacques est grave, très grave : il a de moins en moins confiance en lui. Chaque nouvelle tentative s'accompagne d'appréhensions de plus en plus grandes. Chaque nouveau refus renforce cette angoisse. Il lui faut pourtant continuer à rédiger des lettres aux termes pesés, au contenu cent fois modifié, remanié, amélioré, pour trouver au courrier, toujours la même réponse — quand il y a une réponse — : « Nous sommes au regret... ». Son inachèvement social, le voici.

Quand il rencontre des camarades de sa promotion qui ont eu la chance de trouver du travail, il a honte. Comment avouer qu'il n'a reçu, lui, que des réponses négatives ? Il n'est pas très bien dans sa peau parmi ceux qui ont réussi. Il est de ces ingénieurs « qui sont de trop ». Devra-t-il se contenter pour vivre d'un emploi au-dessous de sa qualification ? Sera-t-il embauché au rabais ? Mais alors, il lui sera de plus en plus difficile de trouver plus tard un emploi à sa hauteur. On lui dira : « Cher Monsieur, bien sûr, vous avez votre diplôme, mais vous n'avez pas d'expérience. » Et s'il se trouve en concurrence avec un ingénieur fraîchement sorti de l'école, c'est ce dernier, à coup sûr, qui sera choisi.

Une demande d'embauche qui essuie un refus, accompagné des « sincères regrets » du chef du personnel, est un *non-achèvement social du premier degré*. C'est un coup dur, certes, mais aucune malveillance ne motive la décision.

Et pourtant ! Celui qui n'a pas connu l'achèvement social de son travail malgré ses compétences et ses mérites, se trouve personnellement ébranlé, et socialement déjà en partie disqualifié. Il a beaucoup moins d'assurance que s'il n'avait encore rien entrepris. Et son échec lui vaut d'être accueilli avec un a priori de méfiance : si d'autres n'ont pas voulu de lui, c'est qu'il y a des raisons...

De telles situations sont le fruit d'une économie en crise.

Mais l'heure est venue de parler d'un non-achèvement social autrement plus grave et plus brutal encore.

### NON-ACHÈVEMENT SOCIAL DU DEUXIÈME DEGRÉ : UN GÂCHIS DOUBLÉ DE MÉPRIS ET D'INSOLENCE

Tout le monde connaît les manifestations d'agriculteurs ou de viticulteurs. Que veulent-ils ? Ils protestent. Ils protestent parce qu'ils travaillent comme des forcenés pour finalement aboutir à ceci : à la fin des récoltes, à la fin des vendanges, quand l'heure est venue de vendre leurs belles tomates, leurs melons odorants, leurs artichauts, les pouvoirs publics leur font savoir que d'autres fournisseurs apporteront de l'étranger les mêmes marchandises, mais à un prix moins élevé. Au nom de l'économie européenne... Vous êtes trop gourmands, messieurs. Retirez-vous. Alors, pris par le désespoir, fous d'une légitime colère, ils viennent déverser leurs tomates, leurs pêches, leurs melons, leurs artichauts, sur les routes du pays, pour qu'ils soient broyés sous les roues des voitures qui passent.

Bien sûr, l'achèvement social de leur travail n'existe pas ; le fruit de leur labeur, au lieu de terminer sur la table du consommateur, finit lamentablement détruit sur de quelconques routes nationales. Mais il y a bien plus. Car non seulement ils sont acculés à détruire leur production, mais en outre, la conséquence de cette destruction est leur disparition en tant que cultivateurs.

Alors, perdu pour perdu, ne resterait-il plus qu'une

solution : distribuer gratuitement aux passants le fruit de leur travail ? « Notre production est vouée à la décharge publique : emportez donc tout ce que vous voudrez. Nous, les producteurs, nous voici condamnés à la mendicité ; si vous avez une aumône à déposer, vous pouvez la laisser dans cette corbeille. A votre bon cœur, messieurs-dames. »

Ce geste de folie accorderait déjà un achèvement social aux fruits, aux légumes, au vin. Le travail n'aurait pas été fourni en pure perte. Et au lieu d'aller gonfler les poubelles, les produits seraient au moins consommés. De plus, effectuée à grande échelle, cette « distribution » casserait peut-être tout doucement la concurrence étrangère... ?

Quant aux cultivateurs — hier agitateurs, aujourd'hui mendiants — ils pourraient reconquérir leur honorabilité et leur statut social, qui sait ? A condition que tout le pays se montre solidaire...

Ce non-achèvement social du deuxième degré est le lot quotidien de tant de gens...

### NON-ACHÈVEMENT SOCIAL DU TROISIÈME DEGRÉ

Beaucoup de femmes au foyer, quand on leur demande ce qu'elles font comme travail, répondent : je ne travaille pas, je reste à la maison. Effectivement, il arrive que certains maris trouvent que leur femme est improductive, et mène finalement la belle vie pendant qu'ils sont au travail.

Un homme gagnait sa vie sans trop se fatiguer. Paresseux lui-même, il soupçonnait chacun de lambiner. Payé à ne rien faire, il se montrait particulièrement suspicieux envers son épouse, femme active et économe, mais qui « ne travaillait pas ».

Un beau jour, celle-ci eut besoin d'un imperméable : « C'est incroyable ce que tu me coûtes cher ! » lui lança-t-il aussitôt. Elle se tut. Mais loin de se laisser désarçonner par cette « piqûre de guêpe » qui lui injectait, en guise de venin, les propres défauts de son mari, elle eut soin de noter, pendant les journées suivantes, les heures qu'elle consacrait à faire des courses, et le salaire que demanderait un garçon de courses pour le même service. Elle compta les heures passées à la cuisine, et le salaire correspondant d'une cuisinière ; elle compta les heures de ménage, et le salaire d'une employée de maison ; elle compta les heures passées à faire de la couture, et le salaire équivalent d'une couturière ; elle compta les heures passées à s'occuper des enfants, et le salaire d'une baby-sitter ; enfin, pour les rapports sexuels, elle prit des renseignements sur les tarifs pratiqués par les prostituées. A la fin de la semaine, elle présenta la note à son mari : « Voilà, tu vas me payer le travail que je fais, après quoi, j'aurai mon autonomie financière, et je ne te dérangerai plus pour m'acheter un imperméable ».

Cette femme, menacée de non-achèvement social du troisième degré, aurait pu en tomber malade. Or, elle a su y échapper en rétablissant la valeur financière de son travail. Monsieur n'a plus qu'à passer à la caisse !

## Non-achèvement social et maladie

*L'homme qui a réussi son travail* en ressort plein d'énergie pour aller de l'avant, pour recommencer et faire mieux la prochaine fois. Un tel homme a du cœur à l'ouvrage, il est tonique. L'expérience positive qu'il vient de faire augmente son intelligence, sa capacité d'agir. Sa créativité est accrue, il prend de plus en plus d'initiatives.

En société, on repère cet homme, car chacun sait ce qu'il a réalisé : on sait qu'il est monté d'un échelon, qu'il occupe maintenant un poste de responsable. Dans le monde des affaires, il commence à avoir ses entrées partout. Les concurrents de sa société souhaiteraient le compter dans leur rang. Par son travail, il accède à une certaine notoriété, ce qui lui facilite la tâche, car à son nom, de nombreuses portes s'ouvrent.

Bref, cet homme dont le travail a trouvé son achèvement social est debout, créatif, entreprenant. Son intégrité biologique est respectée et même confortée.

*En revanche, l'homme qui a échoué* dans son travail, lui, est amer, pire encore, il devient fataliste, convaincu d'être battu d'avance. Il a perdu toute assurance. Toute la peine qu'il s'est donnée, tout le travail qu'il a fourni avec acharnement, finalement, ne serviront à rien.

*Pathologie du non-achèvement social du premier degré :* une lutte qui ne porte pas de fruits.

Un petit commerçant de quartier s'est endetté pour acheter un magasin d'alimentation. Depuis plusieurs années, il travaille plus que de raison pour faire face aux emprunts. Toute la journée, il est sur la brèche : à l'aube il se presse aux halles de la ville pour s'approvisionner, puis doit revenir à sept heures trente distribuer le pain à ses clients. A vingt heures, après la fermeture, il rentre les légumes, nettoie le sol, puis fait les comptes. S'il lui reste du temps libre, il le consacre à son jardin, où il produit quelques primeurs qu'il vend au magasin. Cet énorme travail lui permet tout juste de maintenir son budget en équilibre. Eternellement tendu, le commerçant souffre après quelques mois d'un ulcère de l'estomac.

Certes, cet homme travaille durement, mais il a sa place parmi les autres commerçants du quartier, et son travail connaît un achèvement social puisque des clients fidèles et assez nombreux sont attachés à son magasin.

Mais voilà qu'un jour, un supermarché s'installe deux rues plus loin et menace l'existence déjà précaire de l'épicerie. Le commerçant et sa femme se tiennent les coudes. Monsieur prend un emploi aux P.T.T. : il assure ainsi une rentrée d'argent régulière ; cependant il n'en est pas moins tenu d'assurer le ravitaillement du magasin chaque matin. Madame tient la caisse et s'initie à la comptabilité. Grâce à la réunion de tous ces efforts, le négoce est encore viable. Pourtant l'achèvement social de tant d'énergie investie est de plus en plus menacé, car les ventes baissent : les clients jadis si fidèles préfèrent aujourd'hui les prix réduits et la variété des produits du supermarché. Surmené par sa double activité et découragé par les fruits bien minces recueillis après tant d'efforts, le commerçant fait un infarctus. Il a quarante-cinq ans. Naturellement son médecin lui conseille vivement de restreindre ses activités. Mais ce n'est pas si simple, il faut survivre ! Le commerçant économise, se prive de toute fantaisie, jongle avec ses délais de paiement, après quoi le magasin vivote...

Un an plus tard, nouveau coup de boutoir, une deuxième

grande surface ouvre ses portes dans le quartier... Cette fois, la faillite est inéluctable... Cependant, le commerçant ne peut se résoudre à fermer boutique. Il continuera... tant que ce sera possible... et puis... on verra bien...

« Jusque-là j'ai fait face, il n'y a pas de raison que ça ne dure pas... » déclare-t-il à son médecin inquiet de sa santé. Curieusement, ce commerçant ne semble pas être conscient de la précarité de son sort. De plus, son organisme est soumis à des tensions physiques et émotionnelles qui, puisqu'elles ne débouchent sur rien, risquent tôt ou tard de lui être fatales.

Dans l'expérimentation animale, J. M. Weiss[1] appelle cette situation « fruitless struggle », c'est-à-dire le COMBAT SANS RÉSULTAT, *situation des plus pathogènes* chez l'animal.

Une expérience similaire n'a pas été réalisée chez l'homme, bien sûr ! Mais la réalité offre bon nombre de situations analogues !

Dans le cas présent, le commerçant fait tout d'abord un ulcère car il subit quotidiennement des stress que malgré ses efforts, il ne parvient pas à surmonter. L'ulcère correspond à un dérèglement du système neuro-végétatif que l'on sait fort important dans cette maladie.

Puis, comme la situation ne s'améliore pas, le système cardio-vasculaire de cet homme supporte de nombreuses décharges d'adrénaline, hormone qui joue un grand rôle dans l'artériosclérose des vaisseaux du cœur en particulier. Or son obstination dans ce vain combat risque de déclencher un deuxième infarctus qui pourrait lui être fatal, cette fois.

*Pathologie du non-achèvement social du deuxième degré*

Un architecte en début de carrière raconte : « Après avoir fourni des mois et des mois de travail, j'ai présenté un projet pour un hôtel de ville. La qualité de mon travail est reconnue par tous les professionnels siégeant ou non dans le jury. Or mes travaux sont mis en concurrence avec ceux d'un confrère qui, avant même la proclamation des résultats, reconnaissait volontiers avoir travaillé en toute hâte : « Mon projet est moins abouti que le tien », m'avait-il confié.

1. « Influences of psychological variables on stress — induced pathology. » J. M. Weiss In Physiology, emotion and psychosomatic illness, 1972.

Or, à l'issue des délibérations, c'est la surprise générale, le projet de mon collègue est préféré au mien. Comme cela arrive souvent dans notre profession, les critères qui ont guidé le choix du jury ne sont pas d'ordre technique...

Je reçois cette nouvelle comme un coup de massue, et reste hébété... Il est vrai que c'est la troisième fois que je connais ce déboire. Me serais-je acharné en vain ? Aurais-je travaillé en pure perte ? Ma compétence d'architecte, pourtant reconnue par mes confrères, ne reçoit pas l'achèvement social auquel elle peut prétendre.

Ce verdict injuste, mais contre lequel je ne peux rien, me laisse pantois. Ces hommes qui tout à l'heure encore m'assuraient de leur considération, me tournent maintenant le dos avec une indifférence insupportable. On s'attroupe autour de l'heureux élu... »

L'architecte rentre alors chez lui, envahi par une sourde angoisse et une immense fatigue. Pendant plusieurs semaines, il est incapable de se remettre devant sa planche à dessin : « A quoi bon s'acharner à réaliser un travail de qualité, puisque là n'est pas le critère qui retient l'attention des jurys... Mon application n'a aucun sens... »

Parallèlement à cet accès de découragement, l'architecte a un sommeil agité, il ne parvient pas à se reposer. Ce non-achèvement social, sur lequel il n'a pas prise, lui coupe tout élan. Il doit se faire violence pour se relever et tenter de décrocher quelque autre commande chez d'autres employeurs.

Mais à la question : « Qu'avez-vous déjà réalisé ? » que pourra-t-il répondre ? Qu'il a tracé des plans d'édifices qui n'ont jamais vu le jour ?... Comment peut-il faire face ?

Cet homme se trouve positivement disqualifié, mis sur la touche. Finalement il n'a rien dans les mains ou plutôt, il a *moins que rien,* c'est-à-dire des projets refusés. Et si prochainement aucun de ses projets n'est retenu, il ne trouvera plus la force de se relever.

### Pathologie du non-achèvement social du troisième degré

Une jeune femme travaille dans un supermarché où, depuis plusieurs années, elle gère le rayon librairie ; cette vendeuse en fait son affaire : partie d'un stand modeste, elle l'a progressivement agrandi au point de tenir aujourd'hui un des rayons les plus importants du magasin. Depuis plusieurs années, elle réalise un bon chiffre d'affaires et vient d'obtenir une augmentation qui la récompense pour la bonne qualité de sa gestion.

Mais voilà que le grand magasin change de Directeur du Personnel. Si cet homme était intelligent, il commencerait par le début : comprendre la façon de travailler de chacun de ses employés et s'informer discrètement sur les habitudes de la maison. Or, le nouveau chef entre dans ses fonctions, comme un char d'assaut en pays conquis. Il n'a encore rien réalisé, et déjà il couvre de son mépris les employés qui, depuis des années, travaillent d'arrache-pied au succès du magasin.

Cet inspecteur-des-travaux-finis multiplie ainsi ses apparitions pour entretenir un climat d'insécurité : à cet effet, il distribue à l'improviste ici ou là des remarques désobligeantes. La gérante du rayon librairie n'y coupe pas. En présence de plusieurs clients, ce jeune coq la réprimande vertement : « Vous n'êtes qu'une incompétente ! Comment a-t-on pu vous confier une telle responsabilité, empotée comme vous êtes ? »

La jeune femme reçoit cette remarque comme une gifle d'autant plus cinglante que ses clients assistent à la scène. Elle reste clouée sur place, incapable d'aucune réplique devant ce tocard, nouvellement investi de pouvoir (c'est peut-être là un tort car, en ne réagissant pas, elle confère à cet excité une force qu'à lui seul il n'a pas). Pour cette femme, ce verdict est la négation absolue de tout ce qu'elle a entrepris jusqu'alors. Ce qui arrive est pour elle autre chose qu'un simple inachèvement social ; ses quinze ans de travail, elle les voit traînés dans la boue. Inqualifiable !

Pour cette femme, c'est l'effondrement.

A ceux qui parlent *travail*, cette vendeuse pourrait raconter tout ce qu'elle a FAIT depuis tant d'années dans son rayon, comment elle a développé la lecture pour enfants, un petit rayon de littérature étrangère, et tout le travail de documentation que cela a supposé.

Mais celui qui se laisse entraîner dans le jeu du verbe

ETRE n'a plus prise sur rien : « Vous *êtes* une incapable, vous *êtes* une empotée... » lui dit le chef du personnel... Qu'est-ce que cela signifie, que répondre ?

Jour après jour, cette femme ressasse ces paroles. Devant son chef, elle ne réagit pas, mais dans son isolement, elle se met à douter d'elle-même et perd confiance en la qualité de son travail. Elle finit même par manquer des marchés avec des éditeurs et commettre des erreurs. Elle est en train de devenir effectivement incapable !

Parallèlement, sa santé se dégrade. Plusieurs crises de nerfs avec pleurs et agitation se succèdent. Enfin, se considérant comme « n'étant plus rien », elle fait une tentative de suicide : pendant trois semaines elle est hospitalisée, puis doit suivre un traitement médical lourd. C'est bien là « le non-achèvement social » porté à son comble. Cette opération hypnotique s'appelle *piqûre de guêpe*.

En voici la technique :

Pour commencer, son chef l'a arrachée à son travail, objectivement efficace et valable, pour l'entraîner dans le monde fantasmatique de « l'être », celui des appréciations subjectives.

La remarque du patron atteint la jeune femme dans ce qui fait sa force : sa compétence professionnelle.

De plus, cette remarque est très exactement l'image du patron, lui-même incompétent.

Il s'agit là d'une véritable suggestion hypnotique qui s'implante d'autant plus profondément qu'elle est chargée émotionnellement de hargne. C'est une forme d'assassinat.

Cette « projection » détient un pouvoir d'aveuglement et de fascination des plus étranges.

— dans un premier temps, la victime est éblouie,

— dans un deuxième temps, tous les souvenirs de ce qu'elle a réalisé s'effacent dans le flou, puis se désagrègent,

— dans un troisième temps, elle commence à se demander s'il n'y a pas une part de vérité dans ce qui lui est reproché,

— et dans un quatrième temps, un peu plus tard, elle se met à reproduire effectivement le comportement de l'accusateur. Et, comme dans le cas présent, cette détérioration psychologique s'accompagne très fréquemment de maladies diverses et graves.

Voilà à quel non-achèvement social mène cette « piqûre de guêpe ». C'est là le mépris total du *travail* de quelqu'un qui gît là, écrabouillé sur le sol, arrosé de purin, et du purin prélevé chez le malfaiteur lui-même.

Lorsque l'action est impossible, que la place est menacée ou qu'aucun achèvement social n'est obtenu, des perturbations physiologiques apparaissent.

Par quels mécanismes la privation de ces nécessités fondamentales conduit-elle à la maladie ?

Dans le cerveau, « Agir », « Avoir sa place », « Trouver un achèvement social » correspondent à des systèmes neuro-hormonaux différents.

*PETIT LEXIQUE*
*pour faciliter la compréhension de ce chapitre*

**Correspondance entre hormones et comportements**

DANS L'ORGANISME

Adrénaline ⟶ Hormone qui prépare à l'action
Noradrénaline ⟶ Inhibition — Attente « en tension »
Cortisol (haut) ⟶ Soumission, défaitisme, baisse des défenses immunitaires
Testostérone ⟶ « bravo et encore » — achèvement social

DANS LE CERVEAU

A.C.T.H. ⟶ Baisse de l'agressivité
Constater une erreur et modifier sa stratégie

Dopamine
Noradrénaline } Cathecholamines ⟶ Système de l'action efficace (M.F.B.) Humeur tonique

Acétylcholine
et A.C.T.H. } ⟶ Système de l'action difficile (P.V.S.)

Sérotonine et
Acétylcholine } ⟶ Système d'inhibition de l'action (S.I.A.)

**Faisceaux nerveux intervenant dans l'action**

M.F.B. ⟶ Faisceau de la récompense : je connais, je sais comment m'y prendre
P.V.S. ⟶ Je préférerais me retirer, mais je n'ai pas d'autre possibilité, j'essaie de faire face
S.I.A. ⟶ La situation me paraît sans issue

# Chapitre 4

# APPORTS NEUROPHYSIOLOGIQUES
## AGIR — AVOIR SA PLACE —
## ACHÈVEMENT SOCIAL

*Avertissement*

Il nous faut maintenant pénétrer plus avant dans la physiologie. Nous avons tenté de rendre les pages suivantes accessibles au plus grand nombre.

Toutefois, le sujet reste complexe, et sa compréhension nécessite une attention soutenue. Ce chapitre pourra être négligé par tous ceux que ces notions biologiques n'intéressent pas directement : nous leur proposons à la page 117 *un résumé simple et schématique*. A l'exception de ces quelques pages, l'ensemble de cet ouvrage demeure d'un abord facile.

Agir, avoir sa place, connaître un achèvement social sont trois nécessités fondamentales qui, naturellement, s'accompagnent d'émotions.

Aussi, avant d'entreprendre une étude plus approfondie des implications neurophysiologiques de ces trois nécessités, il est important de comprendre comment les émotions retentissent sur l'organisme.

## COMMENT LES ÉMOTIONS SE TRADUISENT DANS L'ORGANISME

### Equilibre de l'organisme

Le cerveau est le centre de contrôle de l'organisme. Il envoie en permanence des ordres à l'ensemble des organes, qui, en retour, lui renvoient des informations, grâce auxquelles il peut constamment modifier et ajuster ses ordres.

De plus, véritable plaque tournante, il est en même temps l'intermédiaire entre l'organisme et le monde extérieur : il adapte les fonctions vitales aux nécessités de l'environnement.

Cette adaptation s'effectue essentiellement par le biais du système nerveux végétatif, ou système nerveux autonome.

Un individu dont le néo-cortex a été détruit lors d'un accident peut rester des années dans le coma, ne menant qu'une *vie végétative*. Cette vie, ou plutôt cette survie est assurée par ce Système Nerveux Végétatif (S.N.V.) qui contrôle les fonctions vitales : respiration, circulation sanguine, digestion...

Placé sous la commande de l'hypothalamus, le S.N.V. est formé de deux contingents de fibres : le système *sympathique* et le système *parasympathique*.

Ces deux systèmes exercent des actions complémentaires sur les organes qu'ils innervent[1]. Chaque organe est innervé par le sympathique, le parasympathique, ou les deux à la fois.

Le cœur, par exemple, est accéléré par une stimulation sympathique, et ralenti par une stimulation parasympathique.

Les deux systèmes sont donc appelés à *maintenir un équilibre général* dans le fonctionnement de l'organisme, tant dans la vie courante que lorsqu'un danger menace l'individu. On parle de « balance neuro-végétative ».

Je gravis un escalier : au bout d'une trentaine de marches,

1. Voir tableau.

## Le Système neurovégétatif

Principaux effets du S.N.V. (sympathique et parasympathique) sur les divers organes :

| Organes | Effet de la stimulation sympathique | Effet de la stimulation parasympathique |
|---|---|---|
| Cœur | Augmentation de la fréquence, de l'énergie, de la contraction | Diminution de la fréquence, de l'énergie, de la contraction |
| Poumons | Augmentation du rythme respiratoire | Diminution du rythme respiratoire |
| Estomac | Diminution des sécrétions et du péristaltisme | Constriction |
| Vésicule Intestin | Contraction du sphincter Relaxation Diminution sécrétions et péristaltisme | Relaxation Contraction Augmentation |
| Rectum | Rétention, relâchement du rectum avec contraction du sphincter | Evacuation, contraction avec relâchement des sphincters |
| Vessie | Relâchement du muscle Contraction du sphincter | Contraction du muscle Relâchement du sphincter |
| Organes génitaux | Ejaculation — Orgasme | Erection |
| Œil | Dilatation de la pupille Vision éloignée améliorée | Resserrement de la pupille Vision proche améliorée |
| Vaisseaux | Dilatation des coronaires Dilatation au niveau des muscles, du poumon Constriction pour autres organes | Dilatation des vaisseaux |

mon souffle est devenu plus court, j'ai le cœur qui bat un peu plus vite. C'est que le système sympathique a adapté mon organisme à l'effort que je lui ai demandé. Une fois arrivé en haut, mon pouls retrouve son rythme régulier, et je reprends mon souffle (mes bronches se resserrent) : cette fois, c'est le parasympathique qui a rétabli l'équilibre.

Si, en traversant la rue, j'aperçois une voiture qui arrive à vive allure, je saute sur le côté immédiatement et sans réfléchir. Le tout n'aura duré que quelques dixièmes de seconde. Bien souvent, le saut que j'effectue pour éviter ce danger mortel, dépasse de loin ce dont je suis capable « à froid ». C'est grâce au système sympathique qu'un tel exploit est possible.

Face à l'urgence, le cerveau déclenche une décharge du sympathique, ce qui inonde brusquement tout l'organisme d'adrénaline, hormone[1] qui me permet d'agir rapidement. Puis, une fois le danger écarté, je ressens les autres effets de la même hormone : jambes qui se dérobent, cœur qui bat très fort... essoufflement...

Ensuite, le parasympathique provoque une mise au repos : « Je me remets de mes émotions. »

Le système nerveux végétatif, s'il peut se dérégler rapidement, peut de même se remettre à fonctionner normalement dans des délais tout aussi brefs.

### Les émotions

Non seulement le système nerveux végétatif, commandé par le cerveau limbique[2], me permet de faire face à l'environnement, mais il fait *résonner* sur l'ensemble du corps les *émotions* que cet environnement a suscitées.

---

1. Qu'est-ce qu'une hormone ? Prenons une comparaison : un chef d'entreprise vient de décrocher un marché important. Aussitôt, il envoie un télégramme au directeur technique, lui demandant de prendre en main cette grosse affaire. Tout de suite, ce dernier adresse une note aux ingénieurs de fabrication et aux services commerciaux. Bientôt, les machines commencent à tourner pour réaliser cette commande.

L'hormone joue dans l'organisme le même rôle que le télégramme dans l'entreprise : celui de message.

2. Voir chapitre I : le cerveau limbique.

Une situation très ordinaire : au milieu de l'année, un « nouveau » arrive dans une classe. En entrant, il jette un regard circulaire, plus ou moins chargé d'inquiétude, puis s'asseoit sans mot dire. Comment sera-t-il accepté par les autres écoliers ? Il tente de déchiffrer les coups d'œil qu'on lui lance. Divers moyens s'offrent à lui pour s'intégrer à la classe, il peut essayer de faire rire ses voisins, ou leur demander un renseignement. Son cerveau analyse constamment le résultat de chaque action entreprise, et cette analyse s'accompagne d'*émotions*.

Si notre écolier éprouve de grosses difficultés à s'intégrer, si ses voisins ne répondent pas à ses questions, *l'inquiétude monte, trahie par un rougissement, des sueurs, des tremblements :* ce sont les effets du système neuro-végétatif.

Si après quelques jours, il ne parvient décidément pas à se faire accepter, s'il estime qu'il ne peut pas faire son trou, des symptômes plus sérieux peuvent apparaître : par exemple, des vomissements le matin, avant de partir à l'école. En effet, lorsque le cerveau ne trouve aucune solution, le S.N.V. se dérègle, ce qui aboutit à une première série de troubles.

En revanche, si pendant la récréation il réussit à nouer quelque relation, s'il entrevoit la possibilité de se faire un camarade, il sera alors plus détendu. *Cette détente elle aussi se manifestera physiquement* (effet du parasympathique). Enfin, s'il parvient à s'intégrer au jeu de quelques-uns, il en sera satisfait. Aller à l'école peut même devenir pour lui un plaisir.

Bref, le cerveau perçoit et analyse l'environnement, les actions à y mener, et leur résultat. Cette analyse suscite des émotions qui s'expriment dans l'organisme sous forme de modifications biologiques (sueurs, rougeurs, larmes, etc.).

C'est donc un même cerveau limbique et un même système nerveux végétatif qui assurent simultanément deux fonctions très différentes :

— ils assurent le bon fonctionnement des organes ;
— ils répercutent les émotions sur l'organisme.

C'est pourquoi, quand l'une de ces deux fonctions est perturbée, l'autre s'en ressent également. On sait que certaines maladies s'accompagnent d'émotions particulières : ainsi, l'hyperthyroïdie engendre l'anxiété, et une très grande fatigue rend irritable et dépressif. Mais à l'inverse, un trouble émotionnel retentit sur tout l'organisme et détruit l'équilibre physiologique. Certaines personnes, après un choc affectif, connaissent un déséquilibre de la glande thyroïde, de même que la dépression s'accompagne de fatigue physique...

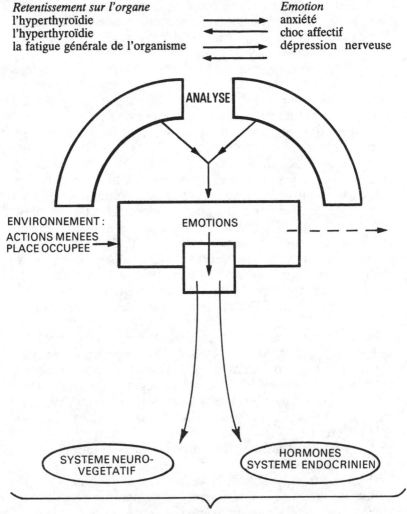

| *Retentissement sur l'organe* | | *Emotion* |
|---|---|---|
| l'hyperthyroïdie | ⟶ | anxiété |
| l'hyperthyroïdie | ⟵ | choc affectif |
| la fatigue générale de l'organisme | ⇄ | dépression nerveuse |

ANALYSE

ENVIRONNEMENT :
ACTIONS MENEES
PLACE OCCUPEE

EMOTIONS

SYSTEME NEURO-VEGETATIF

HORMONES
SYSTEME ENDOCRINIEN

MODIFICATIONS BIOLOGIQUES
DANS L'ORGANISME

**Vers la maladie : les limites de l'adaptation de l'organisme**

Notre organisme est équipé pour faire face à bien des *désordres,* mais ses possibilités d'adaptation sont limitées. En effet, lorsque ces désordres sont *trop violents* ou *trop fréquents,* ils provoquent des troubles qui, à leur tour, engendrent des maladies. Ainsi, une absence de sommeil contraint l'organisme à se réorganiser : il doit modifier les mécanismes qui règlent la vigilance et l'attention. Mais ce dérèglement momentané n'aura aucune conséquence, si les nuits suivantes sont d'une durée normale. En revanche, ne dormir qu'une nuit sur deux ou sur trois entraîne un dérèglement général de l'organisme, qui aura pour conséquence d'user prématurément les organes. Ainsi, la longévité des ouvriers qui font les trois huit pendant toute leur carrière est-elle raccourcie en moyenne de sept ans.

Pour les émotions, il en va de même : être licencié une première fois cause un traumatisme psychologique que, le plus souvent, chacun peut surmonter. Certes, l'inaction, la déception et le sentiment d'être rejeté s'accompagnent de modifications physiologiques, mais l'organisme est à même de faire face à ce déséquilibre momentané.

En revanche, si je suis licencié par deux fois et que durant une année, j'essuie plus d'une vingtaine de refus à l'issue de mes entretiens d'embauche, je serai émotionnellement très touché. Chaque nouvel entretien m'angoissera de plus en plus et dans mon organisme, les désordres physiologiques consécutifs à ces fortes émotions seront eux aussi de plus en plus fréquents, à tel point que je finirai par « tomber malade ».

Les émotions jouent un rôle déterminant dans l'équilibre de l'organisme. Mais d'où proviennent ces émotions ?

Elles ont été enregistrées dans le cerveau limbique à l'occasion d'expériences passées. Et aujourd'hui, chaque fois que je me retrouve dans une situation semblable, les mêmes émotions ressurgissent.

JE DOIS AUJOURD'HUI MENER UNE ACTION

1. J'ai déjà connu dans le passé une situation semblable, qui s'est soldée par une réussite. Cette expérience a été mémorisée dans le limbique avec une émotion positive. C'est pourquoi, aujourd'hui, je suis sûr de moi.

Cette assurance met en route un système physiologique qui soutiendra toute mon action : **le Système Activateur de l'Action.**

2. J'ai déjà connu dans le passé une situation semblable, qui s'est soldée par un échec. Elle a été mémorisée dans mon cerveau limbique assortie d'une émotion déplaisante. J'en garde un mauvais souvenir. C'est pourquoi aujourd'hui je me sens démuni.

Ce manque d'assurance met en route un autre système physiologique qui inhibe mon action : **le Système Inhibiteur de l'Action.**

## JE RÉUSSIS :
## LE SYSTÈME ACTIVATEUR DE L'ACTION [1]

**J'agis... je réussis**

*J'AGIS...*

Lorsque je dois passer à l'acte, je me trouve devant plusieurs possibilités :

— la situation m'est favorable, je me suis déjà tiré de pareilles expériences avec succès, j'ai des chances de réussir : c'est *l'action offensive;*

— la situation est périlleuse, j'en ai connu d'autres du même genre, il vaut mieux *fuir;*

— même la fuite m'est impossible, il me faut donc lutter, c'est-à-dire mener une *action défensive.*

L'ACTION OFFENSIVE

« J'ai déjà affronté avec succès une situation semblable, je sais comment m'y prendre. »

1. Sur la correspondance entre hormones et comportements, se reporter au petit lexique de la page 88.

*Dans le cerveau,* un circuit nerveux particulier se met en route : le M.F.B. (Medial Forebrain Bundle) encore appelé « système de la récompense ». Ce système fut décrit par James Olds et Peter Milner il y a une vingtaine d'années. Il correspond à certaines zones du cerveau dont la stimulation provoque une sensation de plaisir, de satisfaction. Comme tout circuit nerveux, il est à la fois électrique et chimique : des courants le parcourent et provoquent la libération de neuro-hormones, la dopamine et la noradrénaline : « je suis en pleine possession de mes moyens ».

*Dans l'organisme,* la décision d'affronter de façon combative une difficulté (c'est-à-dire, la mise en action du M.F.B.) s'accompagne, d'une part, d'une libération d'adrénaline par la glande médullo-surrénale, d'autre part, d'une mise en jeu du parasympathique qui dilate les vaisseaux. Toutes deux préparent l'organisme à se lancer dans l'action : « je suis d'attaque ».

## LA FUITE ET L'ACTION DÉFENSIVE

« La difficulté me paraît insurmontable : je fuis. »

« Mais parfois, je ne peux même pas fuir, et je suis donc obligé de lutter. »

*Dans le cerveau,* un même circuit nerveux se met en route dans ces deux cas : le P.V.S. [1] (Peri Ventricular System, mis en évidence par De Molina et Hunsperger en 1962). On l'appelle également système de la punition ou de l'échec. C'est un circuit électrique qui fonctionne grâce à une hormone : l'acétylcholine, et qui stimule l'A.C.T.H. Cette dernière a pour effet d'aider l'individu à constater qu'il fait fausse route, et à changer de stratégie. Elle est donc particulièrement utile dans les situations délicates.

*Dans l'organisme,* le P.V.S. provoque lui aussi la libération d'adrénaline qui agit sur les différents organes, mais cette fois, pour les préparer à la fuite ou à la lutte.

Devant une difficulté complexe, il me faut un certain

---

1. Les données que nous avançons concernant le P.V.S. s'appuient sur un grand nombre d'observations cliniques et sur l'étude d'ouvrages autorisés. Elles ne relèvent cependant que de l'hypothèse. Se reporter à la page 111.

temps avant de trouver une solution efficace. Pendant toute cette période, A.C.T.H. et adrénaline sont libérées afin de préparer l'action : l'A.C.T.H. pour m'aider à réfléchir, l'adrénaline pour me préparer physiquement. Mais, revers de la médaille, la libération simultanée d'A.C.T.H. et d'adrénaline provoque l'anxiété, puis l'angoisse dans le cerveau limbique, et dans l'organisme, des rougeurs, des sueurs, de la tachycardie, etc. par le biais du système neuro-végétatif.

Ainsi, M.F.B. et P.V.S. sont, dans le cerveau, deux systèmes activateurs de l'action, qu'il s'agisse d'action offensive, de fuite, ou d'action défensive. Ils mobilisent tous deux l'adrénaline qui permet l'adaptation de l'organisme. L'adrénaline est donc l'hormone qui permet de faire face ou volte-face.


## ... ET JE RÉUSSIS

J'ai réussi. Mon action offensive, ma fuite ou mon combat se sont terminés en ma faveur. Ce résultat correspond à ce que j'attendais, le M.F.B. est alors activé. L'événement est mémorisé comme gratifiant, c'est-à-dire que je le classe dans mon fichier de mémoire nanti de la mention « à renouveler sans hésiter ». Ayant affronté une fois une difficulté avec succès, je l'affronterai de façon plus combative encore à la prochaine occasion. (Bien entendu, si ma réussite a pris l'aspect d'une fuite, une fuite réussie, à la prochaine occasion j'aurai de nouveau recours à cette solution.)

Ainsi, plus je réussis, plus je suis apte à réussir, car le M.F.B. stimulé provoque à nouveau une libération de noradrénaline et de dopamine dans le cerveau : ces deux hormones anti-dépressives me donnent une humeur tonique [1].

_____

1. Cela explique en partie pourquoi le fait d'agir améliore l'état d'un dépressif. Mais le propre du dépressif est précisément de ne pas parvenir à se replacer sur l'orbite de l'action. Nous y reviendrons dans un chapitre ultérieur.

En conclusion, une action réussie a deux conséquences :
— elle me prépare à réussir d'autres actions ultérieures et me donne du tonus ;
— elle procure à mon organisme un bon équilibre physiologique, c'est-à-dire la santé.

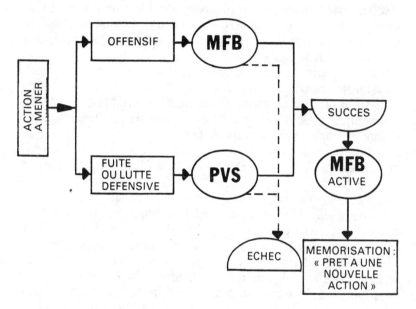

## J'ai ma place

Avoir sa place est une nécessité biologique qui s'accompagne de réactions physiologiques particulières.

« Ma place », tant géographique que sociale, est mémorisée dans l'hippocampe, une structure du cerveau limbique.

Quand je constate que j'ai ma place, il se produit dans mon cerveau une série de réactions en chaîne[1] qui aboutissent à baisser dans mon organisme le taux d'une hormone : le cortisol ; et puisque ce taux est bas, mon organisme dispose d'un maximum de résistance aux infections. En outre, je suis d'une humeur combative.

---

1. Axe hippocampe — hypothalamus — hypophyse — corticosurrénale.

C'est dire combien il est important pour la santé d'un individu qu'il puisse avoir sa place.

## L'achèvement social

C'est par des actions efficaces que j'acquiers ou que je conforte ma place. L'achèvement de mes actions dépendant en grande partie de l'environnement social, nous l'appelons « achèvement social ».

Cet achèvement social trouve lui aussi une correspondance physiologique :

— le fait que j'agisse efficacement s'accompagne d'une augmentation des catécholamines (adrénaline dans l'organisme et noradrénaline dans le cerveau) ;

— le fait que par la même occasion, j'acquiers ou je conforte ma place, entraîne une baisse du taux de cortisol ;

— et la simultanéité de ces variations hormonales provoque la mise en action d'un troisième circuit nerveux qui aboutit à la libération de testostérone. La testostérone accroît ma capacité d'accomplir une nouvelle action du même type. C'est en quelque sorte l'hormone qui me fait dire : « Bravo ! Et encore ! »

*Conclusion :* ces quelques notions biologiques nous permettent de mieux comprendre comment le fait d'agir efficacement, d'avoir sa place, de connaître l'achèvement social de ses entreprises permet à l'individu de disposer au mieux de ses capacités :

— d'une part sur le plan psychique, par l'humeur tonique, la combativité, la capacité accrue de se concentrer sur une tâche ;

— d'autre part sur le plan physique par un fonctionnement équilibré de l'organisme, qui, alors, est en pleine possession de ses moyens.

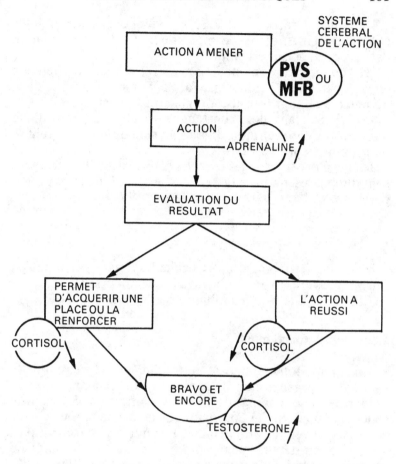

## J'ÉCHOUE, mon organisme se dérègle

**J'agis avec difficulté...**

— La difficulté à laquelle je suis confronté est de taille. Je cherche une solution de fuite, mais sans la trouver.

— La difficulté à laquelle je suis affronté est de taille, je lutte pendant quelque temps, je ne vois pas d'issue.

Dans les deux cas, le circuit nerveux mis en route dans le cerveau est le P.V.S.

De la même façon, le P.V.S. intervient quand je me rends compte de l'inefficacité de mon travail : je n'ai pas obtenu l'achèvement social escompté.

La situation devient pathogène si je suis en perpétuelle tension parce que je dois faire face à de multiples difficultés, ou parce que mon travail est régulièrement saboté.

Le P.V.S. étant alors constamment sollicité, je suis d'une humeur anxieuse, et mon organisme connaît un déséquilibre du système neuro-végétatif.

Je suis alors sujet à des *troubles fonctionnels*. Ces troubles sont dus au déséquilibre de la balance sympathique-parasympathique.

### ... et j'échoue

Mais vient le moment où je baisse les bras : je n'ai pas pu fuir ni trouver d'issue, mon travail est toujours saboté.

Alors, je glisse vers l'inhibition de l'action.

### Les troubles fonctionnels ? [1].

Un trouble fonctionnel est un trouble qui relève non de la lésion d'un organe, mais de son mauvais fonctionnement.

Faisons une comparaison : une voiture mal conduite fonctionne mal. Si j'ai pour habitude de conduire sèchement, je freine souvent et brutalement. Les freins se relâchent plus vite, mais au début, aucune pièce n'est abîmée. Il suffit de resserrer les freins : c'est la pathologie fonctionnelle.

Après quelques mois d'utilisation, les plaquettes s'usent et mes freins commencent à s'abîmer réellement, il faut changer des pièces : c'est la pathologie organique, il y a lésion.

D'une façon générale, nous l'avons vu, sympathique et parasympathique assurent à l'organisme un équilibre : on parle de balance neuro-végétative.

Tout déséquilibre de cette balance peut donner lieu à des troubles où se manifeste plus particulièrement l'un des deux systèmes.

1. Dysfonctionnement de l'axe amygdale-adréno-sympathique.

Il y a trois possibilités de déséquilibre où les manifestations vont être différentes.

*Premier déséquilibre :* lorsque j'appréhende un examen, je sens mon cœur battre trop vite (tachycardie), j'ai une boule dans la gorge : c'est *le système nerveux sympathique* qui se manifeste trop fortement, ce qui déséquilibre la balance neuro-végétative.

*Deuxième déséquilibre :* lors d'une prise de sang, je m'évanouis. La seule vue de l'aiguille a déclenché en moi une décharge du sympathique sans conséquence. Par contrecoup, *le parasympathique réagit* aussitôt, et c'est lui qui provoque alors mon évanouissement.

*Troisième déséquilibre :* j'ai fourni de gros efforts, je suis surmené par des soucis, mon *système sympathique* se « fatigue » parce qu'il est *trop sollicité.* Aussi, quand je me lève dans cet état, mon sympathique ne maintient plus une tension artérielle constante : j'ai des étoiles devant les yeux, je perds l'équilibre... Mon médecin conclut : « Vous faites une hypotension orthostatique ! »...

*Quels troubles ces trois déséquilibres entraînent-ils ?*

Pierre doit passer son oral d'anglais ; il a la diarrhée pendant la semaine qui précède son examen. Au jour « J », il va souvent uriner ; ses mains sont moites ; il tremble, rougit et sa bouche est sèche ; il se demande s'il va pouvoir parler car une boule lui serre la gorge. *Pierre a le trac.* Il est tendu et anxieux. Ses troubles physiques sont dus à une perturbation de la balance neuro-végétative.

*Dans une situation stressante,* lorsqu'une personne ne peut pas agir, des pathologies *transitoires* peuvent apparaître, qui au fil du temps, entraîneront des maladies graves.

C'est cette pathologie-là qui emplit les cabinets des médecins généralistes : beaucoup de patients se plaignent de troubles fonctionnels dus à des dérèglements neuro-végétatifs qui trouvent leur origine dans l'environnement.

Donc finalement, pour supprimer les effets, il faudrait supprimer les vraies causes. Là est l'objet de ce livre.

Regardons ces troubles, organe par organe :
● Troubles digestifs :
brûlures d'estomac, lourdeur de digestion,

aérophagie,
diarrhée, constipation,
colite spasmodique.

● Troubles vaso-moteurs :
rougissements,
perte de cheveux par petites plaques, les cheveux blanchissent brutalement : telle Marie-Antoinette la nuit précédant son exécution ;
migraines et maux de tête en général.

● Troubles cardio-vasculaires :
tachycardie : le cœur bat très vite ; troubles du rythme : dans les embouteillages certaines personnes font temporairement des blocs de branches (c'est-à-dire que le courant ne passe plus dans les circuits électriques du cœur) ; sur le moment, la personne ne ressent rien.
Palpitations : je sens mon cœur battre.
Précordialgie : douleur au niveau du sein gauche.
Hypertension paroxystique : un malade arrive chez le médecin, sa tension est élevée, dix minutes après, elle se normalise.
Hypotension orthostatique : je me lève brusquement, j'ai une sensation de vertige.
Lipothymie : dans la foule, le métro, une atmosphère surchauffée, la vue se trouble, les oreilles bourdonnent, on a l'impression d'un évanouissement imminent avec pâleur, sueurs.

● Troubles respiratoires :
sensation d'oppression thoracique, de suffocation.

● Troubles O.R.L. :
sensation d'obstruction nasale ou écoulement intermittent.

● Troubles génitaux :
impuissance dite « psychogène ».
Une femme enceinte est surmenée : elle ressent des contractions utérines au cours de sa grossesse, elle risque une fausse couche ou un accouchement prématuré et devra se reposer.

● Troubles biologiques :
troubles passagers du taux de sucre sanguin qui augmente (hyperglycémie) ou diminue (hypoglycémie). D'où la règle

de ne traiter un tel trouble qu'après deux ou trois vérifications espacées sur plusieurs semaines.

Ce que l'on appelle la spasmophilie, regroupe tout ou partie de ces signes, maladie déconcertante et fréquente (20 % de la population générale).

Voilà donc une série de troubles qui peuvent apparaître au gré des événements, dans un environnement difficile, fatigant, contrariant.

## A la longue, apparaissent certaines lésions

C'est le cas de *l'hypertension artérielle* dite essentielle, car on ne trouve pas de cause organique. Elle n'est pas due à une artère de calibre réduit ou pas assez élastique mais aux conditions de vie.

Véritable maladie de la civilisation moderne, c'est une pathologie très fréquente qui touche une personne sur cinq.

C'est la maladie de l'homme d'affaires : on note chez ces patients une trop forte activité du système sympathique, que ce soit au repos ou à l'exercice. Ces personnes voient leur système nerveux végétatif sans cesse sollicité pour faire face aux exigences d'une vie mouvementée. Bien sûr, les hommes d'affaires ne sont pas les seuls dans ce cas.

La stimulation sympathique fait monter la tension artérielle : il s'agit d'à-coups qui, chacun isolément, sont sans conséquences. Mais répétés chaque jour des dizaines de fois, ces accès de tension mènent à des lésions des artères. Celles-ci deviennent rigides, ce qui entraîne une hypertension chronique, et à la longue les troubles fonctionnels deviennent *organiques.*

Les vaisseaux ne pouvant, à long terme, supporter des pressions élevées, des lésions dégénératives vont apparaître et celles-ci, par la suite, évolueront pour leur propre compte, même si les sollicitations du système sympathique ont disparu. Dès lors, le sujet est exposé à l'insuffisance rénale, à l'insuffisance cardiaque, à l'insuffisance coronarienne, voire à l'infarctus ou à l'accident vasculaire cérébral.

Ceux qui ont mené une vie trépidante, une fois au repos subissent encore les conséquences des dérèglements végétatifs antérieurs.

Tous ces troubles neuro-végétatifs auront des conséquences dramatiques sur une personne « fragilisée », par exemple, par l'âge.

A vingt ans, un à-coup d'hypertension n'aura aucune conséquence car les artères du cerveau sont encore souples.

A soixante-dix ans, un tel à-coup peut provoquer une rupture des artères du cerveau. C'est l'accident vasculaire cérébral, avec hémiplégie possible, le malade fait « une attaque ».

Dans une situation stressante, les bronches sécrètent davantage de mucus (sorte de lubrifiant). Pour un individu qui n'a aucun problème respiratoire, cette sécrétion n'a aucune conséquence. Par contre, pour un insuffisant respiratoire, elle va déséquilibrer un état de santé déjà précaire : la sécrétion se complique très vite d'infection.

## JE NE PEUX PAS AGIR, JE N'AI PAS MA PLACE : le système inhibiteur de l'action [1]

Lorsque la lutte comme la fuite me sont (ou me semblent) impossibles, lorsque je n'ai pas ma place, j'entre dans l'état d'inhibition de l'action, c'est-à-dire que je suis prostré, passif, défaitiste. Et ces émotions négatives vont déclencher dans mon organisme une série de pathologies.

Après une longue période de chômage, Paul trouve un emploi dans une société familiale gérée par un couple. D'emblée les conjoints, qui ne s'entendent pas, lancent des ordres contradictoires. Comme Paul ne peut envisager de se retrouver à nouveau au chômage, il fait face à la situation, et tente de satisfaire aux exigences de chacun. Mais dans ces conditions, il lui est impossible de mener à bien son travail et, rapidement, il s'épuise à la tâche. (De plus il est préoccupé, puis tourmenté par l'opinion que ses patrons tyranniques peuvent se faire de lui.) Il perd sa vitalité et se laisse

---

1. Une fiche technique est proposée en fin de chapitre (p. 112).

submerger par *une impression* d'impuissance de plus en plus poignante.

Complètement polarisé, il ne voit pas d'issue à la situation, et progressivement se désintéresse de sa propre famille, de ses loisirs et de ses amis. Il se sent lourd, fatigué. Jadis jovial, il n'a plus aujourd'hui la force de plaisanter, de sortir le soir ou même de réfléchir à une solution ; il perd le goût de vivre. Il est comme prostré.

Un mois plus tard, il est hospitalisé pour un ulcère hémorragique duodénal.

Paul s'est trouvé dans une situation impossible ; pendant quelque temps, il a tenté vainement de concilier l'inconciliable. Tous ses efforts ont échoué. Or, lorsque les actions entreprises échouent, le cerveau déclenche le fonctionnement d'un système nerveux particulier : le Système Inhibiteur de l'Action (S.I.A.). La découverte et l'étude de ce système reviennent à Henri Laborit.

**Effets biologiques du S.I.A.**

*Sécrétion du cortisol*

Dans une situation difficile, nous l'avons vu, c'est le P.V.S., système de la fuite ou de la lutte défensive qui est stimulé dans un premier temps, ce qui libère A.C.T.H. et adrénaline : ces deux hormones facilitent l'action. Mais l'A.C.T.H. va provoquer dans un deuxième temps la sécrétion d'une autre hormone, le *cortisol*. Or, s'il est tonifiant lorsque l'action est possible, le cortisol *inhibe l'action* lorsqu'il est sécrété en grande quantité, il provoque un état de soumission : je baisse les bras et abandonne la lutte.

Le sentiment d'impuissance né de la situation que je ne parviens pas à résoudre et les effets du cortisol stimulent le Système Inhibiteur de l'Action.

Or, si le cortisol stimule le S.I.A., le S.I.A. à son tour, entraîne une sécrétion accrue de cortisol. C'est donc un véritable cercle vicieux qui s'installe :

CORTISOL ⇄ S.I.A.

Ainsi, une fois tombé en inhibition, j'aurai bien des difficultés à en sortir.

Non seulement le S.I.A. provoque une sécrétion accrue de cortisol, mais de plus, il perturbe le rythme de cette sécrétion. Or, chez un individu en bonne santé, le cortisol provoque le matin au réveil un coup de fouet qui lui permet de se lever d'humeur tonique. Si le rythme de sécrétion du cortisol est perturbé, je me lèverai fatigué le matin, comme beaucoup de dépressifs.

### Sécrétion de noradrénaline

De plus, le S.I.A. libère non seulement du cortisol, mais aussi de la noradrénaline.

Cette hormone, contrairement à l'adrénaline, s'oppose à l'action. C'est l'hormone de « l'attente en tension ». En outre, elle favorise l'apparition de l'hypertension artérielle.

### Autres effets du S.I.A. : sur la thyroïde

Il entraîne une baisse des sécrétions thyroïdiennes. Habituellement, la thyroïde joue un rôle stimulant. Un déficit en hormone thyroïdienne entraîne un ralentissement et un empâtement aussi bien psychique que physique.

### Pourquoi les modifications physiologiques qui accompagnent l'inhibition sont-elles pathogènes ?

Le cortisol joue un rôle important *dans l'équilibre de l'organisme* : il intervient en particulier dans la répartition du sucre, des graisses et de l'eau. Des troubles dans cette répartition peuvent entraîner des maladies telles que le diabète, une obésité ou une hypertension.

Le cortisol joue également un rôle dans les *défenses immunitaires* : à faibles doses c'est un stimulant des défenses de l'organisme, à des doses plus importantes, comme dans le cas de l'inhibition, il provoque au contraire une baisse de ces défenses. Un trouble de l'immunité s'accompagne d'une *sensibilité plus importante aux infections*. On sait maintenant qu'il existe un lien non négligeable entre une baisse de l'immunité et le développement d'un cancer.

D'autres pathologies semblent être favorisées par l'inhibition de l'action :

— *l'ulcère gastrique :* le cortisol augmente l'acidité de l'estomac et diminue la résistance de la paroi à cette acidité.

— *les maladies cardio-vasculaires en général :* infarctus, artérites, accidents vasculaires cérébraux... (Voir « L'Inhibition de l'action » chapitre 5 : les maladies de l'inhibition comportementale *op. cit.*)

— Enfin, l'inhibition s'accompagne de *manifestations psychiques :*

• soumission, défaitisme,

• perte d'attention aux événements extérieurs, indifférence,

• troubles de mémoire, en particulier la mémoire des événements gratifiants : la personne ne se souvient plus de ce qu'elle a réussi avant,

• plus de force pour élaborer un plan d'action, pour chercher les informations nécessaires,

• asthénie, fatigue, en particulier le matin.

En conclusion, une personne en inhibition de l'action est déprimée, et de plus, exposée à la maladie. Quel organe ou quelle fonction se déréglera ? C'est là une affaire de « terrain », car chaque organisme réagit selon ses points faibles.


## Sortir de l'inhibition de l'action

C'est le sentiment d'impuissance ou d'échec qui déclenche le cercle vicieux du S.I.A. Dans un état d'inhibition, une personne ne peut que remuer des idées noires. Or, ces émotions renforcent l'état d'inhibition. Si à la suite d'un succès, j'affronte de nouvelles difficultés sur un mode combatif, en revanche, à la suite d'un échec, étant en inhibition, je serai moins combatif pour de prochaines tentatives. Je pars vaincu d'avance, je broie du noir. Ce faisant, je m'auto-intoxique, et mes émotions dépressives renforcent le déséquilibre hormonal déjà existant. Je ne peux que m'enfoncer de plus en plus. Il est donc urgent de sortir de cet état. Pour rompre le cercle vicieux, il faut mettre au point un plan d'action.

Cette rupture du cercle vicieux aboutit à un rééquilibre neuro-hormonal. Le fait d'agir efficacement en augmentant les catécholamines cérébrales, hormones de l'action, diminue le taux de cortisol.

Bien sûr, toute la question est de savoir comment une personne en inhibition peut réussir à passer à l'action. C'est ici qu'une *aide extérieure* s'avère presque toujours indispensable. Nous reviendrons plus en détail sur ce point à propos de la dépression.

### Pourquoi je tombe en inhibition de l'action

L'inhibition peut être la conséquence d'un environnement très défavorable : une mise au chômage, la perte d'un conjoint, une catastrophe naturelle qui détruit tous mes biens...

Mais il semble bien que dans la plupart des cas, une situation paraît sans issue, non pas à cause de l'environnement en lui-même, mais à cause du conflit entre des options que je dois prendre dans cet environnement et ce que j'ai mémorisé, au cours de ma vie :

— j'aime un étranger mais ma famille est raciste. Qui dois-je choisir ?... inhibition de l'action.

— j'ai quarante-cinq ans, je suis déjà grand-mère, et j'apprends que je suis enceinte. Ma religion m'interdit l'avortement. Que dois-je faire ?... Inhibition de l'action.

Dans ces situations, c'est une éducation, une morale, des principes qui empêchent de faire face à la difficulté présente.

Pourquoi est-il si difficile de sortir de ces schémas de conduite ?

Pour H. Laborit, c'est là que réside l'essentiel du problème :

« Il faut se demander *pourquoi* on est en inhibition de l'action. Le problème se pose (par exemple) pour une pneumonie. Si j'avais une pneumonie je serais très content qu'on me fasse de la pénicilline, mais *pourquoi* ai-je fait une pneumonie ? C'est parce que j'étais en inhibition de l'action (...).

J'ai pu schématiser depuis quelques années les principaux mécanismes de l'inhibition de l'action, et il s'agit toujours d'un rapport défectueux de l'individu avec son environnement social, familial, professionnel [1]. »

## REMARQUE

*Résumons*

1. Lorsque l'individu réussit une action, il est tonique, c'est le M.F.B. qui est mis en jeu.

2. Un individu prostré, incapable de réagir est en inhibition de l'action, le responsable de cet état d'inhibition est le S.I.A.

3. Mais entre ces deux situations, il en existe une troisième, la plus fréquente, celle où le sujet *essaie* de trouver une solution soit en luttant, soit en fuyant. Pour y parvenir, il cherche, il essaie, il est tendu. S'il échoue, il recommence, il lui faut coûte que coûte trouver une solution. Et cette recherche durera plus ou moins longtemps en fonction du comportement de l'individu.

Or nous avons observé que les symptômes ou les maladies développées au cours de cette période sont les mêmes que ceux dus à un excès d'adrénaline. Citons pour exemple la spasmophilie qui peut être reproduite par une injection d'adrénaline [2].

Etant donné que le S.I.A. n'engendre pas de sécrétion d'adrénaline, nous pensons que cette pathologie due à l'adrénaline est liée à la mise en jeu du P.V.S., système de la lutte ou de la fuite : ainsi, soit le P.V.S. agit seul, soit le P.V.S. et le S.I.A. agissent ensemble, mais avec une prédominance de l'action du P.V.S.

Ceci est une hypothèse basée sur nos observations [3]. Il serait intéressant qu'une expérience biologique vienne la confirmer.

1. « *Magazine littéraire* », p. 172-173, mai 1981.
2. *Annales médicales de Nancy et de l'Est,* Duc M. et coll. 1982, t. 21, 763-764.
3. Le P.V.S. est connecté aux cortex orbito-frontal et limbique. Il semble donc pouvoir être mis en jeu par des stimuli psycho-sociaux.

$$\boxed{FICHE\ TECHNIQUE}$$

## L'ACTION IMPOSSIBLE OU L'ÉCHEC : L'INHIBITION

*Lorsque face à une difficulté, toute action efficace semble impossible, c'est-à-dire lorsque la personne estime que la fuite ou la lutte lui sont impossibles, se déclenche un système particulier. Ce système ne peut être mis en jeu que secondairement. C'est après avoir constaté l'inefficacité de toute lutte ou fuite que survient le sentiment d'impuissance, responsable du déclenchement des mécanismes inhibiteurs. Cette inhibition correspond à une sorte de prostration, d'attente anxieuse des événements; c'est un état de passivité, de défaitisme. Les réactions périphériques qui s'en suivent sont à même de perturber l'équilibre physiologique et d'induire une véritable pathologie.*

### La sécrétion du cortisol

*Les observations animales ont établi que le fait de se sentir impuissant face à des événements, sans secours, l'angoisse ou même le simple fait de ressentir une injustice (par exemple, celui qui a pour habitude d'être dominant et qui brusquement descend dans la hiérarchie), tout cela conduit à un* état *dépressif caractérisé par trois attitudes : immobilité, isolement des autres et soumission. Il semble bien que l'hippocampe joue un rôle déterminant dans la genèse de ce comportement. La note biologique dominante de ce comportement est* l'élévation du cortisol, *par les mécanismes suivants : L'hyperactivité de l'axe hippocampe — cortico-surrénale s'accompagne de diverses sécrétions : l'hypothalamus ventro-médian sécrète le C.R.F. qui stimule l'hypophyse. Celle-ci libère alors l'A.C.T.H. Or l'A.C.T.H. diminue l'agressivité; elle invite à changer de stratégie, elle aide à mémoriser l'inefficacité de l'action qui vient d'être menée. Notons que l'A.C.T.H., en elle-même, n'est pas inhibitrice de l'action. Au contraire, en favorisant un changement de stratégie, elle est plutôt activatrice.*

*Ce n'est que si ce changement de stratégie s'avère impossible ou inefficace, donc dans un deuxième temps, qu'intervient la sécrétion du cortisol.*

*Il y a donc, avant cette sécrétion de cortisol,* un moment favorable *où l'individu dispose de davantage de capacité et de motivation pour modifier la tournure défavorable que prennent les événements. Si, bénéficiant des effets de l'A.C.T.H., l'individu trouve une solution, celle-ci fera intervenir le M.F.B. ou le P.V.S. Et si elle s'avère efficace, c'est le M.F.B. qui en facilitera la mémorisation : l'individu aura échappé à l'inhibition.*

*Par contre, si aucune solution n'intervient, l'A.C.T.H. provoque la libération de glucocorticoïdes dont le principal effet comportemental est de provoquer la* soumission, le défaitisme.

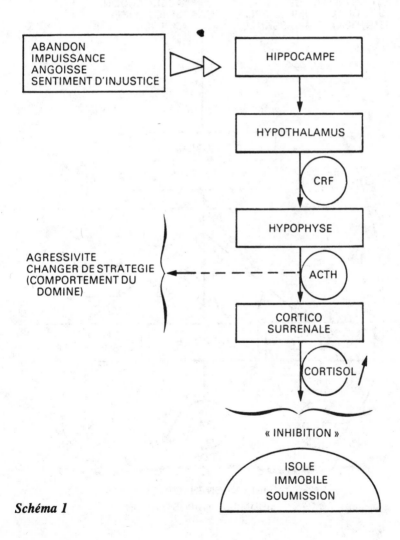

**Schéma 1**

*D'autre part, assez rapidement, cette sécrétion cortisolique échappe aux mécanismes de contrôle physiologiques. On note une augmentation des épisodes de sécrétions quotidiennes (Pulses) ainsi qu'une augmentation de la quantité sécrétée lors de chaque épisode. Le rythme circadien est alors perturbé et les tests à la Déxaméthasone se révèlent négatifs (Schéma 1).*

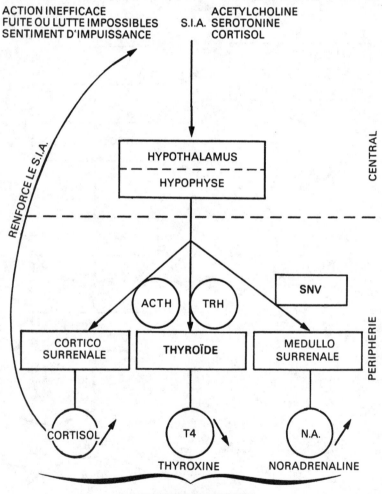

*Schéma 2*

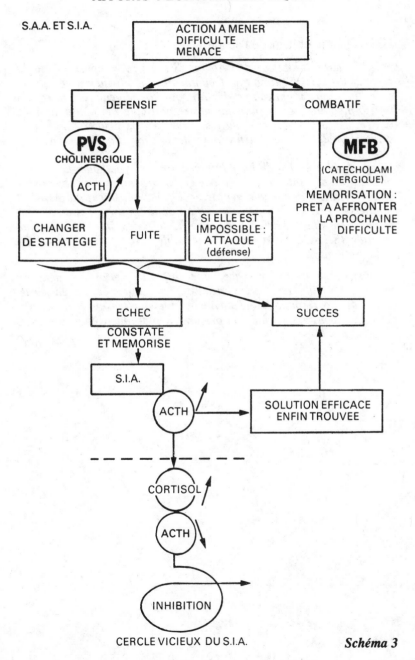

*Schéma 3*

Le système inhibiteur de l'action

*Le Système Inhibiteur de l'Action (S.I.A.) se compose de quatre noyaux du système limbique (septum dorsal, noyau caudé, amygdale latérale et hippocampe dorsal), qui convergent vers la région ventro-médiane de l'hypothalamus, responsable de la sécrétion du C.R.F. Le S.I.A. est relié au néocortex, en particulier à la région orbitofrontale. Ses deux neuro-médiateurs sont : l'acétylcholine et la sérotonine.*

*Par la mise en jeu de l'axe hippocampe — hypothalamus ventro-médian, on aboutit à la sécrétion de glucocorticoïdes. Ces glucocorticoïdes viennent à leur tour renforcer le fonctionnement du S.I.A. et inhiber le S.A.A. Ceci par diminution de la synthèse des catécholamines centrales (M.F.B.) au profit de l'activité cholinergique centrale (S.I.A.). C'est donc un véritable cercle vicieux qui s'installe (Schéma 2).*

*Ainsi, face à une menace, une difficulté qu'on ne peut ni combattre ni fuir, devant le constat d'impuissance, se met en jeu le S.I.A. qui correspond à une attente passive « en tension » de la suite des événements ; suite que l'on présume déplaisante (Schéma 3).*

## RÉSUMÉ

Agir efficacement, avoir sa place, trouver un achèvement social provoquent des réactions physiologiques qui renforcent l'équilibre général de l'organisme : ce sont donc des *facteurs de bonne santé*.

Le fait d'**agir efficacement** permet de préserver l'intégrité biologique d'un individu. Cette action s'accompagne d'une humeur tonique, « anti-dépressive ». D'autre part, du fait qu'elle est mémorisée comme gratifiante, une action efficace prépare d'autres actions efficaces.

**Avoir sa place** renforce l'équilibre général de l'organisme. Cela améliore en particulier les défenses immunitaires, c'est-à-dire entre autres la défense contre les infections. D'autre part, plus une personne a sa place parmi d'autres, plus elle est combative.

Lorsqu'une action permet d'acquérir ou de conforter sa place, l'action trouve alors un **achèvement social.** Cet achèvement s'accompagne lui aussi de réactions physiologiques qui permettent d'être toujours plus efficace pour les prochaines actions à mener. Ces réactions physiologiques s'accompagnent du sentiment de « Bravo ! Et encore ! »

Lorsque l'action à mener est difficile, ou bien sans cesse à recommencer, lorsqu'il faut faire face aux multiples tracas de la vie quotidienne, l'organisme est en perpétuelle tension, ce qui risque de provoquer une série de troubles dits fonctionnels. Ce peut être une diarrhée, de l'aérophagie, des palpitations, des douleurs urinaires de cystite, et d'une façon plus générale tous les symptômes de la spasmophilie...

Lorsque les difficultés semblent insolubles, ou lorsqu'il semble impossible de conquérir ou de préserver sa place, l'individu tombe alors en inhibition de l'action. Cet état correspond à une sorte de prostration, d'attente anxieuse des événements. Les réactions biologiques qui accompagnent l'inhibition sont à l'origine de nombreuses maladies.

Pour sortir de l'inhibition, il faut agir efficacement.

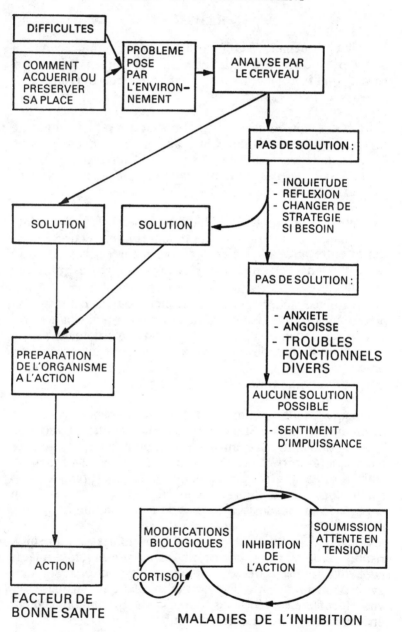

# A CHACUN SA MOTIVATION

En confrontant les réactions de diverses personnes, on constate que les notions d'**agir efficacement, avoir sa place, trouver un achèvement social,** ne recouvrent pas les mêmes réalités pour les uns ou pour les autres. Si ce sont les *mêmes mécanismes neurophysiologiques fondamentaux* qui sont mis en jeu, ce ne sont *pas les mêmes événements* qui les déclenchent. Le fait d'agir fait intervenir chez chacun les mêmes circuits nerveux ; néanmoins, il y a une différence fondamentale d'une personne à l'autre, en ce qui concerne la motivation de l'action.

Certains sont motivés pour étudier, acquérir un diplôme, alors que d'autres ne s'y intéressent pas le moins du monde. Certains vivent pour construire, d'autres pour voler, d'autres encore n'existent que pour détruire les gens, leur travail, leurs joies, leur vie.

D'où vient cette différence ?

Les *actions* menées sont-elles motivées par la perspective d'une réalisation future ou bien ne le sont-elles pas plutôt par les traces laissées par les expériences antérieures ? La mémorisation crée des automatismes, des schémas de comportement qui nous poussent à reproduire ce qui fut gratifiant et à éviter ce qui fut déplaisant : si les actions sont entreprises en vue d'un certain but, elles semblent dans la plupart des cas être motivées par *les automatismes mis en place antérieurement.* Nous fonctionnons comme un train dont la locomotive serait à l'arrière, propulsant l'ensemble vers l'avant. Ce fait semble d'autant plus important que mes automatismes ont été mis en place *par d'autres,* au cours de mon éducation. Pour savoir ce qui motive aujourd'hui mes actes, je dois me demander aussi qui a été un jour intéressé à ce que je sois motivé de cette façon...

De même que les motivations d'une action varient pour chaque individu, *avoir sa place* et *trouver un achèvement social* auront une signification différente pour l'un ou l'autre. Ainsi, certains n'ont leur place dans une société... que lorsqu'ils ont la première ! D'autres, au contraire, se sentent à leur place lorsqu'ils sont anonymement fondus dans la masse. D'autres encore, n'ont leur place que dans la mesure où ils sont utiles à l'ensemble...

Cette diversité de conception est due au fait que chaque individu a une histoire originale, qui est mémorisée. Pour H. Laborit, cette mémorisation originale a des conséquences capitales : « On peut considérer cet individu comme un organisme ayant accumulé dans sa mémoire les relations qu'il a antérieurement vécues avec son entourage matériel et vivant. Il lui est présent avec son passé mémorisé, conscient et inconscient (...) Il en résulte que l'appréciation de l'événement aboutissant à un jugement de valeur, le considérant comme agréable, désagréable ou indifférent, suivant l'expérience acquise antérieurement, débouchera sur un comportement favorable ou défavorable à son égard. Seule la prise en compte de l'expérience antérieure, variable d'un sujet à l'autre, permet de comprendre pourquoi en effet, un être ou un événement particulier ne provoquera pas la même réaction comportementale chez tous les sujets et chez le même sujet à tous les moments. » (L'Inhibition de l'action, page 46.)

Rappelons que le cerveau perçoit une expérience, un événement, comme gratifiant, déplaisant ou neutre, utile, nuisible ou inutile ; cette émotion est mémorisée avec l'expérience. Lorsqu'un nouvel événement intervient, le cerveau le compare à ce qu'il a stocké en mémoire. C'est grâce à cette comparaison que l'événement présent acquiert une signification affective.

Si chaque fois qu'il est affectueux, gentil avec les siens, un enfant est récompensé, que ce soit par une gâterie ou par une caresse, il mémorise alors comme gratifiantes les manifestations de gentillesse envers les autres. Ces expériences lui feront associer « avoir sa place » avec « être apprécié, être choyé dans une ambiance chaleureuse ». Chaque fois que plus tard il sera confronté à un milieu moins chaleureux, il aura le sentiment de ne pas y avoir sa place.

Un autre enfant aura été félicité, encouragé lorsqu'il rendait service à la maison. Vécu comme gratifiant, ce service rendu est pour lui l'occasion de trouver sa place. Cet enfant sera beaucoup moins sensible plus tard à l'ambiance d'un groupe. Il estimera y avoir sa place s'il y fait quelque chose d'utile. Que les autres lui témoignent de l'affection ou non l'affectera très peu.

On comprend mieux pourquoi, face aux mêmes difficultés, certains tombent en inhibition de l'action, alors que d'autres trouvent des solutions. Celui qui a appris à rechercher l'affection des autres, risque fort de se trouver en inhibition si un jour il doit entamer un conflit pour résoudre une difficulté.

Ainsi, au fur et à mesure que les expériences sont mémorisées, chacun développe une sensibilité différente.

*Les mêmes événements* susciteront donc des *émotions différentes,* ce qui signifie des *réactions physiologiques différentes. Or ces réactions, lorsqu'elles sont trop importantes, sont source de maladie.*

« La physiopathologie se trouve dominée par les processus de mémoire, et leurs conséquences sur le comportement à l'égard du milieu » (H. Laborit, *op. cit.*)

Une étude élargie de la maladie doit donc considérer très attentivement cette différence de sensibilité à l'égard des événements. La cause d'une maladie se trouve bien sûr dans l'environnement du malade, mais *aussi* dans la façon très personnelle dont il l'appréhende. Cette approche de son environnement est déterminée par des automatismes qui sont le fruit de son passé, de son histoire.

*
**

Agir efficacement, avoir sa place et trouver un achèvement social sont donc compris de façons différentes. Au sein d'un même travail, deux types d'individus se révèlent :
— les uns, les **hommes du labeur** restent rivés à leur tâche,
— les autres s'évadent facilement dans le domaine **relationnel** de la rivalité ou des « atomes crochus »... cependant que le travail, lui, reste à faire bon gré mal gré.

L'expérience d'un travail collectif pendant de nombreuses années nous a appris que ces deux types de personnes répondent à des catégories mentales tout à fait différentes, et qu'il est très difficile aux uns d'entrer vraiment dans la mentalité des autres.

Bien entendu, la maladie se déclenche chez les uns et les autres pour des motifs qui ne sont pas les mêmes.

C'est ce que nous développerons dans la seconde partie de cet ouvrage, en présentant un portrait de ces deux types d'homme, accompagné de leurs pathologies.

DEUXIÈME PARTIE

FAIRE... OU ÊTRE

# Chapitre 1

# L'HOMME DU LABEUR

## AGIR : le labeur

Chaque jour, le paysan doit s'atteler à la tâche sans faillir, s'il veut assurer la survie de son exploitation. Tributaire du temps, des saisons, il est rivé à son travail par la nécessité.

L'homme de la ville n'est pas moins astreint à travailler avec régularité s'il ne veut pas entraver la bonne marche de l'ensemble dans lequel il s'insère : son usine, son bureau, son commerce, etc.

En effet, la vie de la cité repose sur une chaîne de fourmilières où des millions de gens obscurs travaillent sans relâche. Il n'est que temps de prendre conscience de cette réalité que certains perdent de vue peu à peu jusqu'à l'ignorer tout à fait.

Vous qui lisez cet ouvrage, donnez-vous la peine, demain, un jour prochain, de regarder autour de vous attentivement : la vie de la cité semble une mécanique bien huilée qui tourne toute seule. En regardant de plus près, vous y découvrirez des hommes. Des hommes qui peinent. Des hommes qui travaillent, à leur place, fidèlement, si régulièrement qu'ils disparaissent dans la grisaille quotidienne.

Quand donc remarquons-nous ces gens qui travaillent dans l'ombre ? Pratiquement jamais, si ce n'est... le jour où un grain de sable vient perturber la mécanique.

Ainsi, un déraillement sans gravité se produit à quelques kilomètres de Paris. Malgré la diligence du personnel de la

S.N.C.F., tout à l'heure, trente mille banlieusards rentreront chez eux avec une ou deux heures de retard. Les enfants attendront seuls, à la maison, ou devant la porte close ; des centaines de rendez-vous se trouveront subitement manqués. Et demain, tout à coup, les médias découvriront l'existence des « Chemins de Fer » pour s'emparer de l'incident.

Ce qui n'est jamais dit, c'est que la S.N.C.F. est un mécanisme géant qui fonctionne à la perfection grâce aux milliers de personnes qui, jour après jour, en assurent la bonne marche, se lèvent à n'importe quelle heure, se couchent au petit matin, passent une nuit sur deux hors de chez eux.

### AVOIR SA PLACE
**Dans la routine et la grisaille**

Descendons dans le métro. Il est cinq heures et demie du matin, et déjà, au bord du quai, une rame est prête à nous emmener à travers la ville. Le conducteur de cette rame s'est levé à quatre heures du matin. Il a croisé les techniciens d'entretien qui ne peuvent travailler que la nuit, quand les rames ne roulent pas, pour ne pas perturber le service du personnel de jour. La semaine prochaine, il travaillera l'après-midi, et lorsque nous rentrerons du spectacle, vers minuit et demi, c'est lui, encore, qui nous reconduira. Et c'est seulement après nous avoir ramenés à bon port qu'il pourra rentrer chez lui. Il se couchera vers deux heures. N'est-ce pas lui qui, il y a quelques années, distribuait des tracts aux usagers le jour de Noël pour leur apprendre que les employés du métro, eux, ne peuvent passer en famille qu'un seul Noël tous les sept ans ? La marche du métro n'autorise pas les fantaisies. Elle est une énorme routine, doublée d'une rigueur absolue. Chacun est tenu d'assurer sa part de travail, à sa place, sans faillir, dans la grisaille et la routine.

Pour mieux comprendre l'importance de cette fidélité, imaginons un conducteur qui, prenant sa rame le matin à la Porte d'Orléans, s'avise de l'arrêter le long du quai de la station Saint-Sulpice pour aller faire quelques courses, acheter son journal, boire un verre dans un café. Puis il redescend emmener son train jusqu'au Châtelet : nouvelle escale. Ici, il a décidé d'aller prendre son repas dans un petit restaurant qu'il connaît bien. Après quoi, il repart jusqu'à la gare du Nord, car il y a peut-être dans ce métro, après tout, quelqu'un qui désire prendre un train ? Enfin, il s'arrête tout de bon à Barbès-Rochechouart pour s'attarder un moment dans un de ces établissements — vous savez — tellement hospitaliers. Et la rame ? Qu'importe, il y aura bien toujours quelqu'un pour la ramener à la Porte de Clignancourt !

Exemple idiot ? Totalement absurde, c'est vrai. Mais il nous permet de toucher du doigt la différence fondamentale qui sépare ceux qui travaillent vraiment, les hommes du labeur, de ceux qui se contentent de « faire des choses », de papillonner, de passer sans cesse d'une activité à une autre, sans cette continuité laborieuse qui caractérise le travail véritable, bref, des gens sur qui on ne peut pas compter, *qui ne tiennent pas leur place*.

Nous passons souvent devant un hôpital : de grands murs percés de nombreuses fenêtres. Mais cette façade abrite une véritable ville en modèle réduit. Celui qui y pénètre aperçoit, ici, là, au hasard des couloirs, une infirmière en blouse blanche, un médecin qui, à peine entrevu, a déjà disparu ; une fille de salle qui passe sa journée à nettoyer, toujours et encore ; parfois un petit groupe qui s'affaire, puis des couloirs à perte de vue, déserts et toujours propres. Cet organisme semble fonctionner tout seul, de lui-même. Il recèle, en réalité, des centaines, voire des milliers de personnes qui travaillent et se relaient, vingt-quatre heures sur vingt-quatre. Les sous-sols sont une ruche où une légion de femmes d'entretien passent leurs journées entières à laver, à bouillir les draps et les linges médicaux. Elles y croisent le personnel de maintenance indispensable pour assurer un fonctionnement sans faille des circuits électriques, de l'alimentation des chambres en oxygène médical, du chauffage, des nombreux appareils électriques et électroniques qui, du sous-sol jusqu'aux combles, doivent être à chaque instant opérationnels. Ailleurs, c'est une armée de cuisiniers qui s'affairent à préparer les repas pour un millier de malades. Et tout cela est nécessaire, pour recevoir les

patients sur rendez-vous, pour des examens ou des interventions chirurgicales, et pour faire face aux urgences. Si un gros
accident survient, tous les services doivent être immédiatement sur le pied de guerre pour accueillir les blessés.

C'est à partir d'une telle fourmilière humaine, c'est au
sein de cette activité minutieuse et permanente que nous
pouvons comprendre ce qu'est un individu qui travaille :
quelqu'un qui, à son poste, fidèlement, assure une tâche
régulière et soutenue, pour que l'ensemble continue à
tourner. *Voilà comment l'homme du labeur trouve sa place.*

Les lignes qui précèdent, comme bien d'autres, ont
permis aux auteurs de cet ouvrage de toucher du doigt,
une fois de plus, l'incompréhension profonde qui sépare
les *hommes du labeur* des *hommes du relationnel*. Parmi
ces derniers, quelques-uns des auteurs, travaillant en
hôpital, ont estimé que la description que vous venez d'en
lire était idyllique, bien trop « jolie » par rapport à la
réalité. Comment voyez-vous donc la réalité, messieurs ?
« Eh bien, ont-ils répondu d'un seul chœur, un hôpital est
avant tout un haut lieu de conflits, rivalités entre les
différents services, crêpages de chignon entre infirmières,
mépris des grands patrons pour les internes, qui le leur
rendent bien, incompétence ou absentéisme d'une partie
du personnel. » Certes, mais ce tableau-là, on peut le
tracer pour toute entreprise où des hommes travaillent
ensemble. Il ne s'agissait ici que de mettre le doigt sur le
*travail caché* d'un grand nombre de personnes qui permet à
l'hôpital comme à tant d'autres entreprises de tourner...

L'homme du relationnel est avant tout sensible à
l'aspect *relationnel* des choses, au point parfois de ne
même plus voir leur aspect *fonctionnel*.

Hommes du relationnel qui lisez ce livre, reprenez donc
ce petit passage concernant l'hôpital, vous verrez qu'il
correspond exactement à la réalité de ce qui s'y FAIT.

L'homme du labeur respecte trop le travail d'autrui pour
jamais le saboter, ayant éprouvé lui-même la peine qu'il a
coûté. S'il doit demander un service, il a soin de le faire avec
mesure et discrétion, car il est bien conscient que cette
démarche impose à l'autre une charge supplémentaire.
D'ailleurs, ceux qui savent vraiment le poids du travail se

reconnaissent entre eux, ils ont une certaine mentalité
commune. Aussi repèrent-ils d'emblée tout individu qui ne
vit pas sur le même registre, qui ne porte pas sa responsabilité de façon continue, qui s'occupe plutôt qu'il ne travaille.

Quand l'homme du labeur s'est fait une place, au bout
d'un travail fidèle, soutenu et de longue haleine, elle est pour
lui *un havre de sécurité*. Là est son **territoire**.

S'il arrive dans un nouvel emploi, il s'aventure en terrain
inconnu. Ce collègue très avenant, dont il partage le bureau,
peut-on effectivement compter sur lui, ou bien n'est-ce là
qu'une amitié de façade qui dissimule un tout autre projet ?
L'avenir seul le dira. En période d'essai, la plus grande
prudence s'impose avec ce directeur dont il ne saura qu'à
l'usage s'il est franc du collier ou quelque peu retors. Il faut
un certain temps pour connaître les habitudes de la maison,
les petites manies des clients fidèles, et les maladresses à
éviter à tout prix.

Sa place dans l'entreprise, mais aussi dans tous les autres
secteurs de sa vie, l'homme du labeur la conquiert pas à pas,
au fil des mois, à force de travail, d'affrontements, de
défaites et de victoires.

S'il est inséré dans sa profession depuis un certain temps,
s'il y a « fait son trou », il sait à quoi s'en tenir avec chacun de
ses collègues. Celui-ci est un ami sur lequel on peut s'appuyer
en cas de coup dur, celui-là est un hâbleur, telle secrétaire est
la pipelette de l'étage, telle autre fait un travail remarquable,
etc. L'environnement lui est familier. Il sait où il peut poser
le pied avec assurance, et où il vaut mieux ne pas s'aventurer.
Il sait aussi jusqu'où va la solidarité, et où commencent les
coups bas. Aussi cette connaissance précise du milieu où il
évolue lui donne-t-elle un sentiment de relative sécurité. Dès
lors, il a l'esprit libre pour travailler, pour prendre des
initiatives, pour aller de l'avant, il peut se consacrer entièrement à son travail sans courir trop de risques, il peut agir
avec une certaine détermination. Alors, sa vie professionnelle représente pour lui un véritable *secteur* de son territoire.

*Le territoire de l'homme du labeur est donc le résultat d'un
travail de longue haleine*, parsemé de victoires et d'em-

bûches. Il est l'aboutissement d'années de routine, de sueur, de bagarres, d'efforts patients et renouvelés pour se faire une place au soleil.

## Privé de sa place, l'homme du labeur peut tomber malade

François est directeur commercial d'une petite entreprise, filiale d'un groupe étranger. Un jour, on apprend que le groupe va être absorbé par une autre multinationale. Depuis l'annonce de cette nouvelle, et pendant plusieurs mois, circulent des rumeurs sur de probables licenciements parmi les cadres.

François est inquiet. Bien sûr, il sait que la direction actuelle l'apprécie, que sa compétence, dans son domaine, est reconnue, qu'il en a fait la preuve pendant de nombreuses années. Mais il sait aussi que dans les restructurations de ce genre, tout cela pèse souvent bien peu, et qu'il n'a pas les diplômes nécessaires pour retrouver facilement un poste équivalent ailleurs. Son départ serait l'effondrement d'une construction longue et laborieuse.

Au fur et à mesure qu'il voit ses collègues remerciés les uns après les autres, son inquiétude devient de plus en plus forte. Et lui, espérant ne pas subir le même sort, se cramponne à son travail, s'y consacre avec la même ardeur qu'auparavant, pensant ainsi faire la preuve de son efficacité et gagner le maintien de sa situation.

Puis arrive le jour où il est convoqué par la direction. Lorsqu'il se rend à cette convocation, François est certain que cette fois, son tour est arrivé. Effectivement, on lui annonce que pour des raisons « économiques », mais avec beaucoup de regret, on est obligé de se séparer de lui.

François raconte ce qui s'est passé alors : « J'ai écouté, sans que cette nouvelle me fasse le moindre effet. Mais tout à coup, je me suis senti très mal, puis une douleur atroce me déchira la poitrine ; je perdis connaissance quelques minutes. On appela le S.A.M.U., je faisais un infarctus. »

Remis de sa crise cardiaque, François décida de monter un petit restaurant qu'il exploite aujourd'hui sans aucun problème, malgré la fatigue et la tension nerveuse que représente ce métier. Surprenant, mais vrai. Pourvu que ça dure...

**Quand la place de l'homme du labeur est menacée... sa santé l'est aussi**

Le travail est ce qui fait la valeur d'un homme. Cette conviction, Pierre l'a acquise dès son enfance : fils d'exploitant agricole, il a dû très tôt partager son temps entre ses études et le travail de la ferme. Jusqu'à son mariage, il n'était pas question de disposer de quelques heures de loisir ou de partir en vacances avec des camarades : la moisson réclame des bras, il fallait bien être là.

Au bout de quelque temps de vie commune, sa femme lui reproche, discrètement d'abord, puis avec insistance, l'intérêt — excessif, dit-elle — qu'il porte à sa profession : « Je te trouve vraiment polarisé par ton travail, tu en deviens esclave. »

Il est vrai qu'elle, de son côté, ne se plaît qu'en nombreuse et joyeuse compagnie. Et la voilà qui s'emploie à détourner Pierre de ses activités : elle multiplie les sorties chez des amis, les soirées au cinéma — pour voir les films qu'elle a elle-même choisis —, les invitations lancées à tout propos et hors de propos.

Au début, Pierre résiste, s'accroche à ses propres travaux. Mais au bout de quelques mois, constamment harcelé, il finit par céder du terrain et se trouve entraîné malgré lui dans ce tourbillon futile.

Peu à peu, son travail se relâche. Dès lors, lui qui pouvait se vanter d'avoir une santé de fer, accumule en six mois : trois lumbagos, une dizaine d'épisodes infectieux, angines, sinusites, panaris, et pour finir, une hépatite virale de type A qu'il est le seul de son entourage à contracter.

Pierre et sa femme ont pris conscience à cette occasion que leurs relations conjugales étaient à revoir; ils se sont mis d'accord sur un respect mutuel du territoire de chacun. Et trois ans plus tard, Pierre constate qu'il n'a plus souffert de la moindre maladie infectieuse depuis cette mise au point.

Il y a pour un homme du labeur d'autres façons de voir sa place menacée : il peut être affronté à des collègues ou des chefs qui viennent parasiter son travail.

« Adjoint au directeur d'une agence bancaire, mon travail consiste, d'une part, à assurer les services bancaires auprès de la clientèle, et d'autre part à encadrer le personnel, une quinzaine d'employés.

Nommé dans une nouvelle agence, je trouve un directeur qui se présente comme attentif au confort de son personnel, à ce que le travail se passe le mieux possible. Or en réalité, il a une mentalité d'adjudant : dès mon arrivée, il me prend à part et commence à me questionner :

— En arrivant dans cette agence, vous n'avez rien remarqué de particulier ?

— Non.

— Bien. Alors je vais vous mettre tout de suite au courant de la situation. Il y a plusieurs tire-au-flanc parmi les employés. Il faut les surveiller de près. Donc, chaque fois que quelqu'un quitte sa chaise, soi-disant pour aller aux W.C., vous notez son nom, et la durée de son absence. Discrètement. Et à la fin de la semaine, vous me passerez la feuille. Je finirai bien par mettre la main sur les fainéants. Autre chose à laquelle vous veillerez absolument : la tenue vestimentaire et la longueur des cheveux. Je ne supporte pas les loubards, vous m'entendez !

Un peu surpris, je laisse ce maniaque à ses discours, et je m'occupe normalement de mon travail, en pensant bien qu'un jour, étant donnée sa détermination, nous serions amenés à nous opposer sur ces questions.

Effectivement, l'occasion ne se fait pas attendre. Une semaine plus tard, il entre en trombe dans mon bureau :

— Vous n'avez rien vu d'anormal ce matin ?

— Non.

— Vous n'avez pas vu que Morel est rentré de vacances ?

— Si, mais il n'y a rien d'anormal à cela, c'était prévu.

— Sa coupe de cheveux, vous l'avez vue ?

— Mais il est propre, non ?

— Il a les cheveux longs, je vous dis ! Et son costume, vous l'avez vu ?

Morel n'est vraiment pas négligé, loin de là. Seulement, son style vestimentaire est un peu moins austère que le strict costume trois pièces auquel les banques ont habituellement recours pour conforter dans le public le sérieux de leur image de marque.

— Il est rentré de vacances avec l'intention de faire la révolution dans cette maison, et vous prenez cela avec le sourire ! Vous êtes responsable de la discipline ; je vous ordonne de prendre des sanctions exemplaires contre ce loubard en herbe.

C'est en vain que j'essaie de le raisonner. Quelles sanctions prendre contre un employé dont le travail est irréprochable, et que la clientèle apprécie ? Il insiste. Je refuse. Furieux, mon patron quitte le bureau en claquant la porte.

Depuis ce jour, je suis devenu moi aussi la cible de son inquisition. Il me surveille sans cesse, me harcèle, est à l'affût de la moindre occasion où il peut me faire des reproches.

Et dans les jours qui suivent, on me découvre un ulcère du duodénum. Je suis tiraillé entre une certaine soumission à mon patron, dont dépend mon avancement, et le fait que, ne pouvant accepter ses méthodes, je suis obligé de m'opposer à lui.

Quelques mois plus tard, sans le vouloir, je déclenche un nouveau conflit, et voici en quelles circonstances :

Dans une agence, lorsqu'un employé réalise certaines opérations avec un client, il a droit à une commission, partagée avec le directeur de l'agence. Je propose un jour un partage plus équitable entre tous ceux qui participent à ces opérations, à tous les échelons de la hiérarchie. Que n'ai-je pas dit là ! Indigné, mon directeur n'a plus alors qu'une seule idée : se débarrasser de moi. Il bloque toutes mes initiatives, toutes mes propositions. Le personnel, qui me soutient en privé, m'abandonne chaque fois qu'il y a un conflit ouvert. Le travail devient impossible.

Mon ulcère s'aggrave, et se complique maintenant d'insomnies, de cauchemars, de somnambulisme...

Mon appréciation de fin d'année est : « a besoin de changer d'air ». En effet, quelque temps après j'obtiens un poste dans une autre agence, où je trouve un directeur avec lequel il est possible de travailler tout à fait normalement.

C'est à la suite de cette mutation que mon ulcère a disparu pour ne jamais revenir, alors que les traitements que j'avais subis avant étaient restés inefficaces. »

**En retrouvant sa place, un homme du labeur peut en même temps retrouver la santé**

« Depuis quelques années, j'occupais à plein temps un poste à responsabilité dans un service culturel à Strasbourg. C'était là mon premier emploi, et il me donnait entière satisfaction. D'emblée, on m'avait nommée chef d'un service de quatre personnes. J'avais vraiment fait mon trou à ce poste. Mon travail tenait une grande place dans ma vie. D'autre part, habitant Strasbourg depuis dix ans, mon mari et moi y avions tissé un réseau de relations et quelques solides amitiés au fil des années.

Un jour, l'entreprise dans laquelle il travaillait lui proposa un détachement d'une année dans une filiale installée dans le Jura. Il y aurait, bien sûr, des compensations financières à ce déplacement, et, à la clé, une promotion probable. Après avoir pesé longuement le pour et le contre, nous avons finalement décidé de partir, et nous nous sommes installés dans le Jura. Nous occupions un logement de fonction : une maison très humide, mal chauffée, située dans un village isolé... Terrible douche froide pour quelqu'un qui a toujours habité dans une ville très animée.

Nous ne connaissions évidemment personne. Il nous a fallu attendre quatre mois avant de sympathiser avec un couple ayant à peu près notre âge.

Je me retrouvais seule à la maison avec un enfant de deux ans que je n'étais pas habituée à supporter toute la journée. Mon mari travaillait comme un forcené. Il rentrait souvent le soir avec une ou deux heures de retard. Je m'étais inscrite à un cours de gymnastique, seule activité organisée dans la région qui m'eût permis de rencontrer d'autres personnes, mais le plus souvent, mon mari n'étant pas rentré à temps, je ne pouvais m'y rendre. J'annulai donc mon inscription.

Moi qui avais toujours été très active, je me retrouvais du jour au lendemain sans emploi, sans amis, sans rien à faire. Pour la première fois de ma vie, j'étais inutile, je ne trouvais plus de sol ferme où poser le pied.

Je lisais bien un peu, je faisais de la couture et du tricot ; ce sont là des travaux que j'aime, mais peu à peu, je glissais dans une sorte de léthargie, sans plus aucun goût à la vie. Je pleurais des matinées entières sans savoir pourquoi. Après le déjeuner, je me couchais en même temps que ma fille, et c'est elle qui me réveillait en fin d'après-midi. Je faisais angine sur angine ; je souffrais d'hypotension, je devenais boulimique.

J'avais été privée brutalement des secteurs les plus importants de ma vie : mon activité professionnelle, mes amis de toujours, mon logement dans lequel j'avais investi, pour me retrouver soudain inutile. Je tombais dans la dépression.

Avec l'hiver, la maison devint de plus en plus humide. Pour la fuir, nous partions tous les week-ends chez nos amis les plus proches, c'est-à-dire à cent kilomètres de là. Mon mari était dévoré par son travail, moi hantée par notre « taudis » : entre nous, la communication devint inexistante...

Au bout de quelques mois, mon mari dut passer une semaine à Strasbourg, au siège de son entreprise. Je sautai sur l'occasion pour l'accompagner, et je retrouvai avec plaisir l'appartement que nous avions gardé, nos relations et nos amis. Mais de retour dans le Jura, je pus mesurer à quel point nos conditions de vie étaient devenues aberrantes, anormales : je n'avais plus rien à faire, et surtout, n'ayant plus rien à défendre ni sur quoi m'appuyer, je n'avais plus aucun tonus pour résister à la dépression.

Cette prise de conscience me fut salutaire, je réagis rapidement, et me mis à la recherche d'un logement plus décent ; mais dans cette région essentiellement touristique, je n'en trouvai pas. Néanmoins, cette reprise d'une activité me remit un peu sur pieds : je pleurais beaucoup moins et dormais moins souvent l'après-midi. Mais surtout, je vis soudain dans quelle situation inadmissible mon mari se laissait entraîner : son détachement temporaire prenait peu à peu un tour définitif, il accumulait des heures supplémentaires qui ne lui seraient jamais payées, et devenait la vache à lait de son entreprise. Le voyant aveuglé, je réagis fermement : « Reste si tu veux, mais moi, je fais ma valise, je prends notre fille et je retourne à Strasbourg. » Dès lors, ma dépression s'est arrêtée net, mon mari s'est rendu compte

qu'il se faisait littéralement exploiter, et enfin, il a demandé
— et obtenu — sa réintégration en Alsace. »

Il n'est pas rare qu'un dépressif retrouve la santé en
reprenant sa place ; de la même façon, la convalescence d'un
homme du labeur peut être singulièrement écourtée par la
même démarche.

Un menuisier salarié de vingt-cinq ans est victime d'un
grave accident alors qu'il se rend à son travail : fractures
multiples des bras et des jambes et traumatisme crânien ; cet
accident nécessite un arrêt de travail de sept mois qu'il
supporte très mal. Il tourne en rond chez lui, broie du noir.

Au bout des sept mois, son médecin lui propose de
reprendre son emploi, mais son état n'est pas brillant. Malgré
la rééducation intensive qu'il a suivie, il a très mal aux bras et
a perdu beaucoup de sa force musculaire ; il parle lentement,
cherche ses mots, ne comprend pas les questions même
simples qu'on lui pose. Pour son travail actuel, il devra rester
debout et porter des charges lourdes. Ce dont, au jour de la
consultation, il est tout à fait incapable.

Il n'envisage aucune possibilité de recyclage professionnel
ou de mutation de poste : il est trop attaché à son travail et à
ses collègues.

Le médecin du travail, à sa demande, décide néanmoins
d'une reprise d'activité à temps partiel, à l'essai.

Un mois plus tard, à sa grande surprise, le médecin peut
constater :

— que les douleurs des membres sont devenues insigni-
fiantes ;

— que la force musculaire, mesurée au dynamomètre, est
redevenue normale ;

— que les troubles de compréhension ont disparu.

Pour ce menuisier, le fait de reprendre son travail, de
retrouver ses collègues et ainsi d'*occuper à nouveau sa place,*
a été déterminant dans la disparition des troubles physiques
et psychiques.

Cet exemple pourrait expliquer l'apparition des troubles
dépressifs chez des personnes hospitalisées ou en arrêt de
maladie prolongé. De même que l'apparition de maladies
chez des chômeurs ou des retraités.

## Quand l'homme du labeur est attelé à de vaines suppléances...

La finalité d'un organisme, c'est sa propre survie dans son environnement et il doit la réaliser, jour après jour, par des actions adaptées.

Ainsi, très égoïstement, tout organisme est tenu à agir, à lutter, d'abord pour assurer sa propre survie.

Mais en société, nous sommes bien sûr amenés à travailler pour nos proches, pour un voisin, un patron. Et nous répondons habituellement à leurs vrais besoins...

Cependant, l'homme du labeur tombe, parfois, (pour ne pas dire assez souvent) sur des individus qui, poursuivant un fantasme, cherchent des larbins pour le réaliser. Ce fantasme est généralement en rapport avec leur image de marque, ou leur pouvoir... Or, plus que quiconque, l'homme du labeur a tendance à s'y engager, tête baissée, mais surtout à s'y cramponner... les yeux fermés. C'est qu'il n'imagine pas un instant que les autres ne soient pas nécessairement bâtis comme lui, pas plus qu'il ne soupçonne que le travail puisse être détourné de son vrai but. Alors, il se met en peine pour servir les fantasmes de quelqu'un qui, secrètement, se moque de sa crédulité et de sa bonne volonté. Et quand des embûches se dressent sur sa route, l'homme du labeur tombe souvent malade.

Si le même type de maladie réapparaît périodiquement, cet homme aura tout intérêt à marquer une halte pour examiner de plus près la besogne à laquelle il est attelé. Il découvrira alors peut-être que son compagnon ou son patron ne met pas lui-même la main à la pâte pour réaliser ce projet auquel il paraît pourtant attaché.

L'homme du labeur aura alors compris qu'en assurant cette « suppléance », il joue un rôle de dupe et se met sous l'emprise d'un profiteur. S'il met un terme à ce dévouement abusif, il pourra reprendre son autonomie et *par la même occasion, recouvrer rapidement la santé.*

### Une allergie... à la suppléance

« J'ai passé toute mon enfance dans un climat de tension familiale. Mon père était très engagé socialement et politiquement, mais il rentrait ivre à la maison une ou deux fois par semaine, et nous avions droit alors aux pires accès de colère. Pour le calmer, j'avais trouvé des petits moyens : je faisais le clown, je lui racontais des histoires, j'allais lui chercher ses pantoufles ou son journal, bref, je focalisais sur moi son attention, ce qui lui faisait oublier ses colères, ses reproches.

Un jour, à table, il m'est arrivé d'avaler de travers. Je me suis étouffé pendant plusieurs minutes, puis, j'ai fini par vomir. Lors de ce petit incident qui m'avait beaucoup fatigué, mon père, inquiet, avait particulièrement pris soin de moi. Et ce soir-là, il n'était pas sorti au café...

Sans pouvoir me rappeler aujourd'hui exactement ses termes, je me souviens très bien que ma mère a établi alors un rapport entre les maladies de ses enfants et les efforts que son mari aurait dû faire pour garder un climat serein à la maison.

Peu de temps après, mon père est à nouveau rentré ivre. Mais ce soir-là, malgré mes efforts pour faire diversion, il s'est laissé emporter par une violente colère. C'est à ce moment précis que j'ai fait ma première crise d'asthme. De nouveau, « j'étouffais », et mon père s'est aussitôt calmé. Par la suite, un automatisme s'est mis en place rapidement chez moi : chaque fois que le climat familial tournait à l'orage, je faisais une nouvelle crise d'asthme qui avait pour effet immédiat de calmer tout le monde.

Cette maladie fut la compagne fidèle de toute mon enfance et de ma jeunesse. Elle ne s'est atténuée que lorsque je partis vivre loin de la maison familiale pour poursuivre mes études, puis, pour me marier.

Au bout de quelques années, je me crus définitivement guéri. Mais un jour où je rendais visite à mes parents, ils se sont de nouveau querellés en ma présence. Aussitôt, je fus sujet à une nouvelle crise, la plus grave que j'aie jamais connue. On dut me transférer d'urgence à l'hôpital.

Cette crise m'a particulièrement troublé ; je voulais comprendre le mécanisme qui déclenchait chez moi cette violente réaction d'« allergie ». J'ai longtemps cherché, mais sans trouver. Et le temps passait...

Fonctionnaire dans un ministère, je suis sollicité de temps

à autre par des voisins ou des amis pour donner un petit coup de pouce afin de faire avancer un dossier, ou hâter une décision administrative. Puisque ma fonction me permet de rendre quelques petits services, je m'y prête bien volontiers.

Un jour, un de mes amis me demanda d'intervenir, non pas pour lui, mais pour un de ses copains. Il me confia un problème fort compliqué, j'en pris note soigneusement, lui promis de faire les démarches nécessaires, et de remplir moi-même tous les papiers. Une crise d'asthme commença aussitôt. Ma femme me fit remarquer que si mon ami tenait tant à aider ses copains, il aurait pu au moins se charger lui-même d'une partie du travail. Selon elle, j'étais en train de me faire avoir. Sa remarque me parut juste. Je téléphonai aussitôt à mon ami pour lui demander de remplir lui-même les papiers, après quoi, je me chargerais du reste. Ce coup de fil me donna un sentiment de décompression, et en quelques heures, ma crise cessa totalement. Je trouvai cette coïncidence surprenante.

Par la suite, à plusieurs reprises, je reçus des demandes du même genre : des personnes me sollicitaient pour résoudre leur cas, en se déchargeant totalement sur moi. Et chaque fois, j'étais sujet à une crise d'asthme. Mais dès que je mettais les choses au point, la crise cessait totalement le jour même.

Aujourd'hui quand les premiers symptômes d'une crise se manifestent, je m'interroge aussitôt : ne serais-je pas de nouveau en train de me faire le larbin d'un parasite qui compte sur moi pour faire à sa place un travail dont il tirera gloire et profit ? En effet, mes soupçons se confirment à chaque fois !

Tout se passe comme si mon organisme, « allergique » à ces abus, me donnait l'alarme.

A la suite de cette découverte, j'ai repris ma réflexion : quel rapport existe-t-il entre mes crises d'asthme actuelles et celles de mon enfance ? Eh bien, je crois avoir compris. Enfant, j'avais le souci de rétablir l'harmonie familiale menacée. Mais cette harmonie était essentiellement le fantasme de ma mère : il fallait que les voisins nous prennent pour une famille modèle. Evidemment, quand mes parents se disputaient, cette image de marque se trouvait plutôt compromise... « Qu'est-ce que les voisins vont encore penser de nous ? »

Mais au fait, pourquoi mon père s'était-il mis à boire ? Et ma mère, avait-elle tenté de l'aider sur ce chapitre ? Qu'a-t-elle fait pour prendre en main la situation ? A vrai dire, je mettais tout en œuvre pour limiter les dégâts d'une mésentente que mes parents eux-mêmes n'ont jamais essayé de régler sérieusement. Et ces vaines suppléances, auxquelles mon organisme se montrait « allergique », s'accompagnaient de crises d'asthme... »

*Une allergie... aux fantasmes*

Le patron d'une exploitation agricole veut rentrer rapidement sa moisson, préoccupation sage et réaliste car, comme toujours en agriculture, c'est la météo qui commande. Mais à cela s'ajoute le désir d'*être le premier* à terminer la récolte. En effet, dans le monde paysan circule l'idée que celui qui a fini le premier est *le meilleur !*

Régulièrement ce patron remplace ses moissonneuses-batteuses par d'autres, plus performantes. Pour rentabiliser la dernière qu'il a acquise, il n'emploie plus que deux ouvriers qu'il fait travailler sans relâche. L'un conduit la machine pendant que l'autre fait la navette entre le champ et le silo de la coopérative. La machine doit tourner toute la journée sans interruption, telle est la volonté du patron !

Et voilà que René se laisse enfermer dans ce fantasme : pendant qu'il conduit une remorque au silo, il calcule : « Y aura-t-il du monde là-bas ? combien de temps vais-je encore perdre ? et le ciel qui menace... » Tenaillé par la crainte de ne pas y arriver, René ne vit plus. De sept heures du matin jusqu'à minuit, il ne s'octroie qu'une demi-heure de pause pour le repas de midi, puis un nouvel arrêt le soir, rapide et à des heures variables.

Mais pendant ce temps, que fait son patron ? Tel un général, il surveille de loin l'avancement de la moisson qu'il va commenter ensuite au café du village. Une troisième paire de bras ne serait pourtant pas inutile ! Qu'importe, René assure la suppléance, il se dépense sans compter aiguillonné par la peur de ne pas satisfaire au caprice du fermier.

Et c'est en pleine moisson qu'il déclenche une crise sérieuse d'*eczéma*. « Sans doute suis-je allergique à la poussière de blé », conclut René. De grandes plaques lui couvrent les bras et le thorax si bien qu'il est contraint de porter des chemises à manches longues en plein soleil.

A la réflexion : ce fermier tient-il vraiment à ce que la moisson soit rentrée en une semaine ? Si c'était le cas, il viendrait à coup sûr prêter main-forte à ses deux ouvriers... Non, ce qui prévaut chez cet homme, c'est son fantasme de *passer pour le meilleur* et sa moissonneuse-batteuse est un moyen pour dorer son image de marque. Soyons réalistes !

Aussitôt la moisson terminée, René quitte son patron et s'engage dans une autre exploitation pour y faire la récolte de pommes de terre. Puis, l'été suivant, vient la moisson.

René est chargé de conduire la broyeuse de paille après le passage de la moissonneuse-batteuse. Seul responsable de ces travaux, il s'organise comme il l'entend, sans traîner, certes, mais sans bousculade. Ce broyage dure quinze jours. René travaille dans un nuage de poussière permanent, et pourtant ne déclenche *aucune crise* d'eczéma. Il est vrai que son nouveau patron, lui, n'a d'autre objectif que de mener à bien sa moisson.

Fin septembre, commence la récolte de pommes de terre. René est couvert d'eczéma ! Que s'est-il donc passé ?

René est chargé du triage. Pendant un mois, les tracteurs apportent dans leur remorque le chargement qu'ils déversent dans la trieuse. Les pommes de terre s'engouffrent ensuite sur une chaîne qu'il faut surveiller attentivement et aiguiller de façon précise. L'an dernier, René avait déjà occupé ce même poste et tout s'était passé pour le mieux, il avait su organiser son équipe de neuf ouvriers expérimentés et la trieuse qu'il utilisait donnait entière satisfaction. Mais, en vue de la récolte suivante, le patron avait acheté une machine beaucoup plus moderne : « cette nouvelle trieuse remplace cinq personnes, vous ne disposerez donc plus de neuf ouvriers comme l'an passé, mais de quatre, cela suffira largement. Bien sûr, vous devrez obtenir le même rendement, ou mieux, le dépasser. Cette machine m'a coûté une fortune, il faut la rentabiliser au maximum ». Les ouvriers se mettent au travail, mais périodiquement, la machine tombe en panne, alors on procède à une opération sans cesse à recommencer : arrêter la chaîne, sortir la trieuse, la remplacer par l'ancienne, reprendre le travail, mettre les bouchées doubles pour rattraper le retard accumulé, réparer, arrêter, reprendre... Toute la journée, René est tendu à l'extrême, craignant tout à la fois une nouvelle panne et les invectives du patron, furieux de son mauvais achat.

Ainsi, une fois encore, René se trouve *enfermé dans le projet irréaliste d'un autre*. Une fois encore, l'image de marque de son patron qui vient de faire un achat coûteux et inadapté, prime sur les besoins réels. Et René fait de l'eczéma.

Troisième épisode : l'hiver suivant, René se marie. Deux mois plus tard, il est *couvert d'eczéma !* Que s'est-il donc encore passé ?

Par maintes allusions, sa femme lui fait sentir qu'elle aimerait vivement le voir ressembler à son frère, un intellectuel passionné de cinéma et de musique. Mais René n'a rien de commun avec ce beau-frère : leurs goûts diffèrent en tout, radicalement... Et la réaction somatique de René semble bien coïncider avec cette nouvelle *invitation à rentrer dans un fantasme* aussi imprévu qu'irréalisable.

Et en effet, depuis qu'il a mis le doigt sur ce mécanisme répétitif, René se demande, chaque fois que de nouvelles plaques apparaissent, dans quel fantasme il est en train de se faire happer. Rapidement il le découvre, et simultanément l'*eczéma disparaît...*

Curieusement, René semble réagir davantage aux fantasmes de ses proches qu'à la poussière !

Dans les deux situations précédentes, les maladies se déclenchent comme une sonnette d'alarme lorsque la tension créée par une situation anormale augmente au-delà d'un certain seuil.

Des mécanismes semblables interviennent probablement dans bon nombre de manifestations « d'ordre allergique » où les bilans restent désespérément négatifs. Certaines personnes présentent un « terrain » prédisposé aux maladies allergiques. L'expression clinique de ce terrain se manifesterait quand la tension intérieure est trop importante.

Certaines expressions du langage populaire : « Je suis allergique à telle situation », ou bien, « ça me donne des boutons… », reflètent sans doute la réalité.

Enfin, bon nombre de pathologies autres, sciatiques, névrites, etc., se rencontrent dans des situations analogues.

## L'ACHÈVEMENT SOCIAL

Quand un *produit* est réussi, il se vend, il satisfait le client, et suscite l'approbation des connaisseurs. Ce succès met en évidence la compétence du *producteur.*

Telles sont les deux composantes de *l'achèvement social :* la qualité du produit, et la mise en valeur du producteur qui en découle logiquement.

Des clients de plus en plus nombreux vont demander ce produit, et la place au soleil que le producteur s'est taillée va s'étendre et se renforcer, à la fois sur le plan social et géographique.

Voilà comment les choses se passent dans le monde du labeur. Le tissu solide de la vie socio-économique est fabriqué de la sorte. Mais habituellement, le labeur est accompli *dans la grisaille de la routine.* Et de la même façon, l'achèvement social qu'il produit prend, lui aussi, une *coloration terne :* c'est réussi… donc c'est normal. Seul l'échec prend un certain éclat, car il sort de l'ordinaire.

Etrange perception des choses. Curieuse mentalité, en effet…

La télévision française a présenté pendant quelques semaines une émission, « Les gens d'ici », qui avait précisément pour objectif de parler des gens, de leur vie de tous les jours, de leurs joies et de leurs problèmes quotidiens. Mais rapidement, elle fut supprimée. Pourquoi ? Parce qu'elle n'était pas assez « accrocheuse ». Le sacro-saint indice d'écoute était insuffisant. Pourtant, des expériences semblables avaient été tentées aux U.S.A., et on savait qu'il fallait attendre au moins une année avant que le public s'habitue et prenne goût à ce type d'émission…(!)

Les yeux qu'on éblouit par des tableaux aux couleurs

criardes ne parviennent plus à distinguer les nuances et les demi-teintes pourtant très belles de la toile de fond. Le monde du labeur disparaît ainsi derrière le tumulte ordinaire des marchands de sensations qui façonnent notre mentalité, jour après jour, à travers les médias. Que leur importe la vie, la vraie, celle des gens, le labeur de ces gens, leur fidélité au poste... Ils ont pour mission d'étaler des scandales, réels ou imaginaires. Qu'importe le bien-fondé d'une information pourvu qu'elle remplisse efficacement son rôle de poudre aux yeux. Ces mercenaires, qui travaillent pour le compte de toutes sortes de pouvoirs inavouables, font grand bruit autour des petits scandales, pour éviter que la foule ne perçoive la rumeur des grands.

Allergiques eux-mêmes à toute réflexion, il est un certain type de journalistes qui seraient bien en peine d'offrir la moindre nourriture à la culture du public. A défaut de réflexion, ils « communiquent » par impressions, et souvent, par intoxication.

Mais comment pourraient-ils approfondir quoi que ce soit ? Ils n'en ont pas le temps ! Ils sont payés pour faire vite. Alors, ils font irruption dans la vie des gens, et opèrent par effraction pour jouer ensuite sur la place publique une parodie de justice dans laquelle ils s'octroient à la fois les rôles de policier, de témoin, et de juge... pour charger des « responsables » hypothétiques.

Bref, ils véhiculent à grand tapage une véritable anti-culture, plongeant le public dans un monde émotionnel et fantasmatique, qui ne correspond en rien à la réalité. Choquantes ou non, voilà des évidences premières qu'il est bon de rappeler pour rendre la vue à nombre de citoyens qui ont aujourd'hui tant de mal à voir encore le monde du labeur, dans toute sa discrétion et toute sa grandeur.

Pour illustrer l'achèvement social du labeur, nous allons suivre deux consultations médicales. L'une, très ordinaire, semblable à bien d'autres, se termine dans une satisfaction « normale », et se pare d'une couleur relativement terne. L'autre, basée sur l'esbroufe, sort résolument de l'ordinaire, et trouve un achèvement social aux coloris flamboyants.

### Un achèvement social vrai... aux couleurs ternes

Une jeune femme trouve son fils grognon et fiévreux, mais comme il joue, elle ne s'inquiète pas outre mesure. Vers vingt et une heures, la température de l'enfant monte à 39,5°. Après une courte hésitation, les parents appellent le médecin. Il arrive trois quarts d'heure plus tard, examine l'enfant avec sérieux et diagnostique une rhino-pharyngite. Après avoir prescrit une thérapeutique adaptée, il conclut : « Dans trois jours, tout sera rentré dans l'ordre. Si jamais la fièvre n'était pas tombée d'ici là — ce qui m'étonnerait — rappelez-moi. Mais téléphonez de préférence le matin : cela me permet de m'organiser plus facilement, et cela vous évitera de payer le tarif de nuit. »

Voilà. Le médecin est venu soigner l'enfant, et il a rassuré les parents, d'ailleurs à peine inquiets. Comme prévu, l'enfant s'est remis facilement de sa petite maladie ; ses parents, habitués à faire confiance à leur médecin de famille, sont satisfaits, une fois de plus, mais n'éprouvent pas le besoin de s'adonner à des manifestations de reconnaissance démesurées.

Voilà un médecin qui occupe *sa place,* et fait consciencieusement son travail. L'achèvement social de son labeur se fait au jour le jour, sans éclat. En revanche, si un jour il commettait une erreur, il sortirait soudain de l'ombre pour devenir tristement célèbre. Il faut bien reconnaître que tout cela dénote une mentalité singulièrement inversée dans l'opinion publique.

### Un achèvement social dû à l'esbroufe prend des couleurs éclatantes

*étalage de grands airs*

L'événement de base reste le même : une famille appelle le médecin, vers vingt et une heures pour un enfant malade. Mais cette fois, les choses se passent différemment. Le médecin arrive, examine l'enfant, et diagnostique, lui aussi, une rhino-pharyngite. Mais il n'en dit mot, et invente un petit scénario en vue de son « achèvement social » de pacotille. Cette infection bénigne va lui permettre de passer pour un grand médecin. Prenant un air grave, il ausculte l'enfant avec la plus grande attention, et sous toutes les coutures. Son regard s'assombrit lors de l'examen neurologique. Les parents retiennent leur souffle : « C'est grave, docteur ? » Silence... « Avant de me prononcer de façon certaine, il me faut du recul. Je repasserai dans deux heures... En attendant je vais lui faire une injection, c'est un produit nouveau et très efficace. » Le mystère s'épaissit.

Minuit. Le médecin revient, et examine à nouveau l'enfant. Les parents sont suspendus à l'oracle. « L'hypothèse de la méningite ne peut être définitivement écartée. Surveillez-le de près. Réveillez-le toutes les heures et relevez sa température. Je reviendrai à quatre heures. » Les parents ignorent, bien entendu, qu'en cas de suspicion réelle de méningite, le médecin ne manquerait pas de faire hospitaliser l'enfant sans délai...

Quatre heures trente... Il revient, excusant son retard par une autre urgence qui l'a retenu. Quel homme dévoué et tellement débordé ! Après un nouvel examen il déclare avec un sourire rassurant : « Eh bien, cela s'arrange. Je peux vous dire que votre enfant a neuf chances sur dix de s'en sortir. Je repasserai une dernière fois dans trois heures, car tout danger ne peut être encore vraiment écarté. Reposez-vous un peu maintenant. »

Sept heures trente : « Votre fils est tiré d'affaire, heureusement que je ne suis pas passé à côté du diagnostic ! Vous pouvez dire qu'il revient de loin. Il se remettra tout doucement, veillez à ce qu'il ne sorte pas d'ici cinq jours ».

Et le tour est joué. Outre le gain substantiel de ces quatre visites de nuit, le médecin a bénéficié d'une publicité certaine. Les parents n'ont pas manqué de raconter à qui voulait l'entendre leur nuit d'angoisse, et le dévouement peu ordinaire du docteur-qui-a-sauvé-leur-fils. « Il est revenu trois fois, et à chaque fois, il l'a ausculté très soigneusement... Heureusement que nous avons fait appel à lui... On ne sait pas si un autre en aurait fait autant... »

La renommée a fait son chemin, beaucoup de parents ont fait appel à ce médecin exemplaire, jusqu'à vingt kilomètres à la ronde... Pour lui, ce fut un achèvement social éclatant, certes, mais de pure esbroufe... Jusqu'au jour où, à force de se répéter, la supercherie fut découverte. Il dut partir poser sa plaque sur les murs d'une autre ville, bien loin de là. Cette fois, l'achèvement social fut moins glorieux. (Exemple caricatural, sans doute, mais authentique...)

## L'achèvement social disparaît dans la mutation

Dans le passé, le labeur des hommes de tous métiers se passait généralement dans des conditions assez analogues. *semblables* Chaque travailleur assumait la responsabilité de son travail et le client voyait l'agriculteur, le menuisier ou le maçon directement à l'œuvre. Chacun accomplissait sa tâche d'un bout à l'autre et pouvait donc être évalué à partir de la qualité de son travail.

Mais depuis l'industrialisation, l'achèvement social s'est trouvé modifié de fond en comble, et les hommes s'y retrouvent de moins en moins.

Le *produit* n'est plus l'œuvre d'un seul, mais le résultat d'une série d'interventions émiettées. De ce fait, les *artisans ou les ouvriers* qui se sont succédé, souvent sans même se connaître, disparaissent dans l'anonymat. Seul le dernier de la chaîne a vu le produit fini, et personne ne connaît le client qui en sera le bénéficiaire.

Ce pot de confiture que je viens d'acheter, il a fallu que plusieurs entreprises apportent leur part pour le fabriquer. L'une a réalisé des couvercles métalliques, une autre le bocal en verre, une imprimerie s'est chargée de l'étiquette, et les personnes qui ont cueilli les fruits ne sont sans doute pas celles qui les ont fait cuire. Pour la cuisson, on a utilisé le sucre produit par une sucrerie, autre entreprise. Bref, des dizaines de personnes ont participé de près ou de loin à la fabrication de ce pot de confiture, sans même se rencontrer, sans même se connaître.

Quant à l'ouvrage que vous êtes en train de lire, il est le résultat d'une collaboration de plusieurs centaines de personnes. Beaucoup y retrouveront encore une intervention qui leur fut propre, même derrière le maquillage que la discrétion impose. Mais l'apport pourtant précieux et parfois décisif de certains fut englouti dans les confirmations ou les corrections successives. Personne ne peut dire qu'il a réalisé cette œuvre. Il y a collaboré, c'est tout. Même ceux qui ont tenu la plume ont vu passer leur texte entre d'autres mains pour être remanié, retravaillé.

Quand le client veut exprimer son insatisfaction ou sa reconnaissance, il ne peut plus s'adresser... qu'au vendeur. Et ce vendeur, lui-même, ne connaît personne d'autre que le représentant...

Un autre pas fut franchi : le produit ne se fait plus connaître par sa *qualité* mais par la *publicité*. Est-il besoin de préciser que celle-ci est sans rapport avec celle-là... C'est que la publicité est devenue un art en soi.

Quant au prix de vente, il n'a aucun rapport, lui non plus, avec le salaire que perçoit le producteur. Tous les travailleurs qui ont contribué à la fabrication d'un produit ne touchent ensemble que vingt ou trente pour cent du prix que verse le client. Si le prix de revient a triplé ou quadruplé, c'est qu'au passage, commerçants, grossistes, intermédiaires plus ou moins nombreux ont touché leur pourcentage... sans oublier le fisc. L'achèvement social est en train de se défaire comme un tissu mité.

Il y a pire encore : nous ne découvrons un produit que le jour où il nous fait défaut.

Qui d'entre nous est encore conscient qu'il mange du pain tous les jours ? Quoi de plus normal que d'entrer dans une boulangerie, et d'en sortir, un pain sous le bras ? Mais le jour où les boulangeries restent solidairement fermées, alors seulement, je me rends compte que je n'ai plus de pain. Disons que tout au plus une légère prise de conscience m'effleure : « J'ai toujours eu du pain à volonté ». Cette privation imprévue va-t-elle m'amener à réfléchir ? Non. Ma réaction première sera sans doute l'énervement : « Encore une grève ? Tous les mêmes... Tous des fainéants ». Fainéants ! Ce pain chaud que j'achète au village le matin à sept heures, il a pourtant fallu pour le faire cuire qu'un homme se lève à deux heures dans la nuit, comme les moines d'un autre âge...

Si un produit commence à faire défaut, ce n'est pas très grave, on peut toujours le trouver sur un autre marché du globe : made in Hong Kong, made in Corea... On dit même que cela revient moins cher! Nos *producteurs* sont trop exigeants, et comme ils ne sont plus indispensables... L'agriculteur se volatilise. Des entreprises ferment leurs portes. Les « travailleurs » du haut en bas de l'échelle ne sont plus que des ombres fantomatiques auxquelles personne ne prête plus attention. Et s'ils se manifestent... c'est pour manifester.

Les cultivateurs? Ne me parlez pas de cette race! Ce sont d'éternels mécontents. Ce n'est pas moi qui le dis, c'est la télévision. On n'entend parler d'eux qu'en termes de conflits sociaux, de marché européen... Eh bien, c'est cela justement qui est grave : on ne rapproche plus le cultivateur du produit de son travail, non, on ne se souvient de son existence que le jour où il provoque des bouchons sur la route des vacances... Voilà un nouveau pas franchi dans le domaine de l'inachèvement social.

Ultime stade de cet inachèvement : il y a trop de produits en circulation, il y a trop de monde au travail. Pour consolider la monnaie, il faut relever les taux d'intérêt : on met ainsi un frein à la production, et donc aussi à la consommation. Pour consolider la monnaie, il faut créer le chômage. Parfait. Mais voilà, ce chômage serait une excellente chose s'il n'y avait pas les chômeurs... Que faire? Parmi ces sans-travail, certains finiront peut-être par devenir des sans-logis, des clochards. Or, un vagabond représente un danger pour l'ordre social. C'est vrai, ces gens-là peuvent se changer facilement en voleurs ou en violeurs. Il faut donc renforcer les organismes de surveillance. Ah, on dépenserait moins d'argent si on parquait tout ce monde en surplus, comme cela se fait en Amérique du Sud. Faut-il de nouveau ouvrir les camps de concentration, peupler les casernes? A moins qu'on ne supprime toute cette partie de la population par une bonne guerre mondiale, la troisième tant attendue... Voilà qui permettrait la relance d'une certaine industrie, cela ferait de la place, et surtout, ce serait un excellent moyen de rendre à la monnaie vigueur et santé.

Au fait, de quoi parlions-nous au début de ce chapitre? De

l'achèvement social du travail et de l'épanouissement du producteur... Et nous voilà en train de détruire les produits et d'exterminer une partie des producteurs. Nous parlions de la santé de l'homme du labeur, et nous voilà penchés sur celle du dollar... Visiblement, nous nous sommes égarés en cours de route.

Cette mutation est très grave, pour l'immense majorité des hommes, mais plus spécialement pour ceux qui ne savent que travailler, qui ne connaissent dans la vie rien d'autre que le travail. Des esclaves d'un autre âge. Or, *ce type d'individu existe...*

Il y a une vingtaine d'années, un milliardaire descendu sur ses terres, disait à un jeune couple qui trimait pour lui douze heures par jour pour un salaire mensuel de mille francs de l'époque : « Le travail ne mérite pas salaire. C'est l'argent qui produit l'argent ».

Après avoir entendu de tels propos, ces jeunes exploités ont-ils fait la révolution, ont-ils mis le feu à l'exploitation ? Non, ils ont courbé le dos et se sont remis au travail, résignés, silencieux.

Certains sont « programmés » à mener leur vie de cette façon. Sont-ils heureux de leur sort ? Sont-ils malheureux ? Ils n'y pensent même pas, ils travaillent, obéissant à des automatismes.

### Une femme du labeur au soir de sa vie

Parmi les hommes du labeur, il existe bien sûr, différents types de comportement, mais leur étude détaillée ne fait pas l'objet de cet ouvrage. Néanmoins, ils ont en commun une certaine mentalité, certains réflexes, certaines réactions, et pour les concrétiser, nous avons choisi le témoignage d'une assistante sociale retraitée. Elle ne représente pas à elle seule toute la variété des hommes du labeur, loin s'en faut, mais son témoignage a l'avantage d'être écrit par quelqu'un qui, après avoir vécu et connu du dedans ce comportement et ses automatismes, a réussi à en découvrir l'origine, les composantes, et les issues... Un peu tard, il est vrai, trop tard.

« Célibataire, aujourd'hui retraitée, j'ai dépensé mon énergie et consacré tout mon temps « au service des autres ».

En faisant le bilan de ma vie, je suis bien obligée de constater que ce fut une grave erreur... Dans une telle fuite en avant, on abandonne en cours de route bien des amis, pour terminer son aventure dans une solitude imméritée et stupide.

J'ai passé toute mon existence à « recoller les morceaux » pour certains, à susciter un peu de joie pour d'autres qui en étaient dépourvus, à obtenir un peu d'argent pour des pauvres gens qui manquaient de tout. *Ma grande erreur a été de me soucier toujours des autres, sans me soucier de moi-même.* L'oubli de soi est une morale à l'usage des exploités mais au revers de cette médaille, sur la face destinée aux riches, on peut lire : « Charité bien ordonnée commence par soi-même »... Voilà qui est intelligent. Mais à force de pratiquer l'oubli de soi, il devient comme une seconde nature qu'avec le temps, on ne parvient plus à amender.

Une autre erreur a faussé l'orientation de ma vie : j'ai toujours vu du premier coup d'œil *ce qui était à faire,* mais je ne voyais que trop tard *à qui j'avais affaire.* « Quand quelqu'un te demande de faire mille pas, fais-en deux mille », dit la Bible. Pour avoir trop souvent suivi cette ligne de conduite, je suis en mesure de conseiller fermement le contraire : si quelqu'un vous demande de l'aider, qu'il commence donc par faire lui-même le premier pas, vous pourrez alors faire le second. Il lui appartiendra ensuite de faire le troisième, et ainsi de suite... Mais si l'intéressé ne se prend pas en main lui-même, mettez donc un frein à votre générosité. C'est une erreur que de vouloir être plus royaliste que le roi, car on se fait ainsi soi-même l'esclave des autres en n'assurant plus que des suppléances.

*Les suppléances !* Voilà le piège sournois dans lequel je me suis si souvent enferrée, (tant avec mes « clients » qu'avec mes chefs ou collègues). Avec du recul, j'ai pu en démonter le scénario : je rencontre une personne en difficulté ; elle a entrepris un projet, mais, faute de prendre les affaires en main, elle se trouve dans une impasse ; par réflexe, je me porte à son secours, et j'assure à sa place les travaux et les démarches qu'elle néglige ; mais ce que je n'ai pas soupçonné une minute, c'est que cette personne accorde en réalité peu d'importance à ce projet qui semble tant lui tenir à cœur ; au début, elle fait mine d'être contente de mon aide, pour faire bonne figure, car en fait, elle est bel et bien prise à son propre jeu ; croyant l'aider, je la dérange ; et bientôt, elle finit par en être agacée, au point parfois de m'éjecter purement et simplement.

Qu'est-ce qu'une suppléance ? L'effort que je dois faire pour pallier les négligences d'un autre ? En réalité, dans bien des cas, pour assurer une suppléance, je me suis engagée tête baissée... dans un fantasme ! Dans une cause à laquelle l'intéressé lui-même n'attachait guère d'importance. C'était prendre au sérieux ce qui n'était qu'un jeu.

Avec du recul, je constate aujourd'hui qu'un certain nombre de mes maladies mal expliquées à l'époque, sont survenues chaque fois que je me suis laissée entraîner dans une telle suppléance : j'ai souffert de névralgies sciatiques, de contractures musculaires, de calculs dans les glandes salivaires, de poussées d'hypertension, de vertiges...

Quant à la reconnaissance du ventre, je pense que huit personnes sur dix n'en ont aucune idée. Je me suis toujours attachée aux choses à faire, sans entretenir vraiment des liens d'amitié avec quiconque. Je n'ai pas prêté attention aux marques de sympathie de mes clients, de mes collègues ou chefs. Et je sais aujourd'hui que j'ai eu tort.

Ai-je au moins été payée à la mesure de mon travail ? J'ai bénéficié des avancements et augmentations de salaire dus à mon ancienneté uniquement. Pour aider l'un ou l'autre, j'ai pris des risques, car je me laissais commander par la misère des gens. Non seulement ce travail n'a pas été payé de retour, mais de plus il m'a valu une solitude accrue... J'en faisais trop... disaient certains.

Réduire toute sa vie à un service des autres est une erreur à ne pas commettre.

Une autre règle de vie m'a été funeste : j'ai toujours vu ce qui était à *faire* mais sans comptabiliser ce que j'avais *déjà fait*. « Que votre main droite ignore ce qu'a donné votre main gauche. » De là découle toute une mentalité selon laquelle tout ce qu'on fait est normal, affaire de devoir, c'est tout. Parfois, des gens voulaient me faire un petit cadeau mais, d'instinct, je refusais. Souvent, aux remerciements que l'on m'adressait, j'opposais « il n'y a pas de quoi, je suis payée pour faire ça » ou encore « mais c'est normal, c'est mon travail ».

Au lieu de profiter de mes loisirs, j'apprenais le portugais pour mieux comprendre mes clients immigrés. Et puisqu'après tout cela il me restait encore du temps, j'ai appris le braille en vue de transcrire des livres pour les aveugles.

Par ailleurs, j'ai bien entendu participé à plusieurs associations. Le but humanitaire qu'elles affichaient m'attirait comme un aimant. Mais bientôt, je voyais rôder autour des postes-clés des personnes qui, de toute évidence, visaient avant tout le pouvoir. Et puisque les responsables ne faisaient pas leur travail, j'assurais encore des suppléances... au profit d'authentiques parasites. Et je mettais les bouchées doubles, pour éviter que l'association ne s'effondre. Aujourd'hui, je pense que si cette comédie risquait d'être dévoilée, j'aurais bien mieux fait de laisser faire les choses. On aurait connu une saine minute de vérité.

Puisque le genre humain a appris depuis des millénaires à marcher debout, il n'y a aucune raison pour que certains continuent à marcher à quatre pattes, le regard rivé au sol. C'est qu'à force de travailler la tête baissée, on finit par vivre le dos courbé.

*Comment ce comportement a-t-il pu se mettre en place chez moi?*

Mon éducation pieuse n'y est pas étrangère, c'est certain. Mais elle n'a fait que renforcer des automatismes « programmés » par ma mère. J'ai vécu et « fonctionné » un peu comme un robot, ou un ordinateur.

Avant son mariage, ma mère avait fait plusieurs séjours prolongés en hôpital. De nature gaie et courageuse, elle remontait le moral des autres malades grabataires. Et les religieuses qui la soignaient l'aimaient beaucoup. Or, à cette époque, une seule de ses sœurs s'est occupée d'elle ; aussi, ma mère lui vouait-elle une reconnaissance sans borne. Sentiment bien exagéré, sans doute, mais elle répétait souvent : « Jamais je ne pourrai lui rendre tout ce qu'elle a fait pour moi. » Et tout au long de sa vie, en effet, elle s'est acquittée de cette dette en donnant à sa sœur toutes sortes de coups de main.

Elle ne supportait pas de rester inactive. Même quand elle était souffrante, elle éprouvait encore le besoin de travailler. Toujours travailler.

De plus, elle avait pris la fâcheuse habitude de louer à d'autres mes bons services, comme par sous-traitance, sans même me demander mon avis. Elle devançait même la demande des gens : « Je vous enverrai Jeannette, vous n'aurez qu'à lui expliquer ce qu'elle doit faire. » Mon père protestait parfois : « Cette voisine ne fait rien de sa journée, qu'elle fasse donc ses courses elle-même ! ». Ou encore : « Je ne vois pas l'intérêt de déranger Jeannette pour une personne aussi égoïste ! » Mais ma mère de répondre : « Il ne faut pas être comme ça dans la vie. Il vaut mieux être celui qui aide les autres plutôt que celui qui a besoin de leur aide. »

A certaines heures moi aussi, je rechignais. Je n'avais pas envie d'interrompre mes activités, mais ma mère coupait court à mes récriminations : « Celui qui dans la vie ne fait que ce qu'il a envie de faire, ne fera pas grand-chose. »

Cette femme ne faisait que répéter sans doute des principes, qu'elle-même avait bus avec le lait maternel. Et la source de telles bêtises peut remonter fort loin dans la tradition familiale. C'est ainsi, je pense, que j'ai acquis ce réflexe : « Envie ou pas envie, il faut faire ce qui est à faire », ou encore : « Il y a des choses à faire, c'est cela qui compte. Qu'importe au profit de qui, là n'est pas la question. » Et c'est ainsi que je suis devenue aveugle sur les gens qui profitaient de moi. Mes collègues me l'ont dit plus d'une fois : « Tu ne vois pas que ces gens se fichent de toi ? » Eh bien non, je ne le voyais pas. Et même quand on me le disait, je ne le croyais pas. Il me semble que j'ai été programmée à l'aveuglement.

Ma mère véhiculait encore un autre principe, rarement explicité, mais sous-entendu avec tellement de conviction : « Le travail ne mérite ni salaire, ni récompense, ni reconnaissance ». Elle m'avait ainsi envoyée au patronage car on y manquait d'encadrement. Le curé était un homme bourru et grognon, et ma mère le savait, mais elle ajoutait : « Il faut prendre les gens comme ils sont. Fais ce que tu as à faire, et ne t'occupes pas du reste ». Ces suggestions m'agaçaient, mais elles ont fini par façonner mon comportement, et ceci, d'autant plus que je vivais dans un environnement rétréci : je n'avais pas le droit de sortir, d'aller jouer dans la rue avec des camarades. Je ne pouvais pas davantage recevoir des amis chez moi. Alors, je me suis habituée à me passer d'amis. Je lisais ou faisais du dessin pour meubler ma solitude. Or, la solitude rend très disponible...

J'avais pris goût au dessin, mais ma mère me conseillait de me consacrer plutôt aux études. Et par de petites réflexions, elle m'orientait vers le travail social. Et elle ajoutait à cela d'autres remarques : « Le mariage ? Si c'était à recommencer, je ne me marierais pas. En restant célibataire, on a beaucoup moins de contraintes, on n'a pas à supporter un mari qui est toujours insatisfait. » Je savais bien à qui elle faisait allusion...

Au moment de choisir un métier, j'ai voulu m'orienter vers une école de dessin. « A quoi sert le dessin ? » me dit ma mère, « ce n'est pas du travail, c'est de l'amusement ! ». De moi-même — enfin, je le croyais — je me suis donc inscrite à l'école de service social. A vingt-quatre ans, j'ai connu un garçon, mais je n'ai gardé aucun souvenir de ce qui s'est passé alors. Je sais simplement qu'au bout d'un mois, j'ai cessé de le rencontrer à la suite d'un esclandre à la maison... Et depuis, je n'ai plus jamais songé à me marier, j'avais bien trop à faire !

Quarante ans plus tard, cela me pose problème : aurais-je à ce point manqué d'autonomie ? Dans notre langage d'aujourd'hui, je me dis parfois : « Mais tu t'es fait droguer, ma vieille... »

Ma mère, très âgée, vint passer une journée dans mon pavillon. J'étais allée la chercher en voiture. Sitôt arrivée chez moi, elle s'est mise à arracher les mauvaises herbes dans le jardin. J'ai voulu l'en empêcher, mais elle tint à continuer : « Je le ferai à mon rythme. Comme ça, ton petit jardin sera propre. Tu n'as pas le temps de faire tout cela en plus de ton travail. » Puis au bout de quelques minutes, elle est tombée ; elle pleurait. Je l'ai mise péniblement debout, et je lui ai dit : « Tu vois ? Ce n'est pas un travail pour une personne de ton âge ! » — Et au milieu de ses larmes, elle m'a répondu : « Je ne suis plus utile à rien. Je n'ai plus qu'à mourir. » J'ai protesté, bien sûr. Je l'ai ramenée chez elle le soir. Le lendemain matin, elle ne s'est pas levée, car elle était fatiguée. Mais par la suite, elle ne devait jamais plus se relever. Huit mois plus tard, elle mourait d'un cancer.

A mon tour, il m'arrive de m'endormir avec cette idée en tête : « Je ne suis plus utile à grand-chose ; si demain matin, je pouvais avoir quitté cette terre où je n'ai plus rien à *faire*... ». Non pas pour échapper à la dépression, mais à ce sentiment de vide qui me ronge, depuis que j'ai cessé le travail.

Un jour, un autre souvenir de ma mère m'est revenu en mémoire : quelques années avant sa mort, un de mes cousins est venu la voir. Pendant que je faisais la cuisine, je les entendais bavarder. Ma mère lui disait, je ne sais plus à quel propos : « Profite de la vie, amuse-toi ! Quand tu seras vieux, il sera trop tard. Si je devais refaire ma vie, je te promets que je m'y prendrais autrement. » Pourquoi n'ai-je jamais pris la peine de lui demander de s'expliquer là-dessus ? Il est vrai qu'à l'époque, il y avait entre ma mentalité et celle de ma mère un certain décalage : elle qui m'avait élevée dans la foi la plus vive ne croyait plus à grand-chose : « Après la mort, me disait-elle, existera-t-il un Au-Delà ? J'en doute de plus en plus. J'ai l'impression qu' « ils » nous ont raconté des balivernes. » Ces propos à l'époque m'irritaient, car j'étais encore très croyante, mais, à mon tour, au fil des années, j'ai cessé de pratiquer, puis de croire.

En me souvenant de tout cela, j'ai fait un jour une prise de conscience qui m'a troublée : non seulement j'avais reproduit le comportement de ma mère, mais je suivais aussi la même évolution, le même cheminement... J'étais en train de terminer ma course comme elle avait fini la sienne, après avoir commis les mêmes erreurs. Et comme elle, je me dis aujourd'hui que j'aurais mieux fait de m'amuser davantage, de sortir, de me faire des amis. Si c'était à refaire...

Saisie d'une certaine angoisse, j'ai alors réagi, et j'ai pris mes affaires en main. Puisque j'avais de l'argent de côté, j'ai commencé par faire retapisser les différentes pièces de mon petit pavillon. Puis je me suis acheté un beau salon et une chambre à coucher confortable. Et rapidement, j'ai apprécié cet environnement un peu cossu.

Mais le vide, le grand vide, était toujours là. J'ai voulu m'intéresser à nouveau au dessin, j'ai acheté plusieurs albums de peintures célèbres. Je les ai feuilletés sans y prendre goût vraiment. J'ai fini par me faire deux ou trois amies de mon âge, solitaires comme moi. Nous nous rendons mutuellement service et nous nous invitons de temps à autre. L'une d'entre elles a failli envahir ma vie. Elle venait tous les après-midi. Elle avait besoin de parler d'elle, toujours d'elle, de sa famille. Et rapidement, je trouvais cela crispant, alors j'ai fini par ne plus ouvrir la porte quand elle venait sonner... pour me débarrasser de sa présence ennuyeuse.

C'est là que, pour la première fois, tournant en rond comme un fauve en cage, j'ai regretté d'avoir renoncé au mariage. Rien ne prouve que la vie de couple m'aurait rendue heureuse ; rien ne prouve qu'à ce moment mon conjoint aurait été encore en vie. Mais un mari, des enfants, m'auraient sans doute conduite à organiser ma vie tout autrement. Pourtant, rien n'est moins sûr... ma mère avait bien un mari et une fille, et cependant, elle a vécu comme si nous n'existions pas... Comment ai-je pu renoncer au mariage, il y a trente ans, sans jamais plus revenir sur cette décision ? Il faut que ma mère ait eu sur moi une emprise considérable ! Une remarque de sa part a suffi pour que j'abandonne à jamais mes propres projets et que j'organise ma vie en fonction de ses principes et de ses goûts...

A partir de cette prise de conscience, j'ai commencé à prendre du recul par rapport à ma mère qui depuis des années repose au cimetière. Aujourd'hui dégagée, je me dis parfois, tout au fond de moi-même, que si je rencontrais un veuf qui cherche une compagnie pour partager sa solitude, il se pourrait que j'envisage positivement un tel projet. C'est qu'il est difficile d'avoir un projet pour soi quand on est seul à l'âge de la vieillesse. Ce serait pour moi l'occasion de me rendre à nouveau utile à quelqu'un, et peut-être d'établir avec lui des rapports d'aide réciproque ?

Puis d'autres souvenirs me sont revenus à l'esprit. Et mon père ? Comment se fait-il que je pense si rarement à lui ? Au fond, ma mère a toujours été trop attachée à sa sœur pour pouvoir donner à son mari toute la place qu'il était en droit d'attendre. J'ai gardé de mon père l'image d'un personnage toujours agacé et agaçant. Mais sans doute ai-je surtout regardé cet homme avec les yeux de ma mère... Il est surprenant que j'aie tant de mal à me souvenir de lui. Pourtant, il a toujours travaillé obscurément, courageusement pour nourrir son foyer et lui assurer un certain confort. Il était bien, lui aussi, de ces gens qui n'ont, dans toute leur vie, connu que le travail... J'ai toujours eu des contacts avec la famille de ma mère, mais jamais avec celle de mon père. Pourquoi? Parce que ma mère supportait mal ses beaux-frères et les cousins de son mari qui, pourtant, étaient plutôt gentils. Là encore, j'ai partagé avec ma mère la mésestime qu'elle avait pour sa belle-famille... et je me suis ainsi coupée de la moitié des miens. Si je dois en croire ce que ma mère m'a répété souvent, mon père ne voulait pas avoir d'enfant, et ne s'est pas du tout réjoui de ma naissance. Aujourd'hui, je commence à me demander si tout cela était bien vrai... Le pauvre homme a dû souffrir toute sa vie de me voir à la fois si distante à son égard, et si proche, trop proche de ma mère.

Ces questions resteront à jamais sans réponse... C'est pourquoi je me les pose avec autant d'acuité. *d'intensité.*

Voilà comment je me suis mise à écrire mon « journal », en me rafraîchissant la mémoire pas à pas. Cela m'occupe, et me permet en même temps de remettre à l'endroit bien des choses que j'ai toujours vues à l'envers. Je ne crois pas que quelque jugement nous attende après la mort, mais je pense qu'au soir de la vie, il est souhaitable de faire un tel bilan, chacun pour son propre compte. S'il est trop tard pour remettre de l'ordre dans ma vie, il est encore temps de remettre de l'ordre dans mes pensées. Pour une personne comme moi, c'est le moyen de tirer des leçons, d'acquérir une sagesse... tardive, mais c'est aussi — et surtout — l'occasion de me rappeler tout ce que j'ai fait pour les uns et les autres pendant une vie si longue. Une vie qui jusqu'alors m'avait paru vaine, banale, remuante, et finalement inconsistante. Eh bien, il est temps de remettre les choses à l'endroit : bien sûr, je me suis parfois fatiguée pour rien ; bien sûr, j'ai pris des risques dont les autres n'ont pas toujours tiré tous les avantages escomptés ; mais par ailleurs, j'ai vraiment aidé certaines personnes, j'ai vraiment collaboré au bonheur durable de quelques-uns... et même de beaucoup. Même s'ils ont disparu de mon environnement, ils restent pour moi de vrais amis, car je me suis donné de la peine, beaucoup de peine pour eux. Ils sont devenus les compagnons invisibles de ma vieillesse.

Programmée au service, j'ai toujours travaillé tête baissée. Pourtant, il faut savoir s'arrêter souvent, pour prendre le temps de regarder non seulement ses erreurs, mais aussi ce qui fut réussi. Il faut retourner voir les gens pour prendre de leurs nouvelles, pour se faire des amis au-delà de la tâche accomplie... »

De ce témoignage, une conclusion se dégage : si l'homme du labeur, exploitable à merci, est socialement utile, il ne réalise pas pour autant son propre épanouissement.

# CHAPITRE 2

# L'HOMME DU RELATIONNEL

## LES UNS... ET LES AUTRES

L'homme du labeur vous est maintenant connu, faisons plus ample connaissance avec l'homme du relationnel.

Et pour bien comprendre le type de réactions qui sont propres à ce dernier, nous allons observer leurs attitudes respectives au cours de trois petits épisodes empruntés au quotidien.

### Deux architectes

*L'homme du labeur*

Un curé est chargé de construire une église. Il s'adresse à un architecte renommé qui, d'emblée, lui déclare qu'étant incroyant, et donc non-pratiquant, il ignore tout du fonctionnement d'un bâtiment religieux. « Je vous propose, ajoute-t-il, une réunion de travail ; vous m'y expliquerez en détail ce dont vous avez besoin, de quelle manière doivent s'agencer les locaux, afin de me permettre d'établir des plans *fonctionnels.* »

Lors de la réunion, l'architecte pose une foule de questions, puis trace rapidement quelques esquisses pour se faire dès l'abord une idée plus précise de l'ouvrage à réaliser. Il note alors les premières réactions du curé, car il tient avant tout à faire un bâtiment *pratique, répondant au mieux à sa destination*. « Après, dit-il, j'envisagerai l'aspect technique et artistique proprement dit. »

Pour mener à bien la construction de cette église, curé et architecte se mettent d'accord sur un *projet commun*.

Ce projet nécessite une collaboration efficace entre ces deux hommes. L'architecte vient régulièrement soumettre les plans au curé. En fonction de ses remarques, et de ses suggestions, il rétrécit un escalier, déplace une porte, élargit une fenêtre.

Dans cette collaboration, *chacun a un domaine spécifique*. Le curé a ses exigences, et l'architecte dessine ses plans en fonction des besoins.

Avant d'ouvrir le chantier, l'architecte pose deux conditions : d'abord qu'une maquette soit réalisée, pour lui permettre de visualiser les volumes de l'édifice, puis, que l'on commande au bureau d'études d'une grosse entreprise une contre-expertise. « En effet, explique-t-il, mes prévisions en ce qui concerne la voûte me paraissent exactes, mais je n'ai pas l'habitude de ce genre d'ouvrage. »

Pour aboutir à un résultat fiable, efficace, il lui faut donc prendre l'avis d'un spécialiste de ce problème délicat. Et ce travail en commun continue pendant toute la durée du chantier. L'architecte suit l'évolution des travaux de très près, et le curé aussi. Et dès que celui-ci se rend compte, sur le terrain, de quelques erreurs dans la conception — le chœur par exemple, semble finalement trop exigu —, l'architecte étudie aussitôt la question et modifie ses plans en conséquence. D'autres spécialistes, d'autres corps de métiers, vont devoir à leur tour intervenir sur ce chantier : maçons, charpentiers, peintres et autres ; leur collaboration est également indispensable à la réalisation du travail entrepris.

Mais ce qu'il faut souligner, c'est qu'il est nécessaire que chacun se cantonne à son domaine propre et s'y organise à sa convenance. Pour l'agencement des lieux, l'architecte doit évidemment prendre en compte les besoins du curé qui les utilisera ; mais pour le calcul de la voûte, pour le choix des matériaux, c'est au spécialiste de prendre le travail en main directement.

Enfin, le chantier se termina, l'édifice fut construit. Mais pour que le travail soit pleinement achevé, il fallait que la bâtisse puisse remplir parfaitement son rôle. A la sortie de la cérémonie qui marqua le jour de l'inauguration, l'architecte confia au curé : « Lorsque j'ai vu tout ce monde emplir l'église, je me suis demandé, non sans inquiétude, si réellement, elle avait ou non un « caractère religieux ». Pour être franc, je n'en savais rien ! Puis au fur et à mesure du déroulement de la cérémonie, j'ai constaté comme un « changement d'atmosphère ». Si bien que je peux dire qu'à la fin de l'office, ce bâtiment n'était plus un bâtiment profane. Mais ce caractère religieux, ce n'est pas moi qui le lui ai conféré. Il vient d'ailleurs. »

A l'usage, l'église révéla quelques défauts ; en particulier des phénomènes d'écho qui s'avérèrent gênants. De nouveau sollicité, l'architecte proposa diverses solutions. C'est là un élément qu'il avait insuffisamment considéré en dessinant les plans. « Evidemment, dit-il, si c'était à refaire, il faudrait prévoir ce problème dès la conception. »

En fin de compte, l'ouvrage était artistiquement très réussi, et plusieurs revues d'art religieux et d'architecture lui consacrèrent un article. Certains apprécièrent, d'autres furent plus réservés, voire défavorables. Mais tout ceci ne toucha que peu le maître d'œuvre. Il était satisfait de son église *parce qu'elle était fonctionnelle,* comme l'attestèrent le curé et les paroissiens. En outre, il avait su ajouter un certain style original, ni provocant ni classique, qui plut dans l'ensemble aux usagers. Il avait su travailler en répondant aux exigences de son client ; le reste n'avait que peu d'importance.

### L'homme du relationnel

Pour lui, une œuvre à réaliser est avant tout *son œuvre,* dans laquelle il va pouvoir exprimer *sa* créativité, *son* art, sans conteste. La construction d'une église sera avant tout l'occasion d'ajouter à son palmarès une œuvre qui fera du bruit. Pour y parvenir, il va inventer des formes inhabituelles, peut-être même choquantes, introduire des éclairages latéraux qui mélangeront des teintes subtilement dosées. Pour les vitraux, il conviendra de contacter un artiste surréaliste dont l'art énigmatique laissera songeur le touriste de passage. Dans cette conception, l'utilité de l'église, — à savoir fournir au curé et à ses paroissiens un lieu de rencontre fonctionnel et si possible agréable — paraît totalement secondaire. D'ailleurs, la moindre critique hérissera l'architecte : « C'est mon œuvre et je ne cèderai à aucune pression... » Pour lui, avoir « les coudées franches » signifie une liberté de manœuvre absolue. Pourquoi ? Pour *servir son prestige* d'artiste. L'édifice devient pour lui l'occasion de se faire une place, non pas parmi les usagers — qui, pourtant, paient l'ouvrage —, mais parmi les architectes les plus en vue ou les plus contestés du pays. *L'église devient secondaire ; ce qui compte, c'est la renommée de l'architecte.*

Ainsi, à travers ces deux réalisations, nous constatons qu'il existe deux manières radicalement opposées d'aborder une tâche.

## Deux représentants technico-commerciaux

### L'homme du labeur

« Je suis régisseur d'une grande propriété. Les fenêtres, trop vétustes, nécessitent un entretien coûteux, c'est pourquoi on décide de les remplacer par d'autres en aluminium.

Ingénieur en bâtiment, je possède une documentation sur les menuiseries métalliques, ce qui permet de prendre contact sans tarder avec diverses entreprises spécialisées. L'une d'elles envoie un technicien qui vient débattre avec moi de l'affaire. Les besoins de la maison présentent pour lui un marché important ; quant à moi, je dois sélectionner les matériaux les mieux adaptés. Notre conversation est celle de deux techniciens spécialisés. Lui prend les mesures, fait des propositions ; quant à moi, je consulte la documentation qu'il me propose et promets de réfléchir à ses offres. J'ai besoin de l'entreprise et l'entreprise a besoin de clients. Nous nous comprenons donc parfaitement, et lui convient qu'il est normal que pour un tel marché j'attende d'avoir contacté d'autres concurrents avant de prendre la décision finale.

Nous avons là un contact *fonctionnel :* celui de deux partenaires également intéressés. Normalement, l'affaire devrait s'arrêter là, jusqu'à nouvel appel de ma part.

*L'homme du relationnel*

Or la direction générale de l'entreprise est mise au courant qu'elle a de bonnes chances de décrocher le marché. A cette nouvelle, le chef de vente saute sur l'occasion pour faire, quelques semaines plus tard, irruption dans la propriété, sans même avoir pris rendez-vous. Il est accompagné d'un de ses subalternes, auquel il veut montrer, semble-t-il, comment il faut s'y prendre pour emporter un gros marché. Ainsi, débarque à l'improviste, dissimulé derrière des lunettes noires, ce monsieur du genre vous-allez-voir-ce-que-vous-allez-voir. Suivi de son vendeur, il donne plusieurs coups de sonnette intempestifs. En mon absence ce jour-là, c'est le jardinier qui le reçoit. Il en informe ce grand chef, et le prie de se présenter un autre jour, mais sur rendez-vous cette fois. Monsieur passe outre, et se met à poser une foule de questions sur la maison qui n'ont aucun rapport avec les fenêtres. D'un ton péremptoire il affirme qu'elle n'est pas conforme aux normes de sécurité, ce qui non seulement ne le regarde pas, mais de surcroît est faux. Puis, le voilà lancé dans une série de conseils fiscaux, tout aussi inexacts d'ailleurs. Invité plusieurs fois à sortir, il continue sa manœuvre d'intimidation, se permet d'entrer dans différentes pièces sans frapper, poursuivant toujours son monologue. Enfin, ce n'est qu'après trois quarts d'heure que cet énergumène se retire. Sur le pas de la porte, il lâche une plaisanterie de mauvais goût, à l'image de sa personne.

Tenu au courant à mon retour de cette visite inopinée, je juge impertinente et inadmissible cette conception terroriste du marketing. Le soir même j'écris à la direction générale pour protester contre les agissements de cet agent, et je signifie par la même occasion que je ne traiterai pas plus longtemps avec eux. »

Tel fut l'achèvement social de ce contrat commercial ! Ce monsieur n'avait cherché dans ce branle-bas que sa propre image de marque.

**Affaire de chiffons**

*Une femme du labeur*

Madame Martin était heureuse. Le mariage avait bien commencé, et elle était contente de voir que ses amis auraient une belle fête. Et puis elle avait aussi la satisfaction de constater qu'elle avait bien réussi sa robe. Lorsque l'invitation était arrivée, elle s'était fait un peu de souci, parce qu'elle n'avait plus rien de convenable pour assister à un mariage. Elle avait alors pris son courage à deux mains, et avait entrepris de se faire une robe. Elle avait un peu hésité, cherchant un modèle qu'elle puisse porter en d'autres occasions, qui soit à la fois sobre et élégant. Apparemment elle avait réussi. L'arrondi, qui lui avait donné du mal, tombait bien, l'ensemble avait un air un peu plus habillé, grâce à l'écharpe qu'elle avait mise sur les épaules et à la broche qu'elle avait fixée au revers du col, mais la robe elle-même restait suffisamment simple pour qu'elle puisse la remettre le jour où elle recevrait des amis, sans paraître excentrique. Bref, elle était parfaitement dans le ton de la soirée.

*Une femme du relationnel*

Le bal avait commencé depuis vingt minutes environ, la piste de danse était pleine de jeunes gens qui s'agitaient en riant, et dans le reste de la salle, on voyait les serveurs passer d'un groupe à l'autre en présentant des plateaux chargés de coupes.

Tout à coup, je vis s'amorcer un mouvement vers la porte de la salle. Les gens échangeaient quelques mots tout bas, et beaucoup tournaient la tête vers l'entrée. Intrigué, je m'approchai et je découvris ce qui attirait l'attention des convives : le port altier, l'air faussement dégagé, sûre de son effet, une femme entre deux âges, qui semblait sortir d'une boutique du faubourg Saint-Honoré, venait de faire son entrée.

— Chère amie, vous êtes resplendissante ce soir. C'est un enchantement !

— Vraiment ? Vous me flattez. J'ai eu tellement de mal à trouver quelque chose d'à peu près convenable. La présentation de Chanel était effroyablement ennuyeuse, Lapidus était trop extravagant, quant aux autres... C'était presque à désespérer cette année. J'ai cru que je n'y arriverais jamais. D'ailleurs finalement j'ai été obligée d'abandonner les grands couturiers. Mais lorsque j'ai vu le mariage du Prince Charles, j'ai eu le coup de foudre pour la robe de la reine d'Angleterre. Alors je suis allée voir ma petite couturière — elle n'est pas très connue, mais elle travaille merveilleusement bien —, et je lui ai demandé de m'en faire une dans le même genre. Par contre, j'ai eu toutes les peines du monde à trouver le tissu. Les collections de cette année étaient horriblement ordinaires. J'ai passé je ne sais combien d'après-midi pour trouver quelque chose qui ne soit pas trop commun. Finalement, je crois que ce bleu est assez réussi. Il a un je-ne-sais-quoi qui lui donne beaucoup de chic...

Et voilà notre phénomène qui, avec la simplicité et la discrétion qui la caractérisent, se mit à faire le tour des invités. Baise-main à droite, embrassade à gauche, tant et si bien qu'on pouvait se demander si l'on fêtait les jeunes mariés ou elle-même. Elle était parvenue à se faire le centre de la soirée.

Un quart d'heure plus tard, survint la catastrophe. A nouveau, je remarquai un mouvement vers la porte d'entrée. Mais cette fois, les coups d'œil qu'échangeaient les invités n'exprimaient plus l'étonnement ou l'admiration. On pouvait y lire selon les cas, une certaine inquiétude ou une hilarité mal contenue. Et je vis s'avancer majestueusement, une dame d'un certain âge, qui portait exactement la même robe que la petite reine du moment ! Une différence cependant entre les deux femmes : la dernière portait en pendentif une pierre dont l'éclat attirait les regards, et à laquelle faisaient écho celles qui se balançaient doucement à ses oreilles.

Soudain tout s'effondrait. Les beaux discours, la robe sur mesure, tout sombrait d'un coup dans le ridicule. Et par-dessus le marché, la nouvelle venue arborait de magnifiques bijoux ! La « Queen bis », qui était venue non pas pour participer à la fête, parmi les autres, mais pour s'y faire admirer et *être au-dessus de tout le monde,* avait eu son quart d'heure d'achèvement social. Mais la voilà qui quittait la salle piteusement. La seule arrivée de sa rivale avait fait éclater ses mensonges grotesques, et rendu sa respectable présence superflue.

Madame Martin, elle, a trouvé sa place tout naturellement dans cette fête. Elle avait fait sa robe pour y apporter sa contribution. Elle était tout à fait dans le ton. Son achèvement social était là.

## AGIR

La façon d'agir de l'homme du relationnel se dessine à travers les situations que nous venons d'évoquer.

S'il est capable à certaines heures de s'atteler pleinement à une tâche, à d'autres moments, de vieux démons, ou plutôt des automatismes de comportement mis en place de longue date, le font déraper d'une manière irrépressible vers la rivalité, la comparaison, la jalousie, le besoin de plaire, de briller, de paraître, considérations qui viennent parasiter ses activités en cours.

La majorité des hommes sont ainsi faits, hélas ! Celui qui, se sachant atteint par ce handicap, entreprend de mettre en place d'autres attitudes, essaie d'entrer dans d'autres catégories mentales, peut échapper à cette véritable lèpre pour l'esprit. Mais celui qui s'abandonne sans résistance, ou sans méfiance à ce penchant naturel, voit avec le temps ce qui n'était que péché mignon un peu agaçant se muer en un comportement de plus en plus préjudiciable à lui-même et à son entourage.

Il est dévoré peu à peu par un égocentrisme de plus en plus envahissant. L'homme du relationnel, lorsqu'il ne cherche pas à s'amender, devient caricature de lui-même, et pourrait assez justement s'appeler « monsieur MOI ».

Vous verrez sans doute Monsieur MOI au travail, mais ne vous y trompez pas : tandis qu'il semble s'atteler à une tâche, tous ses efforts, tout son être sont tendus vers une autre préoccupation inavouée et pourtant centrale, envahissante, exclusive : MOI. Et MOI, ici, maintenant, comment suis-je perçu, de quoi ai-je l'air, est-ce que je me sens bien ? Si Monsieur MOI avait tant soit peu le sens du travail, il saurait respecter celui des autres, mais justement, il est si préoccupé d'être à chaque instant au-dessus de la foule qu'il ne voit même pas que d'autres sont tout à leur tâche.

## AVOIR SA PLACE

L'homme du labeur conquiert son territoire à force de travailler dans un secteur donné. Mais Monsieur MOI, n'ayant pas le sens du travail, n'a pas davantage le sens du territoire. La preuve ? Il envahit celui des autres sans vergogne. Il vous téléphone ou s'invite à n'importe quelle heure, et si par hasard il vous a tiré du lit, il trouve la situation plutôt drôle...

A-t-il envie de fumer ? Pourquoi aller jusqu'au débit de tabac voisin quand il lui est tellement plus simple et naturel de prendre une cigarette dans votre paquet en lâchant, à la rigueur — mais une fois la chose faite — un « vous permettez ? » de politesse. Sa devise : « Tout ce qui est à toi est à moi, mais tout ce qui est à moi est bien à moi. On ne touche pas ! »

Si Monsieur MOI semble développer malgré tout dans certains domaines quelque chose qui pourrait ressembler à un territoire, regardez-y de plus près : il ne fait que dorer ou défendre son image de marque.

Madame MOI entretient sa cuisine dans un état de propreté digne d'une salle d'opération. Est-ce par un souci d'hygiène poussé à l'extrême ? Vous n'y êtes pas. Simplement, il faut que sa voisine, lorsqu'elle vient à l'improviste, puisse se dire : « Quelle cuisine admirable, quelle propreté ! Travailler hors de chez soi et avoir une maison aussi propre... Quelle femme étonnante... »

Monsieur MOI s'est acheté un matériel de professionnel pour bricoler le week-end. Enfin, c'est ce qu'il dit à ses amis, à qui il a soin de montrer ce beau matériel en insistant négligemment sur le prix. Et s'il réalise effectivement des travaux, il a grand soin de faire remarquer que n'importe qui n'en ferait pas autant, qu'il s'agit là d'un travail hors pair.

Monsieur MOI est plus que vous, tout simplement. Vous avez un jour évité de justesse de renverser un enfant avec votre voiture ? Justement, la même aventure lui est arrivée, mais avec une famille entière, figurez-vous. Vous vous remettez à peine d'une intervention chirurgicale ? Oubliez vos douleurs, et songez que lui, lorsqu'il a été opéré d'une hernie — vous savez bien, c'était en 1972 —, l'affaire fut si grave qu'il a échappé de peu à la mort. Vous avez beaucoup de travail ? Oser dire cela devant un homme qui est écrasé sous le labeur comme jamais être humain ne le fut !

Savez-vous qu'il s'est acheté une 104 ? Oui, ma chère ! N'importe qui ne s'achète pas une 104, non mais !

Vous êtes passionné de spéléologie ? Oui, c'est une petite activité amusante ; rien à voir, bien sûr, avec sa collection de timbres qui — le saviez-vous — est la première du département. Ou du village. Enfin, la première, quoi.

Bref, Monsieur MOI *est plus,* qu'on se le dise !

Monsieur MOI développe certains secteurs ? Voire !... Dans certains domaines, il *est* plus, et dans d'autres, il *est* moins. Si au travail il se sent moins, il faut bien qu'il se rattrape ailleurs ; à la maison par exemple, toute la famille marche à la baguette. D'ailleurs s'il a essuyé un reproche de son chef de bureau, il est tout naturel que sa femme et ses enfants en fassent les frais lorsqu'il rentre le soir.

Monsieur MOI, en guise de territoire, se fabrique une *image de marque.* Cette façade à la Potemkine, ce cache-misère, est éminemment fragile. Aussi, Monsieur MOI est-il particulièrement *exposé à la maladie.*

Pour lui, *avoir sa place* veut dire *avoir la première place.* Or, rien n'est plus menacé que la première place...

On rencontre aussi couramment deux autres variétés de Monsieur MOI, qui ne construisent pas davantage leur territoire, et sont tout aussi fragiles.

Dans l'une de ces espèces, Monsieur MOI est un homme tendu, tenaillé par l'*angoisse d'être moins.* Dans ses nombreux moments d'hésitation, il vient s'épancher auprès de vous. Rassurez-le, écoutez-le, écoutez-le encore pendant deux heures s'il le faut. Vous avez autre chose à faire ? Vous avez été interrompu dans votre travail, dites-vous ? Que voulez-vous, il a besoin d'être apaisé, pauvre Monsieur MOI. Et tant pis s'il piétine votre territoire au passage, c'était sans intention méchante, vous savez. De toute façon, il n'a pas de territoire lui non plus.

Sans cesse tiraillé intérieurement, il ne peut s'appuyer sur aucune réalisation personnelle...

Vous le voyez souvent fignoler un travail jusqu'à l'obsession. Quel étonnant perfectionnisme. Quelle conscience professionnelle, quel souci du travail bien fait. Erreur ! Comprenez : s'il vous donnait un travail achevé, vous auriez quelques chances d'en percevoir les carences, les imperfections, tandis qu'en vous livrant un produit finement ciselé, mais non terminé, et donc inutilisable, il vous laisse plein d'admiration sur ce qu'aurait pu être ce travail qui s'annonçait si prometteur... Un homme capable, qui promet beaucoup mais ne tient pas grand-chose !

Enfin sous une troisième forme, Monsieur MOI apparaît comme un être gentil, sans cesse à la recherche d'une bonne ambiance, de relations chaleureuses. L'important, c'est d'être ensemble. Vous dites ?... Le travail ?... Préoccupation secondaire !

Au fond, que Monsieur MOI appartienne à l'une ou à l'autre de ces trois catégories, son territoire se résume à un réseau relationnel au sein duquel tantôt il occupe la première place, tantôt il lui suffit d'être bien en cour. Sa place n'est que vent, mais elle est essentielle pour son confort et sa sécurité. Elle est précaire, et lui sera enlevée plus vite encore qu'il ne l'a acquise. Alors survient la maladie...

## QUAND L'HOMME DU RELATIONNEL PERD « SA PLACE »

Les attitudes quotidiennes d'un homme face à son environnement sont essentiellement déterminées par des automatismes. Mais à vrai dire, on voit se dessiner nettement plusieurs grandes familles de comportements assez typés qui rassemblent des personnes aux réactions étonnamment semblables et répétitives.

C'est que chacun de ces comportements a une façon bien à lui d' « avoir sa place ».

La S.I.R.I.C. a réalisé une étude approfondie de ces comportements à partir des travaux du psychiatre américain Millon, et surtout, à partir de l'observation rigoureuse d'un grand nombre de cas. Cette étude fera l'objet d'une publication ultérieure ; néanmoins, nous lui emprunterons une description très sommaire des hommes du relationnel qui, semble-t-il, se divisent en trois catégories nettement distinctes : les *fusionnants,* les *contradictoires,* et les *dominants.* Cette distinction est indispensable, car certaines pathologies sont directement liées à la spécificité de chaque comportement.

### Le fusionnant

Le fusionnant est, avant toute chose, sensible aux traits du visage, au ton de la voix, au sourire de ses interlocuteurs. Tour à tour, son cœur se réchauffe et se glace au gré des rencontres : « Comme cette dame est souriante, comme elle est gentille. A coup sûr, elle a de l'affection pour moi. Avec elle, je me sens à l'aise, j'ai envie de m'ouvrir sans réserve. Comme cette personne a un visage dur, c'est une véritable porte de prison. Moi qui voulais lui demander une faveur, comment vais-je pouvoir obtenir ses bonnes grâces ? Elle a l'air à ce point énervée que mes idées se brouillent. Je n'insiste pas et préfère me retirer. »

Enfin, le fusionnant ne se sent pas de taille pour faire une remarque à quelqu'un car il craint trop de perdre ainsi son amitié : « Comment vivre avec quelqu'un qui me dit à peine bonjour ? Comment travailler avec quelqu'un qui ne m'adresse la parole que pour le strict nécessaire ? Je ne le supporterais pas. J'ai besoin de me sentir compris, aimé par les gens que je fréquente. »

### Surtout, pas de conflit !

Marie est chef de rayon dans un magasin de prêt-à-porter. Dynamique, compétente, toujours prête à mettre la main à la pâte, elle dirige trois employées. En réalité, diriger est un bien grand mot : Marie n'aime pas les conflits. Ce qu'elle cherche avant tout, c'est d'être bien avec tout le monde. Et plutôt que de donner à une employée une tâche désagréable, ou de faire remarquer ce qui pourrait être déplaisant, elle préfère payer de sa personne et faire le travail elle-même. Bref, Marie est un chef de rayon apprécié. Elle n'a aucun problème avec son personnel et, comme elle dit souvent, « l'ambiance du magasin est bien sympathique ! On s'entend bien... »

Au fond, Marie n'assume pas sa place de responsable dans le magasin ; sa promotion ne l'intéresse pas véritablement. Marie n'attend pas de son secteur professionnel qu'il lui apporte d'abord un salaire confortable, elle n'est pas avant tout intéressée à effectuer un travail avec toujours plus de compétence, d'efficacité et d'assurance, comme cela devrait être raisonnablement. Non, Marie se rend d'abord au magasin pour *être bien* au milieu des autres. Et dès que cette harmonie est menacée, de retour à la maison elle ressasse ses problèmes, elle en perd le sommeil et la santé, et n'a plus le cœur à se rendre le samedi aux cours de couture qu'elle suit d'habitude avec tellement de plaisir. Bref, tous les secteurs de sa vie sont envahis par son impression de dysharmonie.

Un jour, arrive dans le rayon une nouvelle employée : Catherine. Très vite, la novice comprend le parti qu'elle peut tirer de la situation : assurée de ne pas encourir de reproches, elle prend l'habitude d'arriver en retard le matin, et chaque jour, Marie supplée à ses défaillances. S'enhardissant encore, Catherine en vient progressivement à contrôler les décisions de son chef de rayon, à critiquer le travail des autres. Elle virevolte ici et là, et agace tout le monde. Naturellement, elle est de moins en moins efficace.

Voyant que le travail s'accumule, les employées commencent à s'agiter, supportant mal la présence de cette péronnelle inefficace et encombrante. Marie, soucieuse d'être bien avec tout le monde, en est bouleversée : la voilà en conflit avec une partie de son personnel...

Cherchant à arrondir les angles, elle tente de calmer les esprits : « Mais non ! Vous exagérez... Depuis quelque temps, d'ailleurs, Catherine fait des efforts. Et puis, à quoi bon la heurter ? Si j'interviens, elle se vexera et qu'aurez-vous alors obtenu de plus ? Vous savez... chacun a ses défauts. De toute façon, le magasin tourne bien. C'est là l'essentiel. » Mais les employées ne l'entendent pas de cette oreille : « Non, Madame, vous devez lui mettre les points sur les i. Cela fait partie de votre travail ! »

Marie est complètement désemparée. Jusqu'à présent, elle s'est toujours voilé la face, et cependant elle sait bien, au fond, que ces récriminations sont justifiées. Elle voudrait bien être agréable à ses fidèles employées, mais en même temps, la seule idée d'aborder Catherine de front la paralyse d'avance. Sans compter que cette petite n'est pas fille à se laisser marcher sur les pieds...

*Or, chez le fusionnant, la perspective de ne pouvoir préserver l'harmonie engendre des maladies.*

Le lendemain de cette conversation, Marie présente une première infection urinaire. Rien de grave : l'examen bactériologique révèle une banale souche d'Escherichia-coli, sensible aux antiseptiques urinaires : en deux jours, elle est guérie. Mais Marie n'intervient toujours pas auprès de Catherine ; de longs mois s'écoulent durant lesquels les symptômes d'infection urinaire reviennent souvent.

Naturellement, le climat continue à se dégrader dans le rayon. Arrive la cohue des ventes de fin d'année. Pendant toute cette période fatigante, Catherine se montre plus détestable et plus inefficace que jamais. C'en est trop, les employées excédées demandent à Marie d'intervenir fermement. Poussée dans ses derniers retranchements, elle se décide à la convoquer pour le lendemain.

Mais en rentrant chez elle, Marie est envahie peu à peu par une inquiétude plus oppressante que jamais. C'est décidé, elle verra Catherine demain à la première heure... Mais plus elle imagine les réactions de son employée, et plus elle perd courage. Après tout, cet entretien est-il si urgent ? Il vaudrait mieux attendre pour s'expliquer qu'il y ait un peu moins de travail, et puis, le climat sera peut-être moins tendu... Oui, il vaut mieux différer cet entretien.

La nuit même, la cystite réapparaît, plus aiguë que les précédentes. Mais cette fois, les examens bactériologiques se révèlent négatifs.

Manifestement, l'affaire pourrait se prolonger indéfiniment. Elle s'est réglée, pourtant, le plus simplement du monde : fortuitement, Marie a rencontré Catherine et parlé avec elle des problèmes du magasin. Et — oh surprise — Catherine, d'elle-même, a reconnu ses torts : oui, elle a exagéré... oui, elle va se mettre au travail...

Le soulagement du chef de rayon est immense : d'elle-même, Catherine va changer... mais surtout, l'entretien s'est déroulé *sans heurt*.

Depuis cette date, la cystite a disparu...

On constate que la maladie apparaît lorsque Marie est acculée à une situation qu'elle juge sans issue : si elle réagit, elle est en dysharmonie avec Catherine, et si elle ne réagit pas, elle est en dysharmonie avec les autres employées. Or, pour elle, préserver l'harmonie avec autrui est un besoin essentiel. La voilà donc prisonnière d'une situation insoluble. L'infection urinaire se déclenche. Elle se prolonge tant que Marie n'a pas résolu sa difficulté, c'est-à-dire, tant qu'elle est acculée à un conflit qui met en danger son confort émotionnel.

A la pathologie infectieuse s'ajoute une pathologie fonctionnelle (les examens bactériologiques se révèlent négatifs), témoin d'un désordre neuro-végétatif.

En réalité, Marie a eu beaucoup de chance, car bien rares sont les occasions de régler une affaire de ce genre sans avoir à élever le ton et provoquer des conflits... La solution qui s'est dégagée répond à la fois au vrai problème, celui du travail, et au fantasme de Marie : l'harmonie à tout prix. Heureuse conjoncture...

Ainsi tout est bien qui finit bien... pour cette fois, du moins. Mais après Catherine, une autre employée peut poser des problèmes un jour, et celle-là ne reconnaîtra peut-être pas ses torts avec autant de bienveillance... D'ailleurs, à y regarder de plus près, si l' « affaire » semble réglée aujourd'hui, elle ne l'est que pour Marie. N'oublions pas qu'autour d'elle, *d'autres collègues peuvent tomber malades à leur tour* pour n'avoir pas prise sur un abus qui leur use les nerfs et leur cause un supplément de fatigue, jour après jour, des mois durant. Ces personnes sont réduites à l'impuissance par un chef fusionnant qui, pour préserver sa propre tranquillité, n'ose pas affronter une forte tête, évite, puis diffère, et enfin refuse de prendre le taureau par les cornes.

## Cesser de « fusionner »

Par définition, le fusionnant est tributaire des autres. Ses automatismes de comportement le portent à se régler sur « la température ambiante » variable et toujours imprévisible, c'est pourquoi il est éminemment fragile. La véritable prévention consiste donc pour lui à se libérer de ce dangereux besoin d'harmonie, c'est ce qu'a fait Andrée, une jeune femme de vingt-cinq ans.

Si Andrée a voulu se libérer de son besoin de fusion, c'est avant tout parce qu'elle en a pâti sur le plan de sa santé. Pendant plusieurs années, anorexie, aménorrhée, dépression, ont été la toile de fond de son enfance puis de son adolescence ; elle a remarqué par ailleurs que ses troubles étaient liés à un grand besoin d'affection jamais assouvi. Elle décide donc de ne plus attendre à tout prix l' « estime des autres ».

Aujourd'hui elle est infirmière et vient d'être engagée pour travailler dans un service de soins intensifs. Avant de prendre son travail, elle réfléchit à ses différentes expériences professionnelles précédentes pour faire le point. Ce qui se dégage clairement, c'est que chaque fois qu'elle prend un nouveau poste, elle est hantée par le sentiment confus mais obsédant « d'être une incapable, une pauvre fille incapable ». Pour résoudre son angoisse, elle cherche alors chaque fois à se faire accepter et estimer surtout par ses collègues les plus assurés. A la suite de quoi, ceux-ci la voyant aussi soumise profitent d'elle pour en faire leur larbin.

Forte de cette réflexion sur le passé, Andrée décide que cette fois, elle s'en tiendra uniquement au travail à faire, et elle chassera de son esprit avec fermeté cette impression de n'être qu'une petite fille. Bien lui en prend, car dès les premiers jours, l'équipe du service la met à dure épreuve. L'embauche d'Andrée est imposée par la direction contre l'avis des responsables du service qui désirent l'intégration d'une infirmière expérimentée. Or, à son arrivée, Andrée ignore tout de cette querelle... Elle est donc très mal accueillie. Jour après jour, infirmières et internes lancent contre Andrée une guerre des nerfs dans le but de la décourager et de la faire démissionner. Or, à la surprise de tous, Andrée tient bon...

Chaque soir elle reprend les attaques de ses collègues en s'attachant à faire la part des choses :

— Mes collègues veulent que je parte pour des raisons qui leur sont propres, et pour arriver à leurs fins, tous veulent me faire croire que je ne sais rien faire de mes dix doigts, c'est une chose.

— Mais moi, je ne me laisserai pas impressionner par leurs manœuvres d'intimidation, d'autant plus qu'en réalité j'apprends rapidement à utiliser les appareils de surveillance électroniques et que nerveusement, j'assume bien le climat particulièrement oppressant de ce service spécialisé.

Par cette réflexion quotidienne, Andrée parvient ainsi à maîtriser ses émotions. Elle tient bon contre vents et marées, sans jamais tomber malade comme cela lui arrivait chaque fois qu'elle se trouvait dans un milieu hostile.

Finalement, l'hôpital la licencie, mais Andrée ne désarme pas. Elle attaque l'administration pour licenciement abusif et sans l'aide d'aucun syndicat obtient gain de cause, son ancien employeur est condamné à lui verser une somme assez rondelette. Aujourd'hui, Andrée a retrouvé un emploi.

Comme les Hollandais depuis des siècles gagnent du terrain sur la mer, Andrée, elle, conquiert pas à pas une solide et durable assurance.

## Le contradictoire

Le contradictoire passe pour quelqu'un de pondéré et consciencieux. Pendant une discussion, il demeure volontiers réservé, à l'écoute des autres. Et à l'heure où il faut trancher, il refuse de s'engager car il a besoin de prendre du recul, comme il dit. Ce personnage fuyant, insaisissable qui ne se prononce jamais, est en fin de compte contrariant et peu efficace. Passant pour prudent, il est en réalité *indécis,* indécis parce qu'intérieurement *tiraillé.* Perpétuellement tiraillé entre thèse et antithèse, il est incapable d'accoucher d'une synthèse, à la suite de quoi il manque singulièrement d'assurance, pour ne pas dire de *consistance.*

Une association qui se consacre à la restauration de vieilles pierres avait embauché Marie-Hélène pour organiser l'intendance, car on la prenait pour une jeune femme consciencieuse. La simple mise en route de la cuisine était déjà pour elle source de grandes angoisses ; à plusieurs reprises, elle posa les mêmes questions, craignant de n'avoir pas bien saisi les réponses précédentes : où se trouvaient les divers ingrédients, quels fournisseurs étaient les plus intéressants — mais surtout — quels dangers particuliers présentait l'installation de la cuisine ? Puis elle s'appliqua à tracer des colonnes dans un cahier pour noter chaque jour la tâche particulière qu'elle attribuerait à chacune de ses aides. Inutile et horripilant ! « J'ai absolument besoin d'avoir une vue d'ensemble pour m'organiser. » Tous ces minutieux préparatifs ont eu comme conséquence de retarder d'une heure le premier repas qui devait réconforter des gens venus de loin. Marie-Hélène mit ce contretemps sur le compte de l'inorganisation du premier jour...

Mais les jours suivants, ce fut bien pire encore. La mise en route des travaux demandait un temps fou, Marie-Hélène se reprenait, reprenait les autres, proposait un menu et le changeait un quart d'heure plus tard. Il fallait éplucher des pommes de terre. Mais tout bien réfléchi, des carottes étaient préférables pour accompagner les escalopes. Ordres et contre-ordres se succédaient, et toutes les personnes qui travaillaient aux cuisines en étaient excédées. Au début, on la croyait perfectionniste, péché mignon qu'elle avouait volontiers avec une pointe de fierté. Méprise ! Marie-Hélène n'a rien d'un cordon-bleu hors pair. Si elle est à ce point tatillonne, c'est pour une raison tout autre : elle cherche avant tout à retarder l'heure du repas, heure fatidique où les convives apprécieront, ou non, les plats qu'elle leur aura servis. En vérité, Marie-Hélène a terriblement *peur du jugement des autres*. Une simple remarque sur sa cuisine, et la voilà au bord des larmes. Elle ne fait pas la cuisine avant tout pour nourrir les pensionnaires, non, mais pour se prouver à elle-même et démontrer aux autres qu'elle n'est pas une godiche. A l'affût et à la merci de la moindre remarque sur son travail, comment pourrait-elle se construire une assurance durable ?

En moins d'une semaine, l'association s'est vue dans l'obligation de congédier cette jeune femme, apparemment si consciencieuse mais, en réalité, incapable de porter sa responsabilité, et insupportable pour ses collaborateurs, à force de vouloir prouver...

On retrouve exactement le même comportement chez des contradictoires attelés à un travail intellectuel :

Le vice-président d'une autre association doit envoyer le compte rendu de la dernière réunion au journal local, véritable supplice pour un contradictoire ! Au bout d'une demi-heure, notre homme a écrit trois phrases, puis il y revient, pinaille, corrige un mot, déplace une virgule pour supprimer, enfin, toute la phrase. Il hésite, barre tout, recommence, gomme, puis se lève pour se dégourdir les jambes. Il allume une cigarette, regarde par la fenêtre, note une idée qui lui vient à l'esprit, va fouiller dans un placard, puis s'assoit à une autre table qu'il trouve plus commode. Il relit ce qu'il a écrit, juge avoir trop insisté sur l'intervention de l'un, trop peu sur celle d'un autre, reprend le tout... Bref... pour envoyer finalement un rapport squelettique qu'il se garde bien de montrer préalablement au président, de peur d'être jugé : une remarque, même judicieuse, ferait chanceler celui qui a déjà tout le mal du monde à *se convaincre lui-même qu'il n'est pas moins*.

Une autre fois, ce même contradictoire voit s'approcher l'échéance à laquelle il doit rendre son rapport. Il n'est pas prêt. Il a l'impression d'avoir insuffisamment mûri la question ; il n'en saisit pas les tenants et aboutissants, sans pouvoir préciser sur quoi portent ses doutes. A la dernière minute il livre un monceau de notes griffonnées : « Je n'ai pas eu le temps de finir ; j'ai fait ce que j'ai pu, j'espère que vous vous y retrouverez. » Et c'est ainsi qu'une fois de plus, il a réussi à abandonner le travail aux autres, tout en sauvant les apparences.

Ou encore ! Après avoir tergiversé et remis à plus tard la rédaction de ce rapport, le contradictoire en charge un de ses amis : « En ce moment, je suis débordé. Veuillez l'écrire à ma place. » Soulagé par cette démarche, il la regrette cependant vingt-quatre heures plus tard : « Avant de taper votre texte définitif, montrez-le moi ; ayant réfléchi à la question, j'aurai le cas échéant quelques éléments à ajouter. »

Aux heures où le contradictoire se sent intérieurement très tendu, il trouve là la solution idéale : ce qui jusque-là était dialectique interne, se change en rivalité externe avec son partenaire. Il se met alors à pinailler sur le texte qu'il trouve « globalement réussi », fait déplacer une virgule, discute le sens des mots, juge tel alinéa inutile, trouve que tel autre gagnerait à être formulé différemment. Bref, alors que son partenaire était sur le point d'achever le travail, voilà l'article rétréci comme une peau de chagrin. Quand tout est pilonné, saccagé, réduit en morceaux, le contradictoire s'esquive derrière son éternelle excuse : « Vous voyez bien dans quel sens il faut orienter cet article. Il ne vous reste plus qu'à le terminer. Que le compte rendu arrive avec quelque retard, peu importe, pourvu qu'il soit bien fait. »

Moralité : l'homme de bonne volonté passe pour un négligent, et le contradictoire a montré sa supériorité à l'occasion de ce subterfuge.

« Suis-je perçu comme inférieur aux autres ? » Les malheureux qui se laissent happer par cette angoisse permanente sont décidément peu efficaces dans le travail, encombrants en société. *Incapables de trouver leur place, ils sont candidats à la maladie.*

### Une maladie providentielle

Jean présente en un mois deux maladies infectieuses : une rougeole et une pyélonéphrite ; deux maladies peu anodines (la rougeole est d'ordinaire une maladie infantile).

« Je suis en seconde année de classe préparatoire aux grandes écoles d'agronomie. Le concours est dans deux mois. En cas d'échec, je serai obligé de me présenter de nouveau l'an prochain, mais les redoublants sont pénalisés : j'aurai peu de chances de réussir. De plus, il n'existe aucune équivalence me permettant d'entrer en faculté : si j'échoue, j'aurai donc bel et bien perdu deux ans.

Ce serait lourd de conséquences pour mes études et ma vie professionnelle, c'est sûr, mais si je redoute l'échec, au fond, c'est bien plus encore à cause de ma famille. Je n'ose imaginer *ce qu'ils penseraient de moi.* Et puis, j'aurais l'air de quoi auprès de mes collègues ? Plus la date approche, et plus les angoisses montent.

Les cours se terminent, le bachotage commence. C'est à ce moment-là que se déclenche une rougeole qui dure trois semaines. Pour continuer à réviser, je suis soigné à l'infirmerie de l'école. Mais dix jours à peine après ma guérison, je ressens une douleur au rein droit et des brûlures mictionnelles. Cette fois, une pyélonéphrite m'oblige à arrêter mes révisions et nécessite un traitement antibiotique pendant quinze jours.

En réalité, ces maladies ne m'ont pas vraiment gêné, je dirais même... qu'elles m'ont soulagé ! Elles sont venues *fort à propos me fournir une excuse* en cas d'échec. »

Que se passe-t-il dans le cerveau de Jean ?
Il poursuit en même temps deux objectifs :
— préserver une image de marque brillante aux yeux de sa famille et de ses amis ;
— réussir son concours, dans son intérêt personnel.
La maladie vient à point nommé, car elle ne le gêne pas vraiment dans ses études.
S'il réussit, son mérite n'en sera que plus grand aux yeux des autres, car *quoique malade,* Jean aura quand même réussi. Et s'il échoue, il pourra invoquer sa maladie pour excuse aux yeux de sa famille qui ne pourra conclure autrement qu'en ces termes : « Bien sûr, ce pauvre garçon a accumulé les malchances... »
Dans un cas comme dans l'autre, son image de marque sera préservée.

Jean, en bon contradictoire, considère l'évaluation de ses compétences comme un réel danger pour son image de marque. Son organisme répond à ce danger purement fantasmatique par une solution de fuite, la maladie.

*Une maladie providentielle aujourd'hui... mais demain?*

Maud, elle aussi, est très attachée à sa bonne réputation auprès de ses professeurs... et un peu moins au travail scolaire. Un jour, en terminale, elle est appelée au tableau, mais, pour l'avoir insuffisamment préparée, elle est sûre de ne pouvoir se tirer honorablement de l'interrogation. Une seule solution pour ne pas perdre la face : la fuite. Elle porte la main à sa gorge en soufflant péniblement : « Je suis aphone. » Sauvée! Le professeur n'insiste pas.

Or, pendant les deux années qui suivent cet incident banal, chaque fois que Maud doit se présenter à un examen oral, elle se lève le matin *réellement* aphone. Lors de sa première aphonie, pourtant simulée, son organisme a commencé à mettre en place un automatisme qui, par la suite, se manifeste à chaque fois qu'elle se retrouve dans une situation semblable, mais cette fois, le mal est bien réel, et au lieu de lui offrir une porte de sortie diplomatique, il est pour elle un handicap certain.

Affection de type hystérique? Sans doute, mais lui donner ce qualificatif ne la guérit pas pour autant... Il aura fallu que Maud prenne conscience de l'aberration de sa réaction pour être tout à fait débarrassée de son aphonie.

En effet, quand un organisme, affronté à une difficulté, a expérimenté une solution efficace, il a tendance à y recourir de nouveau s'il se retrouve devant une problématique similaire.

En conclusion, dans ces deux cas, chez Jean comme chez Maud, la maladie est intervenue comme une solution de l'organisme à une problématique *fantasmatique :* sauver la face, préserver l'intégrité, non pas de l'organisme, mais de l'image de marque.

En réalité, la pyélonéphrite de Jean n'est pas une maladie anodine, l'aphonie de Maud constitue un handicap certain pour sa réussite aux examens.

Chez ces deux personnes au comportement contradictoire, *le cerveau n'adapte plus l'organisme aux dangers réels de l'environnement, mais il l'adapte, à ses dépens, au fantasme du paraître...*

Un véritable *traitement de fond* de ce genre d'affections consisterait à s'attaquer à leur cause profonde, c'est-à-dire à changer de comportement. Ce n'est pas si simple ? C'est possible, de nombreux exemples en font foi, tel le suivant :

### *Rhinite, contractures, anorexie... et contradictoire*

François agit en contradictoire, c'est sûr : depuis toujours, la seule idée que son travail puisse être évalué par d'autres le met dans une angoisse démesurée. Dans la semaine qui précède un examen, il peut perdre jusqu'à cinq kilos. La moindre remarque sur la qualité de son travail, ou même plus simplement sur ce qu'il dit, fait, ou pense, le touche profondément.

Il a pris l'habitude de vivre depuis de longues années avec une rhinite allergique fort préoccupante à certaines heures, et qui se manifeste sans qu'on sache trop pourquoi. La poussière de maison semble bien être le facteur déclenchant de ses crises, cependant il arrive à François de soulever des nuages de poussière en rangeant son grenier sans ressentir la moindre gêne. Alors ?

D'autre part, avec le temps, il voit se multiplier ces petits maux familiers... et fort gênants. Lorsqu'il a changé d'emploi, il y a trois ans, il a souffert pendant les premiers mois de torticolis répétitifs. Comme tout un chacun, il devait faire ses preuves, ce qui, naturellement n'a pas manqué de l'angoisser : faut-il voir là l'origine de ses contractures musculaires ?

Un jour, à l'occasion de diverses réflexions, en discutant avec sa femme, François a commencé à percevoir l'aberration de cette tension intérieure qui depuis si longtemps parasite sa vie de façon quasi permanente. Et il a tenté d'y mettre un frein. Comment ?

Chaque soir, il a pris soin de noter et de retraiter les

événements de la journée au cours desquels il s'est surpris à réagir en contradictoire. Par exemple :

« Quand j'ai présenté mon dernier article à mon collègue, ce matin, il a trouvé la conclusion inepte. Je n'ai rien dit, mais j'étais intérieurement ébranlé. Pourquoi, au fait ? Sa remarque s'adressait à mon travail, et non à ma personne. Je ne suis pas une nullité pour avoir raté quelques lignes d'un article, j'en ai fait d'autres, qui étaient excellents. Et c'est le lot de tout homme qui travaille de se tromper de temps à autre. Donc, j'ai donné à ce petit incident une résonance émotionnelle qu'il ne méritait pas. A l'avenir, j'essaierai de moins m'impliquer. »

Grâce à cet exercice régulier, François a constaté au bout de quelques mois un changement dans ses réactions. Ce retraitement quotidien lui a permis de prendre peu à peu ses distances par rapport à l'emballement émotionnel qui le submergeait jadis.

Voilà deux ans qu'il a amorcé ce virage, et depuis, il n'a plus présenté aucun symptôme de rhinite, ni contractures musculaires, ni perte de poids. Pourtant récemment, il a changé de poste, de nouveau il doit faire ses preuves, mais cette fois-ci, il aborde la situation en toute sérénité... et sans la moindre affection.

## Le dominant

Le dominant ne supporte pas la routine, il a souvent besoin de changement. Dès qu'une situation l'ennuie, il la fuit à toutes jambes.

A vrai dire, une situation cesse de l'intéresser dès lors qu'elle ne peut plus lui servir de théâtre où il peut faire la démonstration de sa supériorité. Pour lui, avoir sa place, c'est tenir le premier rôle. Confiez-lui quelque tâche obscure, il s'en acquittera au plus vite, sans soin, ni fignolage aucun... s'il n'a pas réussi à s'en décharger sur un autre. C'est que le travail en tant que tel ne l'intéresse en rien. Il ne s'attelle avec cœur à une activité que dans la mesure où elle lui permet de rivaliser avec d'autres.

Par éducation, il a acquis certains automatismes de comportement qui lui font se demander toujours et encore :

« Comment suis-je perçu ? Comment m'y prendre pour être bien vu ? » Cette question qui comporte une certaine angoisse vient sans cesse le distraire de ses activités et parasiter son esprit. Un véritable « programme » inscrit dans son cerveau le conduit à montrer aux autres qu'il leur est supérieur, et au service de cette cause, il peut développer des trésors d'ingéniosité et se dépenser en discours étourdissants. Il est capable de tendre des pièges à ceux qu'il considère comme ses concurrents, pour les dominer. Pour lui, le monde n'est pas un chantier, mais un *champ de manœuvres*. On n'y travaille pas, *on s'y bagarre*.

Si pour l'homme du labeur avoir sa place est l'aboutissement d'un travail de longue haleine, pour le dominant, en revanche, avoir sa place veut dire... avoir raison, emporter le morceau.

Le dominant ne réfléchit pas, mais il a des idées qui, naturellement, sont meilleures que celles des autres. *Avoir des idées,* voilà sa spécialité, son plat du chef. Les idées sont au dominant ce que le cassoulet est à Castelnaudary ou les quenelles à la gastronomie lyonnaise.

C'est par là qu'il montre à l'humanité éblouie qu'il est plus intelligent que les autres, qu'il est supérieur à tous.

Et quand au marché des idées il rencontre un camelot qui vend sa marchandise, il ne peut s'empêcher de le refouler avec obstination pour prendre sa place. Le dernier mot lui revient de droit divin.

Régulièrement il se retranche dans une solitude le plus souvent meublée de fantasmes. Puis, sans crier gare, descend dans l'arène pour se mesurer aux autres, et leur prouver — autant qu'à lui-même ! — qu'il est décidément *le plus fort, le meilleur.*

Avec le temps, cet adepte de la fuite-en-avant comprend de moins en moins les exigences de la vie. Et plus il s'engage sur la voie de la rivalité, plus son angoisse se fait pressante. Il savoure ses victoires avec une satisfaction de plus en plus démesurée, et supporte ses défaites avec une rancœur de plus en plus exacerbée. *extrême.*

Entre ces deux extrêmes, l'oscillation *s'intensifie*, et *s'accélère*. Chemin faisant, des maladies surviennent...

*Duel entre deux dominants pour avoir raison*

Un kinésithérapeute nous parle de l'eczéma de sa femme :
« Simone souffre d'un eczéma depuis l'âge de seize ans. Elle
présente des plaques sur tout le corps, davantage marquées
sur les mains. Des périodes de rémission succèdent à des
rechutes plus ou moins longues, et le traitement médical se
révèle peu efficace.

D'où vient cet eczéma ?

Ces dernières années, Simone a connu trois poussées
graves de la maladie. La première est survenue quand elle
avait vingt-cinq ans. Elle venait de s'installer comme pharmacienne, et moi-même, j'avais ouvert un cabinet avec un
associé. Un jour, elle conseillait un traitement homéopathi-
que à un client. Mon associé, traversant l'officine par hasard,
est intervenu : « Surtout pas, l'homéopathie ne vaut rien. »
Simone, furieuse, a répliqué vertement et le ton a monté.
Devant le client ébahi, s'est déroulé un véritable combat de
coqs...

Le soir, Simone en était encore chavirée, et deux jours
plus tard, les plaques d'eczéma la recouvraient à nouveau et
commençaient à suinter. Cette nouvelle poussée a duré
jusqu'au départ de mon associé. Plus de querelle, plus
d'eczéma.

Deux ans plus tard, l'eczéma réapparaît dans des conditions analogues. Au terme d'une semaine de vacances, nous
dînons au restaurant, Simone, Marc (un de mes amis) et moi-
même. Je dois dire que les rapports entre Simone et Marc ont
toujours été très électriques. Arrive l'entrée : « Tiens, des
gambas », dit Marc. « Mais non, rétorque ma femme, ce sont
des écrevisses. » Après une journée de marche, ils étaient
épuisés il y a un instant à peine, et les voilà soudain très vifs,
pleinement éveillés. C'est à qui aura le dernier mot. Aucun
des deux ne lâchera prise. Ma femme est hors d'elle, elle ne
parvient pas à avoir le dessus malgré une joute verbale d'une
demi-heure... et bientôt, ses mains la démangent à nouveau.
Brusquement, une nouvelle poussée d'eczéma est réapparue
qui durera plusieurs mois.

Un jour, nous prenons le temps de réfléchir à cette affaire.

Pourquoi chercher à tout prix à avoir raison ? Simone se rend bien compte que c'est une attitude stupide. Elle décide à l'avenir de rester indifférente à ce genre de vaine rivalité.

Un an plus tard, elle apprend que son oncle fait courir dans toute la famille le bruit qu'elle et moi, nous nous serions livrés à une escroquerie envers une agence de location. Simone veut une explication publique, mais c'est lui qui la ridiculise : « Elle veut me faire taire, c'est dire si elle a des choses à cacher. Non mais voyez comme elle est vexée ! »

Simone voudrait faire mordre la poussière à ce vieux fou. Elle n'y parvient pas, son emballement émotionnel ne s'apaise pas... et elle fait une nouvelle poussée d'eczéma.

Elle choisit finalement de lui répondre par une longue lettre de mise au point, qu'elle conclut ainsi : « L'animosité que tu as provoquée à mon égard dans toute la famille me laisse indifférente. Si tu continues tes agissements malveillants, nous n'aurons évidemment plus aucune raison de nous rencontrer. »

Par cette lettre, elle estime porter un coup décisif à « son adversaire ».

A peine l'a-t-elle écrite, avant même qu'elle reçoive une réponse, son eczéma se met à régresser...

Ainsi, chaque fois qu'elle ne parvient pas à terrasser ceux qu'elle considère comme « ses adversaires » Simone déclenche une poussée d'eczéma. Lorsqu'elle estime être parvenue à ses fins, l'eczéma régresse. »

Nous rejoignons là un mécanisme bien établi par H. Laborit, à savoir qu'*un dominant tombe malade lorsqu'il voit sa dominance menacée ou contrariée.*

*La remise en cause du fantasme « être plus » peut conduire un dominant à des actes délirants... et à la maladie.*

Un travailleur menacé de perdre *sa place* peut tomber malade. De la même façon, un dominant menacé de perdre *la face* peut être sujet à diverses affections...

Nicolas a vingt-trois ans. Mécréant notoire, il épouse une fille issue d'une famille catholique fervente. Il lui déplaît fort de se marier à l'église, et sa femme consentirait volontiers à un mariage purement civil. Tout va donc pour le mieux. Mais non, Nicolas n'ose pas aborder cette question avec ses beaux-parents, craignant trop de baisser dans leur estime. Mauvais calcul, en faisant un mariage religieux, Nicolas a perdu la face non seulement auprès de ses copains, mais aussi de sa belle-famille qui n'a pas manqué de relever son incohérence *manque de logique* et de le lui faire sentir, d'autant plus qu'un autre gendre, incroyant lui aussi, s'est marié civilement selon ses vœux. Nicolas fait donc aujourd'hui piètre figure de bluffeur inconsistant, ce que d'aucuns lui ont signifié sans ambages.

Il en est profondément blessé... Lui qui rêvait de faire une entrée remarquée dans le monde des adultes, y est d'emblée classé comme un gamin immature. Dans sa belle-famille, on ne l'appelle plus désormais que « mon poussin ». La honte ! L'image de marque sera difficile à restaurer.

Quelques mois plus tard, lors d'un examen systématique, une radio met en évidence un calcul rénal qui ne le gêne pas encore. A quoi est dû ce calcul ? Faut-il en voir la cause dans le fait que Nicolas a perdu la face ? Il est difficile de l'affirmer, cependant...

La lune de miel est vite passée. Nicolas a beaucoup de soucis au travail, son emploi d'agent commercial ne le satisfait pas, disons pour être honnête qu'il s'en tire très mal. Mais jamais il n'avouera une chose pareille à ses proches. Au contraire, plus fier que jamais, il va pérorant dans les salons sur son métier qui... que... Bref, il bluffe, au lieu de prendre sa situation en main et d'envisager un changement d'emploi. « Pourvu que ça dure », disait Laetitia, la mère de Napoléon... C'est aussi ce que pense Nicolas, de plus en plus tendu et inquiet.

Au travail, la situation se dégrade progressivement. Les relations avec son patron s'enveniment. Il lui faut inventer de nouveaux mensonges.

Sa femme, elle aussi, commence à ne plus être dupe de ce mauvais théâtre, la tension monte dans le couple. L'insignifiance de Nicolas va être démasquée sur deux tableaux cette fois-ci.

Il fait une crise de colique néphrétique qui l'envoie à l'hôpital où une ablation chirurgicale des calculs est réalisée. Après cette opération, Nicolas devra se soumettre tous les six mois à un contrôle radiologique (urographie intraveineuse).

Peu après, sa femme met au monde des jumeaux. C'est la catastrophe! Elle doit s'arrêter de travailler, et toute la famille vivra désormais sur le maigre salaire de Nicolas.

Mais il ne semble pas très concerné par cette situation pourtant préoccupante. Qu'importent sa femme et ses deux fils, il démissionne sur un coup de tête... Par une chance extraordinaire, il trouve aussitôt un nouvel emploi. Mais deux jours plus tard son employeur téléphone : on ne l'a pas vu, est-il souffrant? Non. Il a disparu sans prévenir personne, et ne resurgit que trois jours plus tard à l'autre bout du pays. Des amis vont le chercher, et tentent fermement de le ramener à la raison : il a des responsabilités en tant que père de famille, il est grand temps qu'il les prenne au sérieux.

Pour Nicolas, c'est le coup de grâce. Tout son entourage, sérieusement inquiet, lui demande s'il a perdu la tête. Sa femme a mis ses parents et beaux-parents au courant de la fugue, et son nouveau patron naturellement, ne veut plus entendre parler d'un tel énergumène. Impossible de bluffer désormais.

A la suite de ces événements, Nicolas fait à nouveau deux calculs, décelés un peu plus tard lors d'une radio de contrôle. Cette fois encore, ils sont trop gros pour être évacués par les voies urinaires. Il faudra certainement envisager une nouvelle opération, à plus ou moins long terme. La femme de Nicolas se refuse à faire des concessions plus longtemps, elle le met au pied du mur : ou bien il change radicalement d'attitude, ou bien elle part avec les enfants. Cette fermeté le réveille. Cette fois, son image de marque est en miettes, et il n'en a plus de rechange. Dès lors, Nicolas entreprend laborieusement, mais avec persévérance et une extrême bonne volonté, une véritable révolution de son comportement. Il trouve un nouvel emploi, et s'y investit intelligemment, sans bluffer sur ses compétences réelles. Assez rapidement, il y fait son trou, car *il a une vraie qualification*. Peu à peu, il s'intéresse à ses enfants, et renoue avec sa femme des relations nouvelles et saines. Habile en bricolage, il fait profiter ses amis de quelques coups de main fort bienvenus mais sans forfanterie. Cette fois, simplement pour rendre service. Ceux qui l'ont connu dans le passé le félicitent d'avoir tellement changé. La peine qu'il s'est donnée depuis plusieurs mois connaît ainsi un achèvement social. *Il a appris à vivre selon un autre mode que le relationnel.* Il a appris le goût du travail et de la rigueur.

Deux ans plus tard, sans qu'on l'ait opéré, une nouvelle radio révèle une disparition totale des calculs. L'urologue, très surpris, craignant une erreur, prescrit une urographie complémentaire, qui ne fait que confirmer la guérison.

On ne peut que souligner la *concordance des faits :* tant que Nicolas vit en se laissant guider par le fantasme d'une supériorité illusoire, il « fabrique » des calculs. Lorsque son bluff est découvert, il déclenche des crises de colique néphrétique, qui sont le signe d'un spasme (commande neuro-végétative). Enfin, quand il redescend dans la réalité, *quand il s'attelle à son travail et fait face à ses responsabilités, le désordre disparaît.*

« Le travail, c'est la santé... »


## ACHÈVEMENT SOCIAL DANS L'ÊTRE

*Achèvement social du premier degré*

Une mère demande à son enfant de l'aider à faire la vaisselle. Quand il a terminé, elle lui dit : « Tu as bien essuyé les assiettes, merci. Comme cette casserole est propre ! Bravo. » Cette félicitation méritée est en rapport avec la tâche que l'enfant vient d'exécuter et de réussir.

C'est le travail qui trouve là son achèvement social, ce qui incitera l'enfant à recommencer à l'avenir. Bravo, et encore !

Mais la mère peut aussi le remercier en d'autres termes : « *Tu es* formidable ! *Tu es* une grande fille. »

Ce langage très quotidien ne nous choque nullement ; pourtant, il met en évidence une dérive très importante : cette fois le compliment ne porte plus sur la vaisselle, mais... sur l'enfant. Il n'est plus *l'estimation ponctuelle* d'une tâche accomplie, mais un jugement de valeur qui vise l'enfant *dans sa globalité.*

Ce n'est plus l'achèvement social d'une *tâche,* mais d'une *personne.* On comprend dès lors qu'il soit émotionnellement plus chargé. L'enfant connaît un petit frisson de satisfaction supplémentaire. *Son émotion n'est pas adaptée à la réalité.*

Si, un quart d'heure plus tard, il rentre dans la maison avec des bottes sales, il s'entendra apostropher : « *Tu es* bête ! » Nouveau jugement de sa personne prise dans sa globalité, à partir d'un acte ponctuel. Il n'*est* pas bête, il a *fait* une bêtise : c'est tout différent.

Comme dans la vie cet enfant connaît une alternance entre félicitations et critiques — toujours en rapport avec sa personne — il ne manquera pas de se poser rapidement la question : « Qui suis-je ? »

Il prend l'habitude de s'impliquer beaucoup dans ce qu'il fait ; tous les actes qu'il pose deviennent un véritable examen de passage au verdict angoissant : tu es doué, ou tu es bête.

Dès lors, il acquiert peu à peu cette mentalité : *l'important n'est pas ce que je fais, mais la façon dont les gens m'apprécient.*

Et c'est ainsi qu'il fait son entrée dans le monde du relationnel.

D'ailleurs, sa mère peut aussi le remercier pour la vaisselle d'une autre façon : « Tu *me* fais plaisir, tu es gentil *pour ta maman.* »

Le jugement ne porte évidemment pas sur la tâche, mais sur les *conséquences relationnelles* de cette vaisselle.

Autre petite scène très quotidienne : l'enfant renverse un verre d'eau. « *Tu es* vilain », dit maman. Pleurs, cris... Le cœur maternel se laisse attendrir : « Allons, viens demander pardon à maman, voilà, c'est tout. » L'incident est clos. Mais le verre, lui, est toujours renversé. Peu importe, c'est maman qui va nettoyer la table, puisqu'on a dit qu'on n'en parlait plus...

Pour l'enfant, l'achèvement social ne porte plus du tout sur la réparation de la gaffe qu'il a commise, mais sur l'*harmonie retrouvée...*

Voilà qui le confortera à l'avenir dans un souci aigu et *angoissé* de l'opinion des autres, tout en l'éloignant, en le désintéressant de plus en plus des *conséquences de ses actes.*

C'est sans doute par de telles déviations de langage — moins innocentes qu'il n'y paraît — que l'enfant prend l'habitude, dès son plus jeune âge, de quitter le rail du FAIRE pour se laisser aiguiller sur celui de l'ÊTRE. Son registre émotionnel ne sera plus composé de joies et de déceptions normales, mais d'émotions de plus en plus fortes... et inadaptées. Il quitte la voie du labeur et de la réalité afin de s'engager dans celle du paraître, qui n'est que pur *fantasme.*

### Achèvement social du deuxième degré

Au fil des années, le fantasme se structure et la coupure avec le monde environnant se fait de plus en plus nette.

Aujourd'hui, Stéphane a quarante ans. Au début de son mariage, il avait ouvert un commerce : c'était l'affaire du siècle. On allait voir ce qu'on allait voir. A l'entendre parler, ses concurrents étaient tous des incapables, et il allait leur en remonter.

A présent, Stéphane dépose son bilan. C'est l'échec... non pas tant l'échec du magasin, mais l'*échec de sa vie.* Son fantasme de commerçant de pointe se décompose. Stéphane passera le reste de ses jours à expliquer cet échec. Pendant les repas de famille, il tient des monologues sans fin sur les méthodes de vente américaines, le manque de maturité des consommateurs français et la bêtise des banquiers trop timorés. *(craintifs)* Pour l'heure, ces paroles en l'air ne sont que considérations générales qui fatiguent singulièrement son entourage...

Puis, tout à coup, Stéphane émerge de son soliloque *(monologue)* en hurlant. Que se passe-t-il ? C'est encore Gilles, son fils, qui mange comme un cochon (il a fait tomber sa fourchette). Son fils, un porc ! Ah, si son père était plus souvent à la maison, cela ne se passerait pas comme ça ! Mais avec la mère qu'il a... L'enfant n'y comprend rien et fond en larmes ; sa mère qui le console est, elle aussi, à bout de nerfs.

Stéphane fulmine, et autour de lui tout le monde se tait, se regarde et... attend que ça se passe. Effectivement, ça passe. Stéphane finit par se lever et quitter la pièce. Il va s'allonger pour le reste de la journée et méditer sur la bêtise du monde, ou encore sur la grandeur de ses rêves avortés.

Des scènes semblables se sont renouvelées maintes fois :

alors, de plus en plus, ses amis l'évitent et ses enfants le fuient.

Cette étape dans l'évolution de l'*être* apparaît souvent chez des individus en pleine force de l'âge. Avec leur caractère impossible, ils ont fréquemment du monde sous leurs ordres, qui a intérêt à se taire. Leur conjoint leur doit fidélité pour le meilleur et pour le pire, tandis que leurs enfants qui grandissent sont tenus au respect à perpétuité.

Mais souvent, la dégradation ne s'arrête pas là...

*Achèvement social du troisième degré*

A partir d'ici, l'étape de l'imaginaire cède la place à la *restructuration active de la réalité environnante*.

Ces individus se mettent à interpréter les faits et gestes de leur entourage et leur taux d'agressivité monte dangereusement : le vieux père est maintenant persuadé que son gendre veut lui voler son argent et commence à « prendre des mesures ». La mère est convaincue que son fils est détourné d'elle par de mauvaises fréquentations ; le conjoint est soupçonné d'infidélité ; la vie privée du voisin est épiée avec minutie car on lui prête des intentions de pyromane ; la belle-fille est accusée de monter ses enfants contre grand-mère...

Mais oui, ces gens voient en permanence la réalité anodine à travers le prisme déformant de leurs fantasmes angoissés. Mais les choses n'en restent pas là. Ils passent à l'acte, et répandent autour d'eux leurs soupçons morbides et obsessionnels.

Parfois, ces maniaques se dissimulent derrière un harcèlement de « corbeau », parfois ils adressent leurs dénonciations à la gendarmerie, etc.

Parallèlement, ils se mettent à prêter aux autres leurs propres émotions : tel journaliste fort incorrect reproche à ceux qu'il malmène leur agressivité ; l'incapable traite d'imbéciles ceux qui sont plus doués que lui ; l'ambitieux attribue aux autres ses propres rêves de grandeur ; le vicieux trouve suspect le comportement normal des autres. La conscience de leur infériorité leur devient insupportable : aussi, pour s'en débarrasser, ils la déversent sur leur interlocuteur et peuvent ainsi le mépriser avec d'autant plus d'acharnement.

La « piqûre de guêpe » est une opération-éclair de ce type : elle dénote une tendance générale qui, avec le temps, risque en effet de se matérialiser de plus en plus fréquemment.

La vie avec ces énergumènes-là devient impossible ; et pourtant, plus que jamais, ils réclament la présence des autres à leurs côtés : ils ont besoin de confidents pour prêter attention et intérêt à leurs délires ; ils ont besoin de complices dans leurs expéditions punitives contre des gens qui ne leur demandent rien.

S'ils s'aperçoivent que leur entourage se retire dans une prudente indifférence, ils peuvent fort bien déclencher une « maladie de geôlier », ramenant tout le monde en catastrophe au chevet du « malade ».

Nous allons maintenant évoquer à travers quelques exemples la façon dont cet achèvement social dans l'être, le paraître et le relationnel se traduit dans la vie quotidienne.

*
**

### Des hauts et des bas...

Patrick a toujours connu des tensions avec son père. Ses initiatives étaient toujours ignorées, méprisées, tandis que son frère, lui, était porté aux nues, et faisait l'objet de grandes espérances de la part de l'orgueil paternel.

A treize ans, Patrick est placé en internat dans une école religieuse que dirige un de ses oncles. Et ce « bon père » se fait le relais de ses parents pour lui seriner à longueur d'année : « Tu es un bon à rien. » Issu d'un milieu modeste, Patrick est très mal à l'aise parmi ces jeunes bourgeois. Il est triste, n'a de goût à rien, son travail est déplorable. Peu à peu, il glisse dans un état dépressif, le premier d'une longue série.

On le met dans une autre école. Est-ce de ne plus entendre les jérémiades de son oncle ? Il se trouve cette fois-ci bien plus à l'aise. Ses résultats, s'ils restent assez moyens, s'améliorent néanmoins. Patrick s'épanouit à travers des activités multiples : il organise des soirées, des sorties, et de temps à autre... des chahuts. Naturellement ses camarades ne manquent pas d'apprécier en lui le boute-en-train, et cette fois, Patrick a obtenu ce qu'il cherchait : l'admiration de ses pairs. Il est ravi. Son succès lui monte à la tête ; une telle image de marque demande à être entretenue. Il dépasse les bornes, devient insolent, ne travaille pour ainsi dire plus. Bref, il fait tant et si bien qu'on le renvoie de l'école, à deux mois du baccalauréat.

C'est la *douche froide*... Lui qui baignait dans la félicité en jouant son rôle de petit coq, se retrouve du jour au lendemain devant la dure réalité : il a terminé ses études et n'a aucun diplôme... Que faire ? Il a alors dix-huit ans et ne veut à aucun prix paraître hésitant aux yeux de son père. Il faut faire quelque chose, n'importe quoi, vite. Il décide de devancer l'appel, et de préparer pendant la durée de son service militaire un brevet commercial. Ce projet est en fait un véritable défi lancé à son père qui, lui, a toujours convoité ce diplôme, mais n'a jamais pu le préparer. Patrick sera *plus* que son père... Vous allez voir ce que vous allez voir !

Mais ce beau projet s'avère vite irréalisable. Les contraintes du service militaire sont trop absorbantes et les conditions de vie ne favorisent en rien la préparation d'un tel examen. Patrick échoue. Rentré du service, il tente une nouvelle fois sa chance : nouvel échec. Il est au creux de la vague. De nouveau, c'est la dépression, plus profonde encore que jadis.

Ses amis l'aident à trouver un emploi, ce qui l'empêche de ruminer des idées noires. Mais rapidement, il excède son employeur par ses remarques désobligeantes et ses accès de rivalité répétitifs. En deux ans, il change six fois d'emploi !

C'est à cette époque qu'il rencontre Annette, qui deviendra bientôt sa femme. Une grossesse précipite les événements. Mariés en catastrophe, ils viennent habiter chez les parents de Patrick. Annette, enceinte, est mal acceptée par cette famille traditionaliste. Et le père de Patrick trouve dans ces événements une nouvelle preuve que son fils est décidément un incapable impénitent. Comme pour lui donner raison, Patrick ne travaille plus, et les conflits avec son père, devenu pourtant une véritable vache-à-lait, se font de plus en plus violents. Nouvelle dépression.

Patrick demande alors une avance sur son héritage pour acheter un fonds de commerce. Nouveau défi lancé à son père qui a toujours rêvé d'en faire autant. Et le voilà installé à son compte. Finie la dépression. Le jour de gloire est arrivé ! Il tient sa revanche contre une famille qui ne l'a jamais reconnu à sa juste valeur. Lui, si jeune, installé à son compte, m'entendez-vous ? A son compte ! Il nage dans les hautes sphères d'un bonheur sans faille, et se lance à corps perdu dans le travail. Jusqu'au jour où une sciatique invalidante avec hernie discale vient brutalement interrompre cette ascension... vertigineuse ! Désormais incapable de porter caisses et colis, le voilà obligé de vendre son fonds de commerce ; il y perd la moitié de l'investissement de départ. Il se voyait si haut, le voilà au plus bas. La rivalité avec son père se solde une nouvelle fois par un échec... encore plus cuisant.

Et de nouveau, la dépression s'installe, encore plus profonde. Patrick devient alors représentant multicarte, et travaille de façon épisodique. Son couple va mal, l'héritage fond comme neige au soleil, et c'est dans un état lamentable qu'il va consulter son médecin. Ce dernier donne un verdict peu rassurant : « Il faut vous stabiliser, sinon vous risquez de sombrer dans une dépression chronique. »

« Dans une dépression chronique... » Ces mots trouvent chez Patrick une résonance inattendue : son père souffre depuis longtemps d'une dépression chronique, qui a toujours été très préoccupante pour toute la famille. Alors, lui aussi à son tour devrait... Il a un sursaut : mais c'est vrai qu'il ressemble à son père, voilà des années qu'il s'obstine à poursuivre les mêmes projets chimériques que lui, voilà des années qu'il s'épuise au jeu dérisoire de la rivalité, comme lui, et voilà qu'aujourd'hui, il sombre dans la dépression chronique, comme lui... Il ressemble trait pour trait à cet homme qu'il a toujours jalousé et détesté, c'est un comble !

Pour Patrick, ce sursaut est salutaire. Désormais, il mènera sa vie selon des projets bien à lui, en rapport avec ses vraies compétences. Puisqu'il s'y entend en mécanique, il cherche un emploi dans cette direction, et finit par trouver une bonne place. On l'apprécie pour son travail bien fait. Bien sûr, ce n'est pas un emploi « glorieux » aux yeux des siens, mais il a l'avantage de lui plaire, et de faire vivre sa petite famille.

Journellement, Patrick se surprend à réagir comme son père, mais chaque fois il marque un stop, réfléchit un instant, et rectifie le tir. Au début, c'est heure par heure qu'il doit se livrer à ce petit exercice de *retraitement,* mais peu à peu, de nouvelles habitudes se mettent en place, et son comportement change de façon spectaculaire.

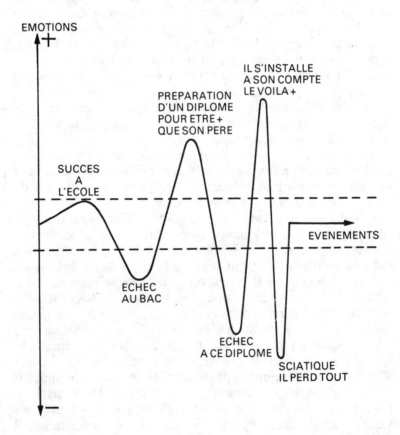

Sa femme en est ravie, elle songeait au divorce, mais puisqu'il est maintenant possible de dialoguer, leur couple reprend aujourd'hui un sens. Et Patrick commence enfin à s'intéresser à son fils qu'il n'a pas vu grandir.

Rivalité... et dépression ont disparu. Patrick s'est mis aux cours du soir. Comme tout le monde, il rencontre aujourd'hui chances et malchances, mais elles ne produisent plus dans sa vie ces réactions émotionnelles disproportionnées, ces périodes d'euphorie de plus en plus illuminée alternant avec des périodes de dépression de plus en plus profonde.

## L'apport de la neurophysiologie [1]

La neurophysiologie nous apporte un éclairage sur cette oscillation. C'est l'émotion qui se trouve à la source du déclenchement des mécanismes neuro-hormonaux. Mais cette émotion est rattachée à la sensation d'*être plus* ou d'*être moins,* or, cette notion purement subjective, irréelle, relève à vrai dire, d'un fantasme.

Normalement, l'hippocampe (structure appartenant au cerveau affectif : le cerveau limbique) confronte l'émotion suscitée par une situation à la réalité. Et grâce à cette confrontation, l'émotion se trouve modérée, maintenue à un juste niveau. Sans cette pondération émotionnelle, le moindre succès prendrait des allures de triomphe délirant, et le plus faible échec serait ressenti comme une catastrophe irréparable.

Sans le contrôle de la réalité, la mémoire enregistre chaque événement accompagné d'une émotion disproportionnée. De réussite en réussite, d'échec en échec, les sensations de triomphe ou de catastrophe s'ajoutent les unes aux autres. Ainsi s'amplifie progressivement l'oscillation émotionnelle qui fait alterner des sommets de plus en plus élevés avec des abîmes de plus en plus profonds.

En réalité, la vie offre à un homme bien peu d'occasions,

---

1. Une explication plus technique de ces phénomènes est proposée en fin de chapitre.

voire aucune, de se sentir le plus fort ou le plus minable. Et cependant, ce sont là des sentiments qui ne sont pas rares. Force est de constater que bien des gens, à un moment ou à un autre, éprouvent des émotions qui ne sont *aucunement ajustées à la réalité*. C'est sans doute parce que leur cerveau tient bien davantage compte du fantasme *être plus* ou *être moins* que de la réalité. Mais si les émotions sont confrontées à un fantasme, nous entrons dans le domaine du *délire*. Tout devient possible, et en effet, les réactions les plus folles se produisent.

### L'euphorie

Au-delà d'un certain niveau émotionnel, des circuits de neurones particuliers se mettent en action. Leur fonctionnement s'associe à des émotions qui vont de l'ivresse du succès au sentiment d'harmonie. Il arrive que dans une ambiance émotionnellement très chargée telle que celle d'un concert, d'une cérémonie religieuse ou d'un grand match de football, certains se sentent brusquement dans une harmonie totale avec leurs voisins.

Ces circuits de neurones ont des effets semblables à ceux produits par la cocaïne, le L.S.D. ou les amphétamines. Les sensations qui en découlent sont les mêmes que lors d'une méditation yogi.

### Le marasme profond

Nous avons vu que lorsqu'une personne se trouve désemparée, impuissante devant les événements, lorsqu'elle a le sentiment de perdre sa place, elle acquiert un comportement défaitiste, elle se replie sur elle-même : c'est le glissement vers l'inhibition.

Les années aidant, l'oscillation a une fâcheuse tendance à s'accélérer. Les phases de prostration alternent de plus en plus fréquemment avec des phases d'euphorie.

## Quand l'oscillation s'amplifie et s'accélère...

Camille, chef d'une agence commerciale, est très sollicité de tous côtés. Il organise son temps selon son humeur du jour, pourvu que la maison tourne. Effectivement, ses vendeurs travaillent beaucoup... Mais Camille, lui, a la routine en horreur. Il déteste tout ce qui demande un effort soutenu. Il lui arrive de prendre à bras-le-corps une affaire, bien sûr, mais dès que le travail devient quelque peu fastidieux, il appelle quelqu'un d'autre : « Finissez-moi ça, le plus important est fait. » (menteur...)

Ce qui aux yeux de Camille est le plus important, ce sont les contacts avec les fournisseurs et les clients, ce sont les dîners d'affaires, les vins d'honneur et autres réceptions, ce sont aussi les foires. Et à Paris, il y en a souvent des foires ! Alors, Camille monte souvent à Paris. Avec cet emploi en or, il a vraiment trouvé son bonheur. Grassement payé et libre comme l'oiseau, il n'a de comptes à rendre qu'à un patron lointain et confiant. Un rêve ! La patrie de Camille, c'est le monde du « paraître ». Il en a adopté le langage, il en cultive les fausses valeurs.

Il a pris soin de prévenir sa secrétaire une fois pour toutes : « Si le patron m'appelle quand je suis absent, dites-lui que je rentrerai mercredi dans la soirée. » Or, jusqu'à présent, jamais le moindre coup de fil pendant ses absences : c'est à croire que Camille a la baraka ! Mais cette semaine, son patron l'a appelé à trois reprises ; c'était urgent, disait-il... Et quand Camille enfin l'a eu au bout du fil, il s'est entendu reprocher d'un ton passablement énervé : « Tenez-vous donc à votre planning, monsieur, celui des priorités ! »

Catastrophe ! Camille est effondré. Tout est fini pour lui dans cette maison, il a perdu la confiance de son directeur, et ne s'en remettra jamais plus. Son patron l'avait appelé pour qu'il écrive une lettre urgente au Ministère, mais Camille n'y pense même plus. Son esprit est resté bloqué sur le mot « planning », qui l'obsède littéralement. D'où vient chez le « boss » cette soudaine dévotion pour le planning ? Bon, puisque c'est ainsi, désormais il s'y tiendra à ce planning, et fidèlement. On veut qu'il soit à son poste ? Eh bien, il y sera.

Mais sans travailler pour autant... Ce qui compte, c'est d'être
là... Le voilà enchaîné à son bureau... Pauvre de lui... Il est
envahi par une grande tristesse, il sent monter aussi une
fatigue pesante. L'état de prostration dans lequel il se trouve
à certains moments est même inquiétant.

Avec un peu de recul, Camille se ressaisit : « Qu'a-t-il dit ?
Le planning ? Le planning des priorités ? Mais qu'est-ce que
c'est au juste, qu'une priorité, il faudrait s'entendre ! »
Hésitation, puis gêne... Ses priorités se résument à parader
partout, à se faire offrir des cadeaux, à payer des dîners aux
frais de l'entreprise, bref, des futilités coûteuses, appelées
« public relations »... « Mais oui, je passe mon temps en
" public relations " ». Cette pensée vient au secours de
Camille comme une bouée, qui l'aide à remonter à la surface.
Il reprend soudain assurance et fermeté. Mais oui, en effet, si
quelqu'un se dépense dans cette maison, c'est bien lui, qui
s'occupe avec tellement de cœur des relations publiques de la
boîte. Heureusement qu'il est là ! Mais au fait, ce vieux
tocard de patron qui lui fait reproche de ne pas être à son
poste, qui est-il, lui ? Est-ce qu'il fait du « public relations »,
je vous le demande ? Non, le voilà le parasite, le vrai ! Et dire
que Camille a failli plonger. Non mais, qu'a-t-il à faire de
l'estime de ce patron minable ?

Tandis que du haut de ses fantasmes il contemple avec
mépris son pauvre patron, un fournisseur sonne à la porte.
Camille redescend brutalement dans son bureau, assez gêné
d'avoir à ce point les idées ailleurs... Dès que le fournisseur
se retire, il retombe dans le désarroi : c'est sûr, il recevra
bientôt sa lettre de licenciement...

Et c'est reparti !

Chez Camille, l'alternance entre euphorie et marasme se
fait de plus en plus rapide, et pour des motifs bien anodins.
Ces réactions disproportionnées par rapport à la réalité qui
les a fait naître s'apparentent au *délire*.

Qu'il se méfie, car cette oscillation émotionnelle entre
*l'être plus* et *l'être moins* tend à s'accélérer en même temps
que les émotions s'amplifient, et parfois, il se produit des
accidents...

### Les accidents émotionnels [1]

A force d'osciller entre l'euphorie et le marasme, il arrive en effet que *la machine se bloque.* L'individu cesse alors brutalement ce va-et-vient émotionnel pour se stabiliser dans un état d'euphorie intense, ou de véritable anéantissement, qui cette fois est *durable.*

### *De l'euphorie à l'Exaltation*

Les réactions biochimiques se bloquent dans une phase d'euphorie appelée en anglais « Elation », le taux d'une hormone cérébrale, la sérotonine, est alors anormalement bas. Or, cette hormone joue un rôle de régulateur des émotions. Dès lors l'individu ne peut plus réfléchir.

Il se sent transcendé, il a la sensation d'atteindre *la* Vérité unique, une vérité sur laquelle on ne revient pas. Il perd tout sens de ses limites, se sent plein d'énergie, et ressent souvent une excitation sexuelle. Pour Mandell, cet état correspond à ce que James a décrit sous le nom *d'expérience religieuse primaire.*

L'Exaltation conduit donc une personne à prendre un tour mégalomaniaque ou mystique... ou les deux à la fois. Des modifications biologiques cérébrales interviennent, à la suite de quoi la personne exaltée *perd sa capacité de constater une erreur,* un échec : elle devient rigide.

Comme le note J. P. Henry, « étant donné qu'ils sont incapables de modifier adéquatement leur comportement, la rigidité des vainqueurs porte en elle les germes de leur défaite future ». Etrange paradoxe : une fois parvenu à l'ivresse exaltante de son succès, le vainqueur se trouve donc désormais moins intelligent qu'avant. Souvenons-nous de la réaction du célèbre boxeur Cassius Clay, lorsqu'il a gagné le championnat du monde. C'était sans doute une belle perfor-

---

1. Pour comprendre la différence qui sépare l'homme du labeur et l'homme du relationnel, c'est au *point d'arrivée* de leur évolution qu'il faut les observer. A cette fin, le lecteur pourra comparer les pages qui suivent au portrait d'une « femme du labeur au soir de sa vie » à la page 150.

mance, mais elle eut sur lui un effet démesuré. Il fit un saut
dans l'infini et s'écria : « Je suis un dieu ». Depuis ce grand
jour, il se fait appeler « Mohamed Ali »... On pourrait
certainement citer bien d'autres exemples de célébrités ayant
connu un dépassement semblable.

Des personnes tendues vers *l'être plus* font montre d'une
combativité pleine de vitalité. Mais si leur quête les conduit
jusqu'à l'accident de l'Exaltation, leur ardeur peut prendre
alors le visage d'un militantisme ou d'un prosélytisme
acharné.

### Du marasme à l'Anéantissement

Mais la machine peut également se gripper dans la phase
de prostration. C'est ce qui est arrivé à Aline, une jeune fille
qui a brillamment réussi son bac. Toujours tête de classe, elle
entre allègrement en première année de médecine où il y a
beaucoup d'appelés et peu d'élus. En fin d'année, elle réussit
son passage en deuxième année, mais en queue du peloton.
Elle en est effondrée, et ses proches ne se privent pas de lui
adresser des remarques désobligeantes, sans se souvenir
qu'Aline est sujette à la dépression. C'est battue d'avance
qu'elle commence sa deuxième année de médecine. Elle
devient alors taciturne et déprécie tout ce qu'elle fait. Elle
qui dans le passé se montrait acharnée au travail, n'apparaît
plus aux cours qu'épisodiquement. Elle sombre progressivement dans une dépression noire, et échoue à l'examen. C'est
alors qu'un de ses proches lui dit : « Une imbécile comme toi
ferait mieux de disparaître de cette terre. » Huit jours plus
tard, Aline met fin à ses jours.

Dans cet état d'Anéantissement (« Dejection », disent les
Anglo-Saxons), le taux de sérotonine très élevé s'est brusquement bloqué. L'individu éprouve alors un sentiment d'anni-
hilation et devient incapable de réfléchir et de se ressaisir.
Pourtant, Aline n'était pas tellement à plaindre quand elle
avait réussi, fût-ce de justesse, son passage en deuxième
année ! Beaucoup d'autres l'enviaient ! De plus, repasser ses
examens en septembre, ou même à la limite, redoubler son
année, est un fâcheux contretemps que bien d'autres ont su
dépasser. Mais pour ceux qui vivent pour *être plus* et pour le

*prestige,* un échec qui pour d'autres n'est qu'une épreuve passagère, devient à ce point déshonorant que tout leur paraît définitivement compromis et finit par l'être effectivement.

### Le brusque passage de l'Anéantissement au ravissement

Lorsque la sensation d'anéantissement se prolonge, il arrive que certaines personnes se trouvent subitement euphoriques, exaltées. D'un état profondément dépressif où elles ne mangeaient presque plus, dormaient mal, se culpabilisaient, restaient indifférentes à tout ce qui pouvait leur arriver, les voilà qui entrent soudain dans une euphorie fougueuse, elles ont l'impression de vivre une expérience transcendante, de communier à la vérité, perdant tout sens de leurs limites. Jusque-là sombrement indifférentes à tout, elles se trouvent brutalement débordantes d'espoir et d'énergie. Cette révolution s'accompagne souvent d'un changement radical de style de vie.

L'Exaltation succède à l'Anéantissement, mais cette fois-ci sans aucune raison. Le mécanisme profond de ce bouleversement est encore discuté, mais il semble que tout se joue autour de la brusque variation des quantités de sérotonine.

Relatée par celui qui l'a vécue, cette expérience correspond à l'illumination au milieu de la nuit, la révélation qui survient aux fins fonds de l'abjection.

C'est ce qui est arrivé peut-être à Jacques Fesch. Au cours d'un hold-up auquel il participait, les choses ont mal tourné : pendant la fuite, il a tué un gardien de la paix. Il se retrouve donc en prison. L'incarcération n'arrange rien pour ce garçon de tempérament dépressif.

Durant la période précédant son procès, il entretient une correspondance régulière avec un prêtre ; sous l'influence de celui-ci, il retrouve la foi de son enfance. Le milieu carcéral et les conseils de son directeur spirituel vont le plonger plus profondément encore dans la dépression. « Acceptez cette épreuve comme le Christ a enduré ses souffrances, laissez-vous aller dans la main de Notre Seigneur... »

Il lui faut se dépouiller de son vieil homme, s'anéantir ;

Fesch se retrouve ainsi en phase de « Dejection », d'Anéantissement.

Le jugement est rendu, il est condamné à mort et sera guillotiné deux mois plus tard. La nouvelle, loin d'aggraver cet état de « Dejection », va satelliser Fesch dans un ravissement proche du délire. Il passe brusquement dans l' « Elation », l'Exaltation. Baignant dans un univers mystique, il se sent happé par la lumière du Christ ; la Sainte Vierge vient le réconforter, il se sent bien, l'angoisse s'est envolée.

Cette inversion des sentiments possède un fondement biologique (James 1929). Quand l'état de détresse se prolonge anormalement, par un mécanisme encore imparfaitement élucidé, la sécrétion de sérotonine chute brusquement. La négation de soi devient alors illumination.

### Comment prévenir ces accidents

La seule prévention efficace consiste à aider le sujet à modérer lui-même ses émotions. On peut avoir recours à des thérapeutiques comme la relaxation ou la sophrologie, qui chercheraient à limiter les émotions, mais ce ne serait là qu'une approche symptomatique. En fait, la cause véritable de ces débordements émotionnels réside en ceci : le sujet voit la réalité, il l'analyse, il l'interprète à travers le prisme déformant d'un fantasme. *C'est donc à ce fantasme qu'il convient de s'attaquer.* Suis-je plus que mon voisin ? Est-il moins que moi ? De telles questions doivent absolument perdre tout intérêt, car elles sont effectivement sans objet.

Il n'est pas facile à quelqu'un qui depuis toujours est lancé sur le rail de l'être de descendre dans la réalité, de se désintoxiquer de ce fantasme profondément ancré. C'est cependant la seule planche de salut. Car la course folle vers le plus-être n'est que la poursuite d'une chimère, et débouche toujours sur une insatisfaction : celui qui se sent plus qu'un autre trouve rapidement un tiers vis-à-vis duquel il se perçoit comme inférieur, et la course effrénée reprend de plus belle vers un sommet qui n'est que mirage et ne cesse de s'éloigner au fur et à mesure qu'on l'approche. Cette fuite en avant, si elle n'est pas tempérée, conduit inévitablement vers l'Exaltation, c'est-à-dire, une forme de folie.

*C'est un changement de mentalité fondamental qui s'impose.* Il faut apprendre à accorder à un acte, une réussite, un échec, l'importance qui lui revient réellement. J'ai réussi un examen, je suis content du travail que j'ai fourni, il est juste qu'il soit récompensé, mais j'ai eu aussi une part de chance, puisque la question posée est celle que je connaissais le mieux. Cent autres personnes ont réussi cet examen le même jour que moi, tant mieux pour elles. S'il y a lieu de fêter dignement l'événement, il n'y a pas de quoi se prendre pour Napoléon. De la même façon, si je n'ai pas su me défendre lors d'un entretien d'embauche, cette expérience déplaisante n'est pas la preuve flagrante d'une nullité sans appel, mais tout simplement le résultat d'un concours de circonstances multiples : je n'avais pas tout à fait le profil du poste, je n'étais pas préparé efficacement à l'entretien, la personne qui m'a reçu était fatiguée, elle aurait peut-être poussé plus loin ses questions en d'autres circonstances, etc. Quoi qu'il en soit, il n'y a pas là matière à s'effondrer, je vais tirer les leçons de l'expérience, en vue de mieux préparer ma prochaine tentative.

Les émotions, lorsqu'elles sont ajustées au fait qu'elles accompagnent, constituent un atout précieux. La joie qui accompagne ma réussite à un examen me donne du ressort pour poursuivre mes études ; et de la même façon, le désagrément, l'inquiétude d'avoir été refusé à plusieurs entretiens d'embauche me sert de signal d'alarme : il me faut d'urgence faire le point, revoir ma stratégie pour ne plus réitérer ces échecs.

## Conséquences sociales de l'Exaltation

Lorsqu'un individu s'est laissé happer dans l'oscillation émotionnelle sans y opposer de modération, il adopte un comportement de plus en plus inadapté à la réalité. A plus forte raison, lorsqu'il a connu l'accident de l'Exaltation, il parle et agit d'une façon proprement délirante.

Le malheur veut que ce délire soit extrêmement communi-
catif. Et comment ne pas marcher sur les traces d'un homme
qui semble si convaincu, si convaincant ; qui possède à n'en
pas douter une connaissance exacte des vérités fondamentales ?

L'histoire regorge de ces personnages charismatiques qui
ont entraîné dans leur sillage des foules abusées...

Là où cette « réaction neuro-biochimique » devient socialement la plus préoccupante, c'est lorsque ceux qui font cette
expérience s'enracinent dans une « institution de vérité ».
On ne compte plus, tout au long de l'histoire, les institutions
qui ont prétendu posséder la Pure Vérité pour le salut des
peuples, voire de l'humanité tout entière. Leur vocation à
l'Universel leur donnait ainsi la mission de jeter l'anathème
sur leurs concurrents et vouer au massacre les esprits
récalcitrants à leur dominance.

Mais voilà qu'un autre phénomène se produit, autrement
plus inquiétant encore : au sein de cette institution de vérité,
les « purs » se mettent à s'excommunier entre eux, les
« élus » se mettent à se dénoncer mutuellement à l'inquisition, et « l'élite » finit par exterminer ses propres complices
d'hier. De Robespierre à Staline, en passant par Pol Pot et
l'Ayatollah Khoméini, les Apôtres de l'Amour Universel ont
battu tous les records dans l'intolérance et dans l'horreur.

Allons, ne parlons plus de l'orgueil des incroyants ou du
déséquilibre mental des dissidents. C'est « la Pure Vérité »
elle-même qui perd toute crédibilité et ce sont ses apôtres,
saisis de folie, qui se discréditent eux-mêmes.

Souvenons-nous, par exemple, de Jérôme Savonarole, ce
Dominicain adulé par les foules puis brûlé pour hérésie.

Nous sommes au XVe siècle. Le jeune Jérôme, étudiant en
médecine, est affligé d'une laideur physique dont il souffre
beaucoup. Un jour pourtant, il croit s'être attiré les faveurs
d'une belle, mais elle l'éconduit avec un mépris cinglant. Dès
lors, le jeune homme se met à rédiger une foule de notes sur
la vanité du monde. Une nuit de fête, il disparaît de la
maison familiale, puis avertit les siens par une lettre, qu'il est
entré chez les Dominicains.

Au couvent, il apprend à s'anéantir, à s'anéantir toujours

plus. Entré dans un ordre de prédicateurs, dans le but de dire
son fait au monde, il bute sur de nouvelles humiliations : il ne
parvient pas à assimiler les règles de l'éloquence sacrée. Et
pourtant, on l'envoie à Florence pour prêcher un carême.
Or, quand un prédicateur fait ses débuts dans cette ville
prestigieuse, il y joue son va-tout : ou bien une carrière
prometteuse s'ouvre à lui, ou bien il est définitivement
disqualifié. Savonarole échoue. Au fil de ses prêches, l'église
se vide. Il est anéanti. Il a une vision de la Sainte Vierge qui
lui tend son enfant. Et au moment où il veut saisir le bébé, la
Vierge le retire, en lui disant qu'il n'en est pas digne.
Savonarole est donc en pleine hallucination. Pendant des
années, il vit douloureusement l'échec de sa vie religieuse...

Jusqu'au jour où, lors d'un chapitre des Dominicains, Pic
de la Mirandole se trouve comme fasciné par lui. Cet homme
influent de la Renaissance italienne, vivant à la cour de
Laurent le Magnifique, fait venir Savonarole à Florence. Les
cours d'Ecriture Sainte que donne ce dernier au couvent des
Dominicains connaissent alors brusquement un succès étonnant. Les bourgeois de la ville viennent l'écouter. Bientôt, il
doit prêcher dans la cathédrale où tout le monde afflue. Il
faut même y construire des balcons pour accueillir une foule
toujours plus nombreuse.

Savonarole entre alors en guerre contre Laurent le Magnifique qui essaie de composer avec ce redoutable adversaire.
Mais le dominicain redouble de violence et annonce en
chaire la mort du seigneur de Florence. Celui-ci meurt
effectivement peu après. La république de dieu se met alors
en place sous la direction de cet Ayatollah du XV$^e$ siècle. A
son appel, ce sont les enfants qui deviennent censeurs de
cette ville prestigieuse, et jettent les œuvres d'art au feu.
Longtemps, les artistes eux-mêmes sont médusés par ce
prophète apocalyptique.

Echappant à son état de total anéantissement, Savonarole
a entraîné toute la ville dans son extase, jusqu'au jour où il a
perdu pied, et fini sur le bûcher.

Déjà François d'Assise, comme tant d'autres grandes
figures mystiques, avait connu lui aussi l'alternance entre
anéantissement et euphorie. A deux reprises, il fut empri-

sonné pendant un an à l'occasion des petites guerres que se menaient entre elles les villes de son époque. Il est sorti de cette épreuve dans un état de ravissement tel qu'il embrassa un lépreux aux portes de la ville. Ce geste fou fut le départ de la grande aventure mystique que l'on sait, aventure divinement authentifiée par la grâce insigne des stigmates. François d'Assise devint ainsi le père d'une descendance religieuse des plus nombreuses.

Savonarole fut brûlé, François d'Assise porté sur les autels. Et cependant, leur aventure mystique relève du même mécanisme *neuro-biochimique*, et montre bien comment le délire qui s'empare d'un cerveau se communique à des foules entières. Nous sommes là en présence d'événements qui se sont répétés maintes fois au cours de l'Histoire, et qui restent foncièrement inquiétants.

──────── FICHE CULTURELLE ────────

### LE MYSTICISME A LA LUMIÈRE DE LA BIOLOGIE

Lorsqu'une personne, à la suite d'un succès, connaît une émotion par trop démesurée, elle peut être victime d'un accident biologique, l'Exaltation (Elation).

De même, à la suite d'une longue période d'Anéantissement profond, elle peut connaître une réorganisation neuro-hormonale qui la transporte dans le même état de ravissement et d'extase.

Dans cet état second, l'individu perd toute conscience de ses limites, il est enthousiaste, au sens étymologique de ce terme : transporté par dieu. Cette illumination, cette expérience religieuse primaire [1] fut longtemps auréolée de merveilleux. La science lui apporte aujourd'hui une explication bien plus prosaïque : cette communion privilégiée avec dieu, qui passait autrefois pour un phénomène surnaturel, se résume à un simple mécanisme neuro-physiologique.

Le cerveau humain étant le même sous tous les cieux, on

1. Les religions (du latin religare : reiier) n'ont-elles pas pour objectif de relier l'homme au divin ?

comprend mieux alors pourquoi, dans des civilisations différentes, les religions donnent de l'initiation mystique des descriptions singulièrement ressemblantes dans leurs modalités : le néophyte est appelé à parcourir le long et pénible chemin de *l'anéantissement,* qui le conduit à *l'illumination.* Les rites sont calqués sur le même schéma : s'abaisser pour être élevé au rang d'immortel.

*
**

### L'initiation égyptienne : les Mystères d'Isis

Parmi les rites initiatiques les plus anciens, les Mystères d'Isis ont fasciné les historiens. Etablis vers 1750 avant J.-C. sous la onzième dynastie, ils étaient destinés à faire de l'initié un homme nouveau.

Avant d'être admis à parcourir le long cheminement de l'initiation, le postulant devait affronter plusieurs épreuves physiques : traverser des couloirs obscurs, passer à travers un brasier ardent, marcher au bord d'un gouffre, etc.

Et quand il avait ainsi donné la preuve de son courage, il pouvait se soumettre à la première des quatre phases de l'initiation : enfermé dans une cellule du temple, il s'astreignait à des pratiques rigoureuses de *pénitence :* le jeûne et la méditation. Et la véritable initiation ne pouvait commencer que lorsque la déesse Isis, jugeant le moment venu, se manifestait à lui par une apparition. Alors seulement, il pouvait sortir de sa cellule. Mais cette faveur divine se faisait attendre parfois jusqu'à dix ou douze ans...

Venait ensuite le baptême, deuxième phase, rite de purification : le postulant devenait un homme nouveau, il quittait le troupeau des profanes pour prendre place au sein de l'*Elite* spirituelle. Il n'avait jusqu'alors vécu que d'illusions, désormais pour lui commençait la vraie vie.

Puis, la troisième phase le conduisait aux confins de la *mort :* Plutarque, auteur latin, la décrit ainsi : « L'âme, au moment de la mort, éprouve la même impression que ceux qui sont initiés aux grands mystères. Le mot et la chose se ressemblent : on dit teletai (mourir) et telestai (être initié). Ce sont d'abord des courses au hasard, de pénibles détours, des marches inquiétantes et sans terme à travers les ténèbres. Puis, avant la fin, la frayeur est à son comble : frisson, tremblement, sueur froide, épouvante. »

Au cours d'une cérémonie, on plaçait le postulant dans un sarcophage. Différents rites étaient censés le faire pénétrer dans le monde des morts. Et c'est au fond des ténèbres, lorsqu'il avait « vécu » sa mort, que l'impétrant recevait *l'illumination* : « il voit le soleil au milieu de la nuit ». Plutarque décrit cette expérience : « une lumière merveilleuse s'offre aux yeux, on passe dans des lieux purs et des prairies où retentissent les voix et les danses ; des paroles sacrées, des apparitions divines inspirent un respect religieux ».

Vient enfin l'ultime épreuve, celle du jugement devant le *tribunal des enfers.* S'agissait-il d'un tribunal composé de prêtres, ou d'une démarche purement spirituelle ? Peut-être les deux à la fois, on ne le sait pas au juste. Lors de cette épreuve, l'initié devait faire face au maître des enfers pour débarrasser son âme des noirs péchés de sa vie antérieure.

Et enfin, il devenait *fils d'Isis.* On le présentait avec les honneurs royaux au peuple qui l'acclamait et le respectait désormais comme un ressuscité. Dès lors, sa vie n'était plus sur la terre. Visiblement, ses intérêts et son bonheur se trouvaient ailleurs qu'en ce bas monde. L'initié courait à la mort avec le même calme que s'il se rendait dans sa chambre à coucher, car « la mort est pour lui un fait insignifiant » (G. Encausse) [1]. Mais cet homme d'élite, parce qu'il était initié, justement, considérait comme son devoir de se mêler de la vie terrestre, de soulager les ignorants.

Et c'est parmi les initiés que se recrutaient les principaux cadres de l'Etat. Le pharaon lui-même subissait l'initiation. Ceci explique que rapidement, le véritable pouvoir politique passa entre les mains du clergé. Ainsi l'Egypte ancienne était-elle gouvernée, encadrée, administrée par ces fils d'Isis, contemplateurs de la face divine, profondément pénétrés de la vanité des choses de ce monde.

Le peuple, accablé de lourds impôts pour construire des tombeaux aux proportions délirantes et pourvoir au luxe de ses princes, n'a pas manqué d'apprécier cette gestion hautement spirituelle de l'Etat, pas moins, sans doute, que les centaines de milliers d'esclaves qui trimaient chaque jour sous le soleil égyptien...

On compte les Mystères d'Isis parmi les plus anciens rites initiatiques actuellement connus. Ils ont inspiré nombre d'autres mystères religieux, et on en retrouve également des traces dans

1. « ABC illustré d'occultisme » Gérard Encausse — éditions Dangles, 1979.

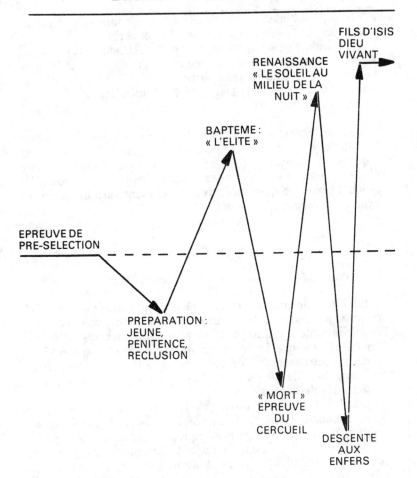

*L'initiation aux Mystères d'Isis se présente comme une suite d'abaissements et d'élévations de plus en plus importants : les premiers stades de l'initiation comportent des années de jeûne et d'abstinence, pour déboucher sur le baptême qui place brusquement le postulant au rang de l'élite. L'épreuve de la mort amène l'initié à connaître les affres de l'agonie, à la suite de quoi « il contemple le soleil au milieu de la nuit », et c'est la renaissance. Convoqué aux enfers, il est jugé, puis il approche la déesse pour participer désormais à sa gloire pour toujours.*

les rites initiatiques de sociétés connues comme les Compagnons, les Roses-Croix ou la Franc-Maçonnerie.

Bref, qu'il s'agisse d'Isis en Egypte, du Bouddhisme qui, lui aussi, remonte à la nuit des temps ; qu'il s'agisse du Vaudou afro-antillais ou du Christianisme en Occident : partout nous retrouvons ce même passage de l'anéantissement au ravissement.

Tous les hommes ont le même cerveau, doté d'une structure biochimique identique. Quelle que soit la civilisation dans laquelle ils plongent leurs racines, lorsque la sensation d'être élu, de posséder la vérité atteint une intensité trop élevée... les réactions biochimiques du cerveau produisent partout une *même expérience religieuse primaire.*

\*
\*\*

### La Mystique Chrétienne

Le Christianisme est essentiellement une religion de mort-résurrection : vivre c'est mourir, et mourir c'est vivre. C'est la mortification qui conduit à la sainteté. C'est à travers l'anéantissement de soi que le mystique atteint le ravissement en dieu. C'est sur cette terre, vallée de larmes, que le chrétien se prépare au ciel, lieu de béatitude. Mais quels sont les fondements historiques du christianisme ?

Dans son important ouvrage « L'Eglise », le célèbre théologien allemand Hans Kung arrive à la conclusion que de son vivant, Jésus, personnage historique, n'a jamais fondé d'Eglise, et que les deux seuls textes qui y font allusion appartiennent tous deux à l'évangile tardif de Matthieu : leur authenticité est contestée par de nombreux exégètes modernes. La plupart des biblistes actuels emboîtent le pas à Hans Kung pour dire que l'Eglise est née *après* la « résurrection » du christ, et donc d'une initiative humaine de la part de ceux qui croyaient en cette « résurrection ».

Quant à la « résurrection » elle-même, beaucoup de biblistes s'accordent aujourd'hui pour dire qu'il ne faut sans doute pas y voir le réel retour à la vie d'un cadavre, comme les siècles passés l'ont toujours cru. Non, il s'agirait plutôt d'un phénomène de foi : les disciples ont retrouvé confiance en cet homme qui fut exécuté, et c'est leur foi en lui qui l'a en quelque sorte fait revivre parmi eux. Cette nouvelle interprétation du dogme de la résurrection se rapproche davantage du symbole d'un phénix renaissant de ses cendres.

Les premiers adeptes se seraient lancés dans un fervent prosélytisme à partir de l'événement « charismatique » de la Pentecôte [1].

Ces hommes du commun, soudain devenus des élus, sont jetés aux fers des prisons juives, puis romaines. Pour eux, humiliations et ravissements se succèdent : humiliations tangibles et ravissements dans la foi. Ne serait-ce pas en projetant sa propre expérience écartelée, que la communauté chrétienne a inspiré un texte comme celui de l'épître aux Philippiens : « Lui, de condition divine, ne retint pas jalousement le rang qui l'égalait à Dieu. Mais il *s'anéantit* lui-même, prenant condition d'esclave, et devenant semblable aux hommes, s'étant comporté comme un homme, il *s'humilia* plus encore, obéissant jusqu'à la *mort,* et la mort sur une croix. Aussi Dieu l'a-t-il *exalté* et lui a donné le Nom qui est *au-dessus* de tout nom pour que tous, au nom de Jésus, fléchissent le genou, au *plus haut* des cieux, sur la terre et dans les enfers, et que toute langue proclame de Jésus-Christ, qu'il est *Seigneur.* » (2, 6-10)

Toujours la même oscillation : qui est en haut, descend au plus bas pour remonter plus haut encore. Ne sommes-nous pas, dès lors, dans un cercle vicieux : la communauté chrétienne crée un christ à l'image de sa propre expérience, et ensuite enseigne l'imitation de ce même christ ?

« C'est ainsi que par son dogme même, ou par l'interprétation qu'il était possible d'en donner, le Christianisme enfanta des folies meurtrières sous forme d'épidémies soudaines de suicides

---

1. En lisant sans a priori les évangiles, on n'échappe pas à l'impression de se trouver comme en présence de deux photos prises sur une même pellicule : celle d'un Christ souverain d'une part, celle d'un Galiléen obscur, de l'autre. Il est possible, jusqu'à un certain point, de séparer ces deux photos en constatant que les traits de l'un sont opposés à ceux de l'autre. C'est le bibliste Bultmann qui a su le premier distinguer le Jésus de l'Histoire du Christ de la foi, les données historiques des éléments mythiques. Et c'est en ajoutant à l'Histoire les mythes de la foi que l'on est parvenu au nom composé de « Jésus-Christ » : Jésus, personnage historique, et christ, figure mythique du messie. Bon nombre d'épîtres du Nouveau Testament, élaborant justement cette christologie, furent rédigés *avant* les évangiles, et ont donc exercé une influence accrue sur leurs auteurs, par la suite. S'il est facile de dresser un portrait très précis du personnage mythique du christ, il est presque impossible, en revanche, de dégager encore quelques traits permettant d'identifier Jésus, figure historique.

collectifs. Par milliers furent ceux qui répondirent à l'irrésistible appel d'un merveilleux « au-delà ». Quand Rome livra les chrétiens au cirque, elle fut à la fois exaspérée et dans l'embarras, que les lions, le feu ou les tortures fussent accueillis avec joie comme instrument de salut éternel. Ces premiers chrétiens recherchèrent la mort avec constance, non seulement en proclamant partout leur foi, ce qui les condamnait, ou en refusant de s'échapper lorsque c'était possible, mais encore en répondant par la provocation lorsqu'on faisait preuve de clémence envers eux... La plupart des Pères de l'Eglise en vinrent même à interdire catégoriquement de tenter d'échapper à la persécution. » (*Ils ont choisi de mourir ensemble* — Martin Monestier Ed. Encre, p. 144-149.)

Martin Monestier termine son ouvrage par un chapitre intitulé « Guyana, ou l'autopsie d'un suicide collectif » ; mais l'avant-dernier chapitre est consacré au suicide collectif engendré par le Christianisme trois siècles durant, et contre lequel Augustin, à la fin du $V^e$ siècle, fut le premier à s'élever. Et nous savons trop que, quand le suicide fut conjuré, ce fut le meurtre des autres, l'Inquisition, qui fit son apparition, prétendant appliquer ainsi cette parole de l'Evangile : « Le sarment qui ne porte pas de fruit sera coupé et jeté au feu... » Et entre ces deux excès sociaux s'est développée, toujours sur le même thème, la vie ascétique et mystique, œuvre d'anéantissement de l'homme pour le conduire à la béatitude éternelle.

Ainsi, le modèle chrétien est une tension permanente entre un anéantissement de plus en plus profond et un fantasme de plus en plus élevé. Au-dessus d'une destruction positivement voulue brille l'idéal inaccessible de la sainteté réservée à une petite élite. Ce n'est qu'au plus profond de cet anéantissement que dieu les saisira : ils vivront alors leurs expériences mystiques. C'est au plus profond de l'échec que Jean de la Croix commence à connaître le ravissement. Condamné par ses supérieurs pour l'œuvre de réforme qu'il a entreprise, il se trouve enfermé dans une prison. C'est alors que survient l'extase. Nous l'avons vu, quand le sentiment d'échec est au plus profond, l'émotionnel ne se contrôle plus : c'est alors que peut survenir une inversion des émotions. Projeté dans le ravissement, le sujet éprouve un sentiment d'expérience mystique primaire. Il est en plein délire.

Dans la vie religieuse, beaucoup d'hommes et de femmes ont ainsi épousé l'ascèse de l'anéantissement ; mais, si quelques-uns ont connu le ravissement, la plupart ont été humainement brisés

sans jamais connaître l'Exaltation mystique. Combien de
« saints » ont ainsi parlé de leur nuit spirituelle... D'autres enfin
se sont dégagés à temps de cette aventure en remettant les pieds
sur terre, en travaillant avec bon sens et générosité pour leur
« prochain » à travers des œuvres sociales. Ils ont ainsi échappé
à l'oscillation dans laquelle ils s'étaient engagés.

Chez les fidèles, si certains ont intégré sacrifice et abnégation
avec beaucoup de foi dans leur vie quotidienne, la plupart se
sont contentés d'un christianisme dit sociologique. Ce manque
de ferveur leur aura permis de ne pas entrer dans la grande
oscillation, du moins pour des raisons religieuses, car si la
religion en est la plus claire illustration, il existe bien d'autres
supports à cette oscillation entre l'anéantissement et le ravissement...

### Que reste-t-il aujourd'hui de cet héritage séculaire ?

Cette mystique chrétienne a imprégné ce qu'on appelle la
culture de la civilisation occidentale. Il s'agit d'arracher l'individu à ce qu'il a pu construire, le persuader qu'il est un moins
que rien, qu'il ne vaut rien au regard de l'idéal d'un corps d'élite
auquel il a espoir d'appartenir un jour. Cette double manipulation : le déraciner et le fasciner par cet idéal, crée chez lui la
référence de la réussite par rapport à une nouvelle échelle de
valeurs, et le fait rentrer dans un ordre hiérarchique correspondant. (Hiérarchie vient de hiereus-archeia qui signifie le pouvoir
des prêtres, d'où le pouvoir sacré puis le statut social sacralisé.)

Que se passe-t-il dans les grandes écoles d'où sort l' « élite »
de la nation ? Après avoir passé un bac difficile, le postulant
arrive en « Prépa », son livret scolaire lui en ouvre les portes,
c'est l'antichambre de la gloire... Dès les premiers pas il
déchante, le bizutage qu'il subit l'humilie, le blesse. Il pensait
n'avoir pas trop mal réussi à force de travail, et il est traité sans
raison comme le dernier des derniers. Ce n'est pas un accueil,
c'est une mise à mort. Il faut qu'il casse, et reconnaisse la
suzeraineté des aînés.

Quand il s'est reconnu en bas de l'échelle, *l'ordre hiérarchique* est en place. Pour faire partie de la caste, il faut passer le
concours après une ou deux années de préparation particulièrement difficile. Quand il a fait la performance de réussir là où
beaucoup ont seulement moins réussi, notre postulant croit ses
épreuves terminées. Mais de nouveau un bizutage pire que le
premier l'attend : il sera encore peinturluré, déshabillé devant
tous, contraint d'effectuer les moindres caprices d'un « ancien ».

C'est l'humiliation au sein de cette élite qui lui en ouvre les portes... C'est son sacre.

De là il peut gravir vers les sommets de la société, il *est* l'élite. Qu'il devienne par la suite malhonnête, paresseux, véreux, peu importe, il fait à jamais partie de l'élite. Ainsi on arrive à se demander parfois, si chez certains, après avoir accompli l'ascension la plus vertigineuse, l'insignifiance n'est pas de rigueur comme le costume à l'opéra.

On retrouve le même mécanisme chez les Marines américains et autres corps d'élite :

### D'abord l'anéantissement

Voici comment Léon Uris dans « Battle Cry » décrit l'accueil des jeunes recrues : « (...) Bande d'enfoirés, sachez que vous n'êtes plus des êtres humains. Mais n'allez pas non plus vous imaginer, espèces de pétochards minables, que vous êtes des Marines. Vous êtes des blancs-becs ! Vous représentez ce qui se fait de plus moche, de plus puant, de plus infect dans la vie animale de l'univers. Il paraît que je dois essayer de faire de vous des Marines en trois mois. Ça m'étonnerait. Vous êtes bien la saloperie la plus dégueulasse que j'aie jamais eu à contempler. N'oubliez pas ceci, bande d'enfoirés, votre âme, je la laisse à Jésus, mais vos fesses, c'est moi qui m'en occupe ! »

### Puis, la fascination : l'idéal de l'élite

Gilles Perrault ajoute [1] : « Ne l'oublie pas : the Marine is the best rifleman in the world. » (Le Marine est le meilleur tireur au fusil du monde). « Chez les paras, un combat à un contre cinq peut être considéré comme égal. » « Tu es le meilleur des meilleurs, tu es irrésistible... Ne l'oublie pas, tu es le meilleur des meilleurs. »

### L'entrée dans un nouvel ordre hiérarchique

« Car le voici enfin au bout de l'âpre épisode d'initiation. Il va être admis. La fin des classes, dans une unité banale, marque le temps d'une période ennuyeuse à laquelle succéderont d'autres périodes un peu moins ennuyeuses. Dans le corps d'élite, elle est comme un baptême. L'impétrant accède à une dignité nouvelle. Sa vie s'en trouve transformée. Il est différent. Différent de ce

---

1. *Les Parachutistes* Gilles Perrault, Ed. du Seuil, p. 69.

qu'il était, et aussi différent des autres. Tout va le lui confirmer. Dès l'instant qu'il a franchi le seuil décisif, il a droit à l'estime de ses pairs. On le cognait, on le battait, on le bottait ; de telles violences seraient maintenant inadmissibles. »

*Des rites particuliers*

« Des rites particuliers célèbrent enfin la geste de chaque corps d'élite. La grande fête de la Légion consacre le souvenir de Camerone. Devant les troupes rassemblées, le légionnaire le plus décoré lit le récit du funeste combat. A l'instant où l'on rappelle l'hommage fait par les Mexicains aux survivants, à qui ils rendirent les honneurs militaires, la Légion présente les armes, et la cérémonie prend alors un caractère proprement liturgique.

L'intensité émotionnelle ne peut s'en comparer qu'à celle qui étreint l'assemblée des fidèles, à la messe, au moment de l'élévation. Car c'est bien une messe que l'on célèbre, et il n'y manque même pas la relique sacrée : la main de bois du capitaine Danjou, qui est portée, dans un coffret, en tête du défilé final.

On dit que tous les ans, des parachutistes anglais font une « marche du souvenir » à travers ce qui fut le champ de bataille d'Arnhem. Cette marche aurait même un caractère expiatoire, et son but serait d'effacer la honte encourue du fait de la trahison d'un parachutiste, coupable d'avoir transmis aux Allemands des renseignements capitaux. Il n'a pas été possible de vérifier le bien-fondé de cette interprétation, recueillie chez les paras français. Mais, véridique ou non, elle est révélatrice d'un certain état d'esprit mystique. »

Ainsi l'anéantissement, puis la course à l'idéal d'une élite, puis l'intronisation dans cette élite qui donnent un statut social sacralisé, sont devenus un schéma de société.

> FICHE TECHNIQUE

## LES MÉCANISMES PHYSIOLOGIQUES DE L'EXALTATION ET DE L'ANÉANTISSEMENT

### 1. L'ivresse du succès et l'harmonie : l'Exaltation

*On l'a vu au chapitre précédent, lorsqu'une action est réussie, lorsqu'elle a permis à la personne d'acquérir ou de se conforter une place parmi d'autres, il y a une diminution de la production et de la libération d'une neuro-hormone, la sérotonine.*

*Cette diminution de sérotonine permet une désinhibition d'un circuit particulier*, le circuit hippocampe — septum — reticulée — raphé.

*A cette désinhibition est liée la satisfaction.*

*Si l'émotion est trop importante, la diminution de sérotonine qui s'ensuit est, elle aussi, très importante, et au-delà d'un certain seuil, désinhibe un autre circuit, le circuit hippocampe — lobe temporal.*

*Si on enregistre l'activité électrique de ce circuit on notera soit une hyperactivité, soit une hypersynchronisation du tracé avec apparition de grandes ondes lentes. A ces activités électriques sont associés des sentiments particuliers : l'exaltation (l'ivresse du succès) ou le sentiment d'harmonie.*

*Ainsi, une émotion gratifiante incontrôlée libère le fonctionnement du circuit hippocampe — lobe temporal, par le biais d'une baisse importante du taux de sérotonine.*

*Les effets ressentis sont les mêmes que ceux produits par les hallucinogènes. Or, ces drogues agissent en inhibant la synthèse et la libération de sérotonine centrale, ce qui entraîne la désinhibition des structures temporales.*

*Le fait que ce soit le lobe temporal qui est concerné parlera aux cliniciens. On sait en effet que le fonctionnement aberrant de ce lobe produit des manifestations très curieuses. Ainsi en est-il de l'épilepsie temporale qui peut s'accompagner de visions, d'hallucinations auditives, de séries de mouvements inconscients qui peuvent durer plusieurs heures ou jours. Certains sujets font de véritables fugues, on assiste parfois à des vocalisations, ou glossolalies.*

*La stimulation électrique artificielle ou naturelle du lobe temporal provoque des sensations d'illumination subite, de vérité, de type « eurêka ».*

*On peut voir aussi dans cette affection le sujet obsédé par une idée qui revient sans cesse, et qu'il peut prendre pour une voix divine.*

## L'Exaltation

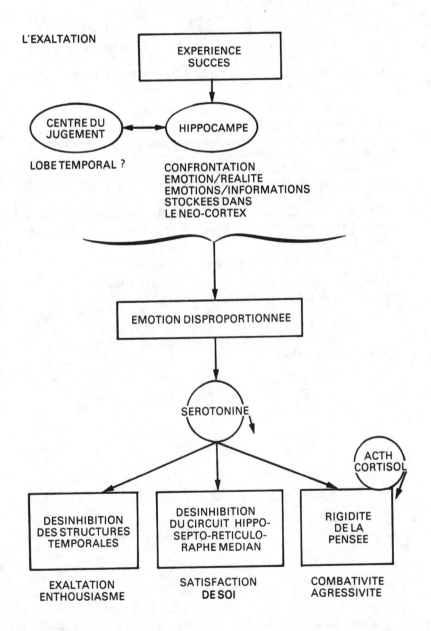

L'EXALTATION

EXPERIENCE SUCCES

CENTRE DU JUGEMENT

HIPPOCAMPE

LOBE TEMPORAL ?

CONFRONTATION
EMOTION/REALITE
EMOTIONS/INFORMATIONS
STOCKEES DANS
LE NEO-CORTEX

EMOTION DISPROPORTIONNEE

SEROTONINE

ACTH CORTISOL

DESINHIBITION
DES STRUCTURES
TEMPORALES

DESINHIBITION
DU CIRCUIT HIPPO-
SEPTO-RETICULO-
RAPHE MEDIAN

RIGIDITE
DE LA
PENSEE

EXALTATION
ENTHOUSIASME

SATISFACTION
DE SOI

COMBATIVITE
AGRESSIVITE

*Diverses manifestations viscérales sont possibles également (nausées, vomissements, oppressions thoraciques...) Ces manifestations sont parfois décrites lors des phénomènes mystiques.*

*D'autre part ce succès s'accompagne d'autres réactions hormonales : l'A.C.T.H. diminue fortement ; or l'A.C.T.H. est l'hormone qui permet de constater un échec, de modifier une stratégie. Privés de cette faculté, ces personnes deviennent de plus en plus rigides.*

*La baisse de cortisol qui suit cette baisse d'A.C.T.H. rend à ces personnes toute leur combativité.*

## 2. L'Anéantissement

*A la sensation d'impuissance, d'abandon, est associée une hypersécrétion de cortisol, en particulier par le biais du Système Inhibiteur de l'Action.*

*La sensation d'anéantissement mène la personne au-delà de l'inhibition. Ici aussi, c'est le taux de sérotonine qui semble être la plaque tournante des modifications biologiques.*

*On assiste à une augmentation de la synthèse et de la libération de ce neuro-médiateur, ce qui provoque un blocage des complexes sensoriels.*

## 3. Le passage de l'Anéantissement au ravissement

*Après de longues périodes durant lesquelles les taux de sérotonine centrale restent élevés, il apparaît parfois une brusque diminution de cette hormone. S'ensuit alors la désinhibition du circuit hippocampe — lobe temporal, ce qui place le sujet dans un état d'exaltation.*

*L'effet préventif du lithium s'explique par son action sur la synthèse de la sérotonine.*

## Chapitre 3

## FACE A FACE

Pourquoi l'homme du labeur et l'homme du relationnel ont-ils tant de mal à se comprendre ? Parce que, mus par leurs automatismes de comportement respectifs, ils évoluent sur deux registres tout à fait différents. Les premiers sont avant tout sensibilisés à ce qu'ils *font*, à ce qu'ils réalisent, les seconds sont avant tout concernés par ce qu'ils *sont aux yeux des autres*.

Qu'on ne s'y méprenne pas, il n'y a là aucun manichéisme simpliste, mais une distinction née de plusieurs années de travail et d'observation, d'erreurs, de difficultés, et... de solutions. Il n'y a pas d'un côté les *méchants* et d'un autre les *bons*.

Il ne s'agit pas de noircir l'homme du relationnel, qui peut à ses heures se montrer fort coopérant, et qui ne manque pas de qualités.

Il ne s'agit pas davantage de faire de l'homme du labeur une sorte de perfection, un parangon de toutes les vertus, car s'il a bien des qualités en partage, il en manque singulièrement sur le chapitre de la vie sociale.

Simplement, ils ont toutes les peines du monde à se comprendre.

A vrai dire, quand ils se rencontrent sur le terrain du travail, d'une réelle collaboration, uniquement soucieux des choses à faire, l'entente peut s'établir entre eux. Ce livre en est la preuve...

Mais dès lors qu'ils se retrouvent sur le sol mouvant du

relationnel, la communication devient empoignade, lutte tout à fait inégale. La coexistence même devient difficile, et source de maladies pour l'homme du labeur. C'est que pour ce dernier, la rivalité représente un véritable cauchemar, tandis qu'elle est le violon d'Ingres de l'autre...

Les pages qui vont suivre ont une valeur thérapeutique : elles sont strictement réservées aux hommes du labeur, et leur exposent les aléas de la communication avec un homme du relationnel dans son espèce caricaturale : Monsieur MOI.

Pourquoi sont-elles réservées aux hommes du labeur ? Parce qu'ils ne soupçonnent pas, même après bien des expériences, des mécanismes qui, pour les autres, apparaissent comme des évidences premières... Mais, tout bien réfléchi, les hommes du relationnel les liront également avec profit, car s'ils possèdent parfois la maîtrise de ces lois de la jungle humaine, ils en font les frais eux aussi, aux dépens de leur santé, lorsqu'ils se heurtent à leurs pareils.

D'autre part, ils reconnaîtront avec intérêt leurs propres attitudes, ce qui peut les motiver et les aider à mettre en place d'autres automatismes. D'ailleurs, le portrait caricatural de monsieur MOI est si peu flatteur que si l'un ou l'autre y reconnaît avec amusement son voisin, il ne pourra peut-être pas s'empêcher de s'y retrouver également... mais non sans une secrète inquiétude.

Hommes du relationnel et hommes du labeur ont rédigé ces lignes ensemble. Chacun a révélé comment il vit personnellement les choses, et ce travail est le point d'arrivée d'une lente prise de conscience, payée au prix fort d'une honnêteté sans réserve.

## DEUX REGISTRES

### Pourquoi Monsieur Moi et l'homme du labeur ne se comprennent-ils pas ?

*L'homme du labeur* s'accroche aux choses à faire : il a toujours un projet en chantier, une tâche à accomplir, un problème à résoudre, un travail à finir, une difficulté à démêler ou un malentendu à clarifier. Voilà l'essentiel de ses préoccupations, voilà de quoi sa vie est faite. Bien sûr, il ne dédaigne pas la plaisanterie ni la bonne chère, mais pour le fond, il est avant tout un homme *sérieux* et consciencieux sur lequel on peut compter.

*Travail et sérieux,* voilà son profil. Mais voilà aussi son talon d'Achille...

En effet, ces traits de caractère qui font sa noblesse sont en même temps pour lui à l'origine de bien des méprises :

— Quand il travaille avec d'autres, il pense tout naturellement que tous prennent à cœur autant que lui le labeur qui les réunit : erreur...

— Quand il discute avec d'autres, donnant honnêtement son avis, il a la candeur de prendre les propos de chacun au sérieux : autre méprise...

C'est qu'il n'imagine même pas l'existence de Monsieur MOI, ni à plus forte raison, sa façon de se comporter.

*Monsieur MOI* présente un tout autre profil.

Qu'il soit au travail, ou qu'il discute, son esprit n'est jamais totalement disponible au sujet présent. Des apparences souvent flatteuses pourraient le faire passer pour un homme du labeur : qu'on ne s'y trompe pas, il est en réalité un *fou du jeu.* Sa tête est bâtie de telle sorte qu'il est à l'affût de la moindre occasion de se distraire, c'est-à-dire, d'entrer avec vous dans une compétition verbale, dans la rivalité. Il provoque des affrontements-éclairs pour le seul plaisir de se mesurer à vous. Si vous faites les frais d'un tel assaut, n'en cherchez pas plus loin les raisons...

Si l'homme du labeur est quelqu'un de sérieux qui sait rire à ses heures, Monsieur MOI, en revanche, est souvent un rigolo qui, à ses heures, peut paraître sérieux. Il vous semblera convaincu, vexé ou soupçonneux en tenant des propos... dont il ne croit pas un traître mot. S'il se montre agressif ou fuyant, c'est surtout par tactique, pour exciter son partenaire et pour l'obliger à entrer en compétition avec lui. Une fois la discussion engagée, s'il ne cède pas aux arguments de son adversaire, n'allez pas croire que c'est parce qu'il est d'un avis contraire. A vrai dire, le fond du débat ne l'intéresse pas le moins du monde. Sa seule vraie passion, c'est le jeu en lui-même. Le seul mode de communication qu'il connaisse, est la rivalité. Pour lui, si le travail est une nécessité... accessoire, l'essentiel de sa vie est fait d'un jeu de rivalité avec son entourage, et de rapports de forces avec le tout-venant.

Mais son adversaire de prédilection est sans conteste l'homme du labeur, et ceci pour deux raisons :

— Ce dernier ignore tout de la manipulation qui fait l'essentiel de ce jeu, et mordra la poussière d'autant plus vite.

— D'autre part, Monsieur MOI sait qu'en bien des domaines, l'autre le surpasse, et sa victoire — pourtant facile — n'en aura que plus d'éclat.

Nous commençons à pressentir sous ces rapports « humains » un je-ne-sais-quoi de sordide et cruel...

## MONSIEUR MOI EST UN FOU DU JEU

L'univers de Monsieur MOI est un vaste terrain de jeu : il conçoit la vie comme un grand match de football.

Qu'est-ce au juste qu'un match de football ? On y voit vingt-deux joueurs courir, tomber, se bousculer à la poursuite d'un malheureux ballon qui ne leur a pourtant rien fait. A moins que chacun ne cherche à se l'approprier... pour l'emmener à la maison sans doute... Mais non, au bout d'une heure et demie, tout s'arrête, chacun rentre chez soi, et le ballon reste seul au milieu du terrain. Alors, pourquoi ont-ils tous tant couru ?

S'il faut vraiment considérer la vie comme un grand match, disons alors qu'elle est pour l'homme du labeur une affaire de *ballon,* tandis que pour Monsieur MOI, elle est une affaire de *jeu.*

Quand Monsieur MOI provoque son partenaire, le sujet de la querelle n'a pour lui pas plus d'importance que le ballon dans un match.

Madame rentre en retard pour le dîner. Monsieur lui fait une scène épouvantable. Croyez-vous que l'heure lui importe vraiment ? Pas du tout. Mais hier, c'est elle qui a eu le dessus : elle lui a reproché de payer les impôts en retard, ce qui leur a coûté une majoration fiscale de dix pour cent. Puisqu'il a eu le dessous, il lui faut une revanche. Et le premier prétexte lui permettra d'égrener un chapelet de griefs... pour rien. Pour ne pas être en reste. Ne cherchez pas comment résoudre ce conflit, puisque la règle du jeu consiste précisément à ne rien régler du tout, pour que le match puisse continuer.

Mais l'animosité de Monsieur cache peut-être autre chose. Vous l'entendez ? Il reproche maintenant à sa femme de faire les yeux doux au professeur de gymnastique. Et qui lui dit après tout qu'elle n'est pas sa maîtresse ? Là encore, il n'en croit pas un mot. Mais, pour ne rien vous cacher, lui-même est « au mieux » avec une collègue de travail, et pour l'heure, il se contente de jeter à la figure de sa femme ses propres « méfaits ». Mais plus qu'une simple projection, ses paroles sont d'un fin stratège : si Madame découvre un jour que son mari la trompe, il pourra toujours rétorquer dignement que ce ne fut là que la réponse d'un mari outragé...

Un match où le ballon n'a aucune importance, mais où les arrière-pensées jouent un rôle déterminant.

Cette comparaison est simpliste sans doute, mais le jour où l'homme du labeur l'a comprise, il voit la fin de bien des soucis inutiles. Quand le ballon a disparu, il n'y a plus ni tournoi, ni ambiance, ni spectateurs...

## POUR DISPUTER UN MATCH, IL FAUT ÊTRE DEUX

Pour engager une compétition verbale, il faut une personne qui provoque, et une autre qui relève le gant.

Si une provocation, même violente, ne reçoit pas de réplique, elle tombe à plat, et à défaut de combattants, « la guerre de Troie n'aura pas lieu ».

Il y a une vingtaine d'années, le militant chrétien n'arrêtait pas de parler de « provocation » ; il se disait « interpellé », il cherchait à « provoquer l'incroyant au dialogue ». Mais le plus souvent, l'incroyant n'est nullement motivé pour entrer dans ce jeu, car ses centres d'intérêts sont ailleurs. Pourquoi le croyant cherchait-il tant à se mesurer à d'autres ? C'est que de plus en plus, il doutait de lui-même. Et c'est pour se rassurer qu'il invitait à un « dialogue » qui n'était que tournoi.

Voilà bien la problématique de Monsieur MOI : il doute de lui et cherche ponctuellement à se prouver à lui-même et à prouver aux autres sa supériorité. Monsieur MOI est un *homme du « paraître »*.

### *Qui provoque ?*

Ce n'est pas l'homme du labeur, car il ignore tout de ce jeu que d'ailleurs il a en horreur.

C'est à Monsieur MOI que revient ce privilège. Il lance sa provocation en prononçant une parole désobligeante, en tenant un propos injuste, ou en donnant un ordre arbitraire. Son seul but est de faire sortir son partenaire de ses gonds. Et s'il y parvient, le jeu est lancé. Que le partenaire accepte d'assumer un rôle d'adversaire est déjà pour le provocateur une première victoire ; car prendre au sérieux celui qui ne cherche qu'à s'amuser, c'est déjà subir une première défaite.

L'homme du labeur trouve sa satisfaction dans un travail bien fait, voilà qui est clair. Mais quand comprendra-t-il donc que Monsieur MOI lui, ne connaît de vraie joie qu'à faire marcher les autres, à les faire courir, pour des broutilles, pour rien ?

Il arrive aussi que Monsieur MOI se dise provoqué. C'est qu'il guette chez son partenaire une parole, un geste, qu'il saisit au vol pour l'interpréter à sa façon. Le prétendu provocateur, tout surpris par l'incident, cherche alors à s'expliquer, à lever le malentendu. Peine perdue, erreur grossière... Car c'est en voulant clarifier le conflit qu'il l'alimente. Le moindre de ses propos devient nouvelle matière à dispute.

Tandis que l'homme du labeur fait tout pour s'entendre avec d'autres afin de construire ensemble, Monsieur MOI, lui, s'affiche *contre*. Position de principe. Il est d'un avis contraire au vôtre, non par conviction mais par simple jeu. Un jeu qu'il mène avec passion, car c'est là pour lui un mode de communication sinon unique, du moins préférentiel.

« Un cousin que j'ai perdu de vue depuis des années est

passé chez ma mère pour lui raconter sur mon couple une histoire à dormir debout. La connaissant comme une femme intelligente, je suis sûr que ma mère aura renvoyé ce semeur de zizanie sans douceur. D'ailleurs, elle n'a pas attaché la moindre importance à cette démarche incongrue, puisque sur le moment, elle n'a même pas songé à m'en parler. Cependant, lorsque je lui ai rendu visite quelques mois plus tard, elle a eu soin de m'en glisser un mot — oh, juste par allusion — pour que, inquiet, je lui demande un supplément d'explication... Je m'en suis bien gardé. Il a toujours été dans la nature de ma mère de titiller l'un, de taquiner l'autre, pour nous faire marcher. Elle n'a jamais eu avec nous d'autre façon de communiquer. Si j'avais mordu à son hameçon aujourd'hui, elle aurait à coup sûr adopté les vues de mon cousin, non par conviction, mais simplement par jeu. Et dire que j'ai mis trente ans à m'apercevoir de ce stratagème... Dans ma famille, les enfants ont passé le plus clair de leur temps à se chamailler, à se lancer des " vannes ". Et lorsqu'ils se retrouvent aujourd'hui, ils continuent... Ces joutes durent jusqu'à ce que l'un quitte la table, vexé, ou qu'un autre se retire en pleurant. Ce climat que j'ai personnellement en horreur, mes parents l'ont toujours trouvé fort drôle. C'est ce qu'ils appellent " de l'ambiance "... La cohésion familiale se résume à cela : l'obligation morale qui incombe à tous de rester ensemble pour avoir toujours sous la main des partenaires prêts à la compétition. Comme je n'y trouvais pas mon compte, les miens m'ont trouvé " bizarre ". Je finis par me demander si ce ne sont pas eux, les gens " bizarres ". »

## CESSER LE JEU
### L'initiative de mettre fin à ce genre de relations appartient à l'homme du labeur

L'homme du labeur et Monsieur MOI peuvent passer tous deux pour des gens sérieux, mais qu'on ne s'y trompe pas, c'est par ce trait apparemment partagé qu'ils diffèrent le plus. En effet, l'homme du labeur apporte beaucoup de sérieux au fond, c'est-à-dire au travail, tandis que Monsieur

MOI, homme du paraître, se contente de jouer avec sérieux une comédie bien enlevée. Le *fond* chez l'un, la *forme* chez l'autre. Aussi, l'*esprit de sérieux* de l'un s'emboîte-t-il à merveille dans son contraire : l'*apparence de sérieux* chez l'autre. Mais c'est toujours au joueur que profite l'emboîtement...

Petite scène de la vie quotidienne. Monsieur MOI rencontre un homme du labeur. Il sait que son interlocuteur est un homme sérieux, et à ce titre, il le perçoit comme *plus* que lui, naturellement. Comment s'y prendre pour avoir l'air de faire le poids ? Il improvise, pour meubler la conversation d'une façon qu'il voudrait adulte et mûre. Il répète, péremptoire, comme étant le fruit d'une longue réflexion personnelle, les propos qu'un autre vient de lui tenir, et qu'il n'a d'ailleurs pas manqué de contester. Ou bien il invente un problème, comme ça, au pied levé. Pour lui, l'affaire s'arrête là, car une fois la conversation terminée, le rideau tombe, et déjà, il a oublié ce rôle improvisé pendant quelques instants. Aussi, jugez de son embarras quand le lendemain, il voit revenir son interlocuteur trop sérieux, qui lui, a naïvement pris le faux problème pour un vrai, et s'est attelé à chercher des solutions, à prendre des contacts au besoin. Non mais de quoi se mêle-t-il, cet importun, cet empêcheur de parader en rond ? Comment sortir de ce mauvais pas ? C'est simple : celui qui a commis l'erreur de prendre au sérieux ce qui n'était que jeu est traité d'angoissé, qui dramatise à tort, qui s'inquiète pour rien, et à la limite, on lui recommandera d'aller se faire soigner...

Que dire ? Que répondre ? Avec ce manipulateur, toute discussion est vaine. Qu'on ne cherche pas dans son discours un vrai débat ou une vraie querelle, il n'y a jamais là qu'un jeu. Veut-on le ramener à la raison, lui donner une explication, veut-on se justifier ? Le moindre mot ne fait qu'apporter de l'eau à son moulin, et permet au duel de continuer.

Mais alors, comment échapper aux estocades de cet encombrant personnage ? Comment faire pour que son grand match se déroule désormais loin de vos plates-bandes, et sans votre aimable et involontaire complicité ?

Pour y parvenir, voici les quatre clés de sa stratégie coutumière...

*Première clé :* Le sujet sur lequel Monsieur MOI ouvre son jeu ne présente à ses yeux aucune importance, et n'est le reflet d'aucune sincérité. Cependant, il n'est pas choisi au hasard, car il doit permettre à l'adversaire de donner dans le panneau. Ce sera donc de préférence un thème qui pour l'autre représente une préoccupation, une valeur importante, ou un motif de fierté. Quand le pêcheur jette son hameçon, il n'y a pas accroché n'importe quoi. S'il veut taquiner la truite, il choisit une mouche, si c'est la carpe qu'il recherche, il aura recours à une pomme de terre cuite, et s'il veut attraper de la friture, un asticot fera l'affaire.

Mais, si le petit poisson dédaigne l'appât et passe son chemin, c'est le gros pêcheur sur la berge qui reste tout bête, la canne à pêche à la main...

*Deuxième clé :* Si Monsieur MOI a un vrai différend avec son adversaire, en tout état de cause, il n'ose pas l'aborder de front. Pourtant, il tient à l'abattre, c'est pourquoi il lui tend un piège, mais sur un tout autre terrain. Voilà encore une prise de judo qui vise à mettre l'adversaire au tapis et qu'il convient de parer. Elle peut prendre la forme d'une provocation ou d'un chapelet d'injures, et la victime ne peut s'empêcher de réagir, car bien entendu, elle a été visée à un point sensible, ou touchée dans son honorabilité. Naturellement, cette fois encore, il faut bien savoir que l'agresseur ne croit pas le premier mot du discours qu'il tient.

Le président d'une association ne fait pas son travail, et risque fort d'être remis en cause sur ce chapitre par le secrétaire qui, lui, supplée à toutes ses carences. Ce président-relationnel ne parlera évidemment pas du vrai sujet, c'est-à-dire son inavouable paresse, mais il s'appliquera à salir son adversaire sur sa vie privée par exemple, ou bien, il montera en épingle quelque erreur minime que ce dernier aura commise.

Il faut pourtant revenir à la seule vraie question : celle qu'il veut cacher à grand bruit.

*Troisième clé :* Comble de machiavélisme, Monsieur MOI

ne provoque pas nécessairement celui avec qui il veut entrer en compétition. Ce serait trop simple... Il peut agresser un tiers qui n'en peut mais, espérant par cette manœuvre que l'adversaire convoité descendra de lui-même sur le terrain, là où il l'attend. Plus un homme est jaloux, haineux, plus il nourrit des rancunes tenaces et moins il est capable de régler un différend directement, d'homme à homme. Il lui faut alors un bouc émissaire pour toucher par ricochet ses véritables adversaires. Naturellement, l'homme du labeur qui n'entend rien à ces sortes de manigances, fera plus que quiconque les frais de ce jeu de billard cruel.

*Quatrième clé :* Monsieur MOI a l'habitude de jeter à la figure de son adversaire son propre portrait. Un collègue de travail vous fait le reproche public de vous livrer à de basses manœuvres pour assurer votre avancement : flatteries, délation des collègues, etc... Vous vous indignez, car non seulement c'est tout à fait faux, mais c'est précisément le petit jeu auquel il se livre lui-même. Plus qu'un culot effarant, voyez là une façon habile de prendre les devants. Si demain il obtient la promotion qu'il désire par ses basses manœuvres, il pourra toujours rétorquer que d'autres dans le service usant depuis longtemps des mêmes armes, il ne pouvait pas raisonnablement être le seul à s'en priver, ce n'est que justice.

De toutes ces situations très quotidiennes, il ressort clairement que Monsieur MOI ne croit jamais un traître mot de ce qu'il dit, même et surtout si ses propos ont les apparences du sérieux... Dès lors, il n'y a aucune raison, jamais, d'accorder à ses dires la moindre importance.

Telle est la découverte fondamentale que peut et doit faire un homme du labeur s'il veut se tenir à l'écart d'un emboîtement naturel dont il fait éternellement les frais.

## VERS UNE COLLABORATION

On ne peut éviter de fréquenter Monsieur MOI. Comment faire alors pour se tenir à l'écart de ses assauts ? Il suffit de tracer un couloir de relations purement fonctionnelles, et de n'accepter de rendez-vous avec lui que sur ce terrain, à l'exclusion de tout autre.

Que l'homme du labeur, décontracté mais déterminé, s'en tienne avec lui dorénavant à des rapports uniquement fonctionnels, qu'il se contente de poser des questions précises, et n'attende en retour que des réponses précises.

Qu'il demande (ou donne) des ordres précis, concernant des tâches précises, en vue d'une exécution irréprochable. Et qu'il ne se laisse pas distraire en cours de route par des contre-ordres, à moins, bien entendu, qu'il ne s'agisse d'une intervention exceptionnelle, dûment motivée, et accompagnée d'excuses polies. D'ailleurs, ce dérangement méritera un service en retour, naturellement.

Qu'il exige en toutes circonstances un contrat clair et des rapports « donnant-donnant ». Et surtout, qu'on ne parle que de faits bruts, sans explications, excuses ni fioritures. Rien que des faits bruts, assortis de leurs conséquences, de leur contexte, et rattachés à leur auteur. Des faits, pas de jugement de valeur.

Si, chez l'homme du labeur, il subsistait l'ombre d'une mauvaise conscience pour se cantonner à ces rapports sains, le provocateur le ressentirait immédiatement, et relancerait aussitôt d'autres appâts.

Le jour où l'homme du labeur a décidé de mettre un terme à ces jeux de rivalité, il n'a pas besoin de faire enregistrer une rupture en bonne et due forme à la suite de quelque ultime mise en demeure. Quand les choses sont devenues claires dans sa propre tête, il s'en suit un réflexe de rejet et d'indifférence qui n'offre plus aucune prise au jeu relationnel. Et sans qu'on ait besoin de lui en dire un mot, Monsieur MOI sait que son « adversaire » a tout compris, et qu'il a retiré ses billes. Ce duelliste vient d'essuyer une vraie défaite, et il la sait définitive. N'ayant plus accès à l'autonomie dans laquelle l'autre s'est retiré, il ne peut plus lui parler que sur le pas de la porte. Le voilà condamné à des rapports brefs, fonctionnels, pratico-pratiques... et néanmoins corrects !

Ainsi, quand l'homme du labeur a redressé la situation unilatéralement, il ne reste plus à l'autre, bon gré mal gré, qu'à s'en tenir lui aussi uniquement au travail... du moins, avec cet interlocuteur-là.

Pour l'homme du labeur, une telle démarche est bien plus qu'une affaire de communication, elle peut être déterminante pour *sa santé physique et psychique*.

**Terminons par une histoire :**

Un de ces maniaques du jeu, étudiant en faculté, révisait avec des copains ses examens pour la session de septembre. Il travaillait décontracté, et parlait beaucoup. Quand vint le moment de nettoyer l'appartement qui les accueillait, notre baratineur annonça qu'il devait partir sur l'heure pour huit jours en Israël.

Un de ses amis, interloqué, mit les choses au point :

— « Petit mec », que tu repartes en vacances à trois semaines de ton examen, c'est ton affaire. Mais il était convenu que nous disposerions de cet appartement pendant deux mois, gratuitement, à condition de consacrer quelques jours à en refaire les peintures. Au moment où arrive la corvée, tu t'en vas. Eh bien, fiche le camp. Mais à la rentrée, ne compte plus sur aucun d'entre nous, pour quoi que ce soit.

Le profiteur tenta bien de se justifier : il ne l'avait pas fait exprès ! Et il sortit de sa poche son billet d'avion pour Tel-Aviv. Mais personne ne prit la peine de le regarder. Il continuait à parler, mais personne ne l'écoutait : il ne pouvait changer la date, ni se faire rembourser. C'est par chance qu'il avait eu ce billet à tarif réduit...

Plus personne ne lui adressa encore la parole. Et quand il dit « au revoir », il ne reçut pas un mot en retour. Il partit, son gros sac sur le dos, tout rouge, visiblement abasourdi.

Deux heures plus tard, il téléphonait de l'aéroport :

— J'ai réfléchi, je reviens dès ce soir vous aider pour les travaux.

Il s'entendit répondre :

— D'accord, on te mettra un couvert pour le repas.

Pas un mot de plus.

Plus tard, il avoua :

— Je m'étais toujours pris pour quelqu'un de supérieur, or brusquement j'ai été mis devant l'évidence que ma présence avait été tolérée par les autres comme un encombrement, et que mon départ apportait un soulagement. Cette révélation m'a laissé sur le moment anéanti, car je tenais beaucoup à cette bande de vieux copains. En un éclair, j'ai entrevu que cette autre façon de vivre pouvait présenter un intérêt certain : des rapports de donnant-donnant, du travail sérieux. J'ai eu l'impression presque *physique* d'effectuer un *retournement* de 180°, et de retomber sur mes pieds, pour la première fois de ma vie. Cette découverte m'a coûté un aller-retour Paris-Tel-Aviv, car la compagnie a refusé de me rembourser. Au regard de tout le profit que j'en ai tiré, la leçon valait bien ce prix.

Ces événements remontent à plusieurs années, et depuis, non seulement ce garçon a réussi ses études en Faculté, mais de plus il a réalisé des travaux fort intéressants. Non pas pour se mettre en avant, ni pour dépasser les autres, mais simplement parce que le travail, aujourd'hui, le passionne. Il s'y épanouit et peut maintenant s'appuyer sur ce secteur pour assainir progressivement les autres. Même dans ses relations amicales, il a aujourd'hui suffisamment de recul sur lui-même pour faire clairement la distinction entre le jeu rivalisant et des rapports constructifs. Certes, parfois la tentation est forte de reprendre son rôle de jeune coq, mais il sait par expérience que s'il se laisse glisser sur ce terrain, il éprouvera des difficultés à se remettre sur le labeur.

TROISIÈME PARTIE

**QUELLE THÉRAPIE POUR QUEL MALADE?**

- Biologie = science de la vie
- Psycologie = étude scientifique des faits psychiques
- Somatisation = inscription d'un conflit psychique (vie mentale) dans une affection du corps
- Psychiatrie = étude et traitement des maladies mentales

# INTRODUCTION

L'individu ne vit pas en isolé, mais inséré dans son environnement ; en biologie, l'autarcie *qui se suffit à lui-même* n'existe pas.

C'est dans un certain contexte matériel et au milieu des autres que l'homme agit et cherche à trouver sa place. Lorsqu'il n'y parvient pas, son organisme est sujet à un déséquilibre qui peut s'exprimer de différentes façons.

Ce peut être une expression d'ordre **psychologique** : c'est le monde de la dépression, affection si fréquente qu'elle en paraît presque banale. C'est aussi lorsque la perturbation est plus importante, toute la pathologie psychiatrique (psychoses, démences) sur laquelle nous ne nous attarderons pas ici.

Une autre expression possible est la **somatisation,** c'est-à-dire la maladie au sens courant du terme. Il peut s'agir de troubles purement fonctionnels (l'organe reste sain, mais il fonctionne mal : nausées, diarrhées, céphalées, etc.) mais aussi d'affections organiques (où il y a trace de lésions : ulcère, infarctus, infections, etc.).

Entre ces deux modes d'expression, psychologique et somatique, existe une infinité de pathologies intermédiaires. Ainsi la **spasmophilie,** pathologie dont on parle beaucoup actuellement, représente une catégorie où s'associent, dans des proportions variables, des symptômes psychiques tels que l'angoisse et des symptômes physiques comme les fourmillements.

Reste à savoir pourquoi un organisme en déséquilibre

privilégie un type d'expression plutôt qu'un autre, c'est là une question complexe qui n'est pas encore résolue. Dans la même situation l'un fera une dépression et l'autre un ulcère de l'estomac. Le « choix » de l'expression d'un trouble fait probablement intervenir des mécanismes psychologiques cachés, auxquels se surajoute l'influence du « terrain » (la fragilité de tel ou tel organe).

Comment l'environnement peut-il créer un déséquilibre de l'organisme ?

En soumettant l'individu à des conditions matérielles difficiles qui peuvent être diverses : climat, manque d'hygiène, épidémies, accidents, etc. Nous ne nous arrêterons pas à ces causes « classiques » abondamment étudiées depuis de nombreuses années.

Mais l'environnement est aussi *humain,* et les difficultés relationnelles sont le lot quotidien de chacun. **Le cerveau est à la fois le régulateur de la santé, et l'organe de la communication.** Ce rôle de carrefour explique facilement comment les avatars de la communication peuvent dégénérer en maladie.

Que les maladies s'expriment par des symptômes psychologiques, des pathologies intermédiaires, ou des signes somatiques, dès lors qu'elles sont provoquées par l'environnement humain, de nombreuses observations permettent de les regrouper en quatre grandes avenues :

### Les maladies de « geôlier »

Chaque médecin sait qu'il existe une *certaine* catégorie de patients : ceux que la maladie au fond arrange bien. Ceux-là poursuivent des buts inavouables... La maladie leur sert de prétexte, pour être choyés, pour être au centre, voire pour exercer une dominance tyrannique sur leur entourage.

### Les maladies émotionnelles

Nous avons vu à quel point les difficultés relationnelles peuvent perturber les émotions. Lorsque l'émotion ressentie à l'occasion d'un événement est trop forte, il peut s'ensuivre un dérèglement neuro-végétatif, qui donne naissance à des troubles et des maladies.

### Les maladies par « emprise »

Lorsque la vie d'une personne est en tout ou partie annexée aux intérêts d'un autre, lorsque cette personne ne peut plus agir de façon autonome, elle tombe malade.

### Les petites philos

Enfin certains patients sont aussi victimes d'idées reçues, de morales, de principes qui empoisonnent leur existence. Lorsqu'ils ne peuvent plus concilier la réalité avec ces « petites philos », la maladie peut survenir.

Bien entendu, ces quatre avenues ne sont pas séparées par des cloisons étanches. La réalité est complexe, et nombre de maladies relèvent de plusieurs causes conjuguées.

Pour chaque catégorie de pathologie, dépression, spasmophilie, pathologie somatique, nous présenterons quelques observations qui mettent en évidence le contexte précis dans lequel la maladie apparaît, se développe et disparaît.

Pour faciliter la réflexion du lecteur, nous avons volontairement écarté, dans la présentation des cas, tous les errements, les impasses dans lesquels thérapeutes et malades se sont fourvoyés avant d'arriver à une solution claire. La simplicité de certains cas n'est que d'apparence, car une recherche sur les causes de la maladie, faite sur le terrain, et en profondeur, nécessite beaucoup de rigueur et de tâtonnements.

Que s'est-il passé pour que la maladie apparaisse ?

Cernant les circonstances et le contexte du déclenchement des troubles, thérapeute et malade concluent ensemble à une première hypothèse. Est-elle juste ? Impossible de le savoir a priori. Des solutions adaptées sont essayées. Mais si la maladie ne cède pas, il faudra alors chercher une autre hypothèse et essayer de nouvelles solutions.

Et c'est seulement quand, avec du recul, on constate que la maladie a disparu, que l'on peut conclure... provisoirement : il semble bien que la cause était là.

Toute démarche scientifique exige, pour avancer, que l'on émette des hypothèses qui seront par la suite confirmées ou infirmées par les faits.

# Chapitre 1

# LA DÉPRESSION

Le terme « dépression » recouvre un ensemble varié d'affections. D'après certains sondages, un Français sur dix serait dépressif. C'est donc une pathologie très courante.

Face à un syndrome dépressif, il paraît de bon sens de chercher en premier lieu une cause concrète : la perte d'un conjoint, un surcroît de fatigue dû à des difficultés financières... De tels événements peuvent occasionner des dépressions authentiques, et dans ce cas, point n'est besoin de chercher plus loin : apporter un soulagement matériel amènera sans aucun doute une amélioration des symptômes. Mais il est des causes plus complexes...

## LA DÉPRESSION DU GEÔLIER

Certaines personnes utilisent la dépression, comme d'autres maladies d'ailleurs, pour contraindre leur entourage à se conformer à toutes leurs lubies.

Ces gens tyranniques ne manquent pas de chercher une caution auprès de leur médecin, du psychologue ou du psychiatre. Et ceux-ci, même prévenus, n'entendant qu'un son de cloche, peuvent longtemps se faire mener par le bout du nez. C'est que ces gens, en racontant « leur vécu », y opèrent un tri judicieux pour que leurs intentions véritables ne soient pas révélées... Par contre, l'entourage — à condition qu'il reste vigilant — peut découvrir plus vite le pot aux roses.

### Lorsqu'une grande dépressive étonne par sa vitalité

Marcelle a soixante ans ; cette bonne âme emmène Christiane, sa voisine de soixante quinze ans, en vacances à la montagne « pour lui changer les idées ». Il faut savoir que Christiane, en dépression depuis cinq ans, va voir régulièrement « son docteur ». Sa dépression remonte à la mort de son mari.

Marcelle et Christiane arrivent donc sur les lieux de vacances : l'hôtel étant complet, les deux dames doivent se résigner à coucher dans la même chambre. Toutes les nuits Christiane se met à crier : « Je vais mourir, je vais mourir ! ». Marcelle est dans un premier temps très inquiète.

Dans la journée, la montagne offre de multiples possibilités de promenades. A toutes les propositions de Marcelle, Christiane répond : « J'aimerais tant sortir, mais je ne peux plus marcher. Ah ! Comme c'est malheureux ! ». Pourtant, quand il s'agit de regagner sa chambre, cette vieille femme invalide monte allégrement les quatre étages.

Elle passe ses journées à se plaindre : « La vie ne présente plus pour moi aucun intérêt. Je n'ai plus goût à rien. Je ne mange plus, je n'ai qu'à me laisser mourir... ». Mais le midi, à table, elle dévore avec grand appétit les plats du restaurant. Excédée, Marcelle le lui fait remarquer : « Tu dis que tu te laisses mourir, mais regarde comme tu manges ! ». Christiane change de conversation, se ressert une nouvelle fois, la bouche pleine, et au café, reprend sa méditation sur la mort...

Marcelle est rentrée de ses vacances, é-pui-sée, littéralement vampirisée par cette vieille comédienne.

### Maladie ou anthropophagie

Hier soir, Brigitte et Claude, un couple de fiancés en cohabitation depuis quelques mois, se sont réconciliés.

Ce dimanche, Brigitte est de garde à l'hôpital et Claude, de repos. Il a entre les mains leur correspondance de fiançailles. Il relit ces lettres, l'esprit ailleurs...

(...) « J'ai passé toute mon enfance à la ferme, mais je ne

m'y plaisais pas. Tantôt j'étais gaie, tantôt triste. Mes parents me trouvaient un caractère de cochon. Ils ne m'ont jamais comprise... »

(...) « Puis j'ai commencé des études d'infirmière. Cette formation me plaisait beaucoup, mes chefs étaient satisfaits de mon travail. Mais je m'ennuyais. A l'école d'infirmières, j'avais rencontré Annie qui est devenue mon amie. J'avais tant souhaité que nous puissions trouver un travail dans le même hôpital. Hélas, j'ai dû attendre deux ans pour voir réaliser mon désir auquel je n'avais jamais renoncé... »

(...) « Je suis plutôt instable. Pour me distraire, j'ai fait du tennis, du judo, du ski, de la natation, du tir, de l'équitation. Je commençais une activité, mais la délaissais rapidement pour en commencer une autre. Ça tenait au fait que je voulais tout réussir du premier coup. Vite, je me lassais, et me décourageais. Je me sentais seule, mais seule ! C'est alors que j'ai fait une dépression. Je me morfondais et quand je rentrais chez mes parents pour le week-end, je n'ouvrais pas la bouche. J'étais incapable de rire. Mes parents s'inquiétaient, me disaient que je filais un mauvais coton... »

(...) « Toute ma vie a changé lorsqu'Annie, mon amie, a enfin trouvé un poste dans le même hôpital que moi. Elle m'a prise complètement en charge : elle m'invitait chez elle, m'accompagnait au cinéma, au bowling et me remontait le moral... »

Tout d'un coup, Claude se réveille.

« Ma femme a profité d'Annie pendant trois mois seulement ! Et depuis le jour où elle m'a rencontré, elle l'a laissée tomber ; Annie n'existe plus pour elle. Je me souviens avoir fait la remarque à Brigitte : « Je ne tiens pas à abandonner les amis que je me suis faits jusqu'ici ; de ton côté, conserve tes propres relations. » Elle ne l'a pas fait, et sans m'en soucier, je l'ai laissée libre. Mais c'est à partir de là, mais oui, que les choses se sont dégradées : quand elle rentrait, le soir, j'avais plein de choses à lui raconter sur mes copains, mes activités, alors qu'elle n'avait rien à dire ; tout dans sa vie était terne, répétait-elle. Pourtant, elle et moi exerçons le même métier, dans le même hôpital ! Progressivement, elle s'est mise à bouder, à se plaindre de ses insomnies, de ses boules d'angoisse dans la gorge. Elle retombait dans la dépression. Et hier soir, je me suis dit : « C'est peut-être à cause de moi qu'elle fait cette dépression. » Avec une grande douceur et une grande tendresse, je lui ai posé la question. Elle m'a répondu en pleurant abondamment :

— Oui, c'est cela.

— Tu trouves que je suis trop égoïste, que je pense trop à ce qui m'intéresse, et que je m'occupe trop peu de toi ?

— Oui, c'est cela.

Et elle pleurait, et elle étouffait dans ses sanglots.

Alors, je lui ai demandé ce que je devais faire.

— Rester avec moi, toujours avec moi.

— Mais tu sais bien que je te considère déjà, et pour de bon, comme ma femme, et que je ne compte pas du tout t'abandonner...

Elle sanglotait encore, mais fuyait mon regard.

— Tu veux que je ne fréquente plus mes copains, que je ne sorte plus, que je n'assiste plus aux matches de foot ? C'est cela que tu veux ?

Retrouvant brusquement un peu d'énergie, elle me dit : « Oui. » C'était cela qu'elle voulait.

Alors, je lui ai promis de couper mes relations avec tout le monde, et de n'avoir d'autre personne qu'elle dans ma vie. Elle m'a serré dans ses bras et m'a longuement embrassé.

Mais ce matin, je me ravise. Cette femme est jalouse ! Egocentrique, anthropophage ! Tout ce que j'ai réalisé pendant vingt-cinq ans de ma vie, tout cela, je dois le jeter aux ordures ? C'est insensé.

Je relis une nouvelle fois la « correspondance de fiançailles » que je tiens dans les mains, car *le présent éclaire brusquement le passé, et le passé trouve sa confirmation dans le présent...*

La tristesse de son enfance, cela s'appelle aujourd'hui « bouderie ». Quant à son « caractère de cochon », il se confirme en effet.

Son amitié avec Annie manque de grandeur. Je connais Annie : c'est une fille affective qui a visiblement besoin d'une âme sœur, et pour cela elle s'est fait exploiter par ma femme, surabondamment. Des souvenirs me reviennent...

Et pourquoi Brigitte a-t-elle laissé tomber Annie, du jour au lendemain? Parce qu'elle s'était trouvé un garçon, et que cela lui suffisait...

Elle a entrepris un tas d'activités sans rien poursuivre? Je commence à comprendre : les gens venaient dans ces clubs pour faire du sport, et Brigitte elle, y allait pour être entourée. Et à chaque fois, c'était l'échec, alors elle cherchait ailleurs...

Quand elle rentrait chez ses parents, en pleine déprime, que voulait-elle? Que ses parents tournent autour de sa petite personne, d'autant plus inquiets, qu'elle refusait de dire ce dont elle souffrait. D'ailleurs, la déprime dont elle souffre aujourd'hui est exactement de la même nature, j'en suis sûr à présent; elle joue la comédie. Sa déprime a été son arme pour me destabiliser et pour parvenir à ses fins. Sans doute dès le départ, a-t-elle eu l'intention de me séquestrer; elle a mis plus d'un an pour m'avoir à elle seule, et hier soir, elle y est parvenue. Quelle comédie que cette conversation d'hier soir, où en douceur elle refermait le piège derrière mon dos!

Dans l'après-midi, j'avais parfaitement retrouvé mes esprits et j'attendais son retour de pied ferme. Et aussitôt arrivée, elle a eu la surprise d'apprendre tout ce que j'avais découvert. Elle n'a pas pleuré, elle m'a écouté, blême de peur, mais je ne lui ai rien appris qu'elle ne sache déjà.

Et j'ai conclu : « Tu reprends tes fréquentations et tes activités de ton côté, et moi les miennes. Et notre vie de couple en sera journellement enrichie. Nous faisons trois mois d'essai. Si chacun y trouve son compte, nous resterons ensemble. Sinon, nous partirons chacun de notre côté pour faire notre vie ailleurs. D'ici trois mois, pas de nouveaux achats pour le ménage. Ça évitera des complications lors d'une éventuelle séparation. »

Depuis, Brigitte s'est reprise en main. Sa dépression a fondu comme neige. Elle est devenue assez rapidement dynamique et gaie, comme je ne l'avais jamais connue. De mon côté, j'ai refait mes forces et je ne me suis pas impliqué dans son évolution. Et un an plus tard, nous sommes passés devant le maire. Nous nous chamaillons régulièrement, par jeu, mais nous nous entendons bien, et nous sommes de plus en plus heureux tous les deux. Nous avons trouvé un logement plus grand ; j'ai eu un avancement dans mon travail, et ma femme a suivi un cours de spécialisation. *Plus aucune trace de sa « dépression », ou plus exactement de sa comédie et de ses stratagèmes.* Nous fêterons tous les deux, chaque année, notre anniversaire de mariage. Nous n'avons pas retenu comme date celle de notre passage devant le maire, mais celle de ce dimanche soir-là où nous avons atterri l'un et l'autre, où nous avons été sauvés tous les deux ; car ce fut pour elle comme pour moi, un grand tournant auquel nous repensons aujourd'hui avec une même reconnaissance. »

### Soigne ma dépression, je ne te dirai pas qui je suis !

François, ingénieur électronicien, âgé de trente-neuf ans, a traîné une dépression grave trois ans durant. Plusieurs psychiatres y ont perdu leur latin.

Tout a commencé lorsqu'au bout de dix ans de vie professionnelle, il décide de chercher un nouveau travail. Pourquoi ? Pour plusieurs raisons : sa fonction s'est jusqu'ici toujours limitée à des études techniques ; or, s'il ne veut pas terminer sa carrière dans un travail étriqué, il est temps d'envisager un changement. Approchant de la quarantaine, il juge le moment venu d'avoir des employés sous ses ordres. De plus, l'entreprise où il a travaillé jusqu'ici n'a plus les reins solides. Enfin, sa femme et lui ont décidé d'acheter une maison : il doit donc préalablement trouver un travail stable, pour ensuite choisir le lieu de sa nouvelle habitation.

François a la chance de trouver un nouvel emploi dans une branche qui lui plaît. Au bout d'un mois et demi, il se voit confier l'étude d'un projet important et il reçoit par la même occasion la responsabilité d'une équipe de douze collaborateurs.

Or voilà que François prend peur. Peur en présence de ce grand projet à réaliser, peur devant la responsabilité de diriger une douzaine de techniciens. Il ressemble à cet insensé de la parabole qui s'est lancé dans la construction d'une tour, sans vérifier préalablement s'il avait les moyens de la mener à terme.

Et cette angoisse s'amplifie de jour en jour. Il n'en dort

plus la nuit. Est-ce le travail lui-même qui l'obsède à ce point ? A vrai dire, non. Quand il considère calmement ses difficultés, les unes après les autres, François constate qu'il dispose des compétences nécessaires pour en venir à bout. Mais il pense surtout à lui-même, à la façon dont il est perçu par le patron et par ses subalternes. Qu'en sait-il au juste ? Rien. Mais à la moindre difficulté rencontrée, il se croit observé de tous côtés. Alors il s'occupe de moins en moins de ses adjoints. Il travaille seul et veut faire tout par lui-même. Il s'implique énormément et le projet n'avance plus.

Il perd huit kilos, il ne dort plus, sa tension nerveuse est telle qu'il doit prendre un congé-maladie. Il suit un traitement antidépresseur et voit régulièrement un psychiatre. Après un mois et demi d'arrêt, il reprend le travail. Aucune amélioration. Le patron s'inquiète et le convoque pour lui reprocher sa faible rentabilité. Il confirme cet entretien par un avertissement écrit, et propose à François une autre fonction.

A la fois soulagé et catastrophé, François accepte ce poste de moindre responsabilité. Il s'organise mieux, travaille un peu plus vite. Mais ses angoisses et ses insomnies persistent, son appétit ne revient pas.

Tous les secteurs de sa vie sont envahis par son « angoisse professionnelle ». Plus question d'acheter une maison. Plus moyen d'envisager avec lui un projet quelconque.

Le psychiatre continue à prescrire régulièrement des médicaments. Mais la situation paraît bloquée. C'est alors que Clotilde, désespérée par la maladie de son mari, appelle au secours Charles, leur ami de toujours. Celui-ci commence par écouter longuement, patiemment les jérémiades de Clotilde puis finit par lui couper la parole :

— François et moi, nous nous connaissons depuis quinze ans. Depuis le début, j'ai été frappé par son esprit mesquin et tatillon. Te souviens-tu de ceci, Clotilde ? Quand vous vous êtes installés dans votre nouvel appartement, je suis venu pour vous aider à coller du papier peint. Ton mari était absent ce jour-là, ce que je n'ai pas apprécié sur le moment, soit dit en passant. Or quand il est rentré, qu'a-t-il fait ? Il a constaté un léger défaut dans le chevauchement de deux lés. La nouvelle harmonie de la pièce, il ne la remarquait pas, pas plus que toute la peine dépensée pour lui. Moi, je l'ai toujours connu comme un pinailleur. *chicaner sur des riens*

Clotilde :

— Je vais t'en raconter une autre. Nous sommes aujourd'hui mariés depuis douze ans. Sais-tu que tous nos cadeaux de mariage sont toujours au grenier, rangés dans des cartons comme au soir de la fête ? Jamais François n'a voulu les déballer. Pourtant dans ces cartons se trouvent un tas d'objets utiles pour notre ménage.

Et Charles, interloqué, renchérit :

— Cette histoire-là, Clotilde, m'éclaire singulièrement. Si François n'a pas voulu déballer ces cadeaux vieux de douze ans, ce n'est pas parce qu'il est tatillon, mais parce qu'il veut t'empoisonner l'existence. Il prend plaisir à te contrarier. C'est évident. Maintenant, plusieurs souvenirs me reviennent : il avait coutume de me contredire sans cesse, moi aussi. Alors je me cassais la tête pour lui proposer d'autres solutions, mais c'était toujours en vain. Avec son petit air de ne pas y toucher, il me faisait tourner en bourrique...

Il faut savoir, Clotilde, qu'il existe des dominants de tout poil. Certains sont de « grandes gueules » qui clouent le bec à tout le monde, mais d'autres parviennent aux mêmes résultats de façon plus insidieuse ; et c'est le cas de ton mari. A force de contrarier son entourage, il le tient comme paralysé à ses pieds.

Clotilde commence à comprendre :

— Dans mon ménage, la vie devient impossible. Quand je demande à François à quelle heure il compte rentrer pour pouvoir préparer le repas en conséquence, tantôt il répond évasivement qu'il ne le sait pas, tantôt il me fixe une heure puis arrive plus tard que prévu.

Je ne sais plus quoi faire : faut-il lui demander des nouvelles de son travail, de sa santé ? Il marmonne : « Arrête ! Tu me fatigues. » Et quand je ne lui demande rien, il finit par parler de ses soucis et m'accuse à mots couverts de mon manque d'intérêt pour lui.

Une de nos filles fait un début d'anorexie mentale. De plus, nous voyons de moins en moins nos amis. Que veux-tu, ils sont fatigués d'entendre François parler de son unique souci : sa déprime. Plusieurs lui ont proposé leur aide mais il les rejette toutes, par principe. Son inertie décourage toutes les bonnes volontés.

Clotilde et Charles ont encore longuement parlé, et se sont rappelé un tas de souvenirs. Tous allaient dans le même sens : ils confirmaient *la recherche de pouvoir* que François menait avec tant d'habileté depuis toujours.

Charles tenta de conclure :

— Ayons le courage d'aller jusqu'au bout Clotilde : tout dominant qu'il est, François n'a pas l'envergure d'un chef de service. Sans doute a-t-il cru qu'il suffisait de contrarier les autres pour devenir chef ; il s'est fait là des illusions. Fraîchement arrivé dans cette société, il est tombé sur des subalternes plus anciens que lui dans la maison et peut-être plus compétents aussi. Très vite, François a dû sentir qu'il ne faisait pas le poids, et son patron ne s'y est pas trompé, puisqu'il lui a confié un service moins... prestigieux ! Alors François, comme tout dominant sur le point de perdre la face, a trouvé une porte de sortie honorable. Il a fait une dépression ; et il en a rajouté, après quoi, les drogues l'ont abruti. Je ne suis pas psychiatre, mais je connais François depuis quinze ans, et voilà mon opinion. Je crains qu'il ne soit en train de se prendre à son propre jeu. Or, il n'existe pas trente-six façons pour sauver un dominant qui s'enferre. Ce dont il a besoin, c'est de *se heurter à un mur*. Démasqué sans concession, il pourra retomber sur ses pieds et s'atteler enfin au travail à la façon de tout le monde.

Charles a donc invité son ami chez lui et celui-ci, après beaucoup d'hésitations, a fini par bien vouloir se déranger.

François ne semblait ni très motivé, ni très rassuré par la perspective de cette rencontre.

— Cale-toi bien dans ton fauteuil car j'ai à te parler. Arrête ton cirque. Tu joues à la déprime pour faire tourner tout le monde autour de toi. Vrai ou faux ?

— Vrai, répond François comme machinalement.

— Tu as un tas de choses à faire : commencer par déballer vos cadeaux de mariage (François ouvre de grands yeux), devenir un époux pour ta femme et un père pour tes enfants. Et travailler comme n'importe qui, honnêtement, au bureau. Tu en es capable. Tu as tout pour réussir. Pendant trois ans tu as fait le guignol, cela suffit. Sans perdre une minute de plus, au travail, mon vieux ! Allez, debout !...

Et Charles a raccompagné François jusqu'au pas de sa porte, sans autre forme de politesse.

François était-il guéri ? Plus exactement, il est retombé sur ses pieds, dans la réalité. C'est lui-même qui conclut plus tard :

— Quand je suis rentré à la maison, j'ai aussitôt compris que mon ami avait téléphoné à ma femme pour la mettre au courant. J'étais donc démasqué. J'avais le choix, et il fallait choisir tout de suite : ou bien m'effondrer devant ma femme comme un grand incompris (et j'ai failli le faire) ou bien proposer, avec le sourire, de l'aider à mettre la table. Ce que j'ai fait en ajoutant : « Je crois que cela va aller mieux ! »

François a repris une vie normale et a diminué puis arrêté les médicaments. En quelques semaines, ses angoisses ont entièrement disparu et il s'est mis à manger normalement Trois mois plus tard, il a acheté une nouvelle maison ; et il est devenu infiniment plus opérationnel qu'il ne l'était avant sa maladie.

Avec le recul, il ajoute :

— Au fond, ce qui m'a guéri, c'est l'intervention de Charles en qui j'avais confiance ; qui d'abord m'a démasqué impitoyablement en quelques mots et qui ensuite m'a fait confiance : tu as tout pour t'en sortir, au travail mon vieux, et tout de suite.


**Conclusion : Comment dépister une dépression de geôlier ?**

Il est difficile pour le médecin de pressentir dès la première consultation s'il se trouve en présence d'un « geôlier » qui utilise sa maladie pour exercer une pression sur son entourage et qui cherche lors d'une consultation, non pas la guérison, mais plutôt *une caution...*

Voici néanmoins quelques signes qui permettent de voir plus clair dans les intentions du patient, au fil des consultations.

— Le malade parle abondamment de ses malheurs de toutes sortes, passe du coq à l'âne, et visiblement évite que « ses difficultés » soient abordées l'une après l'autre et mieux cernées. De plus, il connaît bien souvent mille fois mieux sa maladie que le médecin et il a tout lu à ce sujet.

— Les médicaments que le médecin lui a prescrits lors de la consultation précédente, le patient les dit inefficaces, ou bien il avoue les avoir laissés tomber, préférant encore prendre des médicaments qu'un autre médecin, dans le passé, lui a donnés... Le médecin en arrive parfois à douter de ses propres compétences !

— Quand le médecin lui propose d'établir un petit programme pour mieux s'organiser et donc s'affoler moins, se fatiguer moins, d'avance il se montre peu motivé, par exemple en faisant dévier systématiquement la conversation sur autre chose.

— Quand le médecin lui parle des *conséquences* que subit son entourage à la suite de sa maladie, alors là, il se fâche tout rouge : « C'est moi qu'il faut plaindre et non pas les autres ! » ; ou bien il affiche une indifférence soutenue, parfois même accompagnée d'un petit sourire narquois.

— En clair, le patient pressent que le médecin ne lui procure pas la caution qu'il est venu chercher, et il quitte alors le cabinet doutant visiblement que de telles méthodes lui apportent une amélioration quelconque.

Prenons le cas d'une femme qui se dit dépressive. Souvent, son mari l'accompagne au cabinet médical. Il ne sera pas inutile que le médecin invite discrètement le mari à venir le revoir, mais seul, pour qu'ils puissent se parler « entre quatre-z-yeux » sur la façon dont, lui, pourrait aider sa femme à guérir plus vite. Le mari acquiesce sans difficulté car il se fait de gros soucis pour sa femme.

Au fil de la conversation, le médecin apprend un tas de choses sur la façon de vivre de la malade, et plusieurs points se dégagent, sur lesquels le conjoint pourrait effectivement réagir. Grâce à quelques propositions, il commence à comprendre que, peut-être, son épouse se fait passer pour bien plus malade qu'elle n'est en réalité : une femme qui se contente d'ouvrir toujours des boîtes de conserve pour le repas, pourrait s'acheter un livre de cuisine et apprendre à faire des petits plats, n'est-ce-pas ?... Celle qui prétend avoir toujours mal au dos, tout en allant trois fois par semaine en vélo rendre visite à sa famille, a donc mal au dos en certaines circonstances, et non pas en d'autres... L'épouse qui prétend passer trois fois par jour l'aspirateur en l'absence de son mari et de ses enfants, pourrait bien lui raconter des balivernes...

Le mari commence ainsi à entrevoir que son épouse en rajoute peut-être. Sa vigilance étant alertée, c'est à lui de remarquer le jeu de sa compagne. Il arrive d'ailleurs qu'à cette occasion, le conjoint berné passe aux aveux : lui aussi s'était douté de certaines choses. Mais le plus souvent, il ajoute : « Je n'ose rien lui dire car j'ai très peur de ma femme. »

Très peur ? Pourquoi donc un époux a-t-il ainsi peur de celle qui partage sa vie ? C'est le moment de lui présenter une comparaison : quand en présence d'un chien une personne a peur, le chien le sent et devient agressif, alors qu'en présence d'autres personnes qui n'ont pas peur, ce chien reste calme. Entre les hommes, il en va de même... N'ayez donc plus peur de votre conjoint. Dites-lui, au jour le jour, ce qui vous ennuie ou vous indispose, sans vous disputer, mais normalement, avec l'assurance qui convient ; et vous verrez ses colères disparaître.

Le médecin a-t-il visé juste ?

Sans rien brusquer, il a fait à coup sûr deux choses utiles :

1. au malade, il a proposé de petits moyens concrets pour dépasser dans un premier temps ses difficultés matérielles. Ces propositions semblent l'avoir indisposé ? Réaction suspecte...

2. il a invité le conjoint à observer les attitudes de son époux ou de son épouse avec un regard plus critique et a essayé de l'aider à supprimer sa peur.

Dans bien des cas, il aura perdu un client, et son confrère en aura gagné un. Là est l'inconvénient majeur.

Il arrive — mais rarement ! — que le médecin retrouve un jour ce patient, venu se faire soigner pour une autre maladie. Et celui-ci alors d'avouer : « Vous souvenez-vous de moi, il y a un an ? Vous aviez vu juste. Sur le moment, cela m'a contrarié mais avec le recul, je vous en sais gré. Depuis, je vais beaucoup mieux. »

## ENVIRONNEMENT-GEÔLIER

Le contraire se rencontre également :
Il existe des gens qui tombent effectivement malades, voire très malades, mais c'est l'entourage qui entretient autour d'eux un climat qui les conduit à un état de dépression. On peut alors parler d'environnement-geôlier.

### Une famille bien intentionnée

Un homme de quarante ans, dont le vieux père est gravement malade, raconte ceci : « Mon père souffre de plusieurs maladies graves à la fois, et le médecin nous a prévenus qu'il n'y a aucun espoir de rétablissement. Ma famille entoure mon père d'une présence dévouée et pesante. Ayant des obligations professionnelles importantes, et vivant éloigné de la maison de mes parents, je ne peux qu'épisodiquement me rendre au chevet de mon père, ce que ma famille me reproche, non sans amertume. Ce vieil homme qui a toujours rendu les siens plutôt malheureux, se voit aujourd'hui entouré d'une tendresse ostentatoire. Tout le monde le plaint, tout le monde le supplie de " ne pas mourir et de rester encore longtemps avec nous tous. ". A-t-il soif, on lui porte un verre aux lèvres ; doit-il manger, on le nourrit à la petite cuillère. Sans cesse, on lui demande s'il ne faut pas changer son oreiller de place, s'il n'a pas froid aux pieds, etc. D'un jour à l'autre, on lui trouve tantôt meilleure mine, tantôt une pâle figure. Cet homme peut encore se lever une heure par jour.

Or, quand moi je lui rends visite, je ne lui demande pas comment il se sent... car je le sais. Mais je lui raconte des nouvelles d'un peu tout le monde, et ce vieil homme s'intéresse à tout. Je lui demande s'il veut se lever un peu, et voilà qu'il peut se lever dix heures d'affilée ! Je joue avec lui aux cartes, et quand il se fatigue un peu, nous bavardons à propos de petits événements qui le distraient. Me demande-t-il à boire, je lui pose un verre sur la table, et de lui-même il le prend et boit seul, comme une personne normale. Il revit.

Curieusement, ma famille me le reproche : " père joue-t-il

la comédie ? Pourquoi avec nous est-il toujours au plus mal alors que quand tu viens le voir, il va beaucoup mieux ? " Je leur réponds — mais cela ne les convainc pas le moins du monde — : " Cet homme est un vieillard, certes, mais qui ne se porte pas trop mal, et je le traite comme tel ; il en oublie ses misères, et profite des bons moments passés ensemble. "

Je constate que c'est surtout ma mère qui s'en montre vexée. Et je soupçonne fort que la maladie de mon père soit pour elle l'occasion de regrouper inlassablement toute la famille... *autour d'elle.* A leurs yeux, je passe bel et bien pour un trouble-fête, tout à fait capable de rendre mon père lucide sur la situation. »

Ainsi, il arrive qu'une famille bien intentionnée — à moins qu'elle n'ait quelque arrière-pensée affective et/ou pécuniaire, sans doute inconsciente... — plonge un vrai malade dans un climat dépressif.

### A qui profite la maladie ?

Le père d'Olivier, un brave homme, est en dépression profonde depuis six ans. Sa femme règne sur la maisonnée comme une matrone, les grands enfants font bêtises sur bêtises, mais « maman » n'y attache aucune importance ; « pourvu que nous restions tous bien unis, c'est le principal » (pour elle). Au milieu de cette joyeuse compagnie d'inconscients, le père reste prostré et se met souvent à pleurer doucement. Récemment encore, il s'est effondré devant ses grands enfants, leur demandant pardon de n'être plus bon à rien.

Désemparé, Olivier s'est dit : « J'ai acheté une vieille maison pas trop chère, mais où il y a tant à faire... si je demandais un coup de main à mon père ?... »

Alors, il a téléphoné chez ses parents : « Je suis tombé sur ma mère, comme d'habitude. J'ai dû parlementer longuement pour qu'elle me passe mon père. D'abord, elle prétextait qu'il était trop fatigué, après quoi elle protestait contre ma demande obstinée de lui parler seul à seul. Passablement énervé par ce préambule, j'ai déclaré à mon père sur un ton d'autant plus assuré :

— Ecoute, j'ai besoin de toi... Oui, je sais que tu es

fatigué, mais *j'ai besoin de toi,* je te le répète et tu ne pourras pas me refuser ce service. A partir de samedi, j'aurai huit jours de congé, et je dois monter au plâtre un mur de séparation entre la cuisine et la salle à manger. Je n'ai jamais fait de maçonnerie : par contre toi, tu t'y connais. Je t'ai vu à l'œuvre à la maison pendant toute notre enfance. Fais-moi la fleur de venir m'aider... Je ne te demande pas de travailler, je te demande de venir m'aider en me *donnant des conseils.* Tu te mettras dans une chaise longue à mes côtés, et tu m'indiqueras comment je dois m'y prendre. Comment ?... Ah non, tu ne peux pas me refuser cela ! Que tu te reposes chez toi ou chez moi, cela revient au même !

Il m'a fallu argumenter un bon moment au téléphone pour que mon père accepte. Finalement il est venu par le train, le vendredi soir.

Le lendemain, il s'est allongé sur une chaise longue, comme convenu. Mais au bout de dix minutes, il était à mes côtés pour poser avec moi les premières briques avec des mains toutes tremblantes. Je lui ai dit :

— Libre à toi, mais dès que tu sens la moindre fatigue, tu te reposes, d'accord ?

Il a travaillé toute la matinée, puis après sa sieste, il a repris le travail tout l'après-midi. Et il a oublié de prendre ses médicaments... J'ai appelé un ami médecin pour savoir s'il fallait que je le lui rappelle. Après une courte hésitation, il m'a répondu :

— Ne dis rien, et vois comment ça évolue...

Comment ça évoluait ? Figurez-vous qu'au bout de deux jours et demi, le mur était monté, mon père me disait *en riant :*

— Cet après-midi, nous attaquons l'électricité de la salle à manger !

Je lui rétorquais :

— Tu vas m'épuiser à ce rythme-là !

Et il riait de bon cœur.

A table, il se mettait à raconter de vieilles histoires amusantes. Au cours de cette semaine, il avait rajeuni de dix ans. Que dis-je : dix ans... bien plus !

Advint le jour du départ. Il avait le cafard. Avant de le laisser partir, je l'ai amené chez un chapelier :

— Je t'offre un chapeau, choisis celui qui te plaît.

Gêné, il me dit tout bas :

— A quoi bon un chapeau, tu sais bien que je ne sors plus.

D'un air entendu, je lui ai répondu :

— Allons donc, avant de venir, tu m'as affirmé que tu serais plus encombrant qu'utile ! Tu as vu ce qu'il en est ? Vas-y, choisis ton chapeau. Tu le mettras pour rentrer à la maison et chaque fois que tu auras envie de sortir.

Quand il est monté dans le train, je l'ai salué de la main, mais je ne me suis pas retourné. Je pleurais.

Hier soir, je lui ai téléphoné pour donner des nouvelles et pour lui demander, par la même occasion, comment il allait. Il m'a répondu :

— Un jour mieux que l'autre, mais depuis mon séjour chez toi, dans l'ensemble, ça va quand même beaucoup mieux.

S'il y en a une qui n'a pas apprécié cette amélioration, c'est ma sœur. Elle est psychologue. Elle n'a jamais voulu s'occuper de lui, jugeant que la démarche doit venir du malade, et non du thérapeute. D'ailleurs, elle m'a redit solennellement que même si papa allait mieux pour le moment, cela ne durerait pas ! Puis, elle m'a reproché d'avoir fait avec lui du « comportementalisme ». Alors là, je lui ai retorqué :

— Moi, je suis sûr de deux choses pour les avoir vues, de mes yeux vues. Tout d'abord, mon père est tombé malade le jour où l'on a mis une hypothèque sur sa maison, une hypothèque servant de garantie pour les emprunts contractés par mes frères à la banque, pour suivre leurs fantaisies. Ce pauvre homme a alors protesté car il avait peur de perdre son toit dans ses vieux jours. De plus, toi, célibataire, tu avais de l'argent, mais tu ne l'as pas prêté à ces farfelus, tu as préféré les voir hypothéquer la maison des parents, hein, maligne ! Bien sûr, maman était tellement consentante, que le vieux père a été obligé de tout accepter. Et c'est là qu'il est tombé malade. Que dis-tu ? Qu'aujourd'hui l'hypothèque est levée ? Certes. Mais tu sais également que la matrone s'est mise à abattre tous les murs intérieurs de la maison, une marotte qui au bout de trois mois de chantiers et de gravats a abouti au pan-territoire de ses rêves où tout le monde est réuni autour d'elle. A la suite de quoi, le pauvre vieux n'a plus un mètre carré dans sa maison où il puisse se retirer, seul chez lui, libre de ses gestes. Et dieu sait les affaires scabreuses qui se sont passées à la faveur de ce pan-territoire (pour y avoir participé, ma sœur n'a pas demandé de précisions).

Et maintenant, voici ma deuxième certitude : après six ans de maladie, je suis le premier à avoir eu l'idée... égoïste, de dire à mon père : « j'ai besoin de toi, viens m'aider ». Cet homme est venu, je l'ai vu revivre, en quelques jours il s'est remis sur pieds parce qu'à nouveau, il était utile à quelqu'un. »

La preuve a été faite, dans ce cas douloureux, que le fait de se rendre utile et de reprendre le travail a été capital pour le malade. Fugitivement, il a pris conscience qu'il n'était pas un homme fini, et cela fut très important pour lui. Mais nous pressentons bien qu'il n'est pas tiré d'affaire pour autant. Et ceci pour au moins quatre raisons :

1. *Sa remise au travail est restée éphémère.* Car malheureusement, dès qu'il est rentré chez lui, cet homme a retrouvé son inactivité coutumière, et son statut de malade incurable. Pourtant, s'il continuait à travailler, ne serait-ce qu'en accomplissant de menus travaux, il pourrait améliorer considérablement sa santé et qui sait, peut-être même guérir.

2. De retour chez lui, il se retrouve *perdu dans un pan-territoire,* dépourvu de toute intimité.

3. Il vit entouré de *fantaisistes inconscients.* Ses grands enfants, pourtant adultes, sont capables de tout. Cette fois-ci, l'hypothèque de la maison a pu être levée, mais que vont-ils encore inventer la prochaine fois ? Dans ce festival permanent, tout peut arriver... Comment être sûr de finir ses jours sous son toit ?

4. Atteint dans son corps comme dans sa tête, le déprimé n'a pas voix au chapitre, ce qui arrange tout le monde... Pourtant ce muet remplit une fonction primordiale au sein de la famille cohésive : il sert d'appât, de rassembleur. En réalité, *il* est l'occasion que tous viennent *la* voir. Et c'est par ce biais que la matrone règne comme aux plus beaux jours sur toute la maisonnée.

Dans de telles situations, on peut se poser la question :
« Qui est malade... de qui ? », ou encore, à l'instar du
commissaire de police : « A qui profite le crime ? »

Pour obtenir une réponse satisfaisante, on ne peut guère
compter sur le dépressif lui-même. Souvent noyé dans ses
émotions, il ne s'exprime généralement qu'en termes flous.
On pourrait même penser parfois que, à son corps défendant, il brouille les pistes.

Quant à l'entourage, n'attendez pas qu'il vende la mèche !

Seule une observation attentive des événements et de
l'environnement du dépressif, peut mettre la puce à l'oreille.

## Conclusion : équilibre mental, folie, famille

Cependant, cet environnement-geôlier peut provoquer des
maladies mentales plus graves encore, et ceci chez des sujets
jeunes.

Les psychiatres anglais, R. D. Laing et A. Esterson ont
étudié plus de deux cents cas de familles dont l'un des
membres est atteint d'un trouble grave de la personnalité : la
schizophrénie. Les malades, toutes des femmes, ont effectué
de nombreux séjours en hôpital psychiatrique.

Pour mener à bien leur étude, les deux médecins ont
interrogé non seulement les intéressées, mais aussi les
membres de leur famille. Et c'est là que réside la grande
originalité de leur étude.

Parmi les différents dossiers, ils ont sélectionné onze cas
dont ils publient l'histoire dans un ouvrage paru aux Editions
Maspéro : « L'équilibre mental, la folie, la famille. »

Chez l'ensemble de ces femmes, les premiers signes de
déséquilibre sont apparus lorsqu'elles ont tenté de prendre
leurs distances par rapport à leur famille, entre quinze et
trente ans. Face à ces velléités d'indépendance, parents,
grands-parents, oncles, tantes, frères et sœurs, tous se sont
ligués en une véritable « union sacrée » pour s'opposer à la
dissidente. qui se sépare de la société.

A cet effet, ils ont joué sur divers registres : la contradiction systématique, le mensonge, le dénigrement, l'incohérence. La jeune fille fut accusée d'être une incapable, une

arrogante et une orgueilleuse, une « démolisseuse de la façade familiale ». Ses proches lui ont fait comprendre que son désaccord avec eux était signe de maladie, maladie d'ailleurs inguérissable mais qui faisait atrocement souffrir... les membres de sa famille !

Soumises à un tel régime, les jeunes filles ont été complètement destabilisées. Elles ont tenté alors d'échapper à ces brimades en s'évadant dans des comportements bizarres, « doubles », dans lesquels elles essayaient de se retrouver pour quelques heures. Mais rapidement, elles se sont prises à leur propre jeu, et maintenant, elles ne savent plus où elles en sont, qui elles sont ; et leur santé se dégrade.

A ce stade, les malades sont admises en hôpital psychiatrique, généralement sur les seuls dires de leur famille. Et les auteurs ajoutent que ces considérations ne reposent la plupart du temps sur aucun fait véritable.

A la question : « Croyez-vous que vous devez être d'accord avec ce que pensent la plupart des gens autour de vous ? », une malade répond : « Quand je ne le suis pas, je me retrouve toujours à l'hôpital ! ».

Et les auteurs du livre concluent : « Le malade n'est pas celui qu'on pense. »

D'après ces psychiatres, la schizophrénie n'est pas une maladie en soi, mais le résultat néfaste des comportements de certains milieux familiaux particulièrement cohésifs qui poussent le membre le plus faible à s'autodétruire.

A des degrés divers, un certain nombre de familles tiennent à leurs enfants un discours semblable à celui qu'ont noté Laing et Esterson. Tout éducateur comprendra à la lumière de cette étude, pourquoi il est capital de laisser à l'enfant la liberté d'acquérir son autonomie.


## DÉPRESSION PAR EMPRISE


Les médecins rencontrent fréquemment dans leurs cabinets des dépressifs totalement *démunis* face à leur maladie. Ceux-ci sont moins prompts à s'épancher sur leur cas que les « malades geôliers », mais leur mal est souvent plus grave et peut dégénérer de façon dramatique, s'il n'est pas enrayé à temps.

Un médecin généraliste rapporte ici ses expériences.

### Bascule dans la rivalité

L'une de mes clientes, Chantal, prend son premier emploi comme comptable dans une petite entreprise de travaux publics. Mauvais présage : elle est la septième personne à occuper ce poste en deux ans ! Rapidement, Chantal constate qu'elle ne peut pas compter sur son chef : impossible d'obtenir de renseignements précis, il n'est au courant de rien et passe très peu de temps au bureau.

Au bout de quelques semaines, voilà que ce fantôme a su se rendre omniprésent : il a le toupet de s'inviter chez elle à l'improviste pour déjeuner, et entraîne même son mari dans des sorties douteuses. Jusqu'au jour où, excédée, Chantal remet vertement son patron en place. Depuis cette altercation, son chef s'acharne contre elle. Toutes les occasions sont bonnes : il dénigre son travail, contrarie ses projets de congés, et va jusqu'à l'humilier devant les clients en la surnommant « la guimauve » ou « la gourde »...

Chantal a bien tenté de se défendre, mais ses rares réactions n'ont réussi qu'à aiguiser la méchanceté de son chef. Accablée, elle ne sait plus comment riposter. Au fil des jours, elle s'épuise.

Elle qui tenait à prendre cet emploi pour exploiter ses compétences et rapporter elle aussi un salaire, elle est bien loin d'avoir atteint son but.

Jusque-là, elle n'a gagné qu'une seule chose : son salaire. Mais elle a perdu beaucoup. Ses compétences ? Elle a l'impression de ne plus être bonne à grand-chose. Sa vie de couple à peu près équilibrée jusque-là, part à la dérive depuis l'intrusion de son patron. Et elle a perdu sa santé de fer. Elle qui voulait élargir sa vie étriquée en prenant un travail, est en réalité en train de *tout perdre*.

C'est alors qu'elle vient me consulter : elle a un voile noir devant les yeux, des pertes de connaissance répétées, dont l'une, plus prolongée, la conduit à l'hôpital pour une

semaine. Or le bilan médical ne révèle rien ! Pleurs...
insomnies, puis ce cri d'alarme : « Je sens que je m'enfonce
de plus en plus malgré le traitement. Je ne vois plus comment
m'en sortir. »

Je tente alors de faire le point de la situation avec Chantal.

— Vous êtes venue pour travailler, et vous êtes tombée
sur un virtuose de la rivalité. Vous-même, vous avez rivalisé
avec lui. Or dans ces joutes cruelles, vous n'êtes pas à la
hauteur. Rassurez-vous, ce n'est pas une critique, mais un
compliment ! Celui qui est attaché au travail et qui entre dans
ce jeu, très vite en sort vaincu. Ne recouvrant ses forces
qu'avec difficulté, il reste fasciné par son adversaire.

Comment allez-vous reprendre la situation en main, maintenant ? En retombant sur vos pieds ! Facile à dire, pensez-
vous ? Vous verrez, ça n'a rien de sorcier. Courage, allons-y !


Sur un tableau, je note dans une première colonne :

1. *Ses projets, ses qualités et ses compétences* se traduisant
dans des faits. Chantal fouille dans ses souvenirs :

— J'ai *bien* réussi mes études de comptable... Si j'ai voulu
prendre un emploi, c'est pour deux raisons précises : avoir
mon salaire, sortir de chez moi...

Je l'aide à préciser :

— Si je comprends bien, c'est vous qui faites marcher les
affaires, puisque votre chef est « inexistant » sur le plan du
travail ?

— Oui, c'est vrai.

— Eh bien, bravo !

2. Nous notons dans une deuxième colonne, d'abord
*comment son chef se comporte* en général, et ensuite
comment il se conduit plus particulièrement avec elle :
bluffeur, pique-assiette, paresseux, incapable... En quelques
mots, un portrait éloquent se dégage.

3. Dans une troisième colonne, nous notons *les conséquences* qui en découlent pour elle.

Surprise ! Tout ce qui est inscrit dans la première colonne,
Chantal n'en avait absolument pas conscience. En revanche,
elle est polarisée, fascinée par le portrait de son chef inscrit
dans la deuxième colonne.

C'est alors que je m'attèle à lui montrer toutes ses réalisations, inscrites dans la première colonne :

— Ce n'est tout de même pas ordinaire qu'une comptable effectue à la fois son travail courant, et qu'en plus, elle veille au suivi commercial avec les clients.

— Oui, vous avez raison. J'ai même dû m'occuper du contentieux à l'occasion.

— Vous rendez-vous compte que cela fait beaucoup pour une seule personne ? Et vous arrivez à tout mener de front ?

— Oui, il le faut bien. Et j'ai toujours respecté les échéances.

— Si ce n'est pas de la conscience professionnelle !...

Alors, forte de son acquis dont elle a pleinement conscience, Chantal peut décider comment elle va reprendre la situation en main.

Désormais, j'irai au travail pour mes intérêts financiers. De plus, je noterai, au jour le jour, ce que j'apprends de neuf et qui pourra me servir. Je noterai aussi ce que j'ai bien réussi, les remarques des clients sur ma compétence, quand elles seront justifiées.

Je n'aurai affaire à mon chef que ponctuellement, pour la date de mes congés, par exemple ; là-dessus, plus question de lui faire de cadeaux.

Je ne tiendrai plus aucun compte de ses provocations.

Un mois plus tard, Chantal est rétablie et, chose qui peut paraître surprenante, son chef, ayant probablement pressenti qu'il n'a plus *d'emprise* sur elle, a cessé de jouer au chat et à la souris avec elle.

### Madame, j'ai mal à votre cœur

J'ai soigné Evelyne pendant deux mois pour des troubles variés :

— J'ai l'impression d'étouffer, je ressens des crampes dans les jambes et des palpitations, me dit-elle à la première consultation.

Huit jours plus tard, elle perd connaissance, je dois la faire hospitaliser : les examens ne révèlent aucune anomalie. Je prescris divers traitements qui restent sans effet. Loin de s'améliorer, la maladie s'aggrave.

D'autres troubles apparaissent :

— Je n'arrive plus à dormir. Je n'ai plus envie de sortir ni de me détendre, et je n'ai même plus aucun tonus pour faire mon ménage à la maison. Me rendre au bureau m'angoisse de plus en plus.

Evelyne met ces manifestations sur le compte de ses multiples activités. Je lui accorde donc un arrêt de travail suffisamment long pour qu'elle se remette. Là encore, rien ne s'arrange. En désespoir de cause, je lui propose alors une réflexion sur les événements qui ont pu jouer un rôle dans sa maladie. Et voici ce que j'apprends.

Evelyne est secrétaire dans un bureau où elle travaille avec une chef comptable et une jeune employée. Dans un premier temps, elle aimait son métier, et l'exerçait avec application. Aller au bureau était même un plaisir, parce que l'ambiance y était chaleureuse. Les trois femmes s'entendaient bien, et il leur arrivait de se raconter leurs petits malheurs. Mais depuis quelques semaines, le climat du bureau est plus pesant : le fils de la chef comptable est en instance de divorce. Celle-ci en est tellement bouleversée que l'on ne parle plus que de cela. On ne travaille plus. La chef passe la journée à téléphoner à toute sa famille, et à se lamenter auprès de ses collègues : « Vous vous rendez compte, c'est catastrophique, ma belle-fille veut avoir la garde de mes petits-enfants. Mon pauvre fils est désespéré. C'est affreux... Jamais je n'aurais cru qu'une chose pareille nous arriverait. »

A longueur de journée Evelyne est oppressée par une angoisse diffuse qui la poursuit le soir quand elle rentre chez elle. Elle n'en dort plus, et au bureau elle n'arrive plus à travailler ; les dossiers s'accumulent.

— C'est à partir de ce branle-bas que j'ai commencé à sentir une lourdeur dans mon travail, et à me sentir dépassée.

C'est donc à cette époque que sont apparus les symptômes pour lesquels elle est venue me consulter... Nous y sommes !

Le récit d'Evelyne était éloquent. Elle s'apercevait maintenant que sa maladie n'avait pas pour origine la fatigue de ses diverses activités comme elle se l'était imaginé ; en réalité, Evelyne s'était laissée contaminer par l'angoisse de sa chef. Cette femme l'avait *polluée par ses émotions*.

Je lui ai donné alors deux conseils :

1. Il faut vous dégager de l'emprise de cette femme en la renvoyant à ses émotions. Ne vous impliquez plus le moins du monde dans ces tracas de votre chef qui ne sont en rien les vôtres.

2. Quand vous reprendrez le travail, déclarez d'emblée que vous ne supporterez plus ses jérémiades. Et tenez-vous à des rapports fonctionnels avec chacun. Chef et collègue bouderont sans doute. N'y accordez aucune importance. Votre santé en dépend.

Un mois plus tard, Evelyne est venue en consultation une dernière fois, pour m'annoncer :

— Ça va beaucoup mieux, docteur. En reprenant le travail, j'ai eu la force de remettre en place mon chef, et par la suite, j'ai su me cantonner avec elle à de stricts rapports de travail. Elle m'a effectivement boudée pendant quelques jours, puis la vie a repris normalement. Un an plus tard, je la rencontre dans la rue, elle est toujours aussi en forme.

Dans le cas présent, les émotions qui submergeaient Evelyne n'étaient-elles pas essentiellement *celles de son chef* désemparé ? En effet, quand les gens se confient les uns aux autres, il arrive fréquemment que leurs propos soient chargés d'émotions. Or il existe des interlocuteurs que ces débordements émotionnels hérissent. Mais il y en a d'autres qui « communient » tout naturellement à ces états d'âme et s'en imprègnent. L'auteur qui un jour a écrit : « Madame, j'ai mal à votre cœur », a parfaitement saisi ce phénomène pathogène.

### Deux emprises, deux programmes contradictoires...

Après avoir subit un échec sentimental, Nicole, secrétaire de direction, est très heureuse de rencontrer Antoine, un jeune cinéaste amateur.

Au bout de quelques mois, elle accepte qu'il vienne s'installer chez elle. S'installer ? En réalité, il est en déplacement cinq jours sur sept. Lorsque Nicole parvient tant bien que mal à organiser une sortie pour le week-end, il n'hésite pas à l'annuler, lui préférant le cinéma amateur.

Cette activité qui le dévore, ne lui rapporte rien sur le plan financier. Heureusement que Nicole gagne sa vie : c'est elle qui paie ainsi le loyer, les frais communs, mais aussi les déplacements et une partie du matériel d'Antoine.

Non seulement il l'exploite, mais par-dessus le marché, il la méprise ; quand il invite des amis, Nicole prépare seule le dîner et Antoine commente :

— Vous comprenez, elle n'y connaît rien en cinéma... Heureusement qu'elle sait faire la cuisine.

Elle en souffre un peu...

— Mais par ailleurs, il me donne beaucoup de tendresse, dit-elle, il m'achète des cadeaux (avec l'argent de qui ?).

Un souci majeur apparaît au bout de deux ans de vie commune : Nicole souhaite avoir un bébé, mais pour Antoine, il n'en est pas question.

Parallèlement, la mère de Nicole ne cesse de lui répéter : « Quand donc allez-vous vous marier ? » — « Tu ne vas pas me faire le même coup que ta sœur ? » (qui vit en concubinage) — Ou encore : « Quand vas-tu te décider à avoir un enfant ? »

Phrases anodines ? Non. Quand Nicole la renvoie « à ce qui la regarde », sa mère fait une crise de tétanie : elle se raidit à l'extrême et se met à trembler, semble perdre connaissance... Nicole dira plus tard :

— En y réfléchissant, je me rends compte que ses crises se sont toujours déclenchées à la suite d'un désaccord à propos de ma vie affective.

Ainsi, Nicole se culpabilise de mener une vie de couple qu'elle pressent bancale. Incapable de faire le tour de la question, elle demeure polarisée, d'une part par le refus d'Antoine de mettre un bébé en route, d'autre part par les crises de sa mère intervenant hors de propos. Quand elle s'interroge : « Dois-je me séparer d'Antoine ? », elle est incapable de prendre une décision. Peu à peu, elle tombe puis s'installe dans un état dépressif. Elle est fatiguée, triste, n'a plus de ressort pour mener de front ses activités, et passe ses heures de loisirs à dormir. De plus, elle fait des angines à répétition.

Cette situation dure depuis plusieurs mois déjà quand Nicole vient me consulter. En parlant avec elle de son couple, je me rends compte qu'elle patauge dans « les

impressions » et ne cerne rien avec précision. Elle se
demande cependant si son désir d'attendre un bébé est
vraiment le sien ou bien celui de sa mère. Nicole me raconte
alors la façon dont celle-ci intervient dans sa vie affective,
occasion pour moi de l'éclairer sur la tétanie :

— C'est une maladie impressionnante, mais bénigne. Les
malades provoquent fréquemment leur crise lorsqu'ils sont
dans une situation embarrassante ou lorsqu'ils veulent faire
pression sur leur entourage.

Alors Nicole se réveille :

— Vouloir un enfant n'est pas forcément ma décision à
moi. Il se peut qu'à travers ses crises, ce chantage, ma mère
me transmette certaines de ses volontés. De toute façon, plus
question de me laisser impressionner par ses démonstrations
spectaculaires.

A la seconde consultation, Nicole a les idées beaucoup
plus claires. Elle veut parler de son couple. Nous traçons
alors deux colonnes sur un tableau.

A droite, nous inscrivons ce qu'elle attend d'une vie de
couple :

— Ne pas cohabiter avec un courant d'air.

— Que les décisions qui les concernent soient discutées à
deux car elle a son mot à dire.

A gauche, les avantages qu'Antoine lui offre :

— Etre sa pourvoyeuse de fonds et son larbin.

— Une succession d'absences et de présences pleines
d'improvisations et de fantaisies.

— En contrepartie, quelques marques de tendresse.

Peu de temps après cette consultation, Nicole a une
explication avec Antoine : elle pose ses conditions et fixe un
délai d'un mois pour cette ultime tentative. Cette période
d'essai est concluante : l'un et l'autre n'attendant pas la
même chose d'une vie commune, se séparent. Dans les jours
qui suivent leur séparation, Nicole est acculée au désespoir,
puis décide de *se raccrocher à ce qu'elle a à faire, au jour le
jour*. Elle remonte courageusement la pente.

Je la revois deux mois plus tard ; elle déclare :

— Je suis dans une forme physique et morale que je n'ai
pas connue depuis longtemps. Avec du recul, j'ai compris
comment j'ai pu me laisser abuser à ce point. En réalité, je

vivais sous l'emprise de deux personnes. D'abord celle de ma mère qui était profondément enracinée, et ce, depuis toujours. Dès la première consultation, j'ai pu partiellement la mettre à jour. Puis, en sortant de la deuxième consultation, j'ai continué à réfléchir longuement. J'ai commencé à entrevoir alors qu'Antoine, lui aussi, exerçait une emprise sur moi.

Et voici pourquoi je suis tombée malade : j'étais bien sous l'emprise de deux personnes, mais *leurs projets sur moi étaient contradictoires :*

— Pour réaliser le projet de ma mère, je devais me marier et avoir des enfants.

— Pour réaliser le projet d'Antoine, je devais vivre en concubinage, et rester sans enfant.

Tiraillée entre ces deux emprises qui me contraignaient à réaliser deux programmes opposés, je restais paralysée, je m'éteignais. La seule issue pour moi, c'était de retrouver mon *autonomie,* c'est-à-dire mes propres projets, mes objectifs, autant par rapport à l'un que par rapport à l'autre.

Dans son malheur, Nicole a eu de la chance. L'explication sur la tétanie lui a permis de comprendre tout à coup que par la maladie, sa mère la tenait. Et la deuxième emprise, celle d'Antoine, était récente et plus flagrante ; elle a donc pu la déceler et s'en dégager assez facilement.

Mais cette tension contradictoire, certains en sont prisonniers depuis leur plus jeune âge. Ayant toujours vécu dedans, ils n'envisagent pas qu'elle puisse avoir son origine ailleurs qu'en eux-mêmes. Et pour ne pas cerner ces deux programmes divergents imposés de l'extérieur, livrés aux tiraillements, à l'indécision et à l'insatisfaction, ils gâchent leur vie. Ils peuvent ainsi finir dans la maladie mentale, et l'autodestruction.

### Dépressions gigognes
(Témoignage d'un psychologue)

Une jeune femme de vingt-sept ans m'est adressée par son médecin traitant.

— J'enseigne dans la même école depuis cinq ans, j'aime mon métier et j'ai toujours eu un bon contact avec les élèves ; mais depuis quelques mois, je ne m'en sors plus : ils sont remuants, chahuteurs, je n'ai plus aucune autorité. A la moindre remarque d'un élève, je pâlis, je me mets à trembler, vous pensez si toute la classe s'en aperçoit et en profite allègrement. De plus, je souffre d'une diarrhée tenace qui m'oblige souvent à quitter la classe. Mon médecin ne sait plus quel traitement envisager. Il m'a prescrit un congé-maladie, mais je me demande si je serai un jour capable de me retrouver face à mes élèves.

— D'autres professeurs ont-ils les mêmes difficultés avec cette classe ?

— Non, pas du tout.

Donc, c'est bien chez cette femme que se trouve le problème. Il valait mieux s'en assurer.

— Préparez-vous vos cours ?

— Jadis oui, mais ces derniers mois, j'en suis bien incapable.

— Eh bien, commençons par le commencement : vous allez préparer soigneusement vos prochains cours, bien structurés comme vous le faisiez naguère, et vous reprendrez le travail dès que vous vous sentirez prête. D'accord ?

— Entendu.

Quand elle revient me voir, c'est la débâcle. Au premier cours, elle a tenu bon pendant une demi-heure mais elle s'est effondrée à la première remarque désobligeante. La voilà de nouveau en arrêt-maladie.

Il semble maintenant bien clair que ses difficultés professionnelles trouvent leur source dans un autre secteur que le travail. Il nous faut donc chercher ailleurs.

Voulez-vous que nous parlions de votre couple ?

Un peu surprise :

— Si vous voulez. Je suis mariée depuis six ans, mon mari est menuisier, il est au chômage depuis deux ans, et ne sort jamais de la maison. D'ailleurs, quand il s'éloigne de plus de cinq kilomètres de chez lui, il est sujet à des crises de spasmophilie ; alors, il ne sort plus.

— Et vous vous entendez bien ?

— C'est beaucoup dire ! Voilà six ans que je supporte ses

réflexions désobligeantes ! En rentrant du travail le soir, je dois m'occuper seule de la maison et des enfants. Il ne fait rien pour m'aider. Non seulement il n'est jamais content, mais le comble, il me reproche d'être dépensière.

— Et vous ne réagissez pas ?

— Au début, j'ai réagi, en levant le ton. Mais depuis la naissance de notre premier enfant, j'ai pris le parti de le laisser dire... et de faire tout le travail. Il peut rester chaque jour jusqu'à sept ou huit heures devant la télévision, et ne s'arrache à son fauteuil que pour surveiller mes faits et gestes. Je dois lui rendre des comptes sur mon emploi du temps ! Je suis vraiment la dernière roue du char à la maison : ma belle-mère m'accable de reproches, elle aussi, et ma belle-sœur achète des vêtements à mes enfants sans même me demander mon avis.

— Sortez-vous de temps à autre ?

— Jamais ! Je faisais du sport et du chant, mais mon mari ne supporte pas que je sorte, il est jaloux comme un tigre.

Cette femme n'a plus aucun secteur personnel, elle est littéralement séquestrée par son mari. Elle a perdu toute autonomie, et je pressens que là est peut-être l'origine de sa maladie. Je lui propose de venir à notre prochain entretien accompagnée de son mari, car il aura certainement un rôle déterminant à jouer dans la guérison de sa femme.

Sans doute convaincu par cet argument, il vient me voir avec elle. D'emblée, je mets cartes sur table, et lui répète les faits que sa femme m'a rapportés sans y ajouter une quelconque appréciation. Le mari les reconnaît, en se justifiant timidement. Je conclus alors :

— Savez-vous que vous êtes en train de détruire votre femme ? Est-ce cela que vous voulez ?

— Ah non, je l'aime, mais c'est parce que j'ai peur de la perdre que...

— Non, vous croyez l'aimer, mais dans les *faits*, vous la réduisez au rôle de Cendrillon, vous l'exploitez, convenez-en !

— Oui, peut-être, mais c'est plus fort que moi...

— Il y a des moyens d'en sortir. Seriez-vous d'accord pour que nous cherchions ensemble des solutions ?

Il est d'accord. Nous arrêtons alors un programme :

• Les deux époux se répartissent équitablement les tâches ménagères en fonction de leur disponibilité, et consignent par écrit leurs décisions.

• Chacun aura son propre territoire, une chambre ou un coin de la maison où il pourra ranger ses affaires personnelles, et se retirer quand il le désire.

• Ils décident ensemble de l'organisation de la semaine, et conviennent du temps qu'ils passeront à deux, et avec les enfants.

• Chacun aura son propre compte en banque, et chaque mois, les époux contribueront ensemble aux frais de la famille.

• Comme le mari a beaucoup de mal à ne pas lancer à tout propos des réflexions désobligeantes, nous convenons d'un moyen pratique pour l'aider : chaque fois qu'il se surprendra à lancer des réflexions incontrôlées, il fera amende honorable en prenant une part du travail de sa femme, ou en lui donnant cinq francs [1]. Le mari rit jaune :

— C'est une bonne idée. Comme je suis plutôt avare, j'arriverai très vite à me taire !

Comme je l'ai constaté à maintes reprises avec d'autres couples en difficulté, cette fois-ci encore, ces deux époux se montrent coopérants : souvent, il suffit de parler de leurs difficultés de façon terre à terre et de proposer avec bon sens des solutions matérielles pour qu'ils se tirent d'affaire, tout simplement. Rapidement, le climat au sein de ce couple est devenu beaucoup plus détendu et serein. Je continue à voir les deux conjoints, mais séparément.

Chez elle, la jeune femme reprend les choses en main. Elle exige de sa belle-mère des excuses pour toutes les humiliations subies ces dernières années, et invite cordialement sa belle-sœur à ne plus mettre le nez dans son ménage... Ces deux démarches à la fois remettent de l'ordre dans son couple et renforcent sa combativité. A la rentrée scolaire, elle reprend le travail avec l'autorité et la compétence

---

1. Les comportementalistes basent leur thérapie sur le système sanction-récompense. Ici, l'approche est fondamentalement différente, et la ressemblance apparente ne porte que sur un détail.

d'autrefois. C'est en conquérant son autonomie qu'elle a vu disparaître sa dépression.

De son côté, son mari continue à me consulter. Il découvre que sa mère a joué dans sa vie un rôle assez douteux. Ainsi quand il était enfant, elle le considérait comme quantité négligeable, jusqu'au jour où il fut capable de prêter sa paire de bras à l'entreprise familiale. C'était sa mère qui lui versait son salaire, mais toujours avec plusieurs semaines de retard. Le jour où il a souhaité s'installer à son compte, elle s'y est opposée farouchement. En revanche quand le moment fut venu de remplacer son père décédé à la tête de l'entreprise, sa mère a préféré vendre l'usine.

Sa sœur, Françoise, lui menait la vie dure. Elle s'associait à sa mère pour le harceler sans cesse de reproches. L'entente cordiale entre ces deux femmes a d'ailleurs porté ses fruits, puisque Françoise a reçu des millions en cadeau, tandis que lui n'a jamais eu un sou. Jusqu'à son mariage, il n'avait pas le droit de recevoir des amis, et ne sortait guère. Et le jour de son mariage, sa mère a eu le bon goût de prophétiser : « De toute façon, d'ici un an vous aurez rompu. »

— Mais ne trouvez-vous pas que votre mère a agi envers vous dans le passé exactement comme vous agissiez envers votre femme ces derniers temps ?

— Ma foi... c'est vrai ! *On retrouve trait pour trait la même situation :* je ne veux pas que ma femme sorte ; je ne veux pas qu'elle ait de l'argent ; je ne veux pas qu'elle ait des amis, je lui fais sans cesse des reproches...

— Et vous levez contre elle une véritable coalition familiale, avec Françoise et votre mère... C'est un comble !

— En effet, maintenant que vous le dites... C'est incroyable !

— Vous êtes tombé dans la *reproduction de votre mère.* Il faut l'avoir bien vu pour vous retirer de ce mécanisme de destruction en chaîne.

On aurait dit à la fin de cet entretien que des écailles lui étaient tombées des yeux ! Il est allé trouver sa mère, et après lui avoir dit son fait, a exigé qu'elle lui donne autant de millions que Françoise en avait reçus !

Après cette mise au point salutaire, il a repris en main les divers secteurs de sa vie. D'abord, après avoir écrit plusieurs dizaines de lettres de candidature pour un emploi, il a passé trois entretiens d'embauche, et s'est orienté finalement vers une formation professionnelle pour se spécialiser.

A la maison, il continue à aider sa femme comme convenu, et s'il tient encore parfois des propos malheureux, il a soin de les réparer au plus tôt par un geste de délicatesse. Quant à la télévision, elle reste souvent éteinte, même le soir.

Dernier détail : il est capable de se déplacer en voiture jusqu'à 30 km de chez lui sans faire la moindre crise de spasmophilie...

*Observations*

1. C'est la jeune femme qui souffre de dépression, mais c'est son mari qui en est la cause.

2. La dépression de la jeune femme se manifeste surtout dans le secteur « travail », alors qu'elle trouve sa cause dans le secteur « couple ».

3. Cet homme se conduit de façon aberrante parce qu'il est lui-même sous l'emprise de sa mère et de sa sœur.

C'est en démontant ce mécanisme, et en invitant chacun à reprendre son autonomie que tout rentre dans l'ordre.

Le psychiatre G. Pankow[1] a constaté dans un certain nombre de cas de schizophrénie le mécanisme suivant :

— des parents aiment d'un amour possessif leur enfant qui, une fois adulte, garde envers eux une dépendance excessive.

— cet enfant, devenu parent à son tour, se montre très possessif lui aussi avec son propre enfant.

— et c'est ce *troisième maillon* de la chaîne qui devient schizophrène.

Le Dr Pankow invite la deuxième génération à prendre son indépendance par rapport à la première, moyennant quoi, l'individu de la troisième génération peut être rapidement guéri. Elle rapporte plusieurs cas de guérison obtenue en un an, avec simplement quelques entretiens. Ce qui, surtout en matière de schizophrénie, est un résultat proprement fabuleux.

_____

1. In « Sains Psychiatry » G. Pankow, n° 14, Déc. 1981.

Le cas de dépression que nous venons de développer, sans être de nature schizophrénique, procède d'un mécanisme analogue : une mère a une emprise sur son fils — cet homme a une emprise sur sa femme — cette femme tombe malade. Nous avons constaté à de multiples reprises que la dépression se manifeste chez des personnes qui se trouvent en troisième position descendante ou latérale, dans une chaîne d'emprises successives. C'est lorsque chacun prend son autonomie que tout rentre dans l'ordre, et ceci rapidement.

## DÉPRESSION ET « PETITES PHILOS »

### Pour le meilleur et pour le pire... et pour l'éternité !

Hervé a été élevé dans le respect d'une morale catholique très stricte. Sa femme, issue des mêmes milieux traditionalistes, se montre elle aussi très rigide. Incontestablement, elle domine son mari, ver de terre amoureux d'une étoile. D'ailleurs, elle ne veut pas quitter ses parents, et c'est au premier étage de leur maison qu'Hervé et sa femme s'installent après le mariage. Le jeune couple ne peut trouver aucune intimité. Entre eux les orages succèdent aux bouderies. La vie devient intenable. Hervé songe même un moment au divorce, mais le mariage est un lien sacré. On est ensemble « pour le meilleur et pour le pire ». Le meilleur n'a pas duré longtemps, reste le pire... qu'il faut boire jusqu'à la lie.

Après dix-sept ans de mariage, la femme d'Hervé meurt subitement. Aussitôt il entre en conflit avec ses beaux-parents à propos de l'héritage, et se retrouve bientôt sur le trottoir avec quelques meubles qu'il a pu sauver... et les frais de succession à payer.

Dès lors commence pour lui une période « en dents de scie ». Tantôt abattu à la moindre contrariété, tantôt euphorique sans raison apparente, il crève de solitude : « Ma femme avait ses défauts, mais au moins, elle était là ! » Plusieurs fois par semaine, il se rend au cimetière, et le soir, ses voisins l'entendent hurler le nom de sa femme, parler de suicide et pleurer à gros sanglots. Il cherche le réconfort dans l'alcool.

Bien des gens essaient de l'aider, mais Hervé n'écoute pas, il n'entend pas. Au travail, il devient imprévoyant, imprécis, incohérent. Ses subalternes ne supportent plus de recevoir sans cesse ordres et contre-ordres. Et peu à peu, Hervé devient la risée de tout le service. Lors de ses sorties nocturnes dans des « boîtes », il essaie bien de rencontrer d'autres femmes, mais il va de passades en liaisons orageuses. En trois ans, six femmes se succèdent à ses côtés. Naturellement, aucune ne supporte d'être sans cesse comparée à l'épouse décédée, ni d'entendre journellement le récit d'une vie conjugale malheureuse. Chaque rupture est un nouveau drame suivi d'une nouvelle phase d'euphorie.

Tout se passe comme si le destin d'Hervé était enchaîné à sa première femme. Il ne peut pas refaire sa vie, il reste enfermé dans l'emprise qu'elle a exercée sur lui de son vivant. Un jour, des amis le lui font remarquer. Pour Hervé, c'est une rude secousse, mais immédiatement, il comprend, il sait que là est le nœud de sa dépression. Mais comment en sortir ?

A partir de ce moment, il commence à prendre soin de son aspect physique, change de coiffure, abandonne les costumes stricts et sombres pour un peu plus de fantaisie vestimentaire. Pendant quelques mois, il continue à boire, puis, devant une menace de licenciement, il cesse du jour au lendemain toute consommation d'alcool et de café. Privé de ses drogues, il retrouve en peu de temps un tonus qu'il croyait avoir perdu pour de bon. Il entreprend des activités de loisir, fait des randonnées en vélo, pratique plusieurs sports, organise ses vacances. Peu à peu, il s'intéresse à nouveau à ce qui se passe autour de lui, rencontre du monde et se fait des amis. Cet élargissement de son horizon est pour lui l'occasion de remettre en cause les principes moraux étriqués hérités de son enfance : à quelle réalité, en effet, se rattache l'indissolubilité du mariage, surtout après la mort ?

Hervé continue à prendre sa vie en main. Depuis son veuvage, il n'a jamais éprouvé le besoin de décorer son appartement ; maintenant il y entreprend des travaux. Mais surtout, il n'avait jamais osé se séparer des meubles de sa femme — et pourtant, dieu sait qu'ils lui déplaisent ! —. Eh bien, cette fois, il les vend et s'achète un mobilier selon ses goûts. Le pas est franchi. Quatre ans après le décès de sa femme, Hervé rompt avec elle. C'est un véritable divorce posthume ! Il se rend au cimetière pour une dernière visite, et brise la plaque de marbre qu'il avait fait déposer sur sa tombe : « A mon épouse regrettée »...

La page est tournée. Une psychothérapie achève de lui remettre les idées d'aplomb. Hervé a maintenant une vie bien plus équilibrée, et regarde le passé d'un œil très extérieur.

Que s'est-il passé au juste ? Durant les dix-sept années qu'Hervé a partagées avec sa femme, il vivait sous son emprise, mais s'en accommodait... Une fois sa compagne disparue, il ne parvient pas à se remarier, bien qu'il le désire ardemment. Pourquoi donc ? Parce qu'il est marié « pour le meilleur et pour le pire... et pour l'éternité ». Il ne s'agit probablement pas là d'une injonction de son épouse, mais plutôt d'une morale, d'un principe qu'il a reçu dans sa famille. Lorsque, pendant dix-sept ans, son couple bat de l'aile, puis, plus tard lorsqu'il se retrouve veuf, ce principe aveugle vient l'empêcher de rompre avec sa femme. Cette morale de l'indissolubilité du mariage verrouille la réflexion d'Hervé. Ainsi séquestré dans son couple, il était extrêmement réceptif à l'emprise que sa femme exerçait sur lui.

Dans d'autres situations, la petite philo peut suffire à faire sombrer une personne dans la dépression. Minée de l'intérieur, elle se sent alors acculée dans de véritables impasses, et finit par tomber malade.

## Mourir pour des fantasmes

Une assistante sociale attachée à un hôpital psychiatrique rapporte le cas d'une jeune femme.

Claire a vingt-cinq ans lorsque, contre l'avis de ses parents, elle part dans le Midi vivre avec Pierre. Dès le début de leur relation, il la trompe régulièrement, mais elle a si peur de le perdre qu'elle excuse toutes ses passades, et lui obéit comme une enfant. Au bout de quelques mois, pourtant, Pierre veut la quitter. Claire fait une tentative de suicide, ce qui le persuade de rester auprès d'elle.

Claire termine une formation professionnelle de commis de salle de restaurant, parmi les premières de sa promotion, et dans le restaurant où elle travaille, on l'apprécie pour ses compétences. Pourtant, elle n'a aucune confiance en elle : « Je sens que je ne serai jamais capable d'assumer des responsabilités dans cet emploi. » Contre toute attente, elle démissionne et s'inscrit au chômage.

Trois mois plus tard, Pierre la quitte, pour de bon cette fois. Une nouvelle tentative de suicide la conduit à l'hôpital psychiatrique où je travaille.

On voit Claire déambuler dans les couloirs, la tête basse, le visage figé, muette et profondément triste. Aux médecins qui l'interrogent, elle répond : « A quoi bon vivre ? J'espère ne pas me rater la prochaine fois. »

Mon premier travail avec elle consiste à régler toutes les questions administratives en suspens. Je la vois une fois par semaine pour la tenir au courant de l'évolution des démarches que j'effectue pour elle. Elle est ponctuelle à mes rendez-vous et répond à toutes mes questions de façon précise. Je profite de nos entretiens pour l'encourager :

— Vous avez des compétences, vous l'avez prouvé. Il faut vous appuyer sur votre qualification professionnelle pour reprendre pied.

— Je ne vaux plus rien. J'ai raté mon couple.

Au bout de quelques mois, cependant, elle va mieux, redresse la tête, sourit parfois. Elle ne peut pas continuer à végéter ainsi à l'hôpital et voit la nécessité de faire des projets. Mais l'idée de reprendre le travail la paralyse.

Après plusieurs entretiens, je connais sa famille. Son grand-père, d'origine modeste, était devenu médecin au Sénégal. Son père, en revanche, a passivement attendu qu'un miracle l'arrache à sa condition d'employé pour retrouver le statut social de notable du grand-père. Claire a toujours entendu son père énoncer avec conviction : « *L'essai n'est pas digne de nous, pas plus que l'échec. Il faut toujours réussir du premier coup.* »

— Mais voilà ! Ne serait-ce pas à cause de cela que vous avez peur de travailler ?

— Comment ?

— Vous avez l'esprit encombré par cette « petite philo » absurde. Votre père, en effet, a attendu toute sa vie qu'une situation brillante lui soit envoyée par le ciel, mais son échec est bien la preuve que cela ne rime à rien. Laissez-lui ses idées, et regardez les choses en face : vous avez un métier, vous avez un diplôme, vous avez un début d'expérience... lancez-vous ! Vous avez parfaitement le droit d'essayer, d'échouer, de recommencer. C'est le lot de tout un chacun. Voulez-vous que nous dressions un bilan de ce que vous savez faire et de ce qui vous reste à apprendre ?

Elle est d'accord. Elle énumère les diverses tâches qu'elle sait mener à bien dans sa profession : elles sont nombreuses, mais elle se sent incapable d'assumer la responsabilité d'une salle toute seule. Elle décide donc de postuler pour une place dans un restaurant où il y a un chef de rang.

Je l'accompagne à l'agence pour l'emploi : justement on cherche un commis de salle pour un remplacement de quinze jours. Elle a un mouvement de recul :

— Je n'y arriverai jamais...

— Rappelez-vous votre décision : vous avez réfléchi, vous avez largement les moyens d'occuper ce poste. Si vous souhaitez y postuler, je vous accompagnerai jusqu'au restaurant. Sinon, notre collaboration s'arrête ici. Je ne peux pas vous aider contre votre gré.

— Allons-y.

Nous faisons une halte dans un café, le temps de préparer l'entretien. Claire tremble comme une feuille, mais se décide néanmoins à rencontrer le restaurateur et le chef de rang. Au bout d'une heure, elle sort :

— Je suis embauchée ! Le patron me prend deux jours à l'essai, et me gardera si je fais l'affaire.

Quand nous rentrons à l'hôpital, tout le monde la félicite chaleureusement. Mais de nouveau l'inquiétude la saisit :

— Je n'y arriverai pas, je ne serai pas capable...

— C'est vous qui le dites. De toute façon, c'est à votre patron qu'il reviendra de se prononcer sur vos compétences. Il s'y connaît.

Claire téléphone aussitôt au restaurateur et confirme son engagement. Bientôt, elle commence son travail, comme convenu, et à la fin de la première demi-journée, elle m'appelle :

— On m'a demandé beaucoup de travail, et j'ai fait face !

— Bravo !

— Oui, mais je ne sais pas expliquer la composition de tous les plats aux clients...

— Pourquoi ne pas rédiger une fiche par plat et la consulter devant les clients ? Vous êtes nouvelle : ils comprendront votre souci de donner une bonne explication. Tenez bon !

Elle tient bon, en effet, puisque sa période d'essai se termine favorablement. Et pourtant, Claire refuse de continuer :

— J'ai tenu deux jours, mais après une semaine, le chef de rang se serait bien aperçu que je ne faisais pas l'affaire.

— Vous ne voulez pas encore vous jeter complètement à l'eau, d'accord. Mais une conclusion s'impose : vous avez tenu bon pendant deux jours. Le chef de rang vous a félicitée, c'est donc un essai réussi.

Avec l'accord du psychiatre, Claire apporte son concours au restaurant du personnel pour le service de table. J'entreprends de lui trouver une place chez un petit restaurateur qui accepterait une rentabilité moindre (sachant qu'un abattement de salaire est autorisé par la Sécurité Sociale). Mais avant que le dossier soit accepté, il peut s'écouler quelques mois. Claire me propose :

— J'ai un ami qui organise des colonies de vacances aux mois de juillet et d'août. Je pourrais peut-être y assumer les fonctions d'intendante...

Elle reprend confiance en elle grâce à ce *projet réaliste, limité dans le temps et à la mesure de ses forces*. Je lui suggère de préparer ces colonies en établissant avec son ami la liste des menus, les commandes correspondantes et les tâches qu'elle devra accomplir.

A la colonie, elle effectue son travail sans aucun problème. Pour la première fois depuis de longs mois, elle se retrouve dans un milieu « normal ». Elle côtoie de nombreux moniteurs, et tombe amoureuse de l'un d'eux qui repousse ses avances. Au lieu de partir, de tout abandonner sous le coup de la déception, comme elle en avait d'abord l'intention, elle parvient à se raisonner : « Si mon travail marche bien, c'est l'essentiel. »

Nous sommes loin de la dépressive suicidaire de l'an dernier. A la rentrée, elle est acceptée dans un petit restaurant. Le patron lui propose, si son essai s'avère concluant, de remplacer le chef de rang pendant son absence, avec une augmentation de salaire en conséquence.

Lorsque plus tard, j'ai l'occasion de déjeuner dans ce restaurant, je ne manque pas de noter l'excellent accueil qu'elle réserve aux clients, l'élégance de son service et le fait que son patron lui accorde son entière confiance pour la responsabilité de la salle.

Je prends bien soin de le lui faire remarquer. Nous fixons un rendez-vous pour dresser le bilan de ces premiers jours de travail positif. A cette occasion, nous reparlons de Pierre et je découvre qu'elle espère secrètement le revoir.

— Qu'attendez-vous d'un garçon qui vous a trompée puis abandonnée ?

— Mes parents forment un couple qui n'a jamais connu d'orages. Pour moi, ce doit être pareil : *le premier garçon doit être le bon.*

— Mais cela n'a aucun sens ! Voilà encore une petite philo qui vous retient prisonnière. Ce qui était vrai pour vos parents ne l'est pas nécessairement pour vous. La solidité d'un couple ne repose pas sur les sentiments, mais sur les projets que l'on réalise ensemble. A une seule condition, toutefois : il faut que vous ayez au préalable des projets personnels de travail et de loisir.

— Vous croyez ?

Claire semble peu convaincue.

Quelques mois plus tard, nous avons un nouvel entretien à ce sujet. Claire a quitté l'hôpital et loué un appartement.

— Vos propos sur le couple m'ont fait réfléchir. J'ai essayé de commencer une relation avec un garçon, ces derniers temps, et je me rends compte que mes grandes idées ne correspondent guère à la réalité de la vie quotidienne. Pour l'instant, je préfère développer mes loisirs et les relations avec des amis. Quand j'aurai pris de l'assurance dans ces deux domaines, alors je pourrai envisager un couple. Je voudrais que vous m'aidiez à nouer des amitiés, car je connais peu de monde.

— Entendu. Tenez, plusieurs personnes vous ont aidée à déménager, récemment. Vous pourriez les inviter à dîner, afin de les en remercier. En outre, si l'une d'elles a un ennui, proposez-lui vos services.


Voilà un an que Claire a quitté l'hôpital. Est-elle guérie à jamais ? Qui peut le dire ? De toute façon, si elle a pu s'en sortir, c'est pour avoir tiré au clair certaines petites philos : « Tu n'as pas le droit à l'échec » ; ou « Le premier garçon doit être le bon. »

Depuis toujours, ces postulats lui servaient de normes, de critères d'échec ou de réussite. Elle n'avait pas songé un instant à remettre en cause ces vérités premières qu'elle avait reçues avec le lait maternel, et qui s'étaient toujours imposées à elle en tant qu'évidences.


Nombreux sont ceux que guident, à leur insu, certaines idées toutes faites. Elles leur ont été communiquées lors de leur éducation, maintes et maintes fois enregistrées, à un âge où il est impossible de distinguer le vrai du faux, le possible du certain. Ces principes, ces « petites philos », une fois incrustés dans le cerveau, ont toutes les chances d'y demeurer à jamais et de dicter secrètement son comportement à celui qui les a reçus. Il est ainsi contraint à grandir et à vivre en s'y conformant, et si cela s'avère impossible, à mourir... mourir à petit feu en sombrant dans la dépression, voire la folie ; mourir violemment en cédant à une impulsion suicidaire ; ou mourir discrètement par le biais de la maladie.

Il est donc capital de dégager ces « petites philos », d'y réfléchir et de s'en écarter, non pour entrer dans quelque polémique, mais afin de prévenir des conséquences parfois dramatiques.

**Anorexie et dépression : une histoire complexe**

*L'harmonie contrariée*

Parfois, le dépressif peut se trouver affronté à deux difficultés concomitantes, l'une provenant de l'extérieur : l'emprise, l'autre le guidant de l'intérieur : la « petite philo ».

C'est le cas d'Andrée, qui, entre quatorze et vingt-trois ans, fut atteinte d'anorexie mentale.

Quatre ans plus tard, elle raconte : « Deuxième enfant d'une famille nombreuse, j'ai vécu dans un climat très cohésif : autour des questions religieuses, politiques ou familiales, l'accord est unanime, aucun des enfants n'a même l'idée d'émettre une opinion divergente.

Je passe mon enfance dans le cadre restreint du cercle familial. A l'école, j'ai beaucoup de mal à entrer en relation avec d'autres ; ma mère y enseigne le catéchisme et, par conséquent, connaît chacune de mes camarades de classe. Quand ma mère et moi nous nous retrouvons à la maison, elle me donne son avis sur chacune, avis souvent négatif qui me décourage à l'avance de nouer des relations avec ces filles. Elle me console alors de ma solitude en m'affirmant :

— Tu as soif d'Absolu, voilà pourquoi tu ne te trouves pas d'amies aujourd'hui, mais un jour, n'aie crainte, tu trouveras.

A la maison, je rends continuellement service : ménage, vaisselle, cuisine sont mes tâches quotidiennes. Ma vie à l'extérieur de la maison consiste à accompagner ma mère quand elle va faire la charité en visitant les vieillards ou en portant un repas au curé. Frères, sœurs, parents me considèrent comme une enfant très serviable, discrète et souriante. Et moi, je veux devenir une sainte.

Après avoir fait chambre commune avec l'une de mes sœurs, à treize ans je prends celle de mon frère aîné, Julien. Curieusement, cette chambre portera toujours son nom : pour tous, elle reste « la chambre de Julien »...

Ma mère choisit mes vêtements ; d'ailleurs, je ne suis pas du tout coquette comme les filles de mon âge, cela m'importe peu. Pour mes loisirs, je n'ai pas de souhait particulier et je n'ai pas d'argent de poche. Souvent, ma mère me cite en exemple auprès de mes autres sœurs : regardez Andrée, elle, au moins, ne réclame jamais rien, et comme elle est serviable !

Progressivement, je commence pourtant à entrevoir confusément que cette situation n'est pas saine. Un après-midi, alors que je l'aide à éplucher les légumes pour la soupe, ma mère glisse négligemment :

— Il y a quelque chose qui ne va pas, je le sens, je me rends compte de tout, tu sais !

Je lui confie alors mes doutes et mes questions. Mais, sans cesse, elle m'interrompt :

— Tu penses qu'il y aura assez de carottes ?... Va rechercher des pommes de terre...

Je comprends et je me tais : ma mère en réalité se moque bien de mes angoisses. Le monde harmonieux de mon enfance commence à se fissurer.

L'anorexie mentale apparaît progressivement vers quatorze ans. Je ne me souviens d'aucun fait marquant qui ait précédé le déclenchement de la maladie. Le seul souvenir que j'ai est celui de ma mère me traînant de médecin en médecin : l'anorexie s'accompagnait, comme cela est habituel, d'aménorrhée (arrêt des règles) et de tendance dépressive. »

Ainsi Andrée ne peut vivre que dans l'accord parfait. Enfermée chez elle, elle n'a pas les moyens de trouver ailleurs que dans sa famille cette harmonie tant désirée. Devant l'incompréhension de sa mère, elle vit une situation sans issue : c'est dans ce contexte qu'apparaît son anorexie.

Par la suite, la maladie connaîtra des hauts et des bas, selon qu'Andrée vit ou non dans sa famille. « A seize ans, je pars trois semaines en voyage organisé, poussée par une camarade. L'ambiance est sympathique et détendue. Tous les soirs, on joue de la guitare autour du feu. Je m'y fais une grande amie. Pour la première fois depuis longtemps, je mange normalement. De retour chez mes parents, je perds à nouveau l'appétit : il me semble que je trouve là un moyen d'attirer l'attention de ma mère. Mais plus tard à l'université je me nourris normalement et suis moins dépressive. Pour faire plaisir à mon frère, j'entre au G.B.U. (Groupe Biblique

Universitaire). Dans ce monde chaleureux, je retrouve les valeurs évangéliques de mon enfance : le service et le sacrifice. Là, je peux parler de moi et je m'épanouis. En quelques mois, mon aménorrhée disparaît. »

L'amélioration régulière de l'anorexie mentale lors de l'éloignement familial est très bien connue des médecins.

Andrée a ainsi l'occasion d'*être en harmonie* avec d'autres personnages que les membres de sa famille. Elle semble guérie, mais ce nouvel équilibre n'est-il pas très précaire ? Ne risque-t-elle pas une rechute à la moindre déception ?

Andrée finira par trouver une solution plus durable... et réaliste.

« A vingt-deux ans, je quitte le G.B.U. pour habiter avec deux amies. Je retourne de moins en moins chez mes parents. C'est vers l'âge de vingt-trois ans que je prends conscience péniblement de tout le côté étriqué de mon milieu familial. Chez moi, il fallait vivre unis. Mener sa propre vie était dangereux. J'étais à ce point incrustée dans ma famille que, à l'époque où je me suis mariée, je comparais sans cesse mon conjoint à mon frère Julien pour qui j'avais une admiration sans bornes. Constater ainsi que j'étais incapable d'agir sans faire référence aux membres de ma famille m'a beaucoup aidée à vivre ma propre vie.

Aujourd'hui, je mène à bien mes propres affaires : mon couple sans mon frère, mes engagements politiques sans mon père, mon travail sans ma mère. Ma dépression est terminée. »

En réalité, Andrée a troqué le projet initial « Harmonie à tout prix » contre son projet personnel « Vivre sa vie ».


*Renonce à toi-même...*

Andrée a acquis son indépendance par rapport à sa famille, c'est une bonne chose. Mais quand cette emprise est levée, c'est alors qu'elle se rend compte que demeure un handicap d'une autre nature qui la rend encore très fragile.

« Je ne suis pas libérée d'un marasme qui reste en toile de fond dans ma vie. Quelle en est la cause ? C'est qu'à l'intérieur de moi, une " *petite philo* " continue à régler tous mes faits et gestes : " Une chic fille, c'est quelqu'un qui ne désire rien, elle est prompte au sacrifice. Jamais elle ne réclame, ni ne se rebiffe. " Et ma mère au catéchisme m'avait assuré que cette abnégation me conduirait au ciel. *Vivre c'est mourir, et mourir c'est vivre.* Voilà l'idéal sacré mais névrotique qui faisait de moi une handicapée devant les moindres difficultés de la vie quotidienne.

C'est alors que je décide d'apprendre à vivre. Mais à vivre *à l'endroit,* et je commence par m'occuper *de moi,* de mes intérêts à moi : je m'achète des vêtements qui me plaisent ; et ce n'est pas une bagatelle : moi qui n'ai jamais appris à choisir, je dois me faire violence pour ne pas sortir bredouille des magasins.

Puis, j'accepte la proposition de mon mari de déménager dans une autre ville. Cette décision est un arrachement car elle me contraint à me séparer de mes deux amies. Je comprendrai avec du recul qu'en réalité, c'étaient deux sangsues qui me pompaient mon argent et mon énergie. Une fois encore je me secoue : jouer au Saint-Bernard n'est satisfaisant pour personne ; quant à moi, je pourrai aider les autres quand je serai un peu plus solide. Mes intérêts, je les défends aussi au travail, et je réclame une augmentation qui traînait. J'ai dû m'y prendre à plusieurs reprises et chasser de mon esprit des tas d'idées qui me bloquaient : " ne réclame pas, ton travail est un service, voilà l'essentiel ". Mais je refuse de me laisser engloutir par ces réflexes de soumission et me tiens à ma décision première ; mon chef accepte ma requête.

Face aux envahissements de mon mari, moi qui cédais toujours, je me rebiffe : " Chacun chez soi, je veux bien te prêter ma voiture, mais tu es prié de faire le plein avant de me la rendre. " En revanche, quand je suis prise d'angoisses — angoisses fantasmatiques de ne pas être parfaite, de rester seule, ou d'engager un conflit — j'apprends à ne plus les déverser sur mon mari, et peu à peu, je parviens à maîtriser mes émotions.

Ce véritable parcours du combattant, il m'a fallu plus de six mois pour en venir à bout. Jour après jour, je devais me remettre sur la bonne route et chasser tous les anciens réflexes de soumission et d'écrasement qu'on m'avait incul-

qués dans mon enfance. Mais ça en valait la peine ! Si dans la
vie de tout homme, il y a une heure pour mourir, toutes les
autres doivent lui servir à vivre ! »

## Conclusion

La « petite philo » fonctionne comme une suggestion
hypnotique : adoptée dès l'enfance sans aucun esprit critique, elle reste profondément enracinée, et conduit le sujet à
organiser son comportement en fonction d'elle. (Ce mécanisme de la suggestion est longuement abordé dans
« Communication ou Manipulation », 2ᵉ partie).

Si la suggestion très personnalisée est d'un usage local, la
« petite philo », elle, est une suggestion à grand tirage :
partagée par des millions d'individus, elle appartient bien
souvent au patrimoine culturel d'une région, d'une nation
entière, d'une religion, voire de toute une civilisation.

Pour s'en défaire, deux démarches s'avèrent efficaces.

1. Je suis mère d'un enfant, et ne désire pas en avoir
d'autres. Cependant, chaque fois que mon mari aborde le
sujet, je me sens mal à l'aise : ne serais-je pas une femme
dénaturée, dépourvue d'instinct maternel ? N'ai-je pas toujours entendu dire qu'une bonne mère de famille doit avoir
au moins trois enfants ?

Face à cette idée reçue, j'exerce alors *ma réflexion critique,
en la confrontant à la réalité :* financièrement, professionnel-
lement, mon choix relève du bon sens. Par ailleurs, j'ai
beaucoup d'affection pour ma fille, et n'éprouve pas, pour le
moment, le besoin d'avoir d'autres enfants.

2. Cette réflexion personnelle, je peux ensuite *l'élargir par
un éclairage culturel :* Je découvre l'ouvrage d'Elisabeth
Badinter : « L'amour en plus » (éditions Flammarion) et
comprends que ma culpabilisation s'inscrit dans tout un
conditionnement mis en place au xviiiᵉ siècle pour répondre à
des besoins précis. A cette époque, la mortalité infantile était
catastrophique et l'abandon des enfants, fréquent. Mora-
listes, administrateurs et médecins encouragèrent alors les
femmes à s'occuper davantage de leur progéniture et clamè-

rent les bienfaits de l'amour maternel : « Soyez de bonnes mères et vous serez heureuses et respectées. Rendez-vous indispensables et vous aurez droit de cité. » L'imagerie populaire a accompli le reste...

*Je conclus :* La problématique du xviii<sup>e</sup> siècle est définitivement révolue. Il est donc inutile que je m'y réfère aujourd'hui d'une quelconque façon.

Plus tard, je découvre la : *Lettre d'amour à l'enfant que je n'aurai pas,* de Serge Livrozet (éditions Livrozet). Cet ouvrage formule en termes clairs les questions que peuvent se poser légitimement, en cette fin de siècle, de futurs parents.

Puis je rencontre d'autres couples qui m'apportent l'éclairage de *leur expérience personnelle :* certains ont choisi d'avoir plusieurs enfants, d'autres n'en désirent pas. La décision des uns et des autres s'appuie sur une réflexion mûrie qui mérite d'être prise en considération.

Enrichie d'éclairages aussi divers, je peux « retraiter » cette petite philo et m'arracher à la culpabilisation qu'elle éveillait en moi. Libérée de ce poids, *je peux conclure, et prendre une décision* en toute liberté d'esprit, et cette fois sur des bases objectives.


## QUELLE AIDE APPORTER AU DÉPRIMÉ

**Amorcer Action — Réflexion...**

Voici comment une assistante sociale a pu aider un malade hospitalisé en psychiatrie.

Albert, âgé de cinquante-huit ans, alcoolique chronique depuis quinze ans, est si atteint qu'il a échappé de peu à la mort. Il a été soigné en hôpital général où il a fait un long séjour. Aujourd'hui, c'est un homme amaigri, qui pleure facilement, une vraie loque humaine. On vient de le transférer en psychiatrie.

Le médecin a diagnostiqué (comme cela est courant chez les alcooliques) une dégénérescence cérébrale. Il pense qu'il n'y a rien d'autre à faire que de prescrire un traitement médicamenteux intensif : « Albert ne sait plus qui il est, pourquoi il a été hospitalisé, ni depuis combien de temps. Il a perdu toutes les facultés qui lui permettraient d'assurer sa vie quotidienne ; il ne pourra plus jamais rien faire. En outre, le médecin me communique les informations suivantes : la femme de cet homme vient de décéder ; ses enfants mineurs ont été placés dans un foyer ; lui-même sera mis sous tutelle à la demande de ses enfants majeurs.

Jusqu'à présent, Albert vivait dans un état second à cause de l'alcool ; aujourd'hui, il a perdu ce refuge et il se heurte à la dure réalité.

J'ai devant moi un homme désemparé au plus haut point. Il ne sait pas où il en est. Tout ce qui faisait sa vie s'est effondré. Il reste sans force, et surtout ne voit absolument pas ce qu'il pourrait faire. Il se laisse sombrer et les conséquences physiques aussi bien que psychiques de cette démission sont graves.

J'entreprends un certain nombre de démarches auprès des différentes caisses dont il relève, et réclame les arriérés... Trois mois plus tard, je rencontre Albert pour l'informer des résultats. Je lui explique sa mise sous tutelle et lui annonce une bonne nouvelle : il va toucher deux millions d'anciens francs. J'insiste auprès de lui pour qu'il suive l'évolution de ses affaires. Il se montre de bonne volonté mais les dossiers sont complexes. Je lui demande alors de consigner sur un carnet ce que je lui dis, et d'y noter également au jour le jour toutes les questions qu'il souhaiterait me poser. Albert ne peut *se sortir de l'inhibition qu'en agissant*. Or, pour le moment, c'est là sa difficulté. »

On peut comparer cette situation à celle d'une voiture : pour qu'elle roule, il faut que son moteur tourne ; et pour que le moteur tourne, il faut que les accumulateurs soient suffisamment chargés. Quand la batterie est déchargée, on peut la brancher sur celle d'un autre véhicule en état de marche : la voiture en panne pourra alors redémarrer. Son moteur rechargera de lui-même sa propre batterie... De nouveau, la voiture fonctionnera de façon autonome.

De la même façon, le malade en dépression a besoin, pour se lancer, de pouvoir prendre appui sur une autre personne.

« Contre toute attente, Albert vient me voir de temps à autre, puis plus régulièrement, avec des questions précises pour s'informer du suivi de ses affaires. Je réponds à ses questions en termes simples, mais constate rapidement qu'il comprend fort bien mes explications et qu'il s'intéresse à ses affaires. Il en arrive à vouloir gérer personnellement l'argent qui lui est alloué chaque mois. Surpris de cette évolution inattendue, le psychiatre accepte que j'accompagne Albert en ville afin qu'il puisse choisir lui-même ses vêtements, sa femme s'en étant toujours chargée jusque-là. Progressivement, il apprend à faire ses choix avec goût tout en tenant compte de son budget.

Cet homme qui naguère avait perdu toute motivation pour continuer à vivre, reprend peu à peu goût à la vie. Il ne boit plus depuis son arrivée à l'hôpital, il a repris du poids et retrouvé un sommeil normal.

A présent, il émet le souhait de s'installer dans un petit appartement. Nous envisageons ensemble son éventuel départ de l'hôpital. »

L'assistante sociale encourage le malade à *agir* et à *réfléchir*. Elle lui prête main forte pour « remettre en marche » son cerveau, et lui permettre de reconquérir la force suffisante pour pouvoir à nouveau agir et réfléchir seul.

« Cependant, le psychiatre estime toujours le malade incapable de mener une existence autonome, de subvenir seul à ses besoins. J'insiste néanmoins auprès de lui : cet homme se débrouille de mieux en mieux, et je pourrai facilement obtenir les dérogations nécessaires pour le faire admettre dans une résidence de personnes âgées, bien qu'il n'ait pas tout à fait l'âge requis. Il profiterait ainsi des services de restauration et de surveillance médicale. Je pourrais l'emmener prochainement visiter l'un de ces logements. Le psychiatre, plutôt réservé, me déconseille une telle démarche. J'en parle alors à Albert.

— Le docteur considère qu'il est un peu prématuré d'envisager une sortie, mais cela ne vous empêche pas de vous mettre dès maintenant en quête d'un appartement dans une résidence.

— Est-ce bien nécessaire ? Le docteur me trouvera bien un lieu d'hébergement le jour où je serai prêt à sortir...

— Ah non, ce n'est pas son rôle ! C'est moi qui m'occupe habituellement de ces projets de sortie, et je sais par expérience qu'une demande d'admission met parfois six mois à aboutir. D'ailleurs, si vous continuez à progresser au même rythme que depuis votre arrivée ici, il est probable que le docteur vous laissera sortir dans six mois. A mon avis, le fait de prendre en main ce projet vous permettrait de progresser encore plus vite.

— Non, je préfère attendre...

Six mois plus tard, l'un des fils d'Albert vient me demander de faire admettre son père dans un hospice proche de son domicile.

J'en informe le psychiatre, tout en lui affirmant mon désaccord. Cet homme a récupéré une bonne partie de ses facultés. Il vient me voir régulièrement afin de mettre de l'ordre dans ses papiers administratifs ; il est très intéressé et pose des questions pertinentes. Un autre changement est d'ailleurs survenu chez lui, et il est de taille : les relations d'Albert avec ses enfants se sont grandement améliorées (il est en train de fabriquer une chaise d'enfant pour son petit-fils, à la menuiserie de l'hôpital).

Le psychiatre constate en effet les progrès réalisés par le malade. Mais le service a besoin de libérer des lits, alors après tout, pourquoi ne pas le placer dans un hospice ? Je rapporte cette conversation à Albert, qui en est fort consterné :

— Je ne vais tout de même pas entrer à l'hospice ! J'aimerais tant avoir un petit appartement dans le quartier...

— Souvenez-vous, il y a six mois je vous avais dit que c'était à vous de choisir la solution qui vous convienne. Cela demeure vrai aujourd'hui.

— Vous avez raison. Voulez-vous m'aider à chercher un logement ?

— Entendu. Nous ferons ensemble les démarches nécessaires pour vous faire admettre en maison de retraite, et nous demanderons une participation financière de l'aide sociale. Il nous faudra visiter plusieurs établissements, et je vous conseille de préparer soigneusement ces visites : il vous faudra savoir exposer clairement votre situation actuelle, et poser des questions précises sur l'organisation de chacune de ces maisons.

Nous visitons plusieurs résidences, et un jour :

— Ici, c'est bien : chacun vit chez soi. J'aimais bien faire de la menuiserie, je pourrai me fabriquer des meubles. Si je ne veux pas manger tous les jours au restaurant, je pourrai apprendre à cuisiner des plats faciles. Les messieurs que j'ai rencontrés sont contents d'habiter ici. Il y a un terrain de pétanque ; je les ai vus jouer aux cartes... Et j'ai lu des affiches sur l'organisation des parties de pêche.

Le directeur de la résidence accepte volontiers d'accueillir Albert. Il apprécie sa jeunesse d'esprit, et son dynamisme. Il le considère déjà comme un élément tonique de son établissement.

Aujourd'hui, Albert habite un appartement agréable, où il peut mener la vie qui lui plaît. Il s'est lancé dans le jardinage, est allé au théâtre pour la première fois de son existence et s'est fait de nouvelles relations.

Pour toucher du doigt l'énorme changement survenu en un an et demi, donnez-vous la peine de relire les premières lignes de ce récit... et posez-vous la question : que serait devenu cet homme sans l'intervention de l'assistante sociale ?

## Une méthode éprouvée

Nous avons choisi cet exemple parmi des dizaines d'autres. Les nombreux cas de dépression auxquels médecins, psychologues, travailleurs sociaux sont affrontés journellement, nous amènent à tirer quelques conclusions pratiques.

La dépression constitue une *impasse*. Le déprimé, inactif, s'auto-intoxique par les émotions et les idées noires qu'il ressasse sans cesse. Ce n'est qu'en agissant, en reprenant en main sa situation, qu'il peut sortir de sa prostration.

Mais voilà, face aux événements devant lesquels il se sent impuissant, le déprimé a justement glissé dans l'inhibition. Il se trouve alors physiquement incapable d'agir et de réfléchir efficacement. C'est donc sur ce point qu'il faut lui apporter de l'aide.

Quelle aide ?

*1. Il faut marquer un stop*

Au lieu d'analyser les émotions du dépressif, il faut dresser un bilan précis de sa situation matérielle. Et, pour lui permettre d'y réfléchir de façon « extérieure », noter sur un tableau le schéma de cette situation globale, en établissant deux colonnes : les faits bruts d'un côté, et les émotions qui les accompagnent, de l'autre. Alors les difficultés qu'il faut empoigner apparaissent clairement.

*2. Que va-t-il faire ? Que peut-il faire ? Que veut-il faire ?*

Il ne s'agit pas, bien sûr, de faire du déprimé un assisté passif. Au contraire, il est indispensable de l'intégrer activement dans les démarches à entreprendre. Il a, avant tout, besoin d'informations, de données pratiques. Il faut lui expliquer l'importance d'écrire telle lettre, de passer tel entretien...

— Je peux vous aider à rédiger votre lettre, je dispose de certaines informations qui vous seront sûrement utiles. Mais, vous aussi, vous avez des renseignements à me donner que vous êtes seul à connaître.

— Je peux vous introduire auprès de tel fonctionnaire, mais c'est vous qui le rencontrerez, et non moi.

— Je peux vous aider à préparer cet entretien par des jeux de rôles, en formulant au mieux votre requête, en cherchant avec vous les arguments les mieux adaptés à votre interlocuteur, mais c'est à vous qu'il reviendra en fin de compte de vous défendre, d'emporter le morceau.

*3. Il faut l'amener à s'appuyer sur ce qu'il a réussi dans le passé*

Il ne s'agit pas uniquement de le réconforter, mais de tirer au clair, mettre en valeur ce qu'il a déjà réussi, et de bien voir comment il y est arrivé. Voilà de l'acquis solide.

S'il s'y prend aujourd'hui de la même façon, il a toutes les chances de réussir une nouvelle fois.

Et si lors d'une démarche, il constate quelques lacunes, il

peut améliorer sa stratégie pour réussir sa prochaine tentative.

Enfin, s'il a essuyé un échec, ce n'est pas une raison pour ne pas recommencer, il s'agit là d'un contretemps qui est le lot de tout un chacun. C'est ainsi qu'il va acquérir une véritable assurance.

### 4. *Il faudra le suivre pas à pas pendant quelque temps*

Pour faire régulièrement le point de sa situation, pour l'inviter à réparer ses négligences, pour l'aider à vaincre ce qui lui reste d'inhibition.

Si le thérapeute se rend compte alors que le déprimé ne s'en sort pas, il pourra chercher si la cause de l'inhibition du malade ne provient pas d'une emprise ou d'une « petite philo ».

C'est par cette démarche que de nombreux dépressifs ont recouvré la santé.

Ces conclusions rejoignent parfaitement celles d'une étude menée par un chercheur américain Caplan (Robinson D. et Henry S. 1977).

Il fait ce constat : les médecins, psychologues, psychiatres, se révèlent moins efficaces pour aider un dépressif que les associations créées et animées par les malades eux-mêmes. En effet, dans de telles associations, un dépressif trouve les informations, les renseignements dont il a besoin, et peut s'appuyer sur d'autres pour *élaborer un plan d'action, le réaliser jusqu'au bout, et en évaluer l'évolution.* On ne trouve pas habituellement cette forme de soutien chez les professionnels de la santé.

Dans une association, le dépressif peut trouver un support affectif qui le pousse à agir et le soutien dans son effort.

Cette « thérapeutique fonctionnelle » serait donc plus efficace que les analyses ou les entretiens psychothérapeutiques.

### Conclusion

A travers ces quelques cas de dépression, chacun pressent la multiplicité des formes et des origines possibles de cette

« maladie ». Si nous pouvons en dégager quelques grandes causes — dépression du geôlier, dépression due à l'entourage du malade, dépression due à une emprise, ou à l'effondrement de *secteurs privilégiés* — nous restons persuadés que chaque manifestation de cette maladie représente un cas d'espèce qu'il s'agit d'observer avec une rigueur extrême. En cette matière, aucun système n'est tolérable.

Les constantes qui sont dégagées dans le domaine du traitement le furent *pas à pas, uniquement.*

*Des questions se posent :*

La psychiatrie oppose traditionnellement deux types de dépression : d'une part, les dépressions dites réactionnelles ou psychogènes, dues à une cause matérielle ou extérieure au patient — la perte d'un conjoint, par exemple — ; et d'autre part, les dépressions endogènes dont la cause se situe non pas dans l'environnement, mais dans la structure même du « moi ». Si n'importe qui peut, un jour ou l'autre, souffrir d'une dépression réactionnelle, la dépression endogène ne peut atteindre que certaines personnes profondément perturbées.

A cette distinction, le Dr Grivois oppose une objection :

« Il est certain que si dans toute dépression l'on recherche un stress, on en trouve toujours un, y compris dans les dépressions endogènes. Quelquefois, cela peut être une toute petite chose. Un mot, une situation sans lendemain peuvent atteindre au cœur de ce que l'on a de plus précieux, de plus activement caché... » (In « Sympathique » N° 7, printemps 1982).

Dans quelle catégorie faut-il ranger les dépressions à l'origine desquelles on trouve une emprise ou une « petite philo »? Au vu des cas examinés, toutes ces emprises et « petites philo » créent des points faibles chez la personne. Ainsi, un individu doté d'une « petite philo » portant sur le mariage, peut essuyer des échecs professionnels sans faillir, mais en revanche, faire preuve d'une étonnante fragilité dans sa vie conjugale.

C'est en tirant au clair l'emprise ou la petite philo en question, que bien des fois on a supprimé la fragilité de l'individu, et par là même, la cause de sa dépression.

# Chapitre 2

# LA SPASMOPHILIE

## INTRODUCTION

Il existe une affection fréquente qui réunit à la fois des signes physiques et psychiques : la spasmophilie. Ces crises se déclarent la plupart du temps dans des *situations de conflit*.

La spasmophilie représente une pathologie aussi banale que bénigne. Qui n'a pas ressenti un jour ou l'autre l'un des signes suivants ?

Sur le plan physique : évanouissements, maux de tête, diarrhées, vomissements, fourmillements dans les mains, boule pharyngée, tremblements, palpitations, arythmie cardiaque, envie fréquente d'uriner, tétanie...

Sur le plan psychique : insomnies, fatigue anormale, anxiété, angoisse, émotivité, instabilité... Cette liste n'est pas exhaustive tant s'en faut. La variabilité des symptômes est telle que d'aucuns nient son existence ! Par ailleurs, de nombreux psychiatres estiment de leur côté, que les signes physiques ne sont qu'épiphénomènes par rapport aux problèmes psychiques de leurs patients.

### Quelques explications physiologiques

La spasmophilie résulte d'une réaction adrénergique de l'organisme à une situation difficile. Rappelons que tout stress déclenche une réaction du système sympathique (adrénaline) qui entraîne des conséquences tant sur le plan psychique : instabilité, que sur le plan physique : fatigue. Ce type de manifestations se règle habituellement dès que la situation délicate s'arrange.

Mais dans certains cas, le malade ne peut faire face efficacement à la difficulté soit parce qu'il ne parvient pas à trouver une solution à ses problèmes personnels soit parce qu'il dépend de l'avis ou de l'aval d'un tiers ; ou bien encore parce qu'il se trouve sous la coupe d'une ou de plusieurs personnes. La tension interne aboutit alors aux symptômes de la spasmophilie, et la maladie s'exprime tant sur le registre somatique que psychique.

Enfin, si après une longue période de spasmophilie, le malade n'a pas trouvé de solution, la réaction adrénergique s'épuise et fait place à une véritable dépression. C'est ce que l'on constate chez beaucoup de spasmophiles. (M. Duc et coll-Ann. méd. Nancy, 1982, 21 763).

Dans certains cas, la période adrénergique est escamotée car le malade ne lutte pas pour résoudre sa difficulté. Il entre alors d'emblée dans un état dépressif.

Tout spasmophile serait alors un déprimé qui « tient le coup »...

## LE GEÔLIER

Tout comme la dépression, la spasmophilie peut être utilisée par le malade pour tromper son entourage.

### La meilleure

Sylvie est étudiante en deuxième année de Prépa. (classe préparatoire aux grandes écoles), elle réussit si bien qu'elle est major de promotion et ses professeurs ont beaucoup d'estime pour cette élève hors pair. A ses quarante heures de cours par semaine, elle ajoute des activités aussi diverses que l'animation du foyer d'étudiants, et la distribution de la soupe populaire aux clochards de la ville. Fréquemment elle se plaint d'être fatiguée, mais refuse absolument d'abandonner l'un ou l'autre de ces services. En réalité, Sylvie tient à donner d'elle, l'image d'une fille brillante et dévouée.

Au mois de décembre, elle est très occupée par l'organisation du festival étudiant, son hyper-activité suscite partout l'admiration de ses camarades et elle est très entourée.

Mais à la même époque, elle doit subir un important contrôle de connaissance en mathématiques.

Si elle échoue, elle perdra son titre de major, et elle n'y tient pas. Que faire alors ? Se mettre sérieusement à ses révisions et laisser sa place d'organisatrice à quelqu'un d'autre ? Sylvie n'y tient pas non plus... Pendant une semaine, intérieurement tiraillée, elle a des nausées et souffre d'une lombalgie.

Et voilà qu'à la veille du contrôle de mathématiques, elle développe une crise de tétanie tout à fait typique. La crise est si intense, que le médecin, inquiet, la fait hospitaliser d'urgence en service de réanimation. Les amis de Sylvie se précipitent à l'hôpital ; ils ignorent tout du dilemme qui la déchire depuis une semaine, et attribuent cette crise au surmenage de leur camarade.

Chacun se sent coupable : « Nous aurions dû la décharger davantage... »

A sa sortie d'hôpital, Sylvie se présente chez son professeur de mathématiques pour lui expliquer le motif de son absence. Touché par les explications de sa meilleure élève, il n'a pas le cœur d'exiger un rattrapage du contrôle : Sylvie restera donc major.

Cette crise de tétanie fut vraiment une aubaine pour Sylvie. Elle lui a permis de rester la petite reine méritante du festival, qui paye de sa santé les services qu'elle rend, et en même temps, la meilleure élève de sa promotion.

A-t-elle déclenché sa crise consciemment ? Qui peut répondre si ce n'est l'intéressée ? Quelque temps après sa sortie d'hôpital, Sylvie, très impressionnée par la gravité de sa dernière crise, consulte d'elle-même son médecin traitant. Celui-ci apprend dans quel tiraillement elle se trouvait durant la semaine précédant la crise.

Intéressé, il pousse plus avant son investigation et lui demande si elle a déjà présenté des antécédents du même type. Sylvie raconte alors que jusqu'à l'âge de six ans, elle avait pour habitude de présenter des spasmes du sanglot puis des spasmes laryngés fort impressionnants — elle devenait toute violette — chaque fois que ses parents lui opposaient un refus. Elle raconte aussi qu'à six ans, elle était encore énurétique, et qu'elle régla du jour au lendemain ce trouble quand sa mère lui annonça qu'elle allait la mettre en pension. Sylvie se souvient fort bien de la scène. A cette nouvelle, elle avait empoigné ses couches en plastique et les avait jetées à la poubelle, criant à sa mère : « Je sais que tu ne m'aimes pas, dorénavant je me débrouillerai sans toi, et m'élèverai toute seule. » Dès la nuit suivante, elle cessa de se mouiller.

Sylvie ajoute qu'actuellement, ses amis s'inquiètent souvent de sa santé car elle traîne fréquemment des grippes et des bronchites à répétition, mais elle avoue qu'elle a pour principe de ne jamais se soigner, car elle a horreur de se faire dorloter...

A la fin de la consultation, le médecin pressent que l'ensemble des troubles présentés par Sylvie ne sont pas des cas isolés mais qu'ils répondent tous à un certain type de comportement. Sylvie qui n'est pas sotte, en convient avec lui. Elle décide alors de réfléchir plus avant sur ses maladies. Sa crise de spasmophilie est tombée à point nommé, au moment même où elle devait *préserver son image de marque* dans plusieurs secteurs à la fois. Aujourd'hui le choix consiste pour elle ou bien à courir après l'admiration des autres au prix de sa santé, ou bien à résoudre une à une et sans panache ses difficultés matérielles en respectant un ordre de priorités.

## FUSION ÉMOTIONNELLE

### Un grand rêveur

Charles est étudiant en médecine. A l'hôpital, l'ambiance du service lui importe plus que le travail et l'apprentissage de son métier lui-même.

En matière d'amour, c'est un grand rêveur ! Ces expériences sentimentales sont empreintes d'émotions démesurées, euphoriques ou dépressives, mais la plupart du temps il serait bien incapable d'expliquer en termes clairs ce qu'il apprécie réellement chez son amie du moment.

Facilement angoissé, il a horreur d'affronter des situations nouvelles et de faire un choix. En effet, il ne garde de ses

expériences passées que des souvenirs brumeux, émotionnellement très chargés, bref, son fichier de mémorisation ne
peut lui fournir aucune conclusion claire.

Par ailleurs, Charles est en bonne santé ; il ne prête guère
attention aux quelques crampes et fourmillements des mains
qui le gênent parfois, lors de ses trajets en voiture ou lorsqu'il
participe à une conversation animée.

En avril, Charles tombe amoureux de Martine qu'il
rencontre pendant les vacances de Pâques. Tous deux sont
éloignés de plus de six cents kilomètres, les voyages coûtent
chers et les examens approchent. Mais que sont ces petits
obstacles quand on est amoureux ! A chaque retrouvaille, il
déborde de joie, tandis que pendant les périodes de séparation, le rêve lui permet de patienter, voire de parer les
événements réels, d'émotions démesurées.

Mais, après quelques semaines, Charles devient tendu ; ses
sentiments ne parviennent plus à lui cacher la réalité : en
dehors de cet amour parfait, qu'ont-ils en commun ? Martine
a horreur du cinéma alors que Charles en est passionné ; faut-
il décorer l'un des appartements, ils n'ont pas les mêmes
goûts. Et puis, Martine veut vivre à la campagne alors que
Charles préfère la ville où il a toujours vécu. Et les amies de
Martine ennuient Charles tandis que ceux de Charles déplaisent à Martine. Loin de tenter de faire le bilan objectif de la
situation, Charles s'angoisse et se tait. A ses yeux, *toute
différence est une menace pour l'harmonie* qui les a réunis au
départ ; l'idée d'une rupture le paralyse et il se raccroche à
l'illusion que lorsque Martine viendra habiter dans sa ville,
les désaccords s'estomperont.

Début juillet, Charles part pour un mois au Mexique avec
l'un de ses vieux amis ; l'expédition étant prévue de longue
date, Charles n'ose se dédire. Cependant, plus le jour du
départ approche, plus il s'inquiète. Quand il rentre en août, il
retrouve ses soucis amoureux : doit-il ou non continuer avec
Martine ? Il a des diarrhées, qu'il attribue à l'hygiène
précaire du Mexique, mais celles-ci se prolongent et se
doublent anormalement d'une anorexie. Puis ce sont des
vomissements. Dans ce piètre état, Charles fait un bilan
parasitaire et infectieux qui s'avère négatif.

Mi-août, il retrouve Martine pour un court week-end. De

leurs différends, il ne sera pas question. Chacun se laisse porter par l'émotion des retrouvailles. A l'issue de ce week-end, Charles est complètement perdu, cette dernière rencontre le trouble plus que tout : lui qui était prêt à poser la question ultime, se trouve aujourd'hui complètement démuni. Pourtant, il sait qu'il doit mettre un terme à cette liaison. La tension est telle que trois jours plus tard, il fait une crise aiguë de tétanie : il a des fourmillements intenses dans les mains, les avant-bras et les joues, des contractures spasmodiques des mains, une respiration rapide, et une angoisse insurmontable. Le médecin est appelé d'urgence : il lui fait une injection de calcium et de valium. La crise a duré trois quarts d'heure !

En septembre, Charles passe une semaine avec Martine ; leurs relations ne s'améliorent pas mais ils ne se disputent plus, c'est donc le calme plat. Charles reprend espoir, d'autant que Martine va déménager bientôt pour habiter dans sa ville. Ses angoisses disparaissent alors, ainsi que tous les symptômes précédents. Pourtant Charles n'a apporté aucune vraie solution à sa situation, mais il *a préservé l'harmonie*.

La proximité leur ouvre les yeux et ne laisse plus de place au rêve. Il est vrai que chaque semaine, les différends se font plus nombreux. Tous deux dressent donc un bilan réaliste de ces trois mois de vie commune, et la décision s'impose d'elle-même. Charles parvient à quitter Martine sans trop s'angoisser, d'autant plus que c'est elle qui a fait le premier pas vers la rupture.

### Vers la dépression

Quand les désordres émotionnels se font durables, les crises de spasmophilie peuvent dégénérer en dépression, surtout si le sujet se trouve séquestré sous l'emprise d'une ou de plusieurs personnes.

Elise est médecin. Son mari, généraliste, est installé depuis quelques années déjà. Elle, de son côté, se spécialise en dermatologie. Parallèlement à ses études, elle travaille comme médecin scolaire dans les environs.

Depuis fort longtemps, elle est facilement anxieuse, particulièrement avant les examens. Néanmoins, cette anxiété ne l'empêche ni de travailler ni de réussir. Dans le passé, elle souffrait de migraines (cinq à six fois par an), de crampes musculaires fréquentes, d'une constipation chronique, d'un trouble des règles (spanioménorrhée : cycles longs et irréguliers) et enfin d'une hyperandrogénie (trouble hormonal). Tous ces maux lui sont devenus familiers et elle s'est résignée à « vivre avec ».

Lors de sa seconde année de spécialisation, ces symptômes s'aggravent de manière spectaculaire. En outre, de nouveaux signes apparaissent.

Voyons d'abord dans quel contexte se manifestent ces troubles :

Elise est à la croisée des chemins. Son avenir l'inquiète énormément. Jusqu'ici elle travaillait pour obtenir son diplôme, mais maintenant qu'elle est sur le point de le décrocher, elle se demande ce qu'elle va en faire.

Elle veut absolument travailler... pour ne pas faire comme sa mère qui, à cause de son mariage puis de la venue des enfants, n'a jamais pu pratiquer son métier de pharmacienne. Néanmoins Elise se sent incapable d'exercer sa profession. Les paroles de sa mère lui reviennent souvent en mémoire : « Tu es trop angoissée pour faire un métier pareil... » C'est là une première source de tensions internes qui s'accroît au fur et à mesure qu'approche l'échéance finale.

Autre dilemme délicat : Elise vient d'avoir son premier enfant. Elle ne peut plus mener de front l'éducation de sa fille, ses études de dermatologie et son activité de médecin scolaire. Il lui faut alors faire un choix :

— continuer comme médecin scolaire et arrêter sa spécialisation : c'est une solution sécurisante car elle a très peu de responsabilités thérapeutiques, mais ce travail ne l'intéresse pas.

— ou se consacrer uniquement à la dermatologie : activité plus intéressante mais où elle sera obligée de prendre des responsabilités, voire de s'installer...

Après de longues hésitations, encouragée par son mari, Elise choisit la dermatologie.

Dernière source de tensions : elle sait que sa situation reproduit trait pour trait celle de sa mère :
— toutes deux ont en main un très bon diplôme,
— toutes deux sont mariées à un généraliste,
— toutes deux sont mères de famille.
*Fascinée par la destinée de sa mère,* elle pense que la sienne ne pourra que lui ressembler... Horreur ! C'est dans ce contexte difficile qu'Elise note les symptômes suivants :
— son anxiété chronique fait place à de véritables « bouffées d'angoisse », en particulier chaque fois qu'il lui faut faire une démarche administrative, assurer un remplacement (ce dont elle a pourtant déjà une bonne expérience) ou encore chaque fois que son mari rentre en retard : elle imagine alors les pires accidents.
— Dès qu'elle sort de chez elle, elle se sent inquiète, angoissée.
— Perpétuellement tendue, elle imagine d'avance en détail les difficultés qui risquent de l'assaillir le lendemain.
Conséquences inévitables : elle est incapable de goûter les bons moments, et le climat familial s'en ressent lourdement. Elle n'a plus goût à rien, est fatiguée, et fond en larmes subitement pour des riens. Elle dort peu, fait des cauchemars et bientôt songe au suicide.
Physiquement, Elise présente une accentuation de ses symptômes, témoins d'une spasmophilie : crampes musculaires la nuit et le matin au réveil, anorexie avec amaigrissement. Sa constipation s'aggrave ainsi que ses troubles des règles. Des nausées matinales surviennent et des migraines violentes l'obligent à s'aliter deux à trois fois par mois. Enfin des douleurs d'estomac apparaissent.
Sa décision sur le plan professionnel n'atténue que très peu ces symptômes. Cet état de fait dure plus d'un an et tous les traitements essayés restent inefficaces ou n'exercent qu'une action très limitée.
C'est lors de discussions avec son mari qu'Elise s'aperçoit à quel point elle *accroît son anxiété en élucubrant toujours d'avance sur d'éventuelles difficultés.* Doit-elle faire un rem-

placement dans quinze jours ? Elle se voit déjà incapable de poser un diagnostic, et incapable bien sûr de soigner... Pire, elle s'imagine toujours dans les situations les plus désespérées. Que fera-t-elle si on l'appelle pour une méningite ? Et s'il s'agissait d'une méningite fulminante ? Et si elle rate le diagnostic, l'enfant mourra certainement. Et si la famille venait alors à porter plainte...

Ainsi Elise s'auto-intoxique, l'angoisse monte et dans cette réflexion fantasmatique, elle ne peut envisager aucune issue. Pour y mettre fin, elle décide de s'interdire d'anticiper follement. Concrètement elle doit entreprendre des démarches pour obtenir un poste de médecin. De quels éléments matériels dispose-t-elle, nombre d'heures, répartition dans la journée, salaire...? Doit-elle préparer un remplacement ? A quelles maladies risque-t-elle de se trouver affrontée ? Elle se constitue un fichier, et relève quelques noms de spécialistes à qui elle pourra adresser ses malades en cas d'urgence. Ainsi armée, elle peut travailler l'esprit dégagé.

Autre prise de conscience : sa dépression rejaillit lourdement sur son mari et sa fille. Elle ronchonne pour un rien, elle n'est plus capable de se détendre ; éternelle insatisfaite !... Sursaut : c'est là ce qu'elle a toujours reproché à sa mère !

Peu à peu elle réalise qu'une bonne part de ses hésitations pour choisir une orientation professionnelle, provient du fait qu'elle se trouve tiraillée entre les projets contradictoires de ses parents. En effet, son père, « simple généraliste » souhaiterait voir sa fille spécialiste ; par contre sa mère n'admet pas qu'elle exerce une profession médicale. Contradiction insoluble !

Jamais ces avis n'ont été clairement énoncés, mais ils se sont profondément inscrits dans son cerveau. Jusque-là, elle les acceptait comme des évidences. Aujourd'hui elle est parvenue à les mettre à jour et à les rejeter comme des corps étrangers. Elise comprend alors qu'elle seule doit décider de son avenir professionnel. Qu'importent les visées des autres ! Elle décide enfin, *en toute autonomie*, de s'installer en ville comme dermatologue. Tout cela constitue une véritable révolution pour elle. Elle découvre un tout autre mode de vie. Mais il lui fallut près d'un an pour « retrouver un sol ferme », selon sa propre expression. A ce terme, elle constate que tout est rentré dans l'ordre : les règles sont régulières et l'appétit est revenu ; elle n'a plus de douleurs d'estomac, plus de constipation, plus de nausées ni de crampes. La tension nerveuse a également disparu. Elise a pris des responsabilités dans sa ville et toute fatigue s'est envolée.

## « PETITE PHILO »

### Le mâle

La tension peut naître lorsqu'une suggestion sur un secteur précis est contrariée par les faits ou les dires d'une personne de l'entourage.

Luc, trente et un ans, est issu d'une famille bourgeoise. Son père fonde beaucoup d'espoir sur sa descendance : son fils doit occuper un poste élevé et lui donner au plus tôt des enfants de sexe masculin pour assurer la pérennité de sa noble lignée. Il lui inculque une certaine conception des relations avec les filles : « *Aucune ne doit te résister, sinon, tu n'es pas un homme.* » Naturellement, pour plaire à son père, Luc devra épouser une fille superbe, riche et qui ait de la classe. La mère de Luc, une femme débordante d'émotions, lui porte un attachement exclusif et lui livre dès son plus jeune âge ses confidences d'alcôve *conjugales.*

Bref, une famille bourgeoise bien sous tous rapports, qui nourrit secrètement de nombreux fantasmes sexuels...

A dix-huit ans, Luc prépare le concours d'entrée à l'Ecole Centrale. Ses parents, pour l'obliger à travailler, le retiennent presque cloîtré à la maison. Cependant, au cours de l'une de ses rares sorties, il fait la connaissance d'Anne, une étudiante. Fidèle aux directives paternelles, il exige immédiatement des relations sexuelles, mais, prisant peu cette approche à la hussarde, elle lui oppose un refus. Luc le reçoit comme un affront cinglant, une tache irréparable sur l'image de « super-mâle » à laquelle il n'a pas le droit de faillir. Aussitôt, il est sujet à une série de crises de tétanie assez graves pour nécessiter plusieurs hospitalisations d'une semaine. La fatigue due aux révisions ne fait qu'aggraver la maladie.

Quelques mois plus tard, Luc est admis à Centrale, et Anne consent, enfin, à des relations sexuelles. Cette fois, c'est le parfait bonheur sur tous les tableaux, il a retrouvé sa vitalité habituelle, et ne connaît plus aucun symptôme de tétanie.

Arrivent les grandes vacances ; ses parents l'invitent en voyage avec sa fiancée. Rapidement, des conflits éclatent entre la jeune fille et la mère de Luc qui réprime assez mal une jalousie évidente. Les échanges de mots aigres-doux se font de plus en plus fréquents, et Luc ne supporte pas ce tiraillement. De nouveau, le voilà sujet à des crises de tétanie en série.

Bientôt, il rompt avec Anne, et pendant les deux années qui suivent, il ne connaît plus aucune crise. Il poursuit ses études sans difficulté particulière. Et un jour, il fait la connaissance de Christiane, une étudiante en médecine. Une femme selon les vœux de son père, assurément : bien de sa personne, intelligente, d'une famille aisée. Tout irait pour le mieux si un jour, un ami de Luc, tenaillé sans doute par quelque démon de jalousie, ne glissait un doute dans son esprit : « Les étudiantes en médecine sont toutes des filles faciles, Christiane comme les autres ; il ne faut pas te faire d'illusion. » Propos anodin d'un envieux, mais qui résonne terriblement chez Luc. Comment ! Il ne serait pas le seul homme dans la vie de Christiane ! Son honneur de mâle serait bafoué ! Il la connaît bien ; ce soupçon est absolument sans fondement, pourtant il le jette dans une angoisse démesurée... et Luc déclenche une nouvelle crise de tétanie.

Avec le temps, ses soupçons s'estompent ; Christiane lui est absolument fidèle, et si elle a connu d'autres expériences amoureuses auparavant, c'est le lot de tout un chacun, et il est clair qu'elle a tourné la page. Il l'épouse, et pendant huit ans, il ne souffre plus d'aucune manifestation de tétanie.

Mais un jour, Christiane, à la suite d'une discussion particulièrement orageuse, lui lance : « Les gars avec qui j'ai couché avant toi étaient moins exigeants. » Aussitôt, Luc déclenche une crise de tétanie plus violente que jamais. C'est que la petite phrase de sa femme a touché un point sensible entre tous : à la fois, elle le remet en cause sur le chapitre de la sexualité, et elle le met en compétition avec d'autres, lui, le super-mâle au charme irrésistible et au pouvoir exclusif. Est-ce à dire que Luc adhère à ce système de valeur aberrant? Pas du tout. Il est trop intelligent pour y croire un seul instant. Cependant, au fond, tout au fond de lui, il ne peut se défendre parfois de certains réflexes de possessivité, inavouables et impérieux...

A vrai dire, si la remarque de sa femme a trouvé chez Luc une telle résonance, c'est qu'elle a fait mouche sur la « petite philo du super-mâle » qui constitue une véritable suggestion hypnotique.

Pendant toute son enfance et son adolescence, à la faveur d'un climat émotionnellement très chargé, son père lui a fait avec insistance l'éloge d'un certain mode de comportement. Il n'en faut pas davantage pour créer une suggestion. Par la suite, chaque fois que cette suggestion se trouve contrariée, le cerveau de Luc, à son insu, oppose une réponse somatique de tétanie.

\*
\*\*

La spasmophilie est une affection très fréquente que l'on nomme aussi parfois savamment dystonie neuro-végétative. Elle garde dans l'esprit de certains médecins une consonance péjorative et les patients atteints de ces symptômes ne se sentent pas toujours considérés comme de « vrais » malades, et en souffrent.

Pourtant, c'est plusieurs fois par jour que le médecin praticien reçoit des personnes qui présentent les signes de cette maladie. Et bien souvent, il se trouve démuni pour prendre en charge ces patients, dont la plupart consultent périodiquement pour les mêmes manifestations.

De nombreuses thérapeutiques ont été proposées : allopathie (en particulier les cures de magnésium), homéopathie, acupuncture, relaxation, psychothérapie... Certaines étant plus satisfaisantes que d'autres. Quant à nous, notre expérience nous montre que la prise en compte, dans le déclenchement des troubles, des difficultés relationnelles des patients ou de la façon dont ils fonctionnent sur le plan émotionnel, peut permettre dans bien des cas, d'apporter une réponse satisfaisante à ces malades, tout au moins ceux qui n'utilisent pas leur maladie pour s'annexer leur entourage.

CHAPITRE 3

## MALADIES SOMATIQUES

### INTRODUCTION

Face à un patient atteint de dépression ou de spasmophilie, le médecin se demande d'emblée si la maladie ne correspond pas à quelque perturbation dans la vie du malade. Dans le cas d'une atteinte somatique, une même démarche peut s'avérer aussi fructueuse...

« L'attitude médicale de départ doit consister autant que possible en un diagnostic global, un diagnostic de situation qui dépasse les critères médicaux traditionnels pour s'intéresser à la vie tout entière du sujet. » Telle est l'opinion du Dr L. Velluet [1], opinion partagée par un nombre croissant de praticiens et de psychiatres.

L'histoire de cette femme malade de... solitude en est un exemple.

Une dame de soixante-cinq ans souffre d'un asthme non-allergique grave. Sa maladie a commencé un peu avant qu'elle ne prenne sa retraite. Elle travaillait alors comme serveuse dans un bistrot, et c'est sans doute à cause de son métier, pense-t-elle, qu'elle a attrapé des bronchites à répétition. En effet, il lui fallait quitter régulièrement l'atmosphère surchauffée et enfumée de la salle du café pour sortir dans la cour où la bière était remisée. Voilà une explication plausible pour la première crise, mais qui ne

1. Docteur L. Velluet. Le Généraliste n° 486, 8 septembre 1982.

saurait expliquer les suivantes, puisque c'est une fois à la retraite qu'elle a vu sa maladie s'aggraver en asthme.

Le médecin lui prescrit un traitement. Celui-ci n'améliore pas son état, qui tout au contraire se détériore. A plusieurs reprises, il faut l'hospitaliser pour des crises de plus en plus aiguës. Les tests allergiques s'avèrent négatifs et on lui prescrit un traitement à base de cortisone.

Avant de cesser son travail, cette femme avait émis le vœu de faire des voyages, puisqu'elle en aurait enfin le temps. Mais, hélas, voilà que la maladie la cloue dans sa chambre. De plus, elle vient de perdre son mari. Elle qui, tout au long de sa vie, avait cotoyé avec plaisir une foule de gens, voilà qu'elle se retrouve soudain terriblement seule, malade et cloîtrée. Elle devient dépressive et songe au suicide.

Au printemps, elle aimerait partir en Espagne, mais son pneumologue le lui déconseille formellement étant donné la gravité de son état pulmonaire. Pourtant, elle se souvient d'avoir visité ce pays l'année précédente avec sa sœur, et pas un seul jour elle n'avait été malade. Forte de ce souvenir, elle passe outre les conseils du spécialiste et part pour quatre mois en Espagne, *en compagnie* de sa sœur et de ses amis. Dans sa valise, elle emporte une provision impressionnante de médicaments antidépresseurs qui y resteront, car dès le début du séjour, elle retrouve son tonus.

Mais ces quelques mois passés en agréable compagnie rendent les perspectives du retour plus pénibles. Le jour de son arrivée, alors qu'elle prend l'ascenseur pour rentrer chez elle, cette femme déclenche une nouvelle crise. Elle appelle d'urgence un médecin qui lui fait les injections nécessaires. C'est alors que la malade lui conte son histoire. Le médecin l'écoute attentivement et conclut : « Pourquoi ne pas demander à votre sœur qu'elle vous héberge ? Vu vos âges respectifs, ne serait-ce pas une bonne solution ? » La proposition du médecin est retenue, et deux semaines plus tard, cette dame s'établit chez sa sœur.

Or depuis son déménagement, l'asthme ne s'est plus manifesté. Soumise à la cortisone depuis six ans, cette dame a progressivement diminué les doses et depuis dix-huit mois elle ne prend plus aucun médicament. En outre, l'auscultation pulmonaire s'est normalisée.

Ainsi, c'est *lorsque cette femme retrouve des contacts humains* quotidiens qu'*elle recouvre aussi la santé.*

## MALADIES DE GEÔLIER

### Il n'y a pas d'âge pour jouer au geôlier

La petite Agnès, âgée de deux ans et demi, est propre depuis déjà six mois, de jour comme de nuit. Vers l'âge de trente mois, sans antécédent particulier apparaît une constipation d'abord épisodique : elle ne va à la selle que tous les deux ou trois jours, spontanément ou avec des suppositoires. Puis cette constipation s'accentue, devient persistante. Un traitement laxatif entraîne à deux reprises l'évacuation de fécalômes (selles dures comme des cailloux) assez volumineux. Une visite chez le pédiatre et quelques examens complémentaires permettent d'écarter une cause organique à cette constipation. Le pédiatre penche pour un trouble fonctionnel d'origine psychosomatique.

Les parents d'Agnès essayent alors avec leur fille plusieurs moyens : peut-être a-t-elle eu mal lors de l'expulsion des premiers fécalômes, auquel cas elle se retient de peur que cette douleur anale ne se reproduise. Ils l'encouragent donc et la rassurent. Aucun résultat. Ils essaient ensuite la fermeté, pensant que l'enfant cherche ainsi à attirer l'attention sur elle : « Tu sais très bien aller sur le pot. Débrouille-toi. Je suis occupée. » Résultats négatifs. Nouvelle méthode : ils essaient de lui montrer les conséquences néfastes pour elle : prendre des médicaments, des suppositoires, c'est pénible... Peine perdue.

En fait, à aucun moment les parents d'Agnès n'avaient fait une observation rigoureuse : quand a commencé cette constipation ? Quand ses cris de douleur (« J'ai mal à l'anus ») apparaissent-ils, puis disparaissent ? Ils n'avaient donc pas cerné la cause et s'étaient engagés dans des interprétations hâtives.

La situation a évolué lorsqu'Agnès est partie quelques jours en vacances chez des amis de ses parents : Françoise et son mari Yves.

Confrontés aux mêmes difficultés, mais plus extérieurs sans doute, ils ont observé que ses cris de douleur correspondaient *au moment où Agnès faisait une bêtise*, cherchait à éviter de faire un effort, ou encore essayait d'esquiver les réprimandes.

Françoise a réagi alors de la façon suivante :

— Agnès fait pipi au lit pendant la sieste. Au réveil, cris de douleur : « J'ai mal à l'anus. » Françoise : « Tu as peur de te faire attraper ? » Agnès : « Oui. » Françoise : « Ça arrive de s'oublier. Mais ce n'est pas la peine de raconter des bobards. »

— A midi, on mange du poisson. Cris de douleur d'Agnès. Françoise : « Tu ne veux pas manger de poisson. C'est ça ?... » Agnès : « Oui ». Françoise : « Ce n'est pas la peine d'inventer des " j'ai mal à l'anus ". Le poisson donne des muscles ; tu en mangeras comme tout le monde. »

Le petit jeu d'Agnès s'est donc trouvé dévoilé. Celle-ci a arrêté ses cris de douleur, la constipation a disparu. En outre, Françoise, qui avait observé ce mécanisme chez sa propre fille, a ajouté : « Ou tu es malade et on te soigne énergiquement, sans cris ni scènes de ta part. Ou bien tu vas normalement aux W.C. et tu joues avec les autres. » Agnès a alors dit elle-même : « Je suis guérie. » Ce qui fut le cas.

## Qu'importent les symptômes pourvu qu'on mène son monde !

Une femme, âgée de soixante ans, est régulièrement hospitalisée tous les trois à quatre mois pour une crise d'asthme grave. Certaines l'ont même conduite jusqu'en réanimation. Cet asthme semble être apparu six ans auparavant à la suite d'une embolie pulmonaire qui l'avait rendue insuffisante respiratoire. Ces hospitalisations régulières sont la plaie des infirmières, pourtant de bonne volonté. Car c'est une malade exigeante et tyrannique : elle ne dit jamais merci, sonne pour demander le bassin qu'elle peut atteindre elle-même, demande à se faire toiletter même si elle est capable de se laver seule. En outre elle critique les repas, les soins et se plaint sans cesse.

Les infirmières, perspicaces, avaient remarqué qu'elles n'étaient pas les seules à subir les exigences et les plaintes de cette femme. Son mari, qui venait quotidiennement la visiter, était lui aussi rabroué pour n'avoir pas trouvé exactement ce qu'elle lui avait demandé d'apporter. Jamais de remerciements non plus pour lui, mais des lamentations que le mari était bien obligé de prendre pour argent comptant vu la gravité impressionnante de certaines de ses crises.

Avec les médecins, en revanche, cette malade était sucre et miel : certes, elle se plaignait de sa maladie, mais avec plus de réserve : « Si je pouvais retrouver assez de souffle pour faire mon ménage, aider mon mari à faire la vaisselle ; c'est tellement pénible de ne rien pouvoir faire ! » Elle donnait si bien le change au médecin qu'elle s'était rendue sympathique ; celui-ci s'attardait volontiers au pied de son lit pendant sa visite pour faire un brin de conversation. Il ne comprenait vraiment pas l'attitude glaciale des infirmières à son égard. Néanmoins il avait remarqué qu'il était toujours difficile de la faire sortir de l'hôpital : lorsque, son état général étant satisfaisant, il décidait son retour à la maison, elle rechutait et restait à l'hôpital.

Lors d'une nouvelle hospitalisation, cette malade exaspère à ce point les infirmières surchargées de travail, qu'un conflit éclate. Celles-ci décident d'informer le médecin du comportement de cette femme, tant à leur égard qu'avec ses proches.

Quelques jours plus tard, le pneumologue, après avoir pris le temps de vérifier la véracité de ce qui lui était rapporté, dit en substance à la patiente : « *Vous utilisez votre maladie pour faire pression sur votre entourage et le manœuvrer à votre guise ;* mais vous jouez un jeu dangereux car vous ne contrôlez pas l'intensité de vos crises. Certaines vous ont d'ailleurs conduite en réanimation. Vous prenez donc des risques graves pour vous-même. » Le soir même, elle fit une dernière crise d'asthme assez impressionnante dont elle se remit promptement. Puis elle accepta de rentrer chez elle.

Pendant un peu plus d'un an, on ne la revit plus dans le service à la grande satisfaction des infirmières. Un beau jour, elle revint néanmoins en consultation : elle était adressée par le service de gastro-entérologie où elle était hospitalisée pour douleurs digestives, amaigrissement et vomissements incontrôlables, le tout traînant depuis plusieurs mois déjà. Comme le bilan ne révélait aucune cause précise à cette symptomatologie, le spécialiste, au vu de ses antécédents, l'adressait pour une simple visite de contrôle car elle n'avait plus fait aucune crise d'asthme.

Lors de cette consultation, cette femme était accompagnée de son mari. A cette occasion, le médecin put vérifier jusqu'au bout le bien-fondé de son intervention : il apprit en effet que depuis toujours son mari et son fils de trente ans étaient habituellement tenus de dire à quelle heure ils rentreraient. Si par malheur ils s'attardaient, ils la retrouvaient décomposée d'angoisse. Pour cette raison, il leur était très difficile, voire impossible de s'absenter. Au point que ce fils de trente ans habitait toujours chez sa mère. Il restait célibataire. Simple coïncidence ?

Devant son mari, visiblement soulagé, le médecin a donc dit à sa patiente que ses angoisses et ses maladies aboutissaient finalement à séquestrer mari et fils.

Les choses en sont restées là. Mais notons qu'une fois son mécanisme dénoncé, la maladie a cédé. Si la symptomatologie s'est transformée, c'est sans doute parce qu'il n'était plus possible de faire jouer l'asthme : il n'y avait plus de spectateur dans la salle !

Il fallait trouver une autre scène !

Dans ces maladies de geôlier où le malade utilise ses symptômes pour manipuler son entourage, le médecin se heurte au bon vouloir du patient. Si celui-ci n'est pas motivé pour changer, personne ne pourra le faire à sa place. Par contre, le médecin comme les proches peuvent refuser d'entrer dans ce jeu sordide en le dénonçant. Ce faisant, ils préserveront peut-être leur propre santé.

## MALADIES ET ÉMOTIONS

### Émotion trop forte

Lorsqu'un événement risque d'ébranler une personne jalouse ou particulièrement bilieuse, on dit parfois « qu'elle va en faire une maladie ». De même, certains se disent malades de *peur,* malades d'*inquiétude,* malades de *désespoir...*

Ainsi, le langage populaire a pris l'habitude d'associer la maladie à une *émotion trop forte.* Et en effet, dans la pratique médicale, on constate que certaines affections surviennent à la suite d'une émotion violente.

L'émotion constitue un fait psychique extrêment important : elle s'élabore grâce au système limbique, et elle est sous-tendue par une gamme de réactions physiologiques. C'est pourquoi, si elle est trop intense, c'est-à-dire non assumée par l'organisme, elle peut donner lieu à des troubles somatiques.

Un dermatologue a constaté que beaucoup d'urticaires surviennent quelques jours après que la personne ait ressenti une émotion violente.

— Une femme est réveillée un jour à cinq heures du matin par de mauvais plaisants qui déposent devant sa porte un cercueil avant de s'éclipser. Dans la journée suivante, elle développe une crise d'urticaire.

— Un homme approchant la cinquantaine apprend, contre toute attente, que sa femme de quarante-cinq ans est enceinte ; le lendemain de cette nouvelle, il est couvert de plaques d'urticaire.

— Un directeur commercial, assez perfectionniste, se fait traiter publiquement de « tire-au-flanc » par un collègue, à un moment où justement, il est débordé de travail. Il reste sidéré... et déclenche une crise d'urticaire le lendemain.

Bien entendu, il n'est pas question de systématiser ces observations ; néanmoins le lien entre émotion forte et maladie, évident dans certains cas, mérite d'être souligné. Qu'un choc émotionnel puisse être à l'origine d'un certain nombre de troubles organiques est une idée parfaitement admise aujourd'hui. Les médecins penseront immédiatement à l'alopécie (chute de cheveux), l'aménorrhée (arrêt des règles), ou même aux troubles thyroïdiens...

Parmi les maladies susceptibles d'apparaître après un choc émotionnel violent, on cite rarement l'épilepsie. Pourtant, Trousseau lui-même, grand clinicien français de la fin du XIX^e siècle avait noté le fait : « beaucoup de malades sont devenus épileptiques à la suite d'une violente émotion morale ou d'une profonde terreur. Ils voient apparaître dans leur esprit ou sous leurs yeux, à chaque nouvel accès, les circonstances pénibles ou la scène effrayante qui ont déterminé chez eux la maladie pour la première fois. »

Les neurologues ont observé maintes fois des épilepsies chez des sujets ayant éprouvé peu de temps auparavant une peur intense. Penfield a rapporté le cas d'une personne qui eut sa première crise lors d'une agression par un chien ; elle tentait de lui arracher un bâton de la gueule. Par la suite, d'autres crises apparurent chaque fois qu'elle devait prendre quelque chose à quelqu'un.

Plusieurs praticiens ont constaté que bien souvent, les enfants épileptiques ont connu leur première crise peu de temps après le décès d'un parent. Tout se passe comme si l'émotion était trop violente pour être assumée ; la crise d'épilepsie servirait alors de dérivatif : ce serait une façon de décharger la tension accumulée.

Tous ces cas constituent des observations de pratique courante. (Bien entendu, cette étiologie n'élimine pas les autres, plus classiques.)

### Émotion contagieuse

Dans les deux observations qui vont suivre tout se passe comme si l'enfant déclenchait une épilepsie à la suite d'une émotion forte, qui n'est pas la sienne au départ, mais qui lui est *transmise* par l'un ou l'autre de ses parents.

— Jean a huit ans, il est traité depuis l'âge d'un an pour convulsions, et malgré le traitement, une maladie épileptique grave s'est installée. L'enfant subit de nombreuses hospitalisations ; on cherche une tumeur ou une malformation. Puis un jour, il est adressé à un psychologue, qui s'intéresse autant à la mère qu'à l'enfant.

A vrai dire, Jean est né dans des circonstances très défavorables. Son père ne voulait pas d'enfant. Sa mère, pendant les neuf mois d'une grossesse pénible, était convaincue que le bébé ne vivrait pas, et quand il fut né, elle resta longtemps persuadée qu'il était anormal. Les premiers mois de l'enfant furent aussi pénibles que la grossesse : il hurlait, sa mère vivait dans l'angoisse, et son père ne supportait pas ces pleurs incessants. Pour ne rien arranger, la belle-mère accablait sa bru, lui reprochant de ne pas savoir s'occuper du petit.

La jeune femme, après quelques entretiens, comprend ce que cette situation émotionnelle peut avoir de préjudiciable pour Jean. D'ailleurs, aujourd'hui, n'est-elle pas elle-même angoissée à l'extrême, dès qu'il s'agit de son fils. Elle en parlera avec son mari, et tous deux essaieront de ne plus s'impliquer émotionnellement dans leurs relations avec l'enfant. Quelques mois après cette prise de conscience, les parents de Jean ont changé radicalement d'attitude avec lui.

Les tracés encéphalographiques de l'enfant sont devenus normaux, et à l'initiative de la mère, tout traitement est interrompu. Deux ans plus tard, Jean n'a toujours pas connu de nouvelle crise...

— Un généraliste rapporte cette autre expérience :

« Un homme vient me voir très anxieux. Il craint d'avoir un cancer de la gorge. Son fils de dix ans, qui est traité depuis deux ans pour épilepsie, l'accompagne à la consultation. Tandis que j'examine le père, l'enfant tremble comme une feuille, et je vois soudain qu'il commence à osciller sur sa chaise, les yeux dans le vague. « Il va *me* faire une crise » s'inquiète le père. Je m'approche de l'enfant, le secoue et lui parle fermement : « Je parle à ton père pour le moment, laisse-nous tranquille. » Et la crise cessa sur-le-champ.

Quelques semaines plus tard, c'est au tour de la mère de venir me consulter. Elle me parle de son fils qui vient juste d'avoir une crise. Nous sommes à la veille de la rentrée scolaire, son fils serait-il anxieux ?... Non. Il se sent tout à fait capable de réussir à l'école, mais son père, en revanche, craint beaucoup qu'il n'échoue.

— Le soir de la crise nous venions justement de parler de tout cela ensemble : « Est-il possible que mon enfant fasse les frais des angoisses de mon mari ? »

— Peut-être !...

— Quand mon mari semble triste et renfermé, mon fils s'inquiète immédiatement : « Qu'est-ce que je *lui* ai fait ? »

Quelques semaines passent, et cette fois, la jeune femme

vient me voir avec son mari qui est aujourd'hui persuadé qu'elle a un cancer du sein. Il n'en est rien... Mais voilà un homme dont les angoisses sont singulièrement contagieuses ! *Il s'intoxique lui-même et pollue son entourage de ses émotions incontrôlées.* »

Dans ces deux situations, l'épilepsie semble bel et bien en rapport direct avec une émotion très forte, mais... l'émotion de qui ?

Exceptionnel ?... Non, le praticien constate fréquemment ces pollutions émotionnelles à l'intérieur des familles. Ce mode de communication est souvent pathogène.

### Des émotions étouffantes

Un médecin rapporte le cas suivant.

« Claire a six ans et présente depuis l'âge de quatre ans un eczéma constitutionnel. Ses parents ont essayé tous les traitements : pommade, bandage complet du corps la nuit, homéopathie, etc., en vain.

Quand je vois la fillette en mai 1981, l'eczéma s'est encore étendu et la nuit Claire ne trouve plus le sommeil tant les lésions la démangent.

Lors de cette consultation, les parents de Claire sont prêts à aborder la maladie de leur fille à travers une approche élargie, et ensemble nous essayons de mieux saisir l'environnement émotionnel de l'enfant. Au terme de la consultation, nous arrêtons une série de mesures dont nous évaluerons les résultats six mois plus tard.

Les mesures que les parents de Claire s'engagent à suivre s'orientent vers trois directions complémentaires :

1. Ils s'attacheront à *assainir leur mode de communication en couple :* à l'époque, tous deux connaissent des difficultés professionnelles. De retour à la maison, ils ont pour habitude d'évoquer leurs derniers soucis : " Mon patron est insupportable ", gémit le père. " Je suis débordée, je ne sais pas comment je vais m'en sortir ", renchérit la mère. Ainsi chaque soir, Claire assiste à ces stériles entretiens et étouffe dans cette tension permanente. En effet ses parents parlent

plus pour soulager leurs angoisses que pour trouver des solutions positives à leurs difficultés.

Tous deux décident alors de ne parler dorénavant de leur travail *que de façon constructive,* pour ne plus se communiquer leurs angoisses.

2. *Ils cesseront de se polariser sur la maladie de leur fille,* car ils pressentent que la petite tente, par ce biais, d'attirer l'attention sur elle. Ainsi Claire se gratte particulièrement au moment des repas car chacun peut la voir et la plaindre.

Désormais, les parents adoptent une attitude ferme : " Si tes plaques te grattent, tu te mets " du rouge " ou de la pommade. Plus de jérémiades à ce sujet ! "

3. *Ils s'occuperont très concrètement de leur fille :* moins polarisés par leurs difficultés professionnelles et par l'évolution de l'eczéma, les parents trouvent alors du temps qu'ils consacrent à Claire. Tous trois aménagent la chambre de l'enfant, chaque soir, le père aide sa fille à apprendre ses leçons ; à la rentrée des vacances de Toussaint, ils rencontrent la maîtresse d'école en présence de Claire. Ainsi l'enfant commence à comprendre qu'elle a sa place à elle au sein de la famille. Par ailleurs, les parents remarquent que l'enfant manque d'assurance : elle se compare aux autres et n'agit que dans la mesure où elle est certaine de réussir. Les parents s'attachent alors à souligner ses réussites, à l'encourager dans ses efforts et à ne pas dramatiser ses échecs...

Six mois plus tard, Claire est devenue une petite fille plus ouverte. Lors de la consultation, les parents m'apprennent qu'elle n'éprouve plus le besoin d'attirer l'attention sur elle et aime à prendre des initiatives. A l'examen, il ne reste plus que quelques zones d'eczéma sec au pli des coudes et derrière les genoux... »

L'eczéma constitutionnel est une maladie qui polarise bien des familles et il entraîne une escalade thérapeutique souvent décevante. L'eczéma est-il dû uniquement aux relations familiales ? Peut-être... Dans le cas de Claire on peut affirmer que l'amélioration de ces relations lui a été très bénéfique. Cette hypothèse peut donc être sérieusement envisagée.

Il faut se souvenir que le cerveau d'un enfant fonctionne essentiellement avec des émotions ; sa réflexion critique ne se développe que progressivement. Durant les premières années, l'enfant n'appréhende son environnement que sur un mode subjectif, amalgamant ses propres émotions à celles de ses proches.

Il est donc nécessaire d'apprendre à l'enfant à tirer parti de ses expériences personnelles, afin qu'il acquière pas à pas une réflexion critique. Ceci lui permettra de distinguer les faits des émotions, et parmi ces émotions les siennes de celles des autres.

## MALADIES DUES A UNE EMPRISE

### Obésité, rhinite et autonomie

« Dernière d'une famille nombreuse, j'étais la coqueluche de mes frères et sœurs. Ma mère me chérissait plus particulièrement, car je ressemblais — disait-elle — à une jeune sœur décédée quelques jours avant ma naissance, une enfant qu'elle adorait. Quant à mes frères et sœurs, ils étaient à mes pieds. Avais-je une punition à l'école, ils complotaient pour que mes parents n'en sachent rien ; une fois même, ma sœur aînée a fait le mur de l'école pour la rédiger à ma place. Bref, un contrat implicite me liait aux miens : j'étais leur petite reine, et ils aplanissaient les difficultés sur mon chemin. Cette enfance de rêve ne connaissait qu'un point noir : j'étais très gênée par un embonpoint qui résistait à tous les régimes et chaque printemps, j'étais sujette à une rhinite allergique.

A dix-neuf ans, je quittai pour la première fois le cocon familial pour entreprendre des études supérieures, choisies d'ailleurs tout à fait au hasard. Pour la fille immature que j'étais, l'avenir n'a jamais posé question ; il était tout tracé : la sécurité, c'est la famille. Cette entrée dans le monde me fut d'abord pénible : je dus trouver un appartement, gérer un budget, suivre le rythme de la fac, et surtout, vivre seule, ce qui m'était plus insupportable que tout. Ma rhinite se fit de plus en plus violente ces années-là, et mon obésité, malgré des régimes draconiens, ne régressait pas. J'avais un excès de poids de vingt kilos, ce qui me complexait beaucoup.

Néanmoins, cette nouvelle vie me permit de rencontrer des camarades, souvent plus mûrs que moi, et qui avaient vécu dans des milieux tout autres. Ils avaient des projets, des idées personnelles, et à leur contact je pris conscience de la pauvreté, de l'insignifiance de ma vie que j'avais toujours vue jusque-là comme un modèle d'épanouissement et de bonheur... Dès lors, je m'attachais à mener à bien des projets précis dans divers domaines : mes loisirs, mes études, ma vie affective...

Cependant, je constatais un curieux phénomène : si j'étais à l'aise parmi mes amis, si j'avais acquis une certaine maturité au cours de mes études puis dans mes débuts professionnels, dès que je rentrais chez mes parents, je me sentais un peu gênée, j'avais la curieuse impression de devenir à nouveau la petite fille d'autrefois. A chacune de mes visites, ma mère se plaignait : " on ne te voit plus, tu exagères, après tout ce que j'ai fait pour toi... " Et chaque fois, je repartais vaguement culpabilisée. Etrange incohérence dans mon comportement : habituellement, j'étais heureuse de mener ma vie comme je l'entendais, mais en présence de ma mère, j'en avais presque honte. Pourquoi ce malaise ? A vrai dire, je me sentais vaguement redevable envers ma mère, une femme admirable qui a " tout sacrifié " pour ses enfants. Nous n'avons jamais eu une idée très précise de la nature de ce sacrifice, mais elle nous en a si souvent parlé qu'il s'est imposé à nous comme une vérité première, une évidence sur laquelle on ne revient pas, Eh bien, revenons-y justement ! Elle a eu cinq enfants, c'est là un choix dont la responsabilité lui revient. Elle leur a donné nourriture, éducation et instruction, voilà le comportement normal d'une personne qui assume les conséquences de ses actes. Qu'elle l'ait fait avec cœur est tout à son honneur. Mais où est le sacrifice ? Au fond, je ne lui dois rien. Je n'ai pas demandé à naître, et si elle estime avoir sacrifié son temps, sa jeunesse ou sa carrière à ses enfants, il ne s'agit-là que d'un choix personnel qui ne me regarde en rien. J'ai aujourd'hui trente ans, et j'ai fait ma vie ; ma mère devrait se sentir tout à fait dégagée de ses obligations envers moi... Il est plus que temps que nous changions la nature de nos relations. Je ne suis plus une petite fille, que diable ! Cette réflexion me fut salutaire.

Quand je rencontrai ma mère par la suite, elle sentit immédiatement que nos rapports seraient désormais différents. Je lui proposai clairement d'entretenir avec moi, dorénavant, des relations saines : elle pourrait compter sur moi en cas de besoin, de même que je n'hésiterais pas à lui demander un service. Mais que la situation soit très claire : " Ne compte pas sur moi pour jouer les bâtons de vieillesse. Tout homme n'a qu'une vie, la mienne m'appartient, et j'entends ne la sacrifier à personne. " Cette explication fut décisive pour moi, car alors seulement, je me sentis tout à fait autonome. Dans les mois qui suivirent, je perdis quinze kilos, sans l'aide d'aucun régime. Et depuis deux ans, je n'ai pas connu la moindre rhinite... »

Plusieurs cas ont été observés où des obèses ont commencé à maigrir à la suite d'une *prise d'autonomie,* et où des rhinites allergiques remontant à la plus tendre enfance ont disparu dans les mêmes circonstances. A défaut de pouvoir expliquer le mécanisme physiologique de ces guérisons, il est malgré tout intéressant de les signaler, car elles peuvent donner des idées à certains.

### Il n'y a pas d'âge pour tomber sous emprise

Une dame âgée de soixante-cinq ans consulte pour un asthme qui s'est déclaré il y a six mois. Deux bilans complets effectués dans des centres hospitaliers différents n'ont pu mettre en évidence la cause de la maladie. Cette patiente est donc traitée à la cortisone, seule thérapeutique efficace dans son cas.

Lors de la première consultation, le médecin surveille le traitement, puis cherche avec sa patiente si des événements particuliers ont modifié son existence depuis ces six derniers mois.

« La maladie est apparue après la mort de mon père. Le jour de l'enterrement ma mère ne voulait pas dormir seule, et, à sa demande, mon mari et moi avons passé la nuit chez elle. En fait, nous y sommes allés deux mois durant, puis pour me simplifier l'existence, c'est elle qui est venue chez moi. Ce fut alors un véritable enfer : ma mère a commencé à surveiller mon emploi du temps, à me donner des ordres comme si j'étais une gamine. Quand je pense que j'ai soixante-cinq ans, docteur ! »

Lors de la consultation suivante, le médecin apprend, non sans surprise, qu'en réalité, mère et fille habitent des maisons mitoyennes, et qu'elles ne sont pas éloignées de plusieurs kilomètres comme la mesure adoptée le lui avait laissé croire. Il lui donne alors quelques éléments sur la nécessité du territoire pour chaque individu et sur l'emprise qu'une personne peut exercer sur une autre. Sa patiente commence à comprendre sa situation, et elle décide avec son mari, présent à la consultation, de reprendre un minimum de vie de couple autonome : « désormais, nous passerons la soirée ensemble après le dîner ». Ainsi fut fait. L'asthme régressa considérablement à cette même époque et la cortisone fut arrêtée. Mais voilà que la vieille maman n'apprécie pas une telle émancipation. Elle fait une tentative de suicide, qui la conduit tout droit à l'hôpital. Sa fille bouleversée rechute et ses crises d'asthmes sont aussi inquiétantes que les précédentes. Que faire ?

Pour cette patiente, le lien de cause à effet entre sa maladie et la présence envahissante de sa mère lui semble évident. Il lui faut donc choisir entre sa mère ou sa propre santé. Elle se rend alors à l'hôpital et lui déclare fermement : « quand tu sortiras d'ici, tu retourneras habiter chez toi ; le midi, tu déjeuneras chez moi, mais le soir, tu nous laisseras seuls ».

Un an après cette décision irrévocable, l'état respiratoire de cette femme s'est nettement amélioré et les traitements à base de cortisone ne s'avèrent plus nécessaires.

## MALADIE ET « PETITE PHILO »

### Emprise sur fond de petite philo : des maux bien féminins

Sylvie fut une enfant fragile, elle eut de fréquentes crises d'acétone jusqu'à l'âge de sept ans puis des poussées d'urticaire jusqu'à vingt ans ainsi que de nombreuses rhino-pharyngites. En outre, elle souffrait de troubles des règles.

Toute son enfance a été marquée du sceau de la maladie : sa grand-mère, souffrant d'un cancer du sein, lui confiait souvent ses frayeurs, Sylvie en était épouvantée, mais ces petits secrets la rapprochaient de l'aïeule. Sa mère, elle, souffrait d'une mastose et ne manquait pas de tenir sa fille au courant des moindres détails de sa maladie. Ces maux rapprochaient étroitement les femmes de la maison en un gynécée morbide, dont les hommes étaient exclus. De son père, Sylvie garde l'image d'un homme distant et autoritaire. Sa mère tentait d'apaiser ces accès de colère par une sollicitude aussi excessive qu'agaçante.

A vingt ans, elle s'inscrit en faculté de médecine. C'est la première fois qu'elle quitte vraiment le domicile familial. Elle découvre un autre monde : enfin elle peut avoir des amis, organiser ses loisirs comme elle l'entend. Et elle a surtout l'impression d'être libérée d'un poids : la voilà loin des confidences morbides... A cette époque, les crises d'urticaire s'espacent considérablement.

Puis Sylvie se marie. C'est l'occasion pour sa famille de renouer des liens avec elle. Fréquemment sa mère lui téléphone pour lui faire des confidences sur sa santé : « Sais-tu ce que mon médecin m'a dit ?... Tu devrais venir m'ausculter, je crois qu'en ce moment ma tension baisse... Et toi, comment vas-tu ? » Et chaque fois que les deux femmes se rencontrent, leur conversation porte sur un sujet central : la maladie. Mais à vrai dire, il est un mal dont on ne parle pas mais qui occupe toute la place : le cancer. La mère de Sylvie est hantée par la certitude d'en être frappée à son tour, un jour ou l'autre.

Après un an de mariage, Sylvie ressent les premiers signes d'une mastose : tension mammaire, douleur à la palpation des seins qui révèle des petites nodosités, fatigue générale hors des « poussées ». Ce diagnostic est confirmé par une mammographie. Parallèlement, Sylvie connaît toujours des troubles des règles : cycles longs et irréguliers, règles abondantes... Son médecin lui donne un traitement hormonal qui apporte une amélioration certaine mais pas de guérison.

Puisque Sylvie a terminé ses études, son mari et elle

décident d'avoir un enfant. Or, six mois plus tard, Sylvie n'est toujours pas enceinte. Des règles hémorragiques l'obligent à se faire hospitaliser. Son médecin procède à une hystérographie (radio de l'utérus) qui visualise un épaississement de la muqueuse intra-utérine. Les analyses confirment l'existence de cette hyperplasie traduisant un dérèglement hormonal. Parallèlement des examens sont réalisés chez son mari, les résultats sont normaux. Une stimulation de l'ovulation par Clomid est tentée : une première grossesse démarre deux mois plus tard, suivie rapidement d'un avortement spontané à six semaines. Après une seconde stimulation, une deuxième grossesse se met en route. Ses débuts seront émaillés de nombreux incidents : contractions, saignements faisant craindre un nouvel avortement. La mise au repos sous traitement permet cependant une évolution normale de cette grossesse jusqu'à un accouchement à terme.

Environ six mois après l'accouchement, la mastose restée « muette » pendant la grossesse, reprend ; elle sera traitée à nouveau.

C'est alors que Sylvie commence à réfléchir à ces trois premières années de mariage. En réalité, ni l'un ni l'autre ne sont heureux : son mari s'éteint et supporte de plus en plus mal les incursions de sa belle-mère. Et puis il ne reconnaît plus en sa femme l'étudiante en médecine pleine d'entrain qui lui avait tant plu. Aujourd'hui, il a à ses côtés une femme ennuyeuse qui n'a pour toute conversation que sa santé ; une femme bavarde et curieuse qui, à chaque repas, mène son enquête sur les activités de son mari ; une femme qui l'étouffe par ses gestes de sollicitude et qui veut qu'en toutes choses, ils soient toujours ensemble. Lui qui a vécu plus de cinq ans en célibataire ne supporte pas cette séquestration dans laquelle tous deux s'encroûtent. Après avoir bien observé comment les choses se passaient dans sa belle-famille, il comprend ce qui est en train d'arriver chez lui : *sa femme reproduit trait pour trait le comportement de sa mère.* C'en est trop ! Sylvie est très affectée par ce constat. Elle-même a toujours réprouvé les attitudes de sa mère vis-à-vis de son père. Forte de cette prise de conscience, Sylvie décide de laisser les coudées franches à son mari, et tous deux parviennent au fil des mois, à retrouver une vie de couple plus épanouie. Mais elle est encore inquiète pour sa santé. S'en sortira-t-elle un jour ? On dirait qu'aux femmes de sa famille est attachée une sorte de fatalité : sa grand-mère, sa mère, elle aujourd'hui...

C'est alors qu'elle se souvient d'un personnage de sa famille dont tout le monde évoque encore aujourd'hui la mémoire avec le plus grand respect : son arrière-grand-mère maternelle. Cette femme n'avait pu entrer au couvent comme elle le désirait et avait mis au monde onze enfants, tous consacrés à dieu : « Qu'ils se mettent à Votre service, ô mon Dieu, ou qu'à défaut, ils Vous donnent de nombreux chrétiens. » Cette ardente prière de l'ancêtre fut rapportée de génération en génération, et érigée en *petite philo* par tous les descendants. Et en effet, parmi les enfants de cette sainte femme, plusieurs devinrent prêtres ou religieuses, les autres, pères et mères de familles nombreuses. Seule la grand-mère de Sylvie n'eut qu'un enfant, qui elle-même n'en eut que deux.

Parfois la grand-mère lui avait parlé de cette admirable aïeule, ajoutant avec émotion combien elle-même se sentait coupable de ne pas avoir eu autant d'enfants que ses frères et sœurs. Elle se souvenait même d'allusions diffuses lancées lors des réunions de famille...

Mais, jamais sa grand-mère n'avait explicitement fait le lien entre sa maladie et ce qu'elle appelait sa « stérilité ». Cependant Sylvie avait toujours senti que ce rapprochement gratuit et hasardeux était sous-jacent. *Ainsi, toute son enfance avait-elle été imprégnée de ces considérations émotionnelles et délirantes.* Il était temps que Sylvie remette ses idées en place. « Ces femmes lient leurs ennuis de santé gynécologiques à la trahison du vœu de l'arrière-grand-mère, libre à elles. Quant à moi, je ne me sens en rien concernée par de telles élucubrations. Ma vie m'appartient et je n'ai aucune envie de reprendre à mon compte un tel héritage. »

Sylvie a compris que ces rapprochements étaient véhiculés de mère en fille *par le biais de leurs confidences émotionnellement très chargées.* Pour y mettre un terme, elle doit aujourd'hui cesser d'écouter et de répondre aux lamentations de sa mère. Dès que Sylvie la rencontre, elle lui annonce clairement : « Je sais que tu as des ennuis de santé, mais je ne veux plus être ta confidente, prends ta santé en main, va voir ton médecin quand c'est nécessaire mais cessons de nous complaire dans ces conversations malsaines. » La mère, d'abord surprise, accepte ce nouveau style de relations et, depuis ce jour, les rapports de Sylvie avec sa famille sont bien meilleurs.

A partir de cette mise au point, Sylvie s'est dégagée complètement de la cohésion qui la liait à sa mère. A cette même époque, elle arrête tous traitements car les signes de sa mastose et les anomalies du cycle menstruel s'atténuent puis disparaissent complètement. Une troisième grossesse démarre facilement, ceci sans aucune stimulation médicamenteuse, et elle est menée à terme sans aucun problème.

### Petite philo au masculin

Cyrille est issu d'une famille modeste. Unique garçon au milieu de trois filles, il est le seul à avoir poursuivi des études secondaires en vue d'une carrière d'ingénieur. A dix-huit ans, en classe de terminale, il travaille avec acharnement, passe des nuits blanches, prend des cours particuliers en complément de ceux du lycée. Il faut qu'il réussisse à tout prix. Plus le baccalauréat approche, plus Cyrille est angoissé. On lui découvre alors une tension artérielle beaucoup trop élevée pour son âge (maxima à dix-neuf). Cette hypertension évolue par poussées, avec de longues périodes de rémission. Cyrille est alors dispensé de sport, ce qui l'affecte d'une manière démesurée : « Je ne suis plus bon à rien... » Un état dépressif latent apparaît accompagné d'une très grande fatigue, d'un manque d'entrain qui ne lui ressemble pas, et de périodes d'insomnies. Pourtant, malgré ce handicap, non seulement il réussit son bac, mais il est reçu au concours d'entrée d'une école d'ingénieurs.

Ce succès le réconforte. Destiné, pour la gloire de sa famille à occuper une place honorable dans la société, il vient d'en assurer les premières assises. Pendant que ses parents débordent de satisfaction, Cyrille, plus affermi, retrouve une tension normale. Il termine ses études sans difficultés particulières.

Marié depuis deux mois, il est convoqué aux examens de sélection du service national. Bien qu'il n'en dise mot, il est très inquiet : si on lui découvre une hypertension, il risque d'être réformé, et cette éventualité lui paraît insupportable. En effet, son père lui a toujours fait valoir une *certaine image de la virilité*, et déjà, l'exemption de sport au lycée lui était apparue comme une vraie déchéance. Que serait dès lors une réforme... ? Ce qui devait arriver arrive : lors de l'examen médical, il est mort d'angoisse et on lui trouve une tension tellement élevée qu'il est déclaré inapte. Il rentre chez lui effondré : « je ne suis pas un homme ».

Cette appréciation le hante jusqu'à l'obsession. Il commence à présenter des accès de tachycardie (son cœur bat à un rythme très rapide sans qu'il fasse d'effort). Il ne peut supporter cette déchéance, et sollicite une nouvelle visite devant la commission de réforme qui, cette fois, le déclare « apte ». Cyrille est un peu rasséréné. Mais le médecin militaire, lors de la visite d'incorporation lui découvre un souffle au cœur. Pourra-t-on le garder à l'armée ? De nouveau, Cyrille présente des accès de tachycardie, et au bout de quelques semaines, il est réformé définitivement. Il est consterné, et commence une période d'anorexie qui lui fait perdre six kilos en deux semaines. Un cardiologue consulté en ville ne retrouve aucune trace de souffle au cœur, l'électrocardiogramme ne présente aucune anomalie. Cyrille est un peu rassuré, mais son hypertension persiste.

Parmi ses collègues, certains ont effectué leur service militaire, d'autres non. En les voyant agir dans la vie quotidienne, en discutant avec eux, il se rend compte que là n'est peut-être pas le critère absolu qui permet de distinguer les hommes-les-vrais de ceux qui resteront toute leur vie des mauviettes. Profondément imprégné jusqu'à ce jour des idées que son père avait sur l'armée, il découvre à présent qu'il existe sur la question bien d'autres opinions, et qui ne sont pas nécessairement plus sottes. Cette prise de conscience est d'importance pour Cyrille. Bientôt sa tension se normalise. Tout se passe comme si ses troubles étaient venus sanctionner son « moins-être » en matière de virilité.

En considérant avec du recul la fiche médicale de cet homme, on reconnaît à l'origine de ses maladies deux éléments différents.

— *D'une part, l'angoisse de ne pas réussir la percée sociale à laquelle ses parents l'ont voué.*

— *D'autre part, il a hérité d'une certaine vision fantasmatique de la virilité.*

## Pathologie de la grâce

Julien est nain. Il voue une admiration sans borne à sa grand-mère, une femme admirable qui a été durement éprouvée par la vie : l'une de ses filles est handicapée et ce petit-fils, qui est nain... Une sainte femme en vérité, jamais un mot plus haut que l'autre. Chez elle, c'est la maison-du-bon-dieu. Souvent, elle tient compagnie à son petit-fils qu'elle encourage à sa façon : « ta souffrance est une grâce par laquelle nous gagnons notre ciel, car " dieu éprouve ceux qu'il aime " ». Pas une minute, l'enfant ne pense à se révolter ; le bonheur l'éloignerait du ciel, tandis que son malheur est une grande grâce pour tous les siens.

Et comment Julien aurait-il pu envisager différemment les choses, puisque jusqu'à l'âge de neuf ans, il n'a pas quitté la propriété familiale, une institutrice lui dispensant des cours particuliers.

A dix ans, Julien est au collège, et voilà que, peu de temps avant son examen de passage, il fait une otite bactérienne. Immédiatement, l'enfant est convaincu que cette maladie « envoyée par dieu » est le prix à payer s'il veut réussir. Dès que la fièvre tombe, il se plonge dans ses livres et obtient une moyenne satisfaisante à l'ensemble des épreuves. « Voilà encore un effet de la souffrance rédemptrice » conclut logiquement Julien, et cette nouvelle expérience vient renforcer la « petite philo » que sa grand-mère lui a inculquée. Pas une minute, Julien n'envisage que sa réussite puisse être le fruit légitime de son travail régulier de l'année. Mais voilà que durant les six années suivantes, son organisme apporte toujours la même réponse physiologique à l'épreuve de l'examen de passage. Tous les ans, Julien fait une otite de même type en juin, précisément au moment des révisions, et uniquement à cette époque.

Cependant à seize ans, comme tous les garçons de son âge, il manifeste des velléités d'indépendance. Son père veut qu'il se coiffe en brosse, et bien, Julien porte les cheveux longs ; sa mère le couve comme un enfant, désormais il s'achète lui-même ses vêtements. Mais surtout, Julien commence à réfléchir aux inepties de sa grand-mère. Aujourd'hui, il vit avec d'autres camarades de son âge, et il sait combien sa situation est injuste : « alors si dieu est vraiment bon, comment a-t-il pu permettre que je sois ainsi malade et malformé » ? Et enfin sa résignation d'antan cède la place à une saine révolte. Dès lors, curieusement, Julien ne fera plus la moindre otite. Pourtant il passe des examens de plus en plus difficiles : le bac, puis quatre années d'études supérieures qui le dotent à vingt et un ans d'une maîtrise en informatique. Malgré son handicap, il se fait une place au soleil à force de ténacité...

Bref, non seulement il réussit, mais il ne souffre plus. Pauvre famille qui perd ainsi une grande grâce...

Ignoble, n'est-ce pas ? Superstitions d'un autre âge ? Aujourd'hui encore les praticiens rencontrent fréquemment chez bien des malades, une résignation qui trouve son explication dans de semblables conditionnements.

Dans les situations pathogènes décrites précédemment, un facteur principal intervient dans le déclenchement de la maladie : soit un but inavouable, soit une emprise, soit une petite philo.

Cependant, bien des malades sont affrontés à des réalités plus complexes, et peuvent être sujets à deux de ces facteurs déclenchants, voire aux trois à la fois. Et il est fréquent que ces malades présentent une symptomatologie touchant successivement différents organes.

## UNE HISTOIRE COMPLEXE

### « Petite philo », emprise et maladie de geôlier

Les parents de Cécile sont de modestes agriculteurs. Fort occupés par le travail de la ferme, ils s'intéressent peu à leur fille. Cependant, par souci de son éducation religieuse, ils l'ont inscrite dans un pensionnat catholique, malgré leurs faibles revenus.

Là, les religieuses et les élèves mettent Cécile en quarantaine : elle doit manger à part, faire la vaisselle, comme il convient à une enfant d'origine sociale modeste (en 1960 !). Cécile est malheureuse. Ses résultats scolaires deviennent médiocres, et ses parents le lui reprochent.

Et voilà que l'année de ses dix ans, elle a une crise d'appendicite. Ses camarades lui portent soudain un intérêt nouveau ; elles lui rendent visite à la clinique. Ses parents l'entourent. Pour la première fois, elle passera ses vacances en colonie au lieu de rester à la ferme ! Cécile garde donc un souvenir plutôt gratifiant de ces semaines d'hospitalisation et de convalescence.

Or après son opération, elle tombe régulièrement malade : elle souffre de trachéite, de diarrhées. Un gastro-entérologue consulté ne diagnostique aucun trouble organique. Pourtant chaque année, quand arrive le mois de juin, Cécile a perdu jusqu'à dix kilos. A l'école, ses résultats continuent à être médiocres, mais on ne lui en tient pas trop rigueur. Et comme sa mine chétive réclame un changement d'air, Cécile continue à partir en colonie tous les ans puisqu'elle y reprend chaque fois du poids. Ses frères et sœurs, eux, restent à la ferme, pour travailler.

Quand elle se plaint, ses parents, catholiques fervents, lui répètent invariablement : « Il faut souffrir en silence pour la conversion des pécheurs. La maladie est une grâce. » Cette « petite philo » fait son œuvre et la souffrance devient, pour Cécile, moyen de sanctification : ses maux sont la voix de dieu dans son corps.

A dix-sept ans, elle s'est résignée à vivre avec ses petites maladies. Elle est devenue une jeune fille pleine d'entrain et d'attention pour ses proches. Pendant les vacances, elle participe à un chantier de jeunes. Le travail consiste à construire un atelier d'artisanat pour un moine. Celui-ci est un grand malade. Amputé de l'estomac et d'une partie de l'intestin, il ne mange rien, dort peu et se plaint sans cesse de maux nombreux : céphalées, hypotension, syncopes, tétanie. Son apparence pitoyable trouve un écho dans le cœur de

Cécile, qui, tout de suite lui accorde son entière confiance.

Parfois, ce grand souffrant est pris de douleurs violentes. Il s'enferme subitement chez lui, sans explication, laissant les jeunes surpris et inquiets. Ou brusquement, il exige que tous autour de lui fassent silence. Les crises du saint homme rythment le travail du groupe. Subjuguée, comme ses camarades, Cécile trouve normal d'offrir gratuitement ses services à ce pauvre moine.

Pendant deux ans, elle prend l'habitude de passer une semaine de chaque congé scolaire chez lui. Elle fait la cuisine, le ménage, l'aide dans son travail. Son admiration grandit. Une complicité quasi amoureuse s'établit avec lui. Cécile dépense tout son argent de poche pour lui offrir des disques. Il remercie peu, mais sait la flatter par de petits compliments, lâchés avec parcimonie.

Et, progressivement, Cécile *reproduit* dans sa propre vie *le comportement du moine :* elle adopte ses goûts et ses manies ; plutôt ordonnée de nature, elle sème le désordre partout ; elle se force à ne pas dormir pour vivre la nuit, comme lui ; elle se met à boire du vinaigre pour « soigner » ses maux d'estomac !...

A vingt ans, Cécile rencontre Bernard. Elle brûle de lui faire connaître « son moine » et, dès leurs premières vacances, l'emmène à l'abbaye. Mais Bernard n'est pas du tout séduit par cet homme « hors du commun ». « C'est un moine artisan, comme tant d'autres ! Il est en mauvaise santé, bien sûr, c'est triste pour lui, mais cela ne lui donne rien d'exceptionnel. Pour être aveuglée à ce point, je ne vois qu'une explication : tu as eu le coup de foudre ! »

Ce bon sens réveille Cécile. Dès lors, elle comprend combien elle a idéalisé cet homme, au point de s'identifier à lui, et de souffrir des mêmes maladies, insomnies et douleurs gastriques.

Désormais, prise par d'autres préoccupations, elle ne reverra plus le moine. Peu à peu, elle retrouve le sommeil et sa gastrite guérit. A cette époque, Cécile termine ses études d'institutrice, et se marie avec Bernard. Elle se fatigue toujours facilement. Un nombre croissant de symptômes et de maladies lui perturbent la vie : lors d'un stage, elle se trouve démunie devant une classe chahuteuse et présente de l'hypotension artérielle. Puis, à deux mois de ses examens, alors qu'elle rédige son mémoire de fin d'études, elle fait une hémorragie rectale. La coloscopie ne révèle aucune atteinte organique.

Par la suite, munie de son diplôme, elle enseigne dans une classe de tout-petits. Elle n'ose pas réagir devant les méthodes éducatives inadaptées d'une aide-maternelle. Des douleurs dorsales de plus en plus gênantes l'empêchent de porter les enfants. Très fatiguée, elle perd six kilos en deux mois. Le médecin prescrit un arrêt de travail qu'il renouvelle plusieurs fois. Enfin, Cécile renonce à poursuivre son métier et demande une mise en disponibilité.

Que se passe-t-il ? Aujourd'hui, chaque fois que Cécile doit affronter une difficulté qu'elle n'empoigne pas (chahut, examens, conflits), son organisme oppose la maladie comme par réflexe. Cette pseudo-solution, il semble bien qu'elle l'ait expérimentée pour la première fois lors de son appendicite, et c'est à cette époque sans doute, qu'elle en a compris (inconsciemment ?) l'intérêt :

— avant sa crise, ses parents la rabrouaient et ses camarades la rejetaient.

— après la crise, et dans les années qui suivirent, ses incessants ennuis de santé ont créé autour d'elle un courant d'indulgence et de sympathie...

Un soir, Bernard en a vraiment assez : « Tu joues la comédie. A force de répéter que tu es malade, tu finis par le croire. Mais c'est faux, puisque les examens médicaux sont normaux. Tu me polarises sur toi, j'étouffe ici ! Je suis vidé... »

Cécile est sidérée. Clouée sur place, elle n'a rien à objecter. Elle commence alors à réfléchir : effectivement, Bernard s'éteint de plus en plus. Ce n'est pas ce qu'elle veut, pas plus que vivre en malade et polariser son entourage sur ses douleurs. Pourtant c'est ce qu'elle fait. Et, de ses projets d'antan, l'enseignement en maternelle, le tissage, les amis, il ne reste rien. Cécile se souvient alors de cette dédicace portée sur un livre par ses camarades d'école : « A notre amie Cécile, dont nous apprécions tous les jours le dynamisme et les idées : toujours la première à organiser les week-ends de sortie, et toujours une petite attention pour celui qui en a besoin. » Que ce temps-là lui paraît lointain ! Ce cadeau date d'avant son premier séjour à l'abbaye. Effectivement, depuis la rencontre avec « son » moine, Cécile a perdu sa vitalité, et les qualités qui lui attiraient la sympathie de ses amis.

Quel diable d'homme est-ce donc là ? Elle entreprend, avec l'aide de son mari de brosser un portrait exact du pieux personnage : il est malade, certes, mais il sait en tirer partie. Il souffre, mais d'une souffrance montrée, et qui a l'avantage de mettre autour de lui non seulement des admirateurs dévôts, mais une main-d'œuvre bénévole. Pain béni que la maladie... Voilà ce que Cécile n'avait jamais très clairement compris : elle souffre des mêmes maux que son moine, et, comme lui, *fascine son entourage* par des plaintes incessantes... Tous deux jouent au *malade geôlier*.

« C'est comme s'il vivait en moi. Mais comment ai-je pu en arriver là ? Quand je pense que le moine buvait du vinaigre alors qu'il n'avait même plus d'estomac. Ce n'est pas possible, il est masochiste. Je ne comprends peut-être plus rien à la sainteté, mais un tel comportement relève tout simplement d'un déséquilibre mental sérieux. »

C'est ainsi que Cécile prend conscience que depuis toujours elle se laisse guider par la « petite philo de la grâce sanctifiante », héritée de ses parents. Cette mystification a sans doute favorisé la mise en place de l'emprise hypnotique du moine souffrant.

« Quand je vois mon état lamentable, le rétrécissement de ma vie et de celle de mon mari, je suis obligée de constater qu'en réalité, la souffrance fait des ravages. Je n'ai aucun intérêt à tirer de la maladie, au contraire... Désormais, je mènerai ma vie comme je l'entends. » Déterminée, elle recherche activement du travail. Elle obtient d'abord des remplacements. Malgré les distances et les changements fréquents de classe, sa fatigue chronique et les différentes pathologies dont elle souffrait ne se manifestent plus.

A la rentrée suivante, elle obtient un poste fixe et doit subir l'inspection. Anxieuse, elle évite d'y penser. Une grande fatigue apparaît, puis une trachéite. Décidée à lutter, elle en discute avec Bernard. « As-tu préparé ton inspection ? » Non. A vrai dire, elle essaie plutôt de l'oublier, mais cette question pertinente la réveille. Elle décide de s'y mettre, discute avec des collègues du déroulement de l'examen... En trois jours, sa trachéite régresse, elle est en pleine forme.

Depuis deux ans, Cécile est rarement malade. Si, de temps à autre, quelque vieux symptôme réapparaît, elle y voit *un signal d'alarme*. En effet, elle découvre assez vite une difficulté qu'elle se refusait plus ou moins consciemment à prendre à bras-le-corps. Dès lors, elle s'attache à trouver des solutions, et les symptômes disparaissent dans les vingt-quatre heures.

─────────FICHE CULTURELLE─────────

## « PETITES PHILOS »

Les « petites philos » sont, le plus souvent, des variations sur l'unique thème de l'amour. Dans son ouvrage « L'Eloge de la Fuite » *(op. cit.)* H. Laborit a sorti ce sujet de la confusion qui habituellement l'entoure.

### L'Amour

« Avec ce mot on explique tout, on pardonne tout, on valide tout, parce que l'on ne cherche jamais à savoir ce qu'il contient. C'est le mot de passe qui permet d'ouvrir les cœurs, les sexes, les sacristies et les communautés humaines. Il couvre d'un voile prétendument désintéressé, voire transcendant, la recherche de la dominance et le prétendu instinct de propriété. C'est un mot qui ment à longueur de journée et ce mensonge est accepté, la larme à l'œil, sans discussion, par tous les hommes. Il fournit une tunique honorable à l'assassin, à la mère de famille, au prêtre, aux militaires, aux bourreaux, aux inquisiteurs, aux hommes politiques. Celui qui oserait le mettre à nu, le dépouiller jusqu'à son slip des préjugés qui le recouvrent, n'est pas considéré comme lucide, mais comme cynique. Il donne bonne conscience, sans gros efforts, ni gros risques, à tout l'inconscient biologique. Il déculpabilise, car pour que les groupes sociaux survivent, c'est-à-dire maintiennent leurs structures hiérarchiques, les règles de la dominance, il faut que les motivations profondes de tous les actes humains soient ignorés. Leur connaissance, leur mise à nu, conduiraient à la révolte des dominés, à la contestation des structures hiérarchiques. Le mot d'amour se trouve là pour motiver la soumission, pour transfigurer le principe du plaisir, l'assouvissement de la dominance. (...)

Tout homme qui, ne serait-ce que parfois le soir en s'endormant, a tenté de pénétrer l'obscurité de son inconscient, sait qu'il a vécu pour lui-même. (...) Le paternalisme, le narcissisme, la recherche de la dominance, savent prendre tous les visages. (...) Il m'a été donné parfois d'observer de ces hommes qui, tant en paroles qu'en actions, semblent entièrement dévoués au sacrifice, mais leurs motivations inconscientes m'ont toujours paru suspectes. Et puis certains, dont je suis, en ont un jour assez de ne connaître l'autre que dans la lutte pour la promotion sociale et la recherche de la dominance. Dans notre monde, ce ne sont pas des hommes que vous rencontrez le plus souvent, mais des agents de production, des professionnels. (...) Ces adversaires ne vous aborderont jamais seuls. Ils s'appuieront sur un groupe ou une institution. L'époque de la chevalerie est loin où l'on se mesurait un à un, en champ clos. Ce sont les confréries qui s'attaquent aujourd'hui à l'homme seul, et si celui-ci a le malheur d'accepter la confrontation, elles sont sûres de la victoire, car elles exprimeront le conformisme, les préjugés, les lois socio-culturelles du moment. Si vous vous promenez seul dans la rue, vous ne rencontrerez jamais un autre homme seul, mais toujours une compagnie de transport en commun. (...)

Aimer l'autre, cela devrait vouloir dire que l'on admet qu'il puisse penser, sentir, agir de façon non conforme à nos désirs, à notre propre gratification, accepter qu'il vive conformément à son système de gratification personnel et non conformément au nôtre. Mais l'apprentissage culturel au cours des millénaires a tellement lié le sentiment amoureux à celui de possession, d'appropriation, de dépendance par rapport à l'image que nous nous faisons de l'autre, que celui qui se comporterait ainsi par rapport à l'autre serait en effet qualifié d'indifférent. (...)

Oui, ce que je viens d'écrire sur l'amour est attristant. Cela manque totalement de spiritualité. Heureusement qu'il nous reste saint François d'Assise, Paul VI et Michel Droit. Heureusement qu'il existe encore des gens qui savent, eux, pourquoi ils ont vécu, et pourquoi ils vivent. Demandez-leur. Ils vous diront que c'est pour l'Amour avec un grand A, pour les autres, grâce au sacrifice d'eux-mêmes. Et il faut les croire parce que ce sont des êtres conscients et responsables. Il suffit de voir leur tête pour comprendre combien ils ont souffert dans leur renoncement. »

*
**

Dans le même ouvrage, H. Laborit jette un regard sans complaisance sur la civilisation judéo-chrétienne. Voilà qui désacralise encore bien des petites philos...

## La civilisation judéo-chrétienne

« Déçus ? Bien sûr vous l'êtes. Entendre parler de l'Amour comme je viens de le faire a quelque chose de révoltant. Mais cela vous rassure en raison même de la différence. (...) Vous savez, vous, que ce ne sont pas que des mots, que ce qui a fait la gloire des générations qui nous ont précédés, sont des valeurs éternelles, grâce auxquelles nous avons abouti à la civilisation industrielle, aux tortures, aux guerres d'extermination, à la destructuration de la biosphère, à la robotisation de l'homme et aux grands ensembles. Ce ne sont pas les jeunes générations évidemment qui peuvent être rendues responsables d'une telle réussite. Elles n'étaient pas encore là pour la façonner. Elles ne savent plus ce qu'est le travail, la famille, la patrie. Elles risquent même demain de détruire ces hiérarchies, si indispensables à la récompense du mérite, à la création de l'élite. (...) Et toute cette jeunesse qui profite de ce monde idéal, tout en le récusant, ferait mieux de se mettre au travail, d'assurer son avenir promotionnel et l'expansion économique, qui est le plus sûr moyen d'assurer le bonheur de l'homme. La violence n'a jamais conduit à rien, si ce n'est à la révolution, à la Terreur, aux citoyens de Vendée et aux droits de l'Homme et du Citoyen. Sans doute, il y a des bombes à billes, au napalm, des défoliants, les cadences dans les usines, les appariteurs musclés, mais tout cela (pour ne citer qu'eux) n'existe que pour apprendre à apprécier le monde libre à ceux qui ne savent pas ce qu'est la liberté et la civilisation judéo-chrétienne. Conservons la vie, ce bien suprême, pénalisons l'avortement, la contraception, la pornographie (qui n'est pas l'érotisme, comme chacun sait) et favorisons, au nom de la patrie, les industries d'armement, la vente à l'étranger des tanks et des avions de combat, qui n'ont jamais fait de mal à personne puisque ce sont les militaires qui les utilisent. (...) »

## LE RETRAITEMENT ÉMOTIONNEL

L'émotion s'accompagne de réactions biologiques et s'exprime essentiellement par le système végétatif et neuro-endocrinien. Nées d'une émotion inadaptée, spasmophilie et maladies psychosomatiques trouvent bien souvent leur origine dans une emprise hypnotique ou dans une situation relationnelle étouffante. Pour corriger les troubles, il faut en revenir au fait brut et lui rattacher l'émotionnel adapté : c'est le retraitement émotionnel.

### Mais d'où vient l'émotion ?

Un jeune enfant marche sur la queue du chat. L'animal surpris lui saute au visage et le griffe. Le cerveau limbique de l'enfant traite alors l'événement : CHAT = DANGER = PEUR. Ce fait est ensuite enregistré comme déplaisant, si bien que par la suite, la seule vue d'un chat fait pleurer l'enfant, et le pousse à fuir.

Un événement ne suscite d'émotion que si dans le passé, l'individu a connu une autre expérience qui lui permet de dire aujourd'hui : ce qui m'arrive me rappelle quelque chose, une situation que j'ai à l'époque enregistrée comme gratifiante ou déplaisante.

Comment l'enfant peut-il se libérer de sa peur des chats ? En RETRAITANT l'incident qui l'a marqué : si le chat l'a agressé, c'est parce qu'il lui avait marché sur la queue ; hors de ce contexte précis, un chat n'est habituellement pas dangereux. Et pour concrétiser ce retraitement par une action, qu'on aide donc cet enfant à caresser de nouveau son chat.

Naturellement, la vie quotidienne est une succession d'événements infiniment plus complexes que la rencontre d'un enfant et d'un chat.

Une infirmière raconte qu'elle eut énormément de difficulté lors d'un stage hospitalier à affronter le psychologue du service, tout simplement parce que la voix de ce dernier ressemblait à celle de son père. Elle aurait aimé réagir face à ce psychologue dont elle n'approuvait pas le comportement vis-à-vis des malades, mais, étrangement, elle restait inhibée devant lui, et tremblait à son approche.

Cette jeune femme avait toujours eu envers son père une attitude de soumission infantile et craintive, et dès qu'elle se retrouvait dans des conditions qui lui rappelaient (de loin pourtant !) sa situation d'antan, elle reproduisait la même attitude, dictée par l'émotion.

Or, si un individu est mû aujourd'hui par les émotions qu'il a éprouvées il y a dix ans en des circonstances similaires, il risque fort de réagir de façon inadaptée, et ceci pour deux raisons :

— même si l'événement semble se répéter, le contexte, lui, a certainement changé

— d'autre part, les émotions éprouvées à l'époque n'étaient peut-être pas très ajustées à la réalité des faits...

Donc, pour réagir de façon pertinente, chacun devra régulièrement mettre de l'ordre dans sa mémoire. Il faut *retraiter* les événements importants, surtout s'ils sont émotionnellement chargés :

— en rétablissant avec rigueur la *chronologie* des faits,

— en les replaçant dans le *contexte* précis où ils se sont déroulés,

— en restituant à chaque fait toutes ses dimensions : *l'acteur, l'acte et ses conséquences.*

Ainsi, il devient à nouveau possible d'agir de façon adéquate, et d'éviter une résurgence anarchique d'émotions inadaptées qui risqueraient à l'avenir d'avoir des conséquences somatiques.

## Un climat de tension retraité

Monsieur Philippe souffrait, il y a deux ans, d'insomnies tenaces, de fatigue et de gastrite. Il explique à son médecin comment il a vu disparaître ses symptômes.

« A l'époque, je travaillais dans une agence bancaire, et j'étais extrêmement tendu. Ce n'est pas que mon travail me déplût, bien au contraire, mais le climat devenait de plus en plus pesant. Est-ce parce que j'étais le seul homme du service au milieu de six femmes ? Je ne savais trop. Un jour, j'ai pris la peine de m'arrêter deux minutes pour réfléchir.

Quand avait commencé ce climat de tension ? Le ton avait toujours été aux commérages, c'est vrai, mais depuis l'arrivée de la nouvelle secrétaire, l'air était devenu proprement irrespirable. Ce n'était plus que chamailleries perpétuelles, et surtout, ces dames ont commencé à vouloir m'annexer à leurs petits conflits. L'une me mettait à l'index si je refusais de m'allier à sa cause ; une autre refusait de me donner le moindre renseignement si je ne tombais pas d'accord avec elle sur le fait que telle collègue était une chipie. Bref, ce qui n'était jusque-là qu'un climat agaçant devint un véritable barrage interdisant tout travail correct. Que faire alors ? Comme je n'espérais pas faire évoluer la situation, j'ai demandé ma mutation, et je l'ai obtenue rapidement. Aujourd'hui, je suis prospecteur, c'est-à-dire que je visite les clients à domicile. Bien sûr, je dois faire pas mal de route et mes horaires sont plus irréguliers, et cependant je suis en pleine forme. J'avais à peine quitté l'agence depuis une semaine que tous mes problèmes de santé avaient disparu. »

De lui-même, Monsieur Philippe a pris la peine de *retraiter* les événements auxquels il était affronté, et ainsi, il a pu tirer des conclusions et prendre une saine décision.

### Comment retraiter une situation d'emprise

Monsieur Philippe explique à son médecin que sa femme, en revanche, se noie actuellement dans une dépression grave. Voilà quatre ans qu'elle a cessé le travail, et depuis, elle dort très mal, fait de nombreux cauchemars : elle est hyper-nerveuse. Elle aimerait reprendre un autre emploi, mais appréhende de se jeter à l'eau.

— Pourquoi a-t-elle quitté son ancien travail ? Elle ne s'y plaisait pas ?

— Oh non ! Elle en a un souvenir tellement pénible qu'elle ne veut plus en entendre parler... »

Voilà bien le problème : Madame Philippe semble avoir vécu au travail des événements très déplaisants, émotionnellement très chargés, et dès que le mot *travail* est prononcé, elle est envahie par une véritable éruption d'angoisses, d'émotions confuses... et violentes.

— Si elle veut se libérer de ses angoisses, il faut que votre femme retraite les faits déplaisants qu'elle a connus au bureau. Votre *regard extérieur* sur la situation lui sera d'un grand secours. Pour commencer, parlez-lui de votre expérience à la banque. Cet éclairage latéral élargira son horizon et l'aidera à retraiter ses propres affaires.

Procédez en quatre temps :

*Premièrement :* reprenez avec elle les événements dans leur ordre *chronologique :* partez du jour où les troubles sont apparus puis reprenez les faits, pas à pas, jusqu'à l'époque actuelle. Si au contraire vous procédiez à reculons, votre réflexion deviendrait confuse. Cette chronologie étant établie, observez maintenant les faits avec leur lien de causalité et séparez-les des émotions qui en général se sont amplifiées avec le temps, rendant ainsi confus les souvenirs.

— Votre femme a-t-elle connu d'autres expériences professionnelles avant de travailler dans ce service ?

— Oui, voilà plus de vingt ans qu'elle travaille, et partout où elle est passée, elle a toujours été très appréciée par ses employeurs pour sa conscience professionnelle. Et quand elle a été affectée à ce dernier poste, pour elle tout allait pour le mieux, et le service tournait bien !

— Que s'est-il donc passé alors ?

— Après trois mois, il y a eu un changement de direction, et c'est là que tout a commencé à se dégrader... De semaine en semaine elle est devenue de plus en plus tendue, elle perdait l'appétit comme le sommeil, et au bout d'un an, elle a donné sa démission.

— Et quatre ans plus tard, elle n'est toujours pas remise ?

— Bien au contraire, de plus en plus fréquemment, elle est comme absente. A table, quand je lui parle, elle ne s'en aperçoit même pas, on dirait qu'elle ne m'entend pas ! Le soir, quand nous regardons la télévision, elle hurle tout à coup : « Faites votre travail vous-même si vous n'êtes pas content » ou encore « Fichez-moi la paix, vieil imbécile ! » Interloqué, je lui demande alors ce qui se passe. Soudain réveillée, elle m'explique : « Ne t'inquiète pas, ce n'est pas à toi que je parle. Une fois de plus, j'étais en pleine bagarre avec mon chef ! Je me demande parfois si je ne dèviens pas folle ! » Aujourd'hui, elle souhaiterait sortir de chez elle pour chercher un nouvel emploi, mais elle appréhende beaucoup cette démarche.

*Deuxièmement :* cherchons à cerner *le contexte* de cette démission :

— Votre femme était-elle la seule à se plaindre de son chef ?

— Non, tout le service le détestait. Il avait le don de faire tourner tout le monde en bourrique par des ordres et des contre-ordres et des notes de service incohérentes...

— C'est important ! Votre femme n'est donc pas un cas d'espèce apparemment...

— Certes non, d'autres collègues ont demandé leur mutation, ou ont démissionné dans la même année. Le service était si mal géré, qu'il devenait de plus en plus improductif ; tout le monde avait l'impression de travailler pour rien.

— Il sera très utile que votre femme se rappelle clairement ce contexte : elle verra ainsi que sa démission n'a pas été un échec, mais une décision logique que d'autres ont prise au même moment qu'elle.

*Troisièmement*

— Que votre femme dresse un portrait précis de son chef, *l'acteur,* qui l'a poussée à démissionner. Vous me dites qu'il est un incompétent ; et bien qu'elle étaye ce jugement de faits ; ainsi, elle ne parlera plus de vagues ressentiments mais *d'actes* précis.

— Ce ne sera pas difficile : cet homme était de ces patrons à exiger qu'un dossier nécessitant normalement trois jours de travail, soit rendu le soir même. Plusieurs fois il a demandé à ma femme de lui taper un rapport urgent, pour lui apprendre le lendemain, la bouche en cœur, que son travail était parti à la poubelle. Monsieur avait changé d'avis ! Et ce goujat ne l'a jamais remerciée pour le courrier personnel qu'elle acceptait régulièrement de lui taper. Et elle a supporté cette situation sans jamais réagir. Il est vrai qu'elle n'y voyait pas très clair. Parfois, elle réalisait bien que ce type était incompétent, mais à d'autres moments elle pensait que c'était elle qui n'était pas suffisamment rapide. Quand elle aura dressé ce tableau, elle comprendra qui des deux était l'incapable !

— Bien, et qu'à chacun de ces faits, elle rattache *leurs conséquences* sur sa propre santé, sur les autres collègues, sur la marche du service. Ensuite qu'elle en tire des conclusions à haute et intelligible voix car il faut qu'elle sorte de sa torpeur pour retrouver des émotions saines et appropriées. Puis, qu'elle note tout cela noir sur blanc en reliant bien l'acteur, l'acte et ses conséquences. Si elle était reprise un jour par le doute, il lui suffirait de relire ses conclusions.

*Quatrièmement :* aidez-la à ce que sa réflexion débouche sur une *décision*. Elle n'a aucune raison pour hésiter à reprendre un emploi si elle le souhaite. Ce serait la meilleure façon de se libérer de l'emprise que son chef semble exercer sur elle encore aujourd'hui. Soyez encourageant avec elle. Vous, vous avez pu régler seul et assez facilement votre situation, mais votre femme, elle, est plus touchée. Elle n'a pas voulu uniquement fuir des conditions de travail pénibles, mais elle a voulu également se dégager de la mainmise de son chef. Or, ce ne sont pas les kilomètres qui peuvent lui permettre de se libérer, mais une réflexion rigoureuse avec une aide extérieure.

Monsieur Philippe m'a écouté avec attention. Pendant que je parlais, il a pris des notes. En quittant le cabinet, il avait bon espoir...

Un mois plus tard, je recevais une carte de vœux, Monsieur et Madame Philippe me remerciaient de mes conseils, ils m'apprenaient en outre, que Madame venait de reprendre un emploi de secrétaire dans une autre administration. »

### Une nécessité quotidienne

Si le retraitement apparaît comme une démarche indispensable et salutaire lorsqu'un événement important a bouleversé le cours d'une vie, il ne faudrait pas le réserver à des situations exceptionnelles.

En effet, nous sommes quotidiennement affrontés à de nombreux événements de petite et moyenne importance, qui sont enregistrés, tantôt comme gratifiants, tantôt comme déplaisants. Tout cela est engrangé « en l'état » dans notre mémoire, et chaque nuit, au cours du sommeil, le cerveau effectue de lui-même un travail de « classement » de la journée écoulée, et *renforce l'émotion* qui s'est attachée aux événements du jour.

Il est donc important d'avoir recours régulièrement au retraitement si l'on veut être sûr d'engranger en mémoire des faits aux justes proportions, assortis de l'émotion qui leur revient.

Il ne s'agit pas, bien entendu, de gommer les émotions, mais bien au contraire, de donner à la vie tout son relief émotionnel.

*Si un événement laisse une impression d'échec,* ou d'impuissance, cette émotion sera renforcée au cours du sommeil, et lors d'une prochaine action à mener, l'individu abordera la nouvelle difficulté, vaincu d'avance, et envahi par des émotions négatives d'angoisse, d'appréhension, etc. Mais si cet événement est retraité, il reprend un relief plus juste : tel acte précis fut une maladresse inévitable, tel autre pouvait être évité. Comment aurais-je dû m'y prendre, et surtout, comment ferai-je la prochaine fois que je me trouverai dans une situation semblable ? Ainsi, la réflexion se conclut sur une décision positive.

*Si un événement m'a laissé une impression positive,* le retraiter est aussi fort utile, car une émotion heureuse n'est pas nécessairement très adaptée. Tel acte fut réussi par hasard, et donc, si j'ai lieu d'être content, qu'il soit clair que je n'y suis pour rien ; telle autre action réussie, en revanche, est le fruit de mon travail, de ma réflexion, de mes capacités, et je sais que je peux à l'avenir m'appuyer sur cette réussite pour aborder avec confiance de semblables situations.

Puisque c'est l'émotion qui motive l'individu pour agir, une émotion adaptée ne risque pas de le pousser à des actes inopportuns, mais au contraire, le conduira à se montrer bien plus efficace.

Naturellement, il est des événements particulièrement graves dont la charge émotionnelle ne saurait être atténuée, le retraitement n'y changera rien. Néanmoins, beaucoup d'émotions ressenties dans la vie courante sont mal adaptées à la réalité, et risquent d'entraîner des troubles et des maladies bien inutiles... Le retraitement constitue alors un véritable acte de prévention.

# CONCLUSION

Lorsque l'on a la possibilité de consacrer du temps à un malade, on s'aperçoit dans un grand nombre de cas que sa maladie ne se déclenche pas par hasard. Mais que bien souvent, elle apparaît, se stabilise, rechute ou guérit à la faveur d'événements précis.

Ainsi dans notre pratique quotidienne avons-nous constaté de façon répétitive que beaucoup de malades voient leurs symptômes régresser ou même disparaître lorsqu'ils cessent de subir passivement leur situation : soit parce qu'ils empoignent leurs difficultés à bras-le-corps, soit parce qu'ils acquièrent leur autonomie vis-à-vis d'un proche, soit encore parce qu'ils parviennent à maîtriser leurs émotions, à retraiter les événements ou bien tout simplement à utiliser correctement leur cerveau.

L'une des grandes difficultés du médecin est qu'il ne sait pas a priori, à quel type de malade il a affaire, d'autant plus que les apparences sont trompeuses. Tel homme semble bien selon ses propres dires être victime de la jalousie de sa femme, alors qu'en réalité, c'est lui, le tyran du foyer ! Tel enfant présente des angines à répétition depuis plusieurs mois ; sa mère semble possessive, et pourtant, en observant la situation de plus près, on découvre que c'est à l'école qu'il faut chercher la cause déclenchante de ses maladies.

Cela peut paraître simple... Mais ce résultat demande de la part du médecin de la rigueur : il doit confirmer ses hypothèses pas à pas, éliminer celles qui sont douteuses. Il doit dégager des faits, la part d'émotions gratifiantes ou déplaisantes qui s'y rattachent. De ses investigations se précisent l'effet et la cause. Mais cette recherche nécessite une collaboration entre médecin et malade.

CHAPITRE 4

APPLICATIONS EN THÉRAPEUTIQUE

## LA GUÉRISON : UNE COLLABORATION ENTRE MALADE ET MÉDECIN

**Quelle collaboration ?**

Médecin et malade se rencontrent dans un même but : guérir la maladie. Pour parvenir à ce résultat, il est hautement souhaitable qu'ils travaillent ensemble, *chacun assumant la part qui lui revient.*

*Le médecin* possède de vastes connaissances médicales, acquises pendant de longues années d'étude, et enrichies par des années de pratique. Si le patient s'adresse à lui, c'est pour bénéficier de ses compétences.

En face du médecin se trouve *le malade* qui n'est pas « un ulcère », « une grippe » ou « une hernie », mais une personne à part entière, qui, même si elle a eu le malheur de tomber malade, n'en reste pas moins respectable et douée d'intelligence !

Non seulement le patient est capable de réfléchir, mais de plus, *il est le seul à détenir certaines informations sur sa vie,* susceptibles d'éclairer le médecin sur les origines du mal qu'il doit soigner. Le médecin aura donc intérêt à lui poser certaines questions pertinentes, uniquement en rapport avec les causes éventuelles de la maladie pour laquelle il consulte.

Cependant, pour plus d'efficacité, le praticien peut être amené à interroger son client plus avant sur ses conditions de vie. *C'est au médecin d'abord qu'il revient de poser des questions.* L'expérience l'a prouvé maintes fois : si le malade doit prendre une part active à la consultation, il n'est pas utile qu'il raconte sa vie en détail. Le médecin n'a que faire d'un roman-fleuve. Ce genre de récit incohérent et interminable le plonge plutôt dans une confusion et un flou qui subsistent au-delà de la consultation.

A la question « Votre maladie a-t-elle commencé à l'occasion d'un événement particulier ? », souvent les malades proposent timidement un rapprochement, et celui-ci se trouve fréquemment confirmé. Ainsi, grâce à ces informations, le médecin pourra mieux cerner les origines du mal, et y apporter un remède adéquat, qui sera une prescription pharmaceutique, ou éventuellement une lettre d'introduction auprès d'un spécialiste. Mais, éclairé sur la vie du malade, le médecin peut aussi lui donner certains conseils : « Allons, redressez-vous, cessez de courber l'échine. » (Facile à dire, pense le patient qui, lui, est affronté chaque jour au caractère lunatique de son chef.) « Détendez-vous, mon vieux ! » (Comment le ferait-il dans une maison aussi bruyante qu'une volière.) Ces conseils ont certes, leur importance, mais les patients les considèrent souvent comme des vœux pieux et n'en réalisent pas la portée.

C'est pourquoi le médecin peut faire un pas de plus en expliquant au malade les raisons de ces conseils. *Il peut lui décrire avec des mots simples comment fonctionnent le cerveau et l'ensemble de l'organisme.* Alors, le patient peut comprendre : s'il ne veut pas que son environnement le plonge toujours plus dans la maladie, il lui faut, coûte que coûte, prendre certaines dispositions. C'est à lui qu'il revient de réfléchir et d'agir pour supprimer les causes profondes de sa maladie. En procédant de cette façon, le médecin trouve en ce malade un *collaborateur intéressé, combatif et motivé.* Il est toujours stimulant pour un malade de découvrir qu'il a une part active et intelligente à assumer dans sa guérison.

Un médecin rapporte l'une de ses consultations.

« Une femme d'une cinquantaine d'années vient me consulter pour des maux de tête qui durent depuis plusieurs mois, sans qu'aucun traitement ne la soulage vraiment. Elle ajoute qu'elle a été sujette, il y a quelques années, à une hypertension artérielle. Sa tension, bien stabilisée par des médicaments, contrôlée régulièrement, est restée normale. En revanche, ses maux de tête n'ont pas cessé.

Il semble que cette femme vienne chercher aujourd'hui auprès de moi " autre chose " que des médicaments qui se révèlent inefficaces pour la soulager.

— Pouvez-vous me dire quand ces maux de tête ont commencé ?

— Ils ont commencé il y a six mois, un peu avant Noël. Ils me prenaient en fin de matinée pour ne disparaître qu'au coucher. Ils sont assez violents et me gênent beaucoup dans mon travail.

— Quelle profession exercez-vous ?

— Je suis secrétaire dans une entreprise.

— Quand vos maux de tête ont commencé, s'est-il passé un événement particulier ?

— Oui, c'était juste avant Noël : l'un de mes collègues avait pris sa retraite et je l'ai remplacé, en attendant que quelqu'un d'autre soit nommé.

— Et cet intérim, vous plaisait-il ?

— Enormément, je me suis appliquée à le faire le mieux possible dans l'espoir de garder ce poste. Pour moi, cela aurait été une promotion. Vous comprenez, je travaille dans cette entreprise depuis quinze ans, je connais ce travail et j'avais toutes les compétences pour l'assurer.

— Et après ?

— Après, j'ai été très déçue quand quelqu'un d'autre a été embauché pour ce poste. Je n'avais plus qu'à reprendre mon ancien travail.. J'étais déçue, déçue...

— Mais avez-vous fait part à votre chef de votre désir d'occuper ce poste ?

— (étonnée) Eh... non.

— C'est dommage peut-être. Votre chef ne peut pas deviner vos désirs.

— D'accord. Mais mon chef, vous savez...

— Vous auriez quand même dû tenter votre chance, non ? Qu'est-ce que vous risquiez ?

— Oui, c'est vrai...

— Et le week-end, avez-vous des maux de tête ?

— Rarement.

— Et pendant les vacances ?

— Pendant trois semaines, pas du tout. Mais cela m'a repris à la fin des vacances.

— Juste avant de reprendre votre travail ?

— C'est cela.

— *Retenez ce détail, car il pourrait être important pour trouver l'origine de vos maux de tête.* Parlez-moi maintenant de votre bureau : est-il bruyant ? Est-il situé à proximité d'ateliers ?

— Non, dans un bâtiment indépendant.

— Bien. Ce n'est donc pas le bruit qui vous donne mal à la tête. Et votre vie familiale ?

— Oh, docteur, j'ai traversé une période difficile. A quelques mois d'intervalle, j'ai perdu mon père d'un cancer, puis ma mère d'un infarctus, et enfin ma grand-mère et une lointaine cousine. C'est alors que j'ai commencé à faire de la tension.

— En effet, perdre quatre membres de sa famille en si peu de temps, c'est éprouvant. Il est normal que l'organisme en subisse le contrecoup. Vos parents étaient déjà assez âgés, je suppose.

— Oh oui, mes parents avaient soixante-quinze ans, l'un et l'autre ; et ma grand-mère était partie pour fêter ses cent ans.

— Pensez donc ! C'est l'âge où nous devons tous partir... Est-ce que cela vous a beaucoup remuée ?

— Oui, mais de toute façon, mon mari me fait souvent remarquer que je m'angoisse facilement. Et c'est vrai, je suis souvent tendue et nerveuse.

— Résumons-nous : vos maux de tête ont commencé lorsque vous espériez obtenir ce poste. Vous viviez alors dans une grande tension... doublée d'une attente passive que cette chance vous tombe du ciel.

— Oui, maintenant que vous le dites...

— Sachez que votre organisme est fait ainsi : en termes très simples, voici ce qui se passe : quand nous sommes en éveil, l'organisme sécrète certaines hormones qui nous préparent à agir. Mais quand nous restons passifs, ces hormones inutilisées, comment dire... provoquent des trou-

bles. Et c'est de là que peuvent venir les maux de tête...
Retenez cette leçon, *c'est une question de santé : quand vous
désirez très fort quelque chose, mettez-vous au travail pour le
réaliser.* Parfois vous réussirez, parfois vous ne réussirez pas.
Mais vos hormones seront utilisées à bon escient et vous
éviterez ainsi de faire des maladies.

— Pas possible, docteur...

— Mais si, essayez, vous verrez. (Je donne encore plusieurs exemples pour bien me faire comprendre, puis je
demande à la dame de donner à son tour un exemple... elle
n'en trouve pas sur le moment, mais elle a bien compris, et
elle va y prêter attention.)

— Vous avez dit tout à l'heure que pendant les week-ends
ou les vacances, vous n'aviez pas de maux de tête, que c'était
surtout au travail, aux environs de midi ? Vous êtes facilement tendue au travail, non ?

— Oui, docteur. Quand le matin, en arrivant, je vois tout
ce qui est à faire, je me demande comment je vais m'en
sortir.

— Je crois que nous y sommes. Au lieu de prendre les
affaires l'une après l'autre, vous voyez ce tas de factures
accumulées et vous vous dites : " Tout cela pour aujour-
d'hui " ; vous commencez alors une chose, vous l'abandon-
nez pour prendre autre chose...

— C'est exactement comme ça que les choses se passent,
docteur.

— Eh bien voilà ! Désormais, faites chaque chose en son
temps. Et vous serez certainement moins tendue en faisant
les choses l'une après l'autre.

— Ça se pourrait bien. Je vais faire comme vous me le
conseillez.

— Disons encore un mot de votre hypertension, survenue
après le décès des gens de votre famille.

— C'est fini maintenant, grâce aux médicaments.

— Grâce aux médicaments, c'est certain. Mais le gros
choc est passé aussi ?

— Sur le moment, cela a été pour moi très dur ; mais je me
suis fait une raison.

— " Se faire une raison. " Eh oui, chère madame, il nous
arrive dans la vie certains ennuis sur lesquels nous avons

prise, et dans ce cas, il ne faut pas manquer de prendre les affaires en main. Mais en d'autres circonstances, nous sommes impuissants, il faut alors se faire une raison pour... faire baisser ainsi la tension nerveuse, ce qui peut éviter une tension artérielle élevée. Ça va souvent ensemble, vous savez ?... *Nos émotions jouent un grand rôle dans le bon ou dans le mauvais fonctionnement de notre organisme.*

— Maintenant que vous le dites, ça paraît évident...

— Est-ce qu'il vous arrive de rire, de rire de bon cœur ?

— Cela m'arrive, oui, mais rarement.

— D'accord, vous avez sans arrêt des préoccupations en tête, et vous n'arrivez pas facilement à vous détendre, non ? Tendu à certains moments, notre organisme a aussi besoin de se détendre, tout comme il a besoin de sommeil. Voici un *traitement* qui vous réussira : cherchez de bons moments où vous oubliez tout... un beau film à la télé que vous regardez sans penser à autre chose... une sortie en ville où vous regardez les vitrines par curiosité, etc. Faut-il que je vous prescrive un médicament pour vos maux de tête ?

— Inutile, docteur, j'en ai encore plein chez moi. Je vais avant toute autre chose essayer ce que vous me proposez.

— Parfait. Au revoir, madame... C'est-à-dire le plus tard possible...

La dame sort avec le sourire :

— Merci, docteur. »

**Faire un pas de plus**

En sachant, même sommairement, comment fonctionne cet organe hautement sophistiqué qu'est le cerveau, chacun pressent le rôle déterminant que peut jouer l'environnement dans le déclenchement des maladies.

Pour chercher avec le malade où pourraient se trouver les causes de sa maladie, ainsi que les facteurs qui aujourd'hui la prolongent ou l'aggravent, il faudrait pouvoir consacrer parfois une, deux, voire trois consultations d'une heure à y réfléchir avec lui. Beaucoup de médecins ne disposent pas du temps nécessaire pour cela. De plus, sur la base du barème des remboursements de la Sécurité Sociale, une telle démar-

che est impossible : le médecin recevrait pour cette prestation longue les honoraires correspondant à une consultation
normale de vingt minutes. Tout salarié en conviendra : ce
n'est pas envisageable.

Pourtant, si la Sécurité Sociale prenait en charge financièrement ce travail (combien utile !), elle réaliserait des
économies substantielles, tant en frais de médicaments qu'en
indemnités journalières de congé-maladie.

En attendant que ce constat soit pris en considération, que
peut faire le médecin s'il veut chercher avec son malade les
causes de la maladie, sans bouleverser pour autant sa façon
habituelle de travailler ?

Il pourra prêter attention à deux facteurs pathogènes qui
se présentent fréquemment :

— Le manque d'*autonomie* du malade.
— Le bouleversement de son *territoire*.

Chez tout homme, l'un et l'autre répondent à des impératifs de son intégrité biologique.

### Le manque d'autonomie

Ceci saute parfois aux yeux, dès que le malade entre dans
le cabinet médical.

Monsieur est malade, il arrive accompagné de son épouse.
D'emblée, c'est elle qui prend la parole pour expliquer ce qui
ne va pas. Quand le médecin pose une question, c'est
Madame qui répond. Parfois même, elle s'en excuse
d'avance : « Vous savez, il est tellement secret qu'il ne vous
dira jamais ce qui ne va pas. » Elle se pose en interlocutrice
privilégiée, en intermédiaire indispensable. Parfois, elle
répète comme à un enfant, ce qui vient d'être dit : « Tu as
compris ce que dit le docteur ? », quitte à ajouter une ou
deux phrases de son cru pour faire passer en fraude, sous la
caution du médecin, certaines marottes auxquelles elle tient
beaucoup. La maladie de son mari, c'est d'abord *son affaire à
elle*.

Si le médecin s'adresse à son malade, s'il continue à
l'interroger du regard pendant que l'inévitable conjoint
répond à sa place, s'il renouvelle sa question : « Et *vous*,
qu'en pensez-vous ? », il a quelques chances de faire

comprendre à son patient que sa santé est avant tout *son affaire personnelle.*

## La prison dorée

Une femme, âgée de vingt-quatre ans, vient consulter depuis quatre ans de façon épisodique pour de simples maladies hivernales. Mariée depuis peu, elle arrive aujourd'hui accompagnée de son mari. Elle souffre de l'estomac. Le médecin se montre rassurant : d'après l'examen, rien de grave. Mais la jeune dame reste inquiète. Un examen radiologique de l'estomac est donc décidé, qui se révèle strictement normal : « Alors, docteur, où est la cause ? ». La consultation se termine par une prescription d'anxiolytiques légers.

La jeune femme revient à plusieurs reprises, toujours accompagnée de son mari, pour renouveler l'ordonnance ; c'est une consultation éclair, le mari semble toujours pressé de partir.

Un jour, cette femme vient seule et, cette fois, s'épanche : « Mon mari est jaloux, il ne veut pas que je travaille, or, j'en ai besoin. C'est pour cela que je suis malade. Je sens que, peu à peu, je ne l'aime plus. » Le médecin cherche alors avec elle ce qu'elle peut faire comme travail. Elle a justement une proposition pour un poste d'enquêtrice. Après discussion, elle décide, quoi qu'il arrive, de faire ce travail.

Quelque temps plus tard, le médecin rencontre en ville cette femme en train de faire ses enquêtes. Elle est heureuse, se dit en bonne santé et ne prend plus aucun médicament.

Un homme de vingt-quatre ans vient en consultation. Il souffre d'une pollinose (rhume des foins) qui le gêne beaucoup au printemps car il est conducteur d'engins agricoles. Tout cela, le médecin l'apprend de sa mère, qui l'accompagne. Durant l'entretien, le praticien ne regarde que lui, ne s'adresse qu'à lui. Malgré tout, sa mère répond obstinément à sa place. Il est de plus en plus gêné, et comprend, sans qu'il soit besoin d'en dire un mot, l'aberration de la situation. A la consultation suivante, il est revenu seul.

Certains adolescents, de jeunes adultes parfois, sont

accompagnés de leur mère attentionnée. Elle répond à la place de son grand enfant. Son apport peut effectivement être utile s'il est question des antécédents de la petite enfance, mais elle se cantonne rarement à ce domaine... Même s'il a dix-huit ou vingt ans, ce malade est avant tout *son enfant*. Elle est personnellement *concernée* par ses ennuis de santé. « Voyez-vous, docteur, cela *me* cause beaucoup de soucis. Avec son travail, ses études, il se fatigue beaucoup trop, cela ne peut plus durer. » Sans doute... mais voilà des choses que l'intéressé dirait fort bien lui-même.

Chez un enfant plus jeune, la mère présente parfois la maladie comme une agression de son enfant à son égard : « Docteur, il *m*'a encore fait une crise d'asthme. Il *m*'a fait une angine. » C'est elle qui se met à déshabiller l'enfant alors que celui-ci est tout à fait capable de se débrouiller seul...

Mais le contraire se produit également. L'examen de certains enfants est une rude épreuve. Il hurle, s'agrippe à sa mère. Contre la promesse renouvelée d'une sucette, puis d'un jouet, il consentira, peut-être, à se calmer. Ce petit paraît déjà être passé maître dans les techniques du chantage affectif. Au demeurant, il n'est pas du tout exclu que les symptômes qu'il présente fassent partie de son arsenal. Demander à sa mère de quitter la pièce amène généralement l'enfant à se calmer, et facilite l'examen.

*L'absence ou le bouleversement du « territoire » de chacun entraîne fréquemment des maladies*

Nous ne donnerons plus à cette question tout le développement qu'elle mérite, puisque dans cet ouvrage, nous y avons déjà consacré de nombreuses pages.

Cette *absence de territoire,* le médecin la découvre parfois de prime abord, lorsque certaines personnes viennent le consulter accompagnées de leur famille au grand complet. Il s'agit là de *tribus cohésives,* où tout est à tous, y compris l'intimité de chacun ; en y regardant de plus près, on découvre rapidement une étoile qui brille entourée d'astres éteints...

De même, appelé à domicile, le médecin rencontre parfois

des *pan-territoires* « en pleine activité » : la télévision marche pendant qu'un enfant s'efforce de faire ses devoirs alors qu'un autre joue aux vingt-quatre heures du Mans avec l'illustration sonore qui s'impose.

Le médecin peut alors faire remarquer « que tout cela porte préjudice à la santé des uns et des autres ». Et il pourra expliquer pourquoi, et comment.

Sera-t-il entendu ? Dans certains cas, non. Celle (ou celui) qui mène la tribu tire de cette situation, pourtant pathogène, trop d'avantages pour y changer quoi que ce soit. En revanche, en d'autres cas, la remarque du médecin portera quelque fruit : il existe des gens de bonne volonté qui vivent de cette façon-là pour n'avoir jamais connu autre chose. Eclairés sur la question, ils acceptent de modifier un peu leur façon de vivre, surtout quand il s'agit de leur santé.

Parfois, la consultation ne présente aucune de ces anomalies, et pourtant le malade vit dans un territoire trop étroit, sinon envahi. C'est pourquoi il est important que le praticien reste attentif à la qualité du territoire de son patient.


## Donner des éléments de réflexion

### *L'expérience d'autres personnes*

Pour permettre au patient de coopérer plus efficacement à sa guérison, le médecin peut élargir sa réflexion en lui présentant des cas d'autres malades qui, jadis affectés de symptômes similaires, sont aujourd'hui guéris. (Il va de soi que le médecin prendra les précautions nécessaires pour respecter le secret professionnel.)

Les émissions télévisées pour la lutte contre le cancer ont adopté ce procédé. A plus forte raison pour des maladies moins « fatales », cet espoir concret de guérison accroît la combativité du malade et stimule sa réflexion. Toute maladie longue ou grave a tendance à isoler la victime et à l'enfermer dans un monde clos où la lumière ne pénètre point. Ces témoignages de guérisons viennent fort utilement élargir l'horizon du malade. Il découvre comme un compagnon, ce malade inconnu, semblable à lui, qui s'en est sorti : ainsi, pour lui aussi, l'espoir peut renaître et prendre de la consistance.

Une spécialiste en pneumologie donne son expérience.

« Il arrive assez souvent qu'un malade asthmatique vienne me consulter pour réapparition de crises d'asthme : cette affection a fait l'objet d'un bilan hospitalier allergologique qui s'est révélé négatif. Après examens cliniques, et prescriptions thérapeutiques, le malade exprime sa déception : « Il n'y a aucune amélioration de mon état, docteur ! »

Je cherche alors à lui citer un cas, qu'un jour ou l'autre, j'ai rencontré ; je résumerai ici trois de ces exemples :

— Une personne asthmatique depuis l'adolescence a vu son asthme disparaître après avoir réussi sa première année de faculté ; elle ne s'en croyait pas capable. Pour elle, *cette réussite a été très gratifiante*. Actuellement, elle est en quatrième année d'études, a réussi tous ses examens et la maladie n'est, jusqu'ici, pas réapparue.

— Chez un autre malade, les crises d'asthme se déclenchaient à l'occasion de violentes disputes opposant ses parents. Par ailleurs, cet adolescent n'avait pas droit à la parole et n'était pas libre de ses choix. Pour les parents, seul comptait le travail. Les conflits familiaux le rendaient chaque fois très angoissé. Or, lorsqu'il partait en vacances, loin de son milieu familial, son asthme ne se manifestait pas. Un jour, il a décidé d'aller *vivre hors de sa famille*. Depuis, une nette amélioration est survenue et aujourd'hui, les symptômes de la maladie ont pratiquement disparu.

— Un homme a souffert de crises d'asthme pendant son enfance jusqu'à l'âge de six ans. Ces crises ont disparu pour reprendre à l'âge adulte en raison d'une perte manifeste de son territoire : en effet, depuis plus d'un an, sa maison, sa vie de couple étaient envahies par l'un de ses amis. Celui-ci arrivait à l'improviste, s'incrustait dans l'appartement du couple, parfois pour plusieurs semaines, et s'y comportait comme chez lui. Ni ce malade ni sa femme n'osaient lui dire son fait. La réapparition des crises d'asthme date de cette époque. Lorsque sa femme a pris position et mis les choses au point avec l'intrus, ce malade a vu son asthme diminuer en fréquence, puis disparaître assez rapidement.

Bien sûr, je choisis de préférence un ou plusieurs exemples qui se rapprochent le plus possible de celui du patient qui m'écoute ; puis *je mets en relief l'effort particulier à partir duquel le patient a commencé à émerger.*

A cette occasion, il ne reçoit pas seulement une bouffée d'espoir ; il dispose de solutions concrètes. Il comprend rapidement ce qu'il pourrait faire, et souvent à partir de là, il prend sa vie en main. »

*Proposer des fiches culturelles*

Pour élargir la réflexion du malade, le médecin peut aussi faire appel à des « fiches culturelles ». De nombreuses publications scientifiques et médicales fourniront la matière nécessaire à leur élaboration. Voici, à titre d'exemple, celle qu'utilise couramment un médecin généraliste pour expliquer à ses clients le fonctionnement du cerveau et leur faire comprendre *les mécanismes de leur maladie.*

*J'ai deux cerveaux différents*

| *Archéo* | *Néo* |
|---|---|
| Il est le siège des : | Il est le siège de : |
| émotions (peur, angoisse) | la compréhension des choses |
| sentiments (amour) | la réflexion, la décision |
| agressivité | l'apprentissage : métier |
| mémoire | langage |

*J'ai deux systèmes nerveux différents*
chacun commandé par un cerveau

| *Système nerveux autonome* | *Système nerveux volontaire* |
|---|---|
| assure le fonctionnement : | assure la contraction des muscles |
| du cœur, de l'estomac, | permet : |
| des poumons, des artères, | le mouvement |
| de l'intestin, des glandes, | la parole |
| du foie, etc. | l'écriture |
| IL MAINTIENT LA VIE | IL PERMET L'ACTION ET LA RÉFLEXION |

Il y a normalement équilibre entre ces deux cerveaux : les émotions sont tempérées par la réflexion et l'action qui en découle.

Dans certaines conditions, l'équilibre est rompu et les

émotions ne sont plus compensées par la réflexion : l'archéo-cortex « s'emballe » et, par l'intermédiaire du système nerveux autonome, cela se traduit :

— au niveau du cœur : par des palpitations, des douleurs dans la poitrine ;

— au niveau des poumons : par l'essoufflement et les crises d'étouffement ;

— au niveau de l'intestin : par des coliques, de la diarrhée ;

— au niveau du foie : par des crises de foie ;

— au niveau de l'estomac : par des crampes d'estomac ou des brûlures ;

— au niveau des artères : par des syncopes ou des migraines, etc.

## COLLABORATION ENTRE MÉDECIN ET PSYCHOLOGUE

De plus en plus, à travers le monde entier, certains chercheurs pressentent, et d'autres sont convaincus, qu'il existe une interférence entre les maladies d'une part, et d'autre part, le type de comportement, les données de l'environnement, les stress. Tout donne à croire qu'il y a là une place à prendre pour certains psychologues.

En mai 1982, à l'abbaye des Prémontrés à Pont-à-Mousson, un séminaire s'est déroulé sur la médecine psychosomatique dans le cadre du congrès « Asthme et Travail », permettant à des psychologues et des médecins hautement compétents de confronter leurs approches respectives. Le Dr Délivré, médecin du travail à Longwy, y a présenté dix-sept observations de maladie asthmatique après l'annonce de la fermeture d'une usine de mille sept cents ouvriers...

Le Dr Fréour, professeur de Santé Publique, devait conclure à l'issue du congrès : « notre ambition est de faire discuter ensemble psychologues et médecins sur l'asthme. Il faut reconnaître... que c'est un échec ».

Les psychologues prétendent connaître à fond la personnalité de l'asthmatique, mais en matière de thérapie, leurs résultats sont à peu près nuls. D'ailleurs, ils reconnaissent que, tout compte fait, le problème des symptômes ne les intéresse pas.

Les médecins, de leur côté, ont à leur disposition des drogues efficaces pour soigner la crise d'asthme et ils attendent des psychologues des résultats thérapeutiques équivalents. Quoi de plus normal ?

Le Dr Fréour a dit clairement : « c'est un dialogue de sourds ; mais il ne faut pas se faire d'illusions : le monde scientifique est puissant et tyrannique, et possède toutes les revues médicales internationales. Il veut des chiffres et des résultats thérapeutiques indiscutables. La seule façon de travailler ensemble, c'est d'obtenir des résultats tangibles. »

Un grand nombre de médecins partagent cette position de bon sens. Le désaccord radical entre l'approche des médecins et celle de certaines écoles de psychologie porte sur les points suivants :

— Le médecin a une approche rigoureuse de la maladie : il cherche à établir les liens de *causalité*. En revanche, certaines écoles de psychologie restent attachées à une démarche essentiellement analogique : « Cela me fait penser à... » C'est le propre, en particulier, des écoles d'inspiration freudienne, encore majoritaires en France.

— Là où le médecin se réfère à la *science fondamentale* de la physiologie, de la biochimie, le psychothérapeute lui, fait *référence à des systèmes*.

— Si devant le malade, le médecin doit rapidement trouver des *solutions* face à l'urgence de la souffrance, l'intérêt du psychothérapeute se porte plutôt, sur le vécu émotionnel jusqu'au stade prénatal si besoin. Mais le malade n'en reste pas moins démuni devant ses difficultés présentes. Ces thérapies peuvent durer des mois voire des années.

— Le médecin a besoin que soient clarifiés *certains aspects* seulement de la vie du malade, pour mieux connaître l'origine de la maladie et pour faire collaborer le malade de façon plus adéquate à sa guérison. Il doit connaître *certains faits* précis ayant déclenché — ou entretenant — la maladie. Or, le psychologue, par principe, ne s'intéresse pas aux faits. Son travail consiste à écouter « avec une attention planante » (Freud), les fantasmes du malade dans le but de les analyser, ou encore à faire revivre émotionnellement des situations traumatisantes du passé.

Cette approche conduit à deux résultats : tout d'abord le malade s'enferre dans son fantasme, et éprouve de plus en plus de difficultés à le distinguer de la réalité ; en outre, en racontant dans le détail des scènes qui l'ont marqué, le malade renforce dans sa mémoire limbique l'émotion attachée à ce souvenir. Certains psychologues, conscients de l'inefficacité de ce type de travail [1], ont cherché les bases sur lesquelles ils peuvent rendre non seulement possible, mais encore efficace une collaboration avec les médecins, laissant chacun agir dans son domaine propre.

### Expérience d'un psychologue en cabinet avec des adultes

*Présentation*

« Tout d'abord, je demande au patient de se présenter, puis je lui demande de me préciser s'il vient de lui-même ou s'il est envoyé par quelqu'un.

Ainsi, un célibataire m'a été adressé par son médecin. Il souffrait d'une gastrite depuis deux ans, et supportait mal la solitude. Pour y remédier, il aurait aimé organiser des sorties avec des voisins, mais n'osait pas le leur proposer. Un professeur de physique, souffrait de diarrhées ; aucun traitement n'était efficace. Il avait remarqué qu'elles apparaissaient dès qu'une difficulté se présentait. Aussi est-il venu me voir de lui-même. Mais dans la majorité des cas, les patients ne sont pas malades et viennent pour des difficultés de couple, ou avec leurs enfants ou au travail...

Lorsque des patients présentent une pathologie, je m'assure toujours, au préalable, que des examens médicaux ont été faits et que le traitement est suivi. Si des patients n'ont pas consulté de médecin, je leur propose de prendre rendez-vous sans tarder.

---

1. Note : dans le livre *Les psychocrates* (Ed. Robert Laffont — Collection « Réponses »), Martin Gross met en évidence — entre autres — l'inefficacité thérapeutique des psychologues. La lecture de cet ouvrage permet de toucher du doigt l'incompatibilité entre la démarche de certains psychologues et la rigueur médicale.

*De quoi s'agit-il ?*

Je leur demande de me donner clairement les raisons précises pour lesquelles ils viennent me consulter et quelles difficultés ils veulent résoudre.

Le consultant et moi-même ne retenons que des événements précis, en ayant soin d'écarter impressions et émotions qui risquent de nous entraîner sur de fausses pistes et surtout de me « déconnecter ».

*Un contrat clair*

1. Nous resterons sur des faits et uniquement sur des faits, sans nous préoccuper jamais des états d'âme. Ce premier avertissement est d'autant plus important que des patients qui consultent un psychologue ont la fâcheuse tendance à s'épancher et à raconter toute leur vie.

2. Pendant la consultation, chacun réfléchit et prend des notes qu'il relira entre les entretiens. « Les solutions apportées, vous les expérimentez, si vous n'essayez pas, vous perdez votre temps et moi le mien. » C'est ainsi que j'écarte les *parasites* qui aiment à parler d'eux-mêmes, à se créer des difficultés, mais qui surtout ne veulent ni réfléchir, ni changer.

3. Ce contrat concerne la ou les difficultés à résoudre pour lesquelles vous venez me consulter.

4. Si vous jugez l'une de mes questions trop intime ou inutile à la réflexion, dites-le simplement.

5. Nous pourrons mettre à jour des éléments qui vous déplairont ou diminueront votre estime pour certaines personnes de votre entourage : êtes-vous d'accord pour assumer ces découvertes éventuelles ?

6. Il va de soi que ce que vous direz relève du secret professionnel.

Je me réfère à ce contrat en cas de nécessité et le romps lorsque le patient ne veut ou ne peut plus prendre les moyens de résoudre ses difficultés : soit parce qu'il n'expérimente pas les solutions, soit parce que son entourage s'y oppose. La rupture de ce contrat peut être décidée par le patient lui-même si les moyens proposés ne lui conviennent pas.

*Méthode de travail*

Voilà comment j'ai travaillé avec Agnès.

1. *Que vient chercher la malade* : pourquoi vient-elle ? De quoi souffre-t-elle ?

Agnès a trente-cinq ans. Mariée depuis dix ans, elle est mère d'un enfant de cinq ans. Depuis quatre mois, elle a arrêté son travail de femme de ménage. Agnès vient en consultation avec son mari. C'est lui qui parle. Elle, par contre, reste en retrait, tient son mouchoir devant la bouche, ses yeux sont gonflés et son visage tendu. Son mari raconte :

— Ma femme est encore une fois malade. Chaque année, c'est la même chose, il arrive un moment où rien ne va plus. Mais depuis deux mois, son état s'aggrave. Elle a subi tous les examens médicaux possibles, sans résultat. Aucun médicament n'a été efficace. Nous ne voyons plus d'issue.

Quand le mari se tait, je m'adresse à Agnès.

— Quelles sont vos difficultés ?

— Je ne m'intéresse plus à rien, je n'ai plus d'appétit, je suis vite agitée. Vous me comprenez ? Sans aucune raison, je m'énerve contre mon fils. Le matin, je n'ai même pas envie de me lever. J'ai peur de ne plus pouvoir m'en sortir.

*Elle se fait une montagne de tout* : doit-elle faire ses courses, elle est très tendue et contrôle sans cesse ce qu'elle est en train de dire ou de faire... Elle oublie même de payer ! Pour elle, c'est bien là une preuve de plus qu'elle ne vaut rien et que, par conséquent, il vaut mieux qu'elle ne fasse plus les courses elle-même...

J'apprends ainsi que, depuis l'arrêt de son travail, elle passe des journées au lit à ruminer sur son sort. Elle ne fait plus de ménage, reste cloîtrée chez elle, parce qu'elle a « peur de voir des gens ». Elle vit dans un monde de fantasmes et d'émotions douloureuses.

Elle est dans un état général de dépréciation d'elle-même... et me considère comme une bouée de sauvetage.

Que faire ?

2. *La vie en secteurs*

Comme aux autres patients, j'apprends à Agnès à faire un premier pas en la sortant de son océan d'émotions.

Pour y parvenir, je leur explique que la vie n'est pas un grand tout mais qu'elle se compose de différents secteurs (cf. le chapitre du territoire) Pour *matérialiser cela, j'inscris au tableau des cases.*

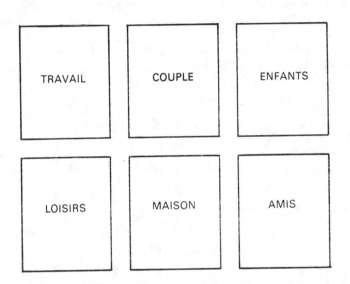

*Et dans chaque secteur, nous inscrivons*
— *en vert,* ce que le patient a réalisé de satisfaisant : je fais souvent de la bicyclette avec mes enfants ; j'ai tapissé mon salon durant cette quinzaine, etc.
— *en rouge,* ce qui le préoccupe.
Dans un cas comme dans l'autre, j'inscris *des faits* et non des émotions, et ce, de façon précise. Ainsi, dans le secteur « couple », un patient veut inscrire en rouge : « ma femme est toujours en train de râler » Je lui fais préciser :
— Toujours ? Quand s'est-elle plainte pour la dernière fois ?
— Il y a quinze jours.
— Donc, rayons ce « toujours ».
Très souvent, il y a beaucoup plus de vert que de rouge : le patient peut donc *voir* et constater par lui-même qu'il mène une vie satisfaisante dans plusieurs secteurs sur lesquels il peut s'appuyer. De plus, d'un seul coup d'œil, il voit où sont

ses difficultés et quels secteurs sont atteints. Cette *sectorisation* est essentielle pour beaucoup de patients.

Dans le cas d'Agnès, nous dégageons, grâce à des questions précises sur le planning de ses journées, qu'il y a moins d'un an, elle avait dans sa vie divers secteurs : son métier, son foyer et son enfant ; c'est elle qui faisait les courses, préparait les repas... Mais maintenant, c'est son mari qui doit s'occuper de tout. Jadis, elle faisait partie d'une chorale, elle invitait les voisins à regarder la télévision chez elle... Aujourd'hui, il ne lui reste plus rien.

Je note donc au tableau ceci :

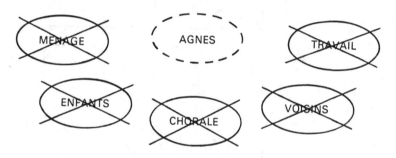

Agnès voit sa situation *de l'extérieur :* c'est vrai, avant qu'elle n'abandonne son travail, elle était très entreprenante. Elle commence alors à établir un lien entre ses symptômes dépressifs et le fait qu'aujourd'hui, elle ne *construit* plus rien. C'est une phase essentielle car, à partir de sa prise de conscience, je vais pouvoir élaborer avec elle un *plan d'action.*

3. *L'examen de la chronologie des faits,* à partir de son mariage jusqu'au jour de la consultation, permet de dresser le bilan suivant :

— 1967 : mariage

— 1970 : accident de voiture — première grande angoisse (qui revient dans les périodes dépressives).

— 1976 : premier enfant, achat de la maison

— août 1978 : Agnès entre en hôpital psychiatrique pour une dépression qui se termine au bout de trois jours. Pourquoi ? « A l'hôpital, certes, j'étais bien soignée. Mais j'ai aussi été très secouée par l'état des malades qui m'entouraient. Je ne voulais pas devenir comme eux, c'est pour cela que j'ai voulu rentrer plus vite chez moi. Mais une fois à la maison, la dépression a recommencé. »

— septembre 1978 : elle entre en hôpital psychiatrique pour quatre semaines. La dépression disparaît après peu de temps mais rechute dès son retour à la maison. Cependant, elle ne veut absolument plus retourner en hôpital psychiatrique.

— Depuis : différents examens cliniques avec hospitalisations.

— avril 1981 : elle démissionne de son emploi.

— mai 1981 : elle ne fait plus son ménage.

De cet historique établi dans l'ordre chronologique, nous retenons les points suivants :

• La dégradation de ses secteurs est récente. Elle peut donc les remettre en place sans beaucoup de problèmes.

• Agnès pense que sa dépression a commencé avec l'accident de voiture, c'est-à-dire après trois ans de mariage. Elle se souvient des fortes émotions qu'elle a éprouvées alors. De l'extérieur, il m'est difficile d'établir un rapprochement.

• Les dépressions disparaissent curieusement chaque fois qu'Agnès est hospitalisée ! Pourquoi donc ? Agnès est-elle soulagée de ne plus avoir à s'occuper des soins du ménage et de son enfant ? Est-ce là l'élément déterminant, ou bien apprécie-t-elle d'être plus entourée qu'à l'ordinaire ? Ou encore est-elle soulagée de ne plus subir la présence de son mari ? Aujourd'hui ni Agnès ni moi ne pouvons répondre à ces questions, nous les gardons donc en attente.

## 4. Le plan d'action

Après avoir cerné les différents secteurs et repris la chronologie de la maladie, Agnès et moi pouvons élaborer un plan d'action très concret.

Nous abordons le secteur le plus urgent : le ménage. Agnès ne part pas de zéro, elle doit se demander comment elle procédait *avant* sa dépression : Que faisait-elle, quel était le jour de la lessive, quand lavait-elle le sol, combien de temps lui prenait chacune de ces tâches ? Agnès s'est rafraîchi la mémoire. Je lui demande de composer son planning pour la semaine à venir et de le noter : c'est ainsi qu'elle commence à reprendre ses affaires en main. Ce programme lui servira chaque jour de soutien et d'aide-mémoire.

Je demande à son mari de la stimuler autant qu'il peut et surtout, de ne rien faire à sa place. Il est d'accord.

A la consultation suivante, les résultats sont encourageants : Agnès a fait la cuisine tous les jours ainsi que la lessive et le repassage. Elle commente sa semaine : « C'était difficile, j'ai dû souvent me secouer, et faire de gros efforts pour ne pas me laisser aller. Souvent je me répétais : je veux changer, je veux en sortir... » Elle prend très au sérieux sa guérison.

Je propose encore à Agnès de faire chaque soir le point de sa journée. Sur un carnet, elle note d'une part ce qu'elle a réussi et d'autre part ce qui lui a posé problème. Elle cherche alors des solutions pour y remédier le jour suivant : « Je n'ai pas eu le courage de me mettre à mon repassage aujourd'hui, demain, je ferai d'abord une sieste juste après le repas et ensuite, je repasserai la moitié du linge. »

Agnès apprend ainsi à s'organiser, et à trouver elle-même des solutions à ses petits problèmes quotidiens. Je l'avertis :

— Surtout, lorsque vous faites le point de la journée, occupez-vous des *faits* sans vous attacher à des *impressions* du type « je me suis détendue » ou « j'étais triste pendant tout l'après-midi ». Si vous avez un vague sentiment négatif de cet après-midi, cherchez quelles ont été vos occupations. Et à chaque fait, attachez une émotion adaptée : « J'ai lambiné deux heures devant la télévision, ce que j'ai trouvé agréable sur le moment ; avec du recul, je vois bien que *j'ai bêtement perdu mon temps* (émotion retraitée et adaptée). Mais ensuite j'ai lavé les carreaux de la cuisine ; ce n'était peut-être pas très intéressant mais c'était bien utile : j'ai fait là une bonne chose. » Par ce *retraitement émotionnel,* votre après-midi prend du relief, et vous sortirez de votre vague à l'âme. Ce qui importe, c'est que de cette manière, vous réalisiez jour après jour que vous êtes une femme courageuse, tout à fait capable de se prendre en main. Forte de vos réussites, vous trouverez le courage de progresser encore davantage. Agnès apprécie vivement ce conseil : elle constate d'ailleurs que si elle néglige de faire le point certains soirs parce qu'elle est découragée, elle s'endort avec une impression de pesanteur qui ne la quitte pas au réveil.

5. *Trouver la cause*

Une fois qu'Agnès a commencé à remonter la pente en reprenant ainsi sa vie en main, nous pouvons alors tenter de cerner les causes de sa dépression pour qu'elle en sorte complètement, et éviter qu'elle n'y retombe. Elle cherche donc avec moi.

— Il y a trois ans, mon mari m'adressait de plus en plus souvent des remarques à propos de la tenue de la maison. Il me faisait des reproches surtout le jeudi soir, quand je partais à la chorale : « Et le linge ? A quand la peinture du radiateur ? » Finalement, je me suis tellement sentie gênée, coupable même, que j'ai abandonné le chant.

— Allons plus loin : votre mari a-t-il des loisirs, lui ?

— Jamais ! Il travaille à plein temps pour l'armée, cultive un demi-hectare de fraises et entreprend de gros travaux à la maison ; il ne s'en sort pas ! Il est rarement disponible.

— Votre mari n'accepte donc pas que vous preniez des loisirs ?

— C'est cela, il ne comprenait pas que je parte le jeudi soir, alors que lui était si occupé. D'ailleurs, quand j'ai cessé d'aller à la chorale, je suis allée l'aider à cultiver ses fraises.

— Que pensez-vous de cette petite exploitation ?

— Oh, s'il n'y avait que moi, il y a longtemps que je l'aurais vendue. Quand je vois le temps qu'on y passe et ce que cela nous rapporte...

— Votre mari connaît-il votre opinion ?

Agnès ne répond pas. Constatant son blocage sur ce point, je lui raconte l'histoire d'une autre patiente pour lui donner un éclairage latéral.

— J'ai soigné une femme qui souffrait d'une dépression profonde. Elle n'avait plus aucun ressort, plus aucun goût pour la vie. Or, elle a guéri en trois mois, à partir du jour où elle a découvert que son mari l'étouffait : il était prisonnier d'une idée du couple où la femme doit rester au foyer et se mettre au service de son époux. Elle n'avait pas le droit de fréquenter ses anciennes amies, d'aller seule au cinéma, de lancer une invitation, de passer une soirée seule au calme, si lui en avait décidé autrement. Du jour où elle a constaté qu'il ne lui restait ainsi plus rien en propre, elle s'est expliquée avec lui, et a commencé à se constituer des secteurs personnels. Elle était tirée d'affaire.

— Ce que vous me dites me paraît important. Je crois qu'il se passe quelque chose de semblable chez nous. J'ai toujours beaucoup aimé voyager, mais mon mari, lui, a un tempérament casanier. Depuis notre mariage, nous ne bougeons plus de la maison. J'ai bien tenté de lui proposer un voyage en Corse ou en Espagne, mais il invoque toujours une bonne raison pour refuser : au début, il trouvait que nous n'étions pas assez riches ; ensuite, c'étaient les travaux de la maison ; maintenant, ce sont les fraises. Lorsque je veux m'acheter une robe, c'est toute une histoire : " Tu as tout ce qu'il te faut ", ou bien " C'est trop cher ". Pourtant, je ramenais moi aussi un salaire ! En fait, il faut toujours que je cède, et si par malheur je passe outre, j'ai peur car je sais qu'il va se mettre en colère.

Dès lors, la situation s'éclaire. Il semble bien que la cause de sa dépression soit cette soumission extrême aux volontés de son mari qui lui " coupe les ailes ". Elle se rend compte qu'il ne lui reste plus rien en propre mais qu'elle est enfermée dans les projets, les directives et les interdictions de son conjoint.

On peut donc, à partir de là, envisager des solutions s'attaquant au fond du problème. D'abord, nous convenons qu'Agnès doit remettre en place ses propres secteurs, et donc *démarquer son territoire* de celui de son conjoint. Elle doit disposer de son temps libre pour l'employer comme elle l'entend. Puis elle décide de ne plus chercher à tout prix à être d'accord avec son mari ; et en particulier dans les secteurs où ils sont tous deux concernés, comme l'organisation des vacances, ou l'éducation de leur enfant. Elle donnera dorénavant son point de vue, au même titre que lui.

Enfin, nous convenons qu'à la consultation suivante, son mari viendra lui aussi, pour qu'ils puissent, avec l'aide d'un regard extérieur, réfléchir à la façon d'organiser leurs secteurs communs, et définir clairement quels sont les secteurs propres à chacun et que l'autre doit respecter. Il est capital de noter ici que le mari d'Agnès, très inquiet de l'état dans lequel se trouvait sa femme, était prêt à faire beaucoup pour l'aider à en sortir. Cette consultation l'aida à comprendre sa part de responsabilité dans cette maladie, et surtout à *jouer un rôle actif* dans les solutions retenues pour la guérir. Quelques semaines plus tard, je vois Agnès très contente : elle vient de faire un petit voyage en Allemagne qui s'est bien passé, et elle est retournée à la chorale. Cette fois, *les symptômes dépressifs ont totalement disparu.* Nous nous sommes vus encore pendant quelques séances, pour qu'elle apprenne encore mieux à délimiter et à défendre son territoire au jour le jour. Au total, le traitement d'Agnès aura demandé six consultations et aura duré deux mois.

Dernière précision : avec l'accord d'Agnès, nous avons mené ce travail en *collaboration avec son médecin de famille,* ce qui a été très important. Chacun suivait de son côté l'évolution de la guérison, et nous nous communiquions nos remarques, qui souvent se complétaient. Appelé au domicile de notre patiente pour soigner le jeune enfant, le médecin remarquait, par exemple, que le mari prenait tout en main ; mais quelques semaines plus tard, après une nouvelle visite, il m'avertissait qu'un net changement était en cours : Agnès commençait à s'imposer, à prendre sa place. De mon côté, je ne manquais pas de conseiller à Agnès de consulter son médecin chaque fois qu'elle présentait des troubles physiques ou qu'elle avait envie de diminuer ses doses de médicaments. »

### Expérience d'un psychologue en cabinet avec des enfants

Les proches jouent souvent un grand rôle dans le rétablissement d'un malade. Chez les enfants, en particulier, les difficultés peuvent rester insolubles si leurs parents ne participent pas au traitement. Une jeune psychologue pour enfants nous rapporte son expérience :

« Christine, onze ans, m'a été adressée par son médecin de famille. Depuis trois ans, elle présente des migraines avec vomissements.

Je lui pose des questions sur chaque secteur de sa vie :

famille, école, sports. Pour Christine, tout va bien, elle n'entrevoit aucune difficulté. Aussi je lui propose de noter au jour le jour sur un cahier ce qu'elle réussit à faire, les difficultés rencontrées dans sa journée ainsi que les solutions qu'elle a trouvées.

Et c'est en réfléchissant sur les événements de sa journée que nous avons trouvé ensemble grâce à ce cahier, les causes de sa maladie et des solutions adaptées.

L'institutrice répétait quatre à cinq fois les mêmes exercices. Christine :

— Je perds mon temps à l'école, je préfèrerais rester à la maison. Je m'ennuie, le calcul, la grammaire, ça ne me sert à rien.

— Fais-tu les courses pour ta mère ?

— Oui, j'aime bien ça.

— Sais-tu calculer rapidement de tête ?

— Non.

— Peut-être ta maîtresse pourrait-elle te donner une méthode de calcul et ainsi, tu t'en servirais pour faire les courses.

Christine pose la question à sa maîtresse qui lui propose une méthode. Voyant l'intérêt qu'elle peut tirer de certaines leçons, elle y prend goût.

Une autre fois :

— Pendant une leçon, je devais parler de mon hamster : de l'entretien de la cage, de sa nourriture, de ses petits, etc... mais la maîtresse m'a arrêtée dès la première phrase, me reprenant sur un mot et me reprochant ma tenue. J'ai eu du mal à continuer l'exposé car je ne savais plus où j'en étais. J'en ai parlé à ma mère qui m'a répondu comme d'habitude : " Tu dois écouter ta maîtresse. Si elle te fait des remarques, c'est qu'elle a raison. Tu es trop orgueilleuse. "

J'explique alors à Christine ce qui s'est passé en réalité.

— Avec ta maîtresse, tu parlais des hamsters et non de ta tenue vestimentaire, c'est donc normal que tu aies perdu le fil de ton exposé : la maîtresse a commis ici une erreur. Mais toi, dans de telles situations, tu as tout intérêt à ne pas prêter une attention démesurée à ces détails ; mieux vaut rester centrée sur ton sujet sans te vexer.

Ces explications satisfont pleinement Christine qui se

souvient d'autres situations semblables où elle a perdu ses moyens. A partir de ce jour, elle aura le souci de rester sur le terrain du travail en apprenant progressivement à ne pas accorder d'importance aux jugements que les autres portent sur elle. Elle présente même un autre exposé qu'elle mène rondement jusqu'au bout, sans se laisser ébranler par aucune remarque.

Parallèlement, je convoque la mère et lui propose un travail de réflexion. Je découvre que c'est elle qui fait le ménage et range la chambre de Christine dont elle a d'ailleurs choisi la décoration. Je parle alors à cette femme du territoire. Rapidement, elle prend conscience par elle-même qu'elle surprotège sa fille. Pour y mettre un terme, elle décide de lui confier la responsabilité de quelques travaux ménagers. Christine est ravie et acquiert ainsi un peu plus d'assurance.

Ensuite, je demande à la mère de réfléchir avec moi à la réponse qu'elle a faite à Christine au sujet de l'exposé sur le hamster. Elle comprend qu'elle doit aider sa fille à se défendre plutôt que de lui enseigner des principes figés. Cette nouvelle prise de conscience débouche sur des échanges fructueux entre la mère et la fille : toutes deux s'appliquent à chercher des solutions concrètes pour résoudre les difficultés quotidiennes de Christine.

Depuis un an, Christine n'a plus de migraines.

*Ma méthode de travail se résume donc à quatre points :*

1. J'aide les enfants à construire ou à développer leur territoire et différents secteurs.

2. Je leur propose de faire sur un cahier le point de leur journée.

3. J'explique aux enfants comment fonctionne leur cerveau. J'utilise des exemples simples et, quel que soit leur âge, ils comprennent vite. Ainsi ils apprennent à réfléchir sans se laisser envahir par leurs émotions ou celles des autres.

4. Enfin, je travaille toujours avec les parents. Dès le premier entretien, je leur parle du *territoire* et leur propose une *collaboration*. Ceci est extrêmement important car, dans le passé, je me suis rendu compte que certains parents se déchargeaient complètement sur moi du problème de leurs

enfants. D'autres rejetaient systématiquement les solutions que je leur proposais. D'autres encore, par leur comportement laxiste, incohérent ou trop autoritaire, ne permettaient pas à l'enfant de mettre à profit les conseils que je lui prodiguais en cabinet.

Aussi, aujourd'hui, quand une mère vient me consulter pour son enfant, je lui propose d'abord un contrat de collaboration. Il y est noté explicitement que le traitement de l'enfant nécessitera sûrement un travail, une réflexion de la part des parents, voire même un changement d'attitude. J'ajoute que je ne pourrai mener à bien mon travail que si notre contrat est respecté. Certains acceptent d'emblée, d'autres, plus rares, refusent catégoriquement, d'autres encore demandent un délai de réflexion, et promettent de me téléphoner quelques jours plus tard leur réponse... qui ne vient jamais, ou qui ne me parvient que deux à trois mois plus tard.

Cette méthode a donné des résultats. Les enfants sont remis sur pied de façon durable. »

*
**

Nous avons expérimenté avec succès une méthode de travail tant en cabinet médical qu'en consultations de psychothérapeutes. A cette occasion, une collaboration fructueuse a pu se mettre en place.

Rapprochés par un but commun, nous avons dépassé le désaccord radical qui sépare encore trop souvent psychologues et médecins. Dans bon nombre de ces dossiers, des travailleurs sociaux et des membres des professions paramédicales ont été associés à la thérapie, ou l'ont même menée à bien, seuls, dans le cadre de leur compétence propre.

―――――――――――FICHE CULTURELLE―――――――――――

## LES FAUSSES PANACÉES

L'intérêt du public se porte de plus en plus vers des approches dites *globales* du corps et de la santé. Beaucoup reprochent aux médecins leur focalisation sur un organe précis. Si l'on considère que l'organisme et le psychisme forment un tout cohérent, il paraît naturel que la thérapeutique envisage les deux aspects.

On voit se développer diverses disciplines qui prétendent atteindre ce but. Laissons de côté les médecines douces, acupuncture, homéopathie... dont les méthodes, les limites et l'efficacité sont bien précises, du moins pour les praticiens et les patients très nombreux à en bénéficier.

Il nous semble important par contre de faire le point sur quelques autres disciplines que l'on voit proposer de plus en plus fréquemment : Relaxation, Sophrologie, Yoga, Méditation... Il s'agit de préciser ce que ces disciplines peuvent apporter. Cette mise au point nous paraît d'autant plus nécessaire que les méthodes sont parfois présentées comme la panacée, la manière idéale d'appréhender son « psycho-soma », en opposition aux vues mesquines et trop matérialistes de la médecine...

### La relaxation :

Aujourd'hui, l'affection la plus banale et la plus courante semble être le « stress ». Nous savions que nous étions déjà tous plus ou moins intoxiqués et névrosés ; restait à nous « conscienti-ser » du fait que nous sommes tous stressés. Tous ? Non... Certains savent se préserver des effets nocifs des soucis, des tracas, des énervements, rançons de l'industrialisation à outrance qui nous coupe de notre environnement naturel. Par quel secret ? Ils savent se relaxer, et évitent ainsi bien des désagréments. Aujourd'hui, la médecine invite ses patients à les imiter : la relaxation fait son entrée dans l'arsenal thérapeutique. Le raisonnement est simple : vous êtes P.D.G., vous êtes donc surmené, sujet aux soucis et aux émotions fortes. Vous êtes le candidat idéal pour l'artériosclérose, l'hypertension ou l'infarctus du myocarde... Il n'est, bien sûr, pas question de vous proposer de changer de travail : il vous reste à suivre des séances de relaxation, ou si vous préférez, pourquoi pas, de yoga.

Comme toute médication, la relaxation a ses effets thérapeutiques, ses effets secondaires et ses indications. Certaines précisions et mises au point s'avèrent donc nécessaires. La relaxation a pour objet de résoudre les tensions : tensions musculaires comme tensions psychologiques. Sur le plan physiologique, la relaxation modère l'hyperstimulation du système sympathique. Les études menées en comparaison avec des groupes de malades témoins, indiquent qu'elle permet d'abaisser le taux de cholestérol sanguin et les chiffres de tension artérielle. D'autre part, elle permet de limiter la prise de tranquillisants et somnifères. (Benson 1975) (Patel 1981). Au vu des effets physiologiques de la relaxation, des auteurs américains la recommandent aux patients à haut risque cardio-vasculaire : hypertension, artérite, angine de poitrine. Elle a fait également ses preuves dans la préparation à l'accouchement sans douleur.

Cependant, l'indication de la relaxation semble reposer dans certains cas sur une substitution : ce n'est pas *à la difficulté* qui me rend malade aujourd'hui qu'il faut s'attaquer, mais *à la façon dont je vis, dont je ressens cette difficulté...* Une fois cette pirouette effectuée, la relaxation se présente comme la solution idéale, quasi-universelle, qui permet de conserver la santé en toutes circonstances.

Les deux principales méthodes proposées en Occident sont celle de Jacobson et celle de Shultz, l'auteur du fameux « training autogène ». Une demi-heure par semaine, pendant trois à six mois, est nécessaire pour maîtriser le training et parvenir à une bonne détente musculaire. *Déconnecté, le cerveau libère alors ses fantasmes, il tourne à vide.* La foison de scènes oniriques qui s'ensuit est mise à profit par certains thérapeutes, soit pour entreprendre une *psychanalyse,* soit pour *programmer* le patient à surmonter ses angoisses ou ses phobies.

Prenons un exemple : dès que je dois pénétrer dans un magasin, je suis pris de panique. Je vais donc suivre des séances de relaxation. Après quelques mois d'apprentissage, je vais me relaxer parfaitement. Une fois détendu, calme, je m'imagine, je me visualise entrant sans appréhension dans un magasin. C'est donc une sorte d'autosuggestion, d'autoprogrammation. Voilà une solution pour le moins ambiguë.

Autre exemple : mon patron a le chic d'arriver l'après-midi au bureau vers dix-sept heures et de me confier un « travail urgent », un quart d'heure avant que je parte. Je suis donc astreint à des heures supplémentaires quotidiennes. Cet état de fait me met hors de moi...

Or, il y a deux approches possibles de cette situation.

La plus logique, celle qui relève du bon sens, consiste à tenter de résoudre la difficulté elle-même : je peux préparer une entrevue avec mon patron, prendre conseil auprès d'amis, chercher une organisation dans mon travail qui limite au maximum les interventions-surprises, par exemple en exigeant une prévision et une bonne répartition des tâches. Tout cela est possible et souvent efficace.

L'autre approche consiste à prendre conscience que m'énerver, me crisper sur cette difficulté, ne me mène à rien de bon. Il me faut donc apprendre à juguler ces émotions incontrôlées, à me détendre. Ce faisant, je préserverai ma santé. Bref, j'éliminerai mon stress en me relaxant.

Après ces séances de calme détente, je suis très en forme, souriant et prévenant avec ma femme ou mes enfants. Le lendemain au bureau, mon patron répète son scénario, mais dieu merci, je peux refréner mon agressivité en me relaxant. C'est dans la joie et la sérénité que je me ferai désormais exploiter par lui... Et je pourrai ainsi glisser dans le calme vers une catastrophe conjugale ou autre...

*La relaxation ne soigne donc qu'un symptôme.* A ce titre, elle se révèle efficace, mais à ce titre seulement, tout comme l'aspirine fait tomber la fièvre lors d'une pneumonie, sans pour autant enrayer l'infection. Présenter la relaxation comme une thérapeutique de fond relève de la publicité mensongère, voire de l'escroquerie. Elle ne fait que masquer les effets, en négligeant la cause.

### La Sophrologie

Du grec, SOS, l'harmonie, PHREN, l'esprit, LOGOS, le discours, la sophrologie peut se définir comme « la science visant à assurer l'harmonie de la conscience » (E. Ferragut).

La méthode utilise une technique baptisée « relaxation dynamique ». Il s'agit d'altérer la vigilance par différents exercices qui sont en fait des techniques utilisées dans l'hypnose. Une fois « l'état de conscience sophronique » atteint, c'est-à-dire une fois que le cerveau déconnecté est devenu réceptif aux suggestions qu'on lui fera, commence le « travail intra-sophronique », c'est-à-dire la suggestion proprement dite.

J'appréhende une intervention chirurgicale que je dois subir très bientôt. Le sophrologue et moi décidons ensemble quelle sensation agréable je voudrai ressentir pendant et après l'intervention. Ensuite il me plonge dans l'état de conscience sophronique et me suggère que je ressens effectivement cette sensation. Par exemple : « Je prends un bain de soleil sur la plage, le soleil est chaud, le ciel bleu... » Ce n'est donc qu'une forme de programmation hypnotique. Après la séance, je dois m'entraîner à reproduire cette sensation, à la maintenir. Cet exercice me fait quitter le domaine de l'hypnose pour celui du yoga.

Caycedo, le fondateur de la sophrologie, a donc mêlé les techniques d'hypnose et du yoga (qu'il a étudié pendant deux ans en Inde) pour élaborer cette « nouvelle discipline ».

Certes, chaque sophrologue se fâche s'il voit sa « science » assimilée à l'hypnose. En effet, disent-ils, alors que dans l'hypnose le patient est totalement soumis à son hypnotiseur, la sophrologie laisse au contraire une grande part d'autonomie au sujet.

Or ce qui caractérise l'hypnose, ce n'est pas l'abandon inconscient du sujet, mais *sa grande réceptivité* aux suggestions qu'on lui fait. Son cerveau accepte les phrases, les images qu'on lui propose. C'est précisément ce que la sophrologie cherche à obtenir... Ajoutons que d'ordinaire, le sujet hypnotisé ne perd pas vraiment conscience. Il reste toujours plus ou moins lucide. Que les sophrologues ne soient pas de mauvaise foi : ils savent fort bien que « hypnose » n'est pas synonyme de « sommeil ». Ce n'est donc pas ce point qui différencie l'hypnose de la sophrologie. On peut être hypnotisé en ayant l'impression d'être parfaitement éveillé et maître de soi. Les expérimentations menées par M. H. Erickson le prouvent. La sophrologie, elle aussi, prétend donner cette impression à ses patients. Sophrologie et hypnose utilisent donc les mêmes méthodes pour rendre les patients suggestibles. Les mêmes causes produisent les mêmes effets... La différence entre hypnose et sophrologie a été affirmée par Caycedo pour assurer à la sophrologie une *meilleure image de marque,* plus moderne et plus scientifique.

Cette différence aura échappé néanmoins à certains auteurs avertis, qui préfèrent parler d'hypno-sophrologie...

Comme l'hypnose, la sophrologie peut résoudre des symptômes tels que de la douleur ou l'angoisse. Elle est d'ailleurs de plus en plus largement utilisée à cette fin par les dentistes. Elle peut également modifier le fonctionnement des divers organes et donc s'attaquer à des troubles fonctionnels : diarrhées, palpitations, oppressions thoraciques...

On peut mettre à profit utilement ces effets, à condition de rester conscient de leurs limites : la sophrologie n'attaque pas la cause, même si elle permet de sonder « les profondeurs de l'inconscient » !

Mais les ambitions de la sophrologie ne s'arrêtent pas là : elle prétend être à la fois une science, une thérapeutique, un art et une philosophie... ! La philosophie est simple : nous vivons dans un monde déshumanisé qui disperse nos forces vitales et déséquilibre notre personnalité, donc notre santé.

A cette problématique *sociale,* la sophrologie apporte une solution *individuelle :* il faut rétablir l'harmonie de l'individu. En clair, si vous vous sentez « robotisé », parce que huit heures par jour vous travaillez à la chaîne en usine, faites-vous sophroniser, ça ira beaucoup mieux ensuite...

Autre fait notable : pour prétendre au titre de sophrologue, le praticien doit auparavant être sophronisé, c'est-à-dire hypnotisé, par Caycedo lui-même. Voilà qui est étonnant pour une méthode thérapeutique ! Avant de pouvoir opérer, on n'a jamais exigé d'un chirurgien qu'il passe lui-même sur la table d'opération.

### Yoga et méditation

Deux autres disciplines sont actuellement en vogue sur le marché : la méditation et le yoga. Elles ne sont en règle générale pas proposées par le corps médical qui bien souvent ignore jusqu'à leur existence. Néanmoins, yoga et méditation sont deux techniques pratiquées par des adeptes toujours plus nombreux et les ouvrages qui promettent le maintien ou le recouvrement de la santé grâce à l'une ou l'autre foisonnent dans les librairies.

Censé apporter la paix de l'âme et du corps, *le yoga* est souvent présenté comme une gymnastique doublée d'exercices de respiration ou de concentration. Il ne s'agit ici ni de s'insurger, ni de prendre parti pour le yoga, mais de bien préciser ce qu'il vise et donc ce qu'on peut en attendre raisonnablement, afin d'éviter tout malentendu.

Arthur Koestler, qui a flirté quelque temps avec le yoga en Inde et au Japon, en ramène la définition suivante : « Le mot *yoga* signifie « union ». Le but de tous les exercices de yoga (...) est l'ultime absorption du sujet dans son « moi réel », dans la pure conscience sans objet. Cela une fois atteint, la conscience individuelle se fond dans la conscience cosmique et le moi réel se dissout dans l'être universel — " comme les étincelles sorties d'un feu sont destinées à y retourner " — ou " comme la goutte de rosée qui tremble sur un lotus glisse dans la mer brillante ". » Avis aux amateurs...

Koestler conclut par cette mise en garde : « Quant à la doctrine sur laquelle il est basé, les sympathisants occidentaux n'en connaissent que des versions expurgées. Ils peuvent croire que le Hata Yoga n'est qu'un système d'exercices de gymnastique, destiné à détendre le corps et l'esprit pour faciliter la méditation. » (La quête de l'absolu).

S'il s'agit simplement de gymnastique, il est sans doute inutile de se contorsionner en torturant son souffle. Il suffit de s'inscrire à un club, ou d'emmener quelques amis à la piscine, ou encore sur un court de tennis. Le sport ne règle pas plus les problèmes que le yoga, mais il a ceci d'intéressant qu'il permet une oxygénation de tous les tissus, y compris de ceux du cerveau. De plus, l'effort physique s'accompagne d'une sécrétion centrale de noradrénaline, ce qui donne une humeur « tonique », c'est-à-dire qui prépare à l'action.

Le yoga, lui, *démobilise*. Il « réconcilie », permet de « prendre du recul ». Les difficultés de la vie quotidienne semblent alors lointaines et bien mesquines. Les exercices de yoga sont des exercices de relaxation : « Une des principales méthodes pour libérer l'inconscient consiste paradoxalement *à se concentrer sur chaque partie* du corps l'une après l'autre en en prenant conscience. (...) On se met à l'écoute de son corps. (...) Mais surtout, cet exercice *conduit à un état second* qui ressemble à un rêve éveillé à la jonction du conscient et du subconscient, car cette méthode de relaxation est en fait une stimulation de l'inconscient contrôlée par la conscience. (...) Cette méthode s'appelle Yoga Nidra ou yoga du sommeil éveillé. » (La vie d'une voyante — Marie Delclos).

C'est une façon comme une autre de contourner les difficultés, encore faut-il l'annoncer clairement dès le début.

Autre pratique, moins connue du grand public, *la méditation.* Les conférences données au sujet de la méditation transcendantale sont nombreuses. Allez-y avec un magnétophone, écoutez, ne prenez aucune note mais enregistrez. A la sortie, vous garderez une impression très favorable : la méditation transcendantale se présente comme une discipline rigoureuse, scientifiquement démontrée. Quand vous serez rentré chez vous, réécoutez votre enregistrement et tâchez de saisir le sens de chaque phrase. Vous buterez alors sur des concepts tels que « la méditation transcendantale permet de saisir la pensée à sa source subtile, là où elle est énergie pure »... Toutes ces belles phrases dépourvues de sens vous auront probablement échappé sur le moment. En quoi consiste au juste cette méditation ?

Il s'agit de répéter deux fois vingt minutes par jour un mot, un

« mantra », ce qui provoque une sorte *d'assoupissement* dans lequel on reste malgré tout lucide (c'est le 4e état de conscience, après l'éveil, le sommeil et le rêve). Ce mantra est absolument personnel, « adapté au système nerveux de chaque méditant ». Transmis directement par l'initiateur au cours d'une cérémonie (chèrement payée) il doit rester secret. Exemple de mantra : « aingg » — c'est un mot qui doit résonner. (Certains ayant violé ce secret ont constaté qu'ils avaient reçu le même mantra.)

Pour le méditant néophyte, c'est un monde nouveau qui s'ouvre à lui, celui de son moi intérieur, qu'il explore petit à petit.

A propos de ce monde nouveau, un jeune ingénieur nous a rapporté l'anecdote suivante :

« A méditer deux fois par jour, je me sentais de mieux en mieux. Mais mes camarades de cours, eux, me trouvaient de plus en plus « à côté de mes pompes ». Un soir après une séance de méditation, je suis sorti acheter un paquet de cigarettes. Je suis rentré aussitôt chez moi, pensant n'avoir été absent que quelques minutes. Or, j'y ai trouvé mon frère affolé : il m'attendait depuis plus de deux heures. »

Voilà qui nous apprend pourquoi la méditation est proposée dans certaines prisons aux U.S.A. : les prisonniers méditants se plaignent beaucoup moins de leur sort.

**En conclusion,** qu'il s'agisse de relaxation, de sophrologie, de yoga ou de méditation, ces pratiques reposent sur une *confusion ;* on ne s'intéresse pas à une situation matérielle, source de difficultés, de conflits, mais à la façon dont est vécue cette situation.

Lors de son voyage au Brésil, Jean-Paul II incitait les habitants à « supprimer la haine et la violence... de leur cœur ». Sans doute était-ce pour leur rendre plus supportable la haine et la violence qu'ils avaient à subir de leurs tyrans... ?

Ce glissement qui consiste à prétendre résoudre une difficulté en supprimant certains de ses effets est une supercherie. Si la relaxation, le yoga, peuvent éventuellement trouver une place dans la thérapeutique, ce sera au même titre qu'un tranquillisant qu'on prescrit, faute de mieux ; ce ne sera jamais qu'un *palliatif.*

## LES FAUX COUPABLES

Un monsieur, l'air inquiet, demande à son médecin :
— Docteur, que dois-je faire pour vivre vieux ?
— Voici trois conseils à respecter absolument :
Plus jamais une cigarette.
Plus jamais un verre d'alcool.
Plus jamais de relation sexuelle.
Surprise...
— Vous croyez qu'avec ça, je vivrai plus longtemps ?
— Je n'en sais rien. En revanche, ce que je peux vous garantir, c'est que vous trouverez le temps infiniment plus long.

« A vivre mal, vous risquez gros. »
Tel est le leitmotiv actuel des campagnes d'information en tout genre, censées éduquer le public à « bien gérer sa santé ».
Vivre mal, qu'est-ce à dire ?
Vous fumez ? Vous risquez donc le cancer du larynx ou des bronches.
Vous consommez de l'alcool ? Vous risquez la cirrhose et le cancer du foie.
Vous mangez trop ? Méfiance, le diabète et l'hypercholestero-lémie vous guettent.
Vous ne faites pas de sport ? Ne vous en prenez qu'à vous si un beau matin, en descendant la poubelle, vous ressentez comme une petite crampe dans la région du cœur : c'est le premier symptôme de l'angine de poitrine, porte ouverte à l'infarctus du myocarde.
C'est dès maintenant qu'il vous faut protéger votre cœur, sinon, il risque de vous lâcher avant la cinquantaine. Attention ! Dès aujourd'hui, adoptez de saines habitudes. Cessez donc de commettre des crimes contre vous-même : jetez au plus vite votre paquet de cigarettes, mettez-vous à l'eau minérale, et « mangez juste ».
Holà, quel tumulte ! Bien sûr, le tabac agresse les muqueuses, bien sûr, le cholestérol encrasse vos artères, bien sûr, l'alcool est responsable de nombreux décès, et l'éthylisme reste un fléau bien trop grave pour ne pas s'en préoccuper.
Tout cela est vrai... Mais de là à attribuer le déficit de la Sécurité Sociale uniquement à ces abus...! Beaucoup savent que bien d'autres facteurs financiers entrent en jeu.
Par ailleurs, culpabiliser les gens en leur faisant croire que là

sont les principales causes de leurs maladies est de toute évidence injustifié. Il est tant d'autres facteurs pathogènes sur lesquels scientifiques et écologistes attirent régulièrement l'attention, mais en vain...

Pour terminer cet ouvrage, abordons un dernier facteur hautement pathogène : le monde du travail... et du manque de travail, le chômage.

# QUATRIÈME PARTIE

# PATHOLOGIE DU MONDE DU TRAVAIL

Nous ne traiterons pas ici des risques physiques et chimiques engendrés par telle ou telle activité professionnelle. Mais il va sans dire que nous leur accordons toute leur importance, tant dans notre réflexion que dans notre exercice quotidien.

Nous disons simplement que la pathologie du travail ne peut pas se résumer à l'étude des seules maladies professionnelles dont l'agent toxique est clairement mis en cause (par exemple : la sidérose, la silicose...). Il faut élargir le problème.

Ainsi, nous aborderons tout d'abord l'environnement matériel pathogène du monde du travail, ceci à partir de huit consultations représentatives. Ensuite, nous étudierons les causes d'ordre relationnel, à l'origine de nombreuses maladies. Enfin, nous prendrons conscience des désordres créés par « la crise », qui mettent des populations entières en inhibition.

# Chapitre 1

# LA RÉALITÉ QUOTIDIENNE DES MÉDECINS

## QUELQUES CONSULTATIONS

L'examen des malades dont les cas sont relatés ci-après a, bien sûr, été conduit de façon rigoureuse, tant dans la recherche des antécédents que dans l'établissement du diagnostic, la recherche d'une cause organique, et celle des facteurs déclenchants. Pour en alléger la présentation, nous ne détaillerons pas la totalité de cette démarche, mais uniquement les éléments originaux ou saillants qui s'en dégagent.

*Premier malade*
Anne-Marie, qui consulte aujourd'hui pour son fils, discute avec son médecin qui, il y a trois ans, l'a soignée pour dépression et hypotension artérielle.

« A l'époque, je suivais une formation professionnelle à la Sécurité Sociale et j'ai dû, pour terminer, effectuer un stage de neuf mois dans le service des " accidents du travail ". En réalité, tout le monde ignore pourquoi il faut absolument que chaque stagiaire passe par ce service, car les tâches qu'on y propose sont extrêmement spécialisées et ne présentent aucun caractère formateur. Ainsi mon travail consistait à rectifier les anomalies des listings et à codifier les différents types d'accidents du travail : c'est-à-dire, traduire en chiffres tous les éléments relatifs à l'accident. Ces corrections et ces codifications étaient très fastidieuses. Elles permettaient d'établir des statistiques pour la prévention, or j'ai appris plus tard que celles-ci n'étaient pratiquement pas utilisées. Ainsi, non seulement *ce travail était pénible* mais de plus, *il ne servait à rien.*

J'ai travaillé dans ce service pendant trois trimestres, et chaque mois je devais m'arrêter : j'étais dans un état de fatigue générale avec des baisses de tension fréquentes. J'ai fait de l'eczéma, et j'ai eu des angines à répétition. A la fin de ce stage, j'ai changé de service. Le travail qu'on m'a confié alors était plus intéressant et varié. Eh bien, depuis ce moment, c'est-à-dire depuis deux ans et demi, ma tension est tout à fait normale, et j'ai retrouvé mon tonus d'antan. Je suis absolument certaine que mes ennuis de santé étaient directement liés à ce travail à la fois débilitant et inutile. »

*Deuxième malade*

Michèle a trente ans : elle souffre depuis déjà plusieurs semaines d'une grande fatigue : sujette à des insomnies, elle ressent une certaine lourdeur. Le médecin lui fait préciser certains symptômes, l'examine et conclut à une dépression. Pour tenter d'en trouver l'origine, il reprend l'interrogatoire :

— Quelle est votre profession ?

— Je travaille dans une usine de téléviseurs.

— En quoi consiste votre emploi ?

— Je suis à la chaîne de montage, mais vous savez, que ce soit des télés ou autre chose, c'est toujours la chaîne...

— C'est un travail pénible ?

— Pénible... peut-être pas. Disons qu'on en sort « vidé », oui, c'est cela, « vidé ». Aucun moyen de réfléchir à ce qu'on fait, toujours les mêmes gestes.

— Et vous n'avez pas prise sur votre travail, n'est-ce pas ?

— Ah non ! Je dois serrer quelques vis, toujours les mêmes, à une vitesse folle. Il n'y a aucune place dans ce métier pour la moindre initiative, c'est très fatigant.

Il semble que par ailleurs, dans les autres domaines de sa vie, Michèle ne rencontre pas de difficultés particulières. Le médecin lui prescrit un traitement antidépresseur et un arrêt de travail.

L'état de la jeune femme s'en trouvera sans doute amé-

lioré, mais peut-on penser qu'elle guérira définitivement ?
Probablement non. Car à son retour, elle retrouvera les
mêmes conditions de travail pénibles qui semblent bien être à
l'origine de sa maladie. Si la cause demeure, les effets n'ont
guère de chances de disparaître.

*Troisième malade*

Lors de la consultation, Henri se plaint de palpitations, de
crampes et de fourmillements dans les mains. Le médecin lui
fait préciser ses troubles et la date de leur apparition :

— Eh bien, tout cela a commencé il y a deux mois après
que la banque où je travaille ait réorganisé les locaux en
bureaux paysagés.

— Vous trouvez gênant ce genre d'agencement ? Il s'agit
bien de ces grandes pièces où les emplacements de chacun ne
sont séparés que par des cloisons à mi-hauteur, des armoires,
ou des plantes vertes, n'est-ce pas ?

— Oui, c'est bien ça, et croyez-moi, il est impossible de
travailler dans de telles conditions. On est dérangé sans
arrêt : une dactylo qui vient porter le courrier. Le téléphone
sonne. La plupart du temps l'employé qui doit répondre n'est
pas là. Un collègue trois tables plus loin est appelé. Mon
voisin me demande une cigarette. Celui qui est au téléphone
va demander un renseignement à un autre, tous les deux vont
alors répondre. Je reprends mon travail, ma calculatrice a
disparu. Un collègue plus loin me dit : « La mienne est en
panne. Je t'ai emprunté la tienne pour dix minutes ».

Et c'est ainsi toute la journée. Le soir je rentre chez moi
sur les genoux avec en plus dans ma serviette du travail à
terminer. Je vous assure que celui qui a inventé les bureaux
paysagés mérite un prix de Rome !.

Le médecin poursuit son interrogatoire et examine Henri.
Il diagnostique une spasmophilie (maladie liée à une
augmentation du tonus sympathique).

Les troubles de son client semblent bien se rattacher, cette
fois encore, aux seules conditions de travail. En prescrivant
du calcium, du magnésium, des anxiolytiques, le médecin sait
fort bien qu'il ne s'attaque par là qu'aux symptômes, aux
conséquences, tandis que les causes demeurent inchangées...

*Quatrième malade*

Roger, chef d'équipe, souffre depuis deux semaines de brûlures d'estomac et dort très mal. Il est anxieux, très tendu.

— Avez-vous des soucis particuliers en ce moment?

— Oui, à cause de mon travail. Je n'en peux plus. Je suis pris en étau entre la direction qui m'impose des normes de production, et les machines qui n'arrêtent pas de tomber en panne les unes après les autres. Notre matériel est tout à fait inadapté à la production, mais la direction ne veut rien entendre quand je lui en parle! Alors, j'essaie, malgré tout, de faire face pour que ça tourne. Je fais des heures supplémentaires à n'en plus finir, mais je suis à bout de nerfs et de fatigue.

Les différents examens permettent au médecin de rassurer Roger, il ne s'agit là que d'une simple gastrite sans doute imputable à ses conditions de travail éprouvantes, cause d'anxiété. (Rappel : la gastrite est due à un dérèglement de l'équilibre sympathique/parasympathique).

Des anxiolytiques apaiseront l'angoisse de Roger, des pansements gastriques soulageront ses brûlures d'estomac, des somnifères l'aideront à trouver le sommeil. Mais quel remède pourra concilier les impératifs de production exhorbitants avec la vétusté des machines...?

*Cinquième malade*

Paul, ouvrier spécialisé, vient en consultation pour une reprise de travail. Il est en arrêt-maladie depuis dix mois pour dépression.

— Comment allez-vous, aujourd'hui?

— Beaucoup mieux. J'ai repris cinq kilos. Je dors mieux. Je retrouve mes forces. Je recommence à élaborer des projets pour l'aménagement de ma maison, ce qui ne m'était pas arrivé depuis un an.

— Je suis d'accord pour que vous recommenciez à travailler, mais au départ, je vous propose de ne le faire qu'à mi-temps.

— Pas question. Dans le passé, il m'est arrivé de travailler à mi-temps et je ne veux pas renouveler l'expérience.

— Ah bon, et pourquoi?

— En travaillant à mi-temps, je n'étais pas affecté à un poste précis. J'allais tantôt sur un chantier, tantôt sur un autre, selon les besoins de l'entreprise. De plus, quand j'arrivais le matin, je ne savais pas quel travail j'aurais à faire. Je ne servais que de bouche-trou. Finalement insatisfait par ce genre de travail morcelé, sans intérêt et contre lequel je ne pouvais rien faire, je suis devenu dépressif et j'ai dû m'arrêter. Aujourd'hui, je ne veux pas recommencer. Je veux travailler au même rythme que les autres.

Pour retrouver son poste, Paul choisit donc un temps plein. Là, il sait qu'il a sa place : celle pour laquelle il est qualifié. Il préfère cette solution à un mi-temps médical pourtant plus avantageux pour lui (travail à mi-temps pour un salaire intégral).

Est-il vraiment imprudent qu'il reprenne d'emblée son emploi à temps complet, si là est le gage de son équilibre et de sa santé ?

*Sixième malade*

Jacques souffre de violentes douleurs au bas du dos. Tout mouvement lui est très pénible. De toute évidence, il a un lumbago.

— Avez-vous déjà eu de tels troubles ?

— Non.

— Le blocage est-il survenu après un effort, un mouvement violent, un long trajet en voiture ?

Non, Jacques laçait ses chaussures, et c'est en se relevant qu'il s'est trouvé bloqué.

— Que faites-vous aujourd'hui comme travail ?

— Je travaille dans une entreprise de confection, dans les bureaux. Jusqu'à présent, je m'occupais des stocks.

— Pourquoi dites-vous « jusqu'à présent » ?

— Parce que je viens de recevoir un ordre de mutation. Je retourne aux ateliers de fabrication.

— Mais, si ce n'est pas indiscret, pourquoi cette mutation ?

— Oh, je ne suis pas le seul, toute la « boîte » est réorganisée.

— Et cette mutation n'a pas l'air de vous enchanter ?

— Non, je l'appréhende énormément, elle va m'imposer

de longs trajets et des conditions de vie plus difficiles, mais surtout, c'est le changement de poste lui-même qui ne m'enchante pas... [1]

Les radiographies de la colonne vertébrale ne révèlent aucun trouble ni lésion ostéo-articulaire. Le médecin prescrit un repos d'une dizaine de jours, des décontracturants, et des anti-inflammatoires. Mais le problème sera-t-il réglé pour autant ? Car la restructuration de l'usine est désormais chose faite, donc la cause du lumbago demeure. Ici encore, il y a de fortes chances pour que la maladie ne soit que partie remise.

Elargissons le problème :

Dans une entreprise de menuiserie de six cents salariés, deux cent dix-sept mutations de tous ordres sont effectuées sur deux années dans le cadre d'une restructuration décidée par la direction. Certains ouvriers « de journée » retournent à un travail « en poste », certains employés de bureau retournent à une affectation en atelier...

Parmi ces salariés, vingt-quatre personnes (soit 11,5 % du personnel muté), qui jusqu'alors donnaient toutes les apparences d'une bonne santé, tombent malades *dès leur changement de poste*.

| | |
|---|---|
| Déprime passagère : | |
| Arrêt de maladie.......................... } ......... | 13 |
| Grande difficulté à s'adapter au nouveau poste } | |
| Dépression nerveuse grave : plusieurs mois d'arrêt.......... | 3 |
| Infarctus.............................................. | 1 |
| Angine de poitrine ...................................... | 1 |
| Malaises divers se succédant : | |
| Asthénie, anorexie, insomnie, amaigrissement, gastralgie................................................. | 4 |
| Sciatiques, douleurs dorsales............................ | 2 |
| TOTAL | 24 |

On peut estimer, bien sûr, que ces troubles étaient latents, qu'ils seraient peut-être apparus sans cette restructuration.

---

1. Nous savons que le système sympathique intervient dans la contracture musculaire. Face à cette agression de l'environnement — cette mutation contre laquelle il ne peut rien — il se produit chez Jacques un déséquilibre du système neuro-végétatif, qui peut fort bien expliquer ce lumbago.

Un infarctus du myocarde, une angine de poitrine, une sciatique surviennent généralement sur un terrain vasculaire ou ostéo-articulaire déjà détérioré. C'est vrai. Mais il n'en est pas moins vrai que ces maladies se sont exprimées à l'occasion de l'événement traumatisant que constitue la mutation.

Pourquoi tous les ouvriers mutés ne sont-ils pas malades ? D'abord parce que cette restructuration n'est pas ressentie comme traumatisante par tous, mais aussi parce que les facultés d'adaptation ne sont pas les mêmes pour chacun : elles dépendent de la place qu'occupe le « secteur travail » dans la vie d'un homme, mais aussi de son âge, de sa situation matérielle, familiale, etc.

Enfin, dans les semaines qui suivront, combien d'autres, selon la résistance de leur organisme réagiront de la même façon — par la maladie — devant les mêmes causes ? Question préoccupante à laquelle les statistiques ne répondent pas.

*Septième malade :*

Le patient suivant, Monsieur François est bien connu de son médecin. C'est un homme de soixante ans, ancien cadre d'entreprise. Il consulte régulièrement depuis qu'il a fait son infarctus il y a six mois. Et il raconte :

« C'est quand même malheureux, docteur, j'ai travaillé toute ma vie ; je prends ma retraite et un mois plus tard, c'est l'accident cardiaque.

— Et vous aviez fait des projets pour votre retraite ? demande le médecin.

— Non, en effet, j'avais investi toute mon énergie dans mon travail, puis tout d'un coup plus rien. Je suis désorienté. Je me sens inutile. »

Ce genre de situation est fréquente. Combien de fois entendons-nous dire à propos d'une personne tombée gravement malade ou décédée peu de temps après sa retraite : « Ah ! le pauvre, il n'en a pas profité longtemps ! »

Un médecin du travail donne l'information suivante : « Sur dix pré-retraites décidées rapidement, j'ai constaté, en trois mois, une mort subite, un accident vasculaire cérébral secondaire à une poussée hypertensive, et un infarctus.

(*Rappel :* Nous avons vu dans un chapitre précédent, le rôle du système sympathique dans l'hypertension artérielle et l'infarctus.)

Il est vrai que sur ces dix personnes, certaines ont été prises à l'improviste et se sont trouvées par conséquent brusquement désœuvrées alors que d'autres avaient déjà, en dehors de leur travail d'autres centres d'intérêts. Ceci dit, le chiffre de trois sur dix représente une proportion fort préoccupante. »

*Huitième malade :*

Philippe, vingt-cinq ans, entre dans le cabinet. Il se plaint depuis quelque temps d'une mauvaise digestion et de pesanteur gastrique. Le médecin examine soigneusement Philippe, l'interroge sur son régime alimentaire et prescrit certains examens complémentaires. Il conclut à une dyskinésie biliaire (mauvais fonctionnement de la vésicule biliaire). Pour être complet, le médecin s'attache alors à connaître le mode de vie et l'environnement de son patient.

— Quelle est votre profession ?

— Ouvrier spécialisé, dans une entreprise de pétrochimie.

— Et votre travail, ça marche ?

— Eh bien non, justement ! J'ai reçu, il y a trois semaines, l'annonce de mon licenciement : suppression d'emploi pour motif économique.

— Et vos troubles digestifs, à quel moment exactement sont-ils apparus ?

— Depuis quinze jours, je ne me sens pas bien. Je suis patraque.

— Donc vos douleurs sont apparues à la suite de votre avis de licenciement ?

— Oui.

Le cas de Philippe est fréquent. Plus personne n'ignore les conséquences pathologiques que peut entraîner un licenciement.

Ainsi dans une usine sidérurgique, le personnel apprend que bon nombre de licenciements sont prévus, mais sans savoir qui est concerné et quand cette mesure s'appliquera.

Trois cent vingt-cinq consultations spontanées auprès de médecins du travail révèlent :

| | |
|---|---|
| Troubles digestifs : gastrites, dysfonctionnement biliaire ..... | 140 |
| Précordialgies — Variations tensionnelles................. | 95 |
| Phénomènes respiratoires et oppressions anxieuses.......... | 42 |
| Accès asthmatiformes ............................... | 3 |
| Dorsalgies et lombalgies brutales ...................... | 33 |
| Eruptions eczématiformes ou psoriasiformes .............. | 15 |
| TOTAL | 328 * |

Dr Délivré : *Archives des maladies professionnelles,* 1982.
  * Sur trois cent vingt-cinq consultants, certains présentent plusieurs symptômes.

Il semble donc que la *majorité des maladies présentées à l'annonce du licenciement soit de type neuro-végétatif.*

Ces personnes sont très anxieuses : « Vais-je être licencié ? Il me reste trois enfants à charge et la maison à payer... » Or, elles sont encore dans l'incertitude, et de ce fait, ne peuvent entreprendre aucune démarche. Le fonctionnement normal du cerveau sur le plan action-réflexion ne peut plus se faire.

Un degré de plus maintenant : la personne est licenciée.

Voici l'évolution de l'état de santé de quatre-vingt-cinq personnes licenciées d'une même entreprise (d'après les travaux de P. H. Chombard de Lauwe, M. Combe, M. et M. P. Ziegler) :

— avant le licenciement soixante-sept personnes étaient en bonne santé.

— six mois après le licenciement une seule personne ne présente aucun trouble (il s'agit d'un jeune célibataire).

Parmi les quatre-vingt-quatre autres personnes :

— plus de la moitié présentent des troubles nerveux : angoisse, asthénie, troubles du sommeil, syndromes anxiodépressifs plus ou moins graves allant jusqu'à des tentatives de suicide.

— plus du quart ont des problèmes cardio-vasculaires et respiratoires : hypertension artérielle, palpitations, dyspnée, angor et infarctus.

— une personne sur sept présente une pathologie digestive allant de la simple gastrite jusqu'à des ulcères compliqués d'hémorragie ou de perforation.

Il est important de souligner que chez un grand nombre de ces personnes ces troubles au départ *fonctionnels* deviennent progressivement *organiques*. Enfin, « chez ceux qui, trop âgés, n'ont pu retrouver du travail et de ce fait sont inscrits au chômage, on voit la prédominance des troubles dépressifs (ils doivent pointer maintenant pour être chômeurs alors que leur qualification et leur ancienneté leur valaient à l'usine d'être considérés par leurs camarades). (...) Ils ont le sentiment de l'inutilité de leur propre compétence ». En *perdant leur place,* ils sont *privés d'achèvement social.*

Signalons encore le cas de cet homme de cinquante-cinq ans, apprécié par son entourage pour sa gaieté et sa pondération. Après quarante ans de travail dans la même entreprise, il se voit licencié. Dans les semaines qui ont suivi, cet homme a sombré dans la démence : il est devenu incontinent et incapable de se nourrir et de s'habiller.

De telles situations sont excessivement préoccupantes. Or il faut bien constater qu'un certain nombre d'entreprises réclament aujourd'hui de leur personnel une disponibilité à toute épreuve, si bien que la vie de ces employés finit par être complètement envahie par les seuls intérêts de leur société. Ils n'ont pratiquement plus de vie privée. Et l'on constate que parmi cette population, ce sont justement ceux qui répondent le plus activement à ces exigences, à vrai dire exhorbitantes, qui par la suite se trouvent le plus sérieusement atteints par la maladie, quand survient le licenciement.

Ces dernières années, la médecine du travail s'est penchée sur les conséquences du licenciement. Cette rupture dans la vie professionnelle peut, dans certains cas, être réparée par une nouvelle embauche. Mais il existe une autre forme d'échec : *le non-achèvement social,* qui use le travailleur et prépare fréquemment son licenciement. Cette situation sans espoir est, elle aussi, pathogène dans bien des cas.

## LE NON-ACHÈVEMENT SOCIAL

Quand un fabricant de montres sait que, finalement, le fruit de son travail minutieux ira encombrer le stock des invendus, déjà, le cœur n'y est plus pour continuer, avant même que le spectre du chômage ne dresse son barrage. Or, le non-achèvement social du labeur des hommes se développe en ce moment comme une épidémie : ce non-achèvement s'appelle, par exemple, sélection ou concours éliminant nombre de candidats qui, des années durant, se sont mis en peine pour aboutir à... rien. Non, il ne s'agit pas d'une « symphonie inachevée » mais d'une partition qui est jetée au rebut avant même d'avoir été exécutée, fût-ce une seule fois.

Lors d'une émission télévisée en septembre 1982, nous avons appris qu'une seule maison d'édition parisienne recevait par la poste plus de mille manuscrits par an, dont... « un, peut-être » était publié ! Parmi ces auteurs, il y a sans doute des rêveurs, mais il y a aussi des gens qui ont travaillé d'arrache-pied, et qui ne connaîtront jamais « l'achèvement social » de leur labeur, de longues années de sueur et de privation. Hervé Bazin, dans cette même émission, disait qu'apparemment, aujourd'hui, aucune relève littéraire ne se dessine comme dans le passé. A cause d'une certaine « conception du livre »... Ainsi, non seulement ces hommes ne voient pas leur travail se matérialiser, mais une certaine expérience stimulante accompagnant la réussite leur fera cruellement défaut pour pouvoir poursuivre leur effort. Le non-achèvement social « donne le coup de barre » et finit par casser un homme.

Mais dans le non-achèvement social, il y a pire encore. Quand un homme de trente-cinq ans pose aujourd'hui sa candidature pour obtenir un nouveau travail, une responsabilité accrue, la première question qu'on lui pose n'est-elle pas : « Qu'avez-vous réalisé, réussi jusqu'à présent ? » Or celui qui a travaillé, trimé sans avoir connu un achèvement social, n'a aucune réussite à montrer. Il est semblable à celui qui n'a rien réalisé, mis au rang des fainéants et des incapables ; n'étant pas « connu », il doit d'abord faire ses preuves. Quoi de plus normal ! Mais justement, en lui barrant la route de l'achèvement social, il ne pourra jamais faire ses preuves. C'est là que tout échappe des mains de celui qui veut se cramponner au travail. De cet effort accru, de cette tension permanente qu'aucun résultat ne vient couronner, naît une nouvelle pathologie du travail.

## Conclusion

Les conditions matérielles de travail sont à l'origine de nombreux troubles et de maladies : un travail pénible de robot, un emploi où l'on est sans cesse interrompu, où il est impossible d'organiser et de gérer son temps et son matériel, un poste de bouche-trou, une fonction sous-qualifiée ou des objectifs de production totalement irréalisables.

Cet ouvrage ne prétend pas élaborer une étude sur l'organisation du travail, d'autres spécialistes s'en sont chargés. Cependant, à partir d'un grand nombre de consultations médicales, nous avons dégagé *certains impératifs* auxquels doivent répondre les conditions de travail d'un individu pour ne pas mettre en danger sa santé. Bien sûr, il n'est pas toujours possible de les appliquer, cependant, ces impératifs restent hautement souhaitables pour que le travail devienne moins pathogène.

**Le territoire :** que chaque travailleur puisse, dans la mesure du possible, disposer d'un lieu de travail bien à lui, d'outils qui lui soient propres. Lorsque le travail doit être partagé, que la tâche de chacun soit clairement définie, et qu'il puisse disposer du temps nécessaire pour l'accomplir.

Chacun doit pouvoir *faire entendre les remarques et les propositions réalistes* qui concernent son travail. Voilà un droit élémentaire à prendre au sérieux. De telles améliorations sont en général profitables à tous les niveaux : si l'employé y trouve son compte, la direction, elle, voit s'accroître la rentabilité de l'entreprise à plus ou moins long terme. Cela existe dans certaines entreprises et les résultats sont probants, à condition que cette organisation n'entraîne pas de rivalité entre les équipes ce qui impose alors un rythme de travail plus contraignant que jamais.

Un jeune chef d'atelier avait remarqué combien les objectifs de production imposés par la direction étaient irréalistes, compte tenu de la vétusté des machines. A plusieurs reprises, il avait tenté de sensibiliser son directeur à ce problème, mais en vain... jusqu'au jour où il lui remit un solide dossier où les coûts étaient chiffrés : la production sur un matériel ancien revenait plus cher à l'entreprise que l'achat de nouvelles machines. Grâce à ce dossier, les propositions de l'employé furent prises en compte... enfin.

Une telle concertation devient de nos jours de plus en plus difficile, à cause des **barrières** qui séparent ceux qui conçoivent ou décident, de ceux qui réalisent sur le terrain les plans élaborés en chambre; des barrières qu'il faut faire sauter :

— barrière de *distance* entre le siège et l'usine ou les filiales ;

— barrière *d'organisation* entre une société qui conçoit et une autre qui exécute ;

— barrière dans la *communication* quand toutes les propositions doivent passer par une hiérarchie figée et distante d'une part, et être soumises d'autre part à un syndicat qui cède parfois à la tentation de faire intervenir ses propres objectifs politiques...

Ces quelques propositions paraîtront irréalistes à certains, elles sont pourtant nées de l'expérience, et ne visent qu'à préserver la santé des personnes qui travaillent. Rappelons que les maladies, outre le désagrément qu'elles apportent au malade lui-même, coûtent cher, et augmentent les charges sociales des entreprises. Rappelons aussi qu'on ne saurait les supprimer sans s'attaquer à leurs vraies causes.

# Chapitre 2

# TENSIONS RELATIONNELLES, SOURCES DE MALADIES

## TENSIONS EN TOUS SENS

Depuis des années, la S.I.R.I.M. travaille sur ces sources de maladies souvent pressenties par les médecins mais trop rarement abordées avec rigueur.

Il ne s'agit pas ici d'évoquer des problèmes « d'incompatibilité d'humeur », mais plutôt le travail de collaboration où l'une des parties rend la tâche de l'autre particulièrement pénible, et ce, pour diverses raisons.

### Le collaborateur oisif

Hervé a pris un poste d'adjoint au Directeur. Jeune arrivé dans l'entreprise, il a cherché honnêtement à apprendre son métier, et à effectuer un travail efficace et adapté. Mais rapidement, il s'est heurté à l'obstruction passive des secrétaires du service : « Ces dames passent leur temps à papoter, plusieurs ne savent pas prendre des notes en sténo. Quand je veux dicter une lettre à ma secrétaire, elle me fait sentir sans ambages combien je la dérange. Et lorsqu'elle daigne dactylographier mon texte, elle fait beaucoup plus de fautes et tape bien plus lentement que je ne le ferais moi-même ! De temps à autre, elle se trompe d'enveloppe ; ainsi récemment, a-t-elle envoyé à une société de ciment, une lettre destinée à une usine de ferraille... On en devine les retombées. Et pendant ce temps-là, je suis submergé par mon propre travail. Alors, pour éviter le pire et parer au plus pressé, j'ai pris l'habitude de taper et d'envoyer moi-même les lettres importantes.

C'est le monde à l'envers ! Je sais bien que ce n'est pas une solution, mais que puis-je faire d'autre ?

Au bout de quelques mois, excédé par ce sabotage, je suis allé voir mon directeur pour le tenir au courant, mais il a sèchement coupé court à mes propos. Il m'a fait comprendre que ma secrétaire était sa « petite protégée », et que j'aurais intérêt à ne pas renouveler ce genre de remarques...

Voilà maintenant un an que je travaille dans ce service, et j'en suis nerveusement épuisé. »

A tous les échelons, combien sont-ils, ces parasites improductifs ? Non seulement ils sont payés pour un travail qu'ils ne font pas, mais de plus ils gâchent la vie des collaborateurs condamnés à travailler avec eux à longueur d'année...

## Une patronne pinailleuse *chicaner pour des riens.*

Hélène est coiffeuse depuis dix-huit ans. Lors de sa dernière visite de médecine du travail, elle se dit épuisée, à bout de nerfs :

« Je n'ai jamais pris un seul jour d'arrêt-maladie mais je n'en peux plus ! Ce n'est pas mon travail en lui-même qui me pèse ; j'aime mon métier et je sais que les clientes sont satisfaites de moi. Mais ce que je n'arrive plus à supporter, ce sont les reproches incessants de ma patronne, pour des détails sans importance. Un bigoudi est-il oublié au bord du lavabo, elle en fait tout un drame. Et ces derniers temps, elle en rajoute. Hier, elle n'a pas décoléré de toute la journée parce que le cahier de comptes était mal tenu. Mais ce cahier, c'est elle qui s'en occupe ! Elle m'a toujours défendu d'y inscrire quoi que ce soit. C'est ce que je lui ai répondu, mais elle a crié de plus belle. Et tout cela devant les clientes ! Je n'en ai pas fermé l'œil de la nuit ; d'ailleurs ces insomnies sont de plus en plus fréquentes ; j'ai perdu l'appétit et commence à maigrir sérieusement. »

Hélène se trouve prisonnière d'une tension relationnelle qui lui semble sans issue. Cette visite médicale peut être pour elle l'occasion de réfléchir. Encore faut-il que le médecin prenne le temps de la questionner de façon précise et objective.

Il faut d'abord *cerner la cause* de ces tensions : leur origine peut se trouver aussi bien chez la patronne que chez l'employée :

*La patronne*

— Entretient-elle depuis toujours des rapports difficiles, ou ces anicroches ont-elles commencé depuis peu ? Dans ce dernier cas, il se pourrait que cette femme connaisse par ailleurs des tracas récents, qu'Hélène ignore, mais dont elle subit les contre-coups.

— Si le salon de coiffure compte plusieurs employées, la patronne se conduit-elle de la même façon avec chacune d'elles ? Il peut s'agir d'une femme qui « vit sur les nerfs », et se défoule sur le premier bouc émissaire venu. Mais si cette dernière est la seule employée, cette hypothèse sera plus difficile à cerner.

— La plupart des clientes choisissent-elles de se faire coiffer par Hélène plutôt que par sa chef ? S'il existe une préférence par trop visible, il se pourrait que les réactions de la patronne soient dictées par la jalousie.

— Cette femme est-elle tellement méticuleuse et ordonnée qu'elle en devient impossible à vivre ?

— S'agirait-il d'une personne incapable de s'organiser, et qui, constamment, se laisse distraire par tout ce qui l'entoure ?

— N'est-ce pas tout simplement une femme qui aime à déplacer de l'air pour bien montrer que c'est elle qui commande ?

Il faut poser toutes ces questions pour arriver à cerner les causes de tension dues à la patronne.

*Et Hélène ?*

— Dans la vie de tous les jours, est-elle hypersensible aux remarques de son entourage ?

— Ou bien est-elle par trop désordonnée ?

— A-t-elle d'autres soucis par ailleurs, qui la rendent plus vulnérable à des tracas professionnels sans importance ?

— Ou encore, se serait-elle monté la tête à propos de sa patronne ? A force d'avaler sa langue et de tout supporter, elle peut « en rajouter » et arriver le matin au travail avec l'idée que, comme d'habitude, la journée va encore mal se passer. Peut-être s'est-elle fabriqué une fausse image de sa chef en exagérant toutes ses réactions ?

Pour avoir prise sur cette tension relationnelle, Hélène a tout intérêt à regarder *objectivement* la part de chacune, sans interprétation fallacieuse. Sinon, son appréhension permanente a toutes les chances de faire durer, et même d'amplifier cette situation pénible. En effet, il a été maintes fois constaté que des cerveaux peuvent s'influencer mutuellement, par le biais des émotions. Ainsi par exemple, celui qui a peur de son interlocuteur peut rendre celui-ci encore plus dominant et sûr de lui. Par contre, quelqu'un qui a compris comment lui-même fonctionne, et comment réagit celui qui est en face, peut parvenir à tempérer les tensions, éviter certains esclandres et trouver des solutions adaptées pour instaurer des relations plus saines.

### Combat de coqs

« Peu après ma sortie d'une école d'ingénieurs, une entreprise m'a offert la responsabilité d'une unité de production.

Lors de mon embauche on m'avait précisé que mon poste consisterait à contrôler et planifier la production, ainsi qu'à renouveler le parc des machines. Mais ce qui dès le départ m'avait frappé, c'était la personnalité du directeur. Ce self-made man qui avait réussi une brillante carrière me subjuguait. Aiguillonné par sa promesse de faire de moi « un cadre dirigeant », promesse qui flattait mes ambitions, je voulus lui prouver qu'un jeune diplômé pouvait lui aussi réussir...

Je me suis alors lancé à fond dans le travail, avec l'ardeur d'un débutant qui doit faire ses preuves. Cet état d'esprit me faisait accepter sans broncher, tout ce que mon directeur me demandait, et il en profitait largement ; j'étais prêt à tout pour le satisfaire, et je ne ménageais ni mon temps ni ma peine.

Or un soir à vingt heures, alors que je quitte mon bureau, il m'interpelle, et sans ambages m'adresse un véritable réquisitoire sur l'ensemble de mon travail : « Vous n'avez pas un bon contact avec vos contremaîtres et vos ouvriers, et comment pourriez-vous y parvenir, vous partez si rapidement le soir... Vous étalez vos connaissances théoriques au lieu de vous adapter à eux pour leur expliquer le travail. En réalité, c'est votre titre hiérarchique qui vous donne de l'autorité sur eux et non votre savoir-faire... »

Je reçois cette attaque de plein fouet. Touché dans mon image de marque de cadre-ambitieux-qui-réussit, je prends aussitôt rendez-vous avec lui, bien décidé à redorer mon blason. Mais il ne me reçoit qu'une semaine plus tard, et avec désinvolture. Je suis tellement ébranlé que je me justifie pendant toute la conversation.

« Regardez mon emploi du temps, je ne chôme pas, je travaille sans relâche, j'essaie de faire face à toutes les priorités. Je vous garantis que je m'acharne à la besogne autant que je le peux. »

A la suite de cet entretien, *je cherche à lui plaire* : je lui parle de mes goûts, de ma vie, de mes problèmes et de mes préoccupations du moment, ce qu'auparavant je m'abstenais bien de faire. Je pense qu'ainsi, il me comprendra mieux. Par ailleurs je travaille encore plus durement, espérant par là me concilier ses faveurs : je multiplie les réunions de travail avec les contremaîtres et je fais de plus en plus d'heures supplémentaires. *Je cherche même à ce qu'il me plaigne* en inventant de toutes pièces de prétendues difficultés avec un autre service.

Mon patron est-il dupe ? Tout au contraire, il sent que je suis à sa botte et me *méprise* un peu plus. Ainsi, lorsque trois mois plus tard m'est accordée une augmentation, il me précise qu'il s'agit là d'une faveur nullement méritée. Je suis effondré.

Cette situation n'est pas sans conséquence sur ma santé et mon humeur. Des troubles digestifs apparaissent : constipation, boulimie, aérophagie. Je deviens extrêmement irritable : de la moindre remarque je fais une affaire d'Etat ; ainsi lorsque je fais la vaisselle, ma femme me fait remarquer que l'une des assiettes est encore sale. Aussitôt je m'emporte et lui rétorque qu'elle n'a rien à dire puisqu'elle vient de laisser brûler les légumes dans la poêle et j'ajoute, sur un ton péremptoire, que de toute façon elle ne sait pas faire la cuisine.

Les semaines passent et je me sens vidé, abruti de fatigue :

chaque matin je me lève avec l'impression d'être encore plus épuisé que la veille. Je dors des week-ends entiers et refuse délibérément de penser et de m'intéresser à autre chose que mon travail.

Un mois plus tard, l'un de mes amis, inquiet de me voir dans cet état, me dit avec fermeté : « Ecoute, tu as peut-être encore bien des choses à apprendre dans ta profession — ce qui est normal pour un débutant — mais, crois-moi, la tyrannie et la charge de travail que t'impose ton patron vont te mener au pire. »

Ses paroles me *réveillent* brutalement ; j'ai l'impression que des écailles me tombent des yeux. C'est vrai, je travaille comme un forcené sans en tirer aucune satisfaction pour moi-même et sans jamais parvenir à contenter mon directeur. En cherchant à lui prouver que je peux réussir, je me suis laissé prendre à mon propre piège ; me voilà devenu victime d'une anthropophagie professionnelle de la même espèce que celle que Granier-Deferre décrit dans son film : « Une étrange affaire. »

J'envisage alors de prendre une semaine de vacances. Cette décision est la première que j'impose à mon directeur. Pendant cette semaine de congé, je commence à me reposer. Pour retrouver une vie plus équilibrée, je fais un peu de bricolage dans la maison, je vais au cinéma et invite des amis à dîner. Je prends également du temps pour réfléchir et faire le point. A la fin de la semaine, je peux *dresser ce constat :*

1. Jusqu'à maintenant, je n'ai vécu que pour mon travail. Je ne cherchais même plus à avoir d'autres activités et je m'en suis trouvé complètement dévitalisé.

2. Mon entourage ne me supporte plus et me l'a fait savoir. Ma femme ne veut plus servir de bouc émissaire à la maison pour me soulager des difficultés que je rencontre à l'usine. Mes amis ne me reconnaissent plus et ne tiennent plus à me recevoir, tant ils sont las de m'entendre ressasser toujours les mêmes difficultés que jamais je ne prends en main.

3. J'ai fait le point du travail que j'ai accompli pendant cette dernière année : le niveau de production est atteint, deux des machines principales sont aujourd'hui plus mania-

bles, elles présentent maintenant moins de risques de pannes et d'accidents. De plus, j'ai lancé une nouvelle unité de production. Ma compétence technique se voit ainsi confirmée : ces résultats sont très satisfaisants.

Et moi qui, pour acquérir un titre ronflant, me suis laissé prendre au *jeu de la rivalité* ! Je n'ai perdu que trop de temps et d'énergie à soigner mon image de marque !

Aujourd'hui, je comprends enfin : c'est uniquement en m'appuyant sur ce que je réalise concrètement dans l'entreprise que je peux me faire respecter et apprécier à ma juste valeur.

Alors, je réalise que pour répondre aux critiques de mon directeur, j'aurais dû, non pas me justifier, mais plutôt lui tenir le discours suivant :

« Monsieur, le seul secteur qui nous réunisse, c'est la bonne marche de l'entreprise. Pour y parvenir, je dois coordonner l'unité de production, prévoir les approvisionnements, veiller à l'entretien des machines, et de plus suivre la gestion du personnel de mon service. Or, les gens du métier considèrent qu'une telle charge est trop lourde pour un seul homme. Sachez en outre, que depuis un an, je travaille dix heures par jour.

Quant à vous, vous êtes chargé de l'embauche du personnel, et vos choix ne me facilitent pas toujours la tâche. Des erreurs sont compréhensibles, mais ne me reprochez pas par la suite d'avoir des difficultés à former le personnel inadéquat que vous avez vous-même embauché...

Mais venons-en au fond de cette affaire, le fait que vous soyez moins diplômé que moi a pu vous pousser à m'accabler ainsi. Pour ma part, la seule chose qui m'intéresse aujourd'hui, c'est la bonne marche de l'entreprise ; désormais, restons-en à ce seul sujet qui nous réunit. »

Cette réflexion m'a permis de revenir à la *juste proportion des faits*. Décidé à rester sur ce terrain, je reprends mon travail, l'esprit serein. Et à mon étonnement, sans que j'aie à dire quoi que ce soit, je trouve un directeur tout différent. En effet, il me donne une charge de travail enfin réaliste et beaucoup plus précise.

— Est-ce ma détermination à lui imposer mes congés qui

lui a fait comprendre que je ne supportais plus notre style de relation ?

— Est-ce ma réflexion et ma décision de rester sur les choses à faire qui m'ont permis de sortir de ce jeu rivalisant ?

Je ne sais ce qui finalement l'a fait changer, mais ce dont je suis sûr, c'est que sans cette halte, notre combat de coqs aurait repris à la première occasion.

De mon côté, je me définis des *objectifs personnels* et me fixe un planning pour les réaliser. Pour chacune de ces priorités, je sais comment je vais procéder. Sûr de moi, je présente ce planning à mon directeur qui acquiesce et me donne carte blanche.

La prise en main de mes projets professionnels m'a soustrait à la mainmise de mon directeur dans laquelle je m'étais moi-même laissé enfermer. Jusque-là je me laissais balloter comme un bouchon sur l'eau au gré des caprices de mon chef. Ma détermination a permis de briser ces relations malsaines.

Dès lors, je ne suis plus obsédé nuit et jour par mon travail, et retrouve un sommeil réparateur. Je reprends mes activités sportives, prépare avec plaisir mes vacances et participe à nouveau aux tâches de la maison. Ma femme m'encourage et m'aide à reconstruire tous ces secteurs.

Dans les deux mois qui suivent, fatigue, irritabilité et problèmes digestifs disparaissent. »

Ce témoignage met clairement en évidence le rôle actif de chacun des deux partenaires dans ce conflit à base de rivalité. Mais il souligne également un autre point très important ; cette difficulté relationnelle, banale et bien que d'assez courte durée, avait déjà des répercussions sur la santé, le couple et même les autres secteurs de la vie de l'ingénieur. Or, il ne s'agit pas d'un cas isolé ; de semblables exemples, parfois beaucoup plus graves, existent à profusion et ne trouvent en général aucune issue positive. Que de dégâts à tous les niveaux ! C'est pourquoi la solution trouvée par ce jeune cadre mérite qu'on s'y arrête, car elle apporte un éclairage salutaire. Ce n'est qu'en prenant conscience de sa propre part de responsabilité et en décidant d'y mettre fin, qu'il a pu assainir la situation. *La provocation de l'un ne trouvant plus de répondant chez l'autre, le jeu relationnel s'arrête, et le travail en lui-même devient enfin le centre* de leurs préoccupations communes.

Et les maladies disparaissent...

## Quand deux objectifs opposés s'affrontent au sein d'un même travail

Educatrice scolaire, j'ai travaillé pendant deux ans dans un Centre accueillant des enfants déficients mentaux. Chaque jour, du lundi au vendredi, je travaillais avec un groupe d'une dizaine d'enfants pour les aider dans différents apprentissages : intégrer peu à peu les bases nécessaires pour la lecture, l'écriture, devenir autonomes dans les activités quotidiennes, etc...

Le jour de mon embauche, Monsieur et Madame les directeurs étaient présents. Peu sûre de moi, j'étais dans mes petits souliers, car je n'avais jamais travaillé avec des enfants présentant un tel handicap. Ce travail très spécialisé, pensais-je alors, doit faire appel à des compétences bien spécifiques que je n'ai pas... Or, à ma grande surprise, ce n'était pas là l'opinion des directeurs, je ferais tout à fait l'affaire... Une question me fut posée qui me resta en mémoire : « Comment vous êtes-vous ressentie dans la vie d'équipe de votre travail précédent ? Décrivez-nous comment cela se passait pour vous... » N'ayant pas eu de « problème en équipe », j'étais donc, à leurs yeux, une bonne éducatrice, et je fus aussitôt embauchée.

Le pli était pris parmi les éducatrices scolaires de se retrouver, à l'occasion, pour réfléchir à des difficultés concrètes :

— comment intéresser un enfant difficile au travail collectif ?

— préparons-nous la fête de Noël chacun avec son groupe ou bien envisageons-nous un goûter ensemble ?

Ces réunions de travail étaient satisfaisantes pour tous et permettaient d'aborder les difficultés avec un nouvel éclairage.

De même, lorsqu'un obstacle se présentait pour un enfant

en rééducation, nous avions l'habitude de prendre un moment entre personnes concernées pour voir comment améliorer la situation :

— Jean-Marc refusait de parler en classe, alors qu'en rééducation orthophonique il s'exprimait volontiers : d'un commun accord l'orthophoniste et moi-même avons décidé de travailler avec l'enfant, tous les trois réunis pendant une même séance. Ainsi, Jean-Marc a fait le lien entre la rééducation et la classe, et a commencé à parler pendant les cours suivants.

Cette façon de travailler, ponctuelle, avait bien souvent porté ses fruits et nous satisfaisait.

Or, parallèlement, quelques faits me surprenaient : *Monsieur et Madame les directeurs* avaient une vie très occupée ; ils allaient de réunion en réunion, étaient débordés par toutes leurs activités... et de ce fait, n'avaient jamais le temps de se pencher sur les difficultés bassement matérielles :

— les enfants n'ont pas de bureaux adaptés à leur taille, dites-vous ? C'est très ennuyeux... Mais au fait, le traiteur a-t-il bien préparé le lunch qui doit clore la prochaine réunion ? Eh oui, il faudra encore attendre pour les bureaux, car vous comprenez, le budget est serré et il faut longuement étudier le coût de chaque achat avant de s'engager.

*Monsieur le psychologue* de l'établissement était un être exceptionnel. Cheveux mi-longs, jeans délavés, pipe au bec, il jouait à « l'homme de gauche » ; présent partout, attentif à tout et à tous, toujours disponible pour s'occuper de vos problèmes... En y regardant de plus près, certains détails trahissaient le personnage : monsieur arrivait systématiquement avec, au minimum, une heure de retard au travail. Il commençait par faire le tour de la maison, pénétrait dans toutes les classes... sans même être sollicité. En outre, il faisait attendre tous les participants un quart d'heure au début de chaque réunion, et il était fréquent d'apercevoir ce monsieur, se prélassant sur un banc au soleil. Le travail fatigue, que voulez-vous !

Avec Monsieur, Madame et le psychologue, nous avions chaque semaine, trois heures durant, des réunions institutionnelles pour améliorer « la vie de l'institution ». A quelle difficulté réelle ces réunions voulaient-elles apporter une réponse ? Nul ne le savait. Néanmoins, tous les employés devaient être présents, à l'exception des cuisinières et des femmes de ménage. Or, au cours de ces réunions les deux directeurs et le psychologue questionnaient les uns et les autres, soulevaient des problèmes « fondamentaux » sans fondements, et il devint de plus en plus clair, selon leurs dires, que... « les éducatrices scolaires faisaient bande à part », « cassaient la vie de l'équipe par leurs réunions privées », « cherchaient à prendre le pouvoir sur les autres »... C'étaient elles qui, à coup sûr, provoquaient des conflits... bref, il fallait absolument trouver une solution : ils n'en voyaient qu'une : dissoudre ces réunions « inutiles » entre éducatrices. Aussitôt dit, aussitôt fait.

Et voilà tout un apport solide et important de notre travail qui, du jour au lendemain, après avoir été *dénigré,* puis *dénaturé,* fut *brisé.*

Une fois ces réunions dissoutes, les trois éminences ne s'en tinrent pas là. Il était évident à leurs yeux qu'un grand manque se faisait sentir depuis toujours dans l'institution. Il s'agissait, vous l'avez déviné, des réunions d'Equipe : là, se regroupent toutes les personnes travaillant avec les enfants d'un même groupe, sans oublier Monsieur, Madame et le psychologue.

Nous voilà donc assortis d'une réunion institutionnelle[1], d'une réunion de synthèse[1] et d'une réunion d'équipe[1] par semaine, soit huit heures de rencontres hebdomadaires !

Et quand pourra-t-on préparer le travail à faire avec les enfants ? Ne posez pas de questions stupides, je vous en prie !

---

1. Petit lexique pour profanes :
— réunion institutionnelle : tout le personnel doit être présent (sauf cuisinières et femmes de ménage), but : la vie dans l'institution.
— réunion de synthèse : tous ceux qui s'occupent d'un enfant se retrouvent pour parler de son cas.
— réunion d'équipe : tous ceux qui travaillent avec un ou plusieurs enfants d'un même groupe se retrouvent.
A chaque réunion sont également présents les directeurs et le psychologue.

Qui s'occupera des enfants pendant les réunions? Question accessoire et sans intérêt! Préoccupons-nous, au contraire, de cet enfant, déjà bien enveloppé, qui a encore pris un kilo pendant les vacances de Noël. Voilà un sujet tout trouvé pour la réunion d'équipe.

Comme chacun sait, les chocolats de Noël n'ont jamais fait maigrir personne. Eh bien non, pour le psychologue, c'était là le « signe d'un désir de grandir de l'enfant ». Educateurs, le prenez-vous suffisamment en compte???

Je demande à avoir un miroir, que je fixerai à hauteur des enfants pour qu'ils puissent s'y regarder. La réaction éclate, virulente : « Vous cassez la relation de l'équipe en faisant une telle demande. Vous vous cachez derrière la glace pour ne pas aborder vos vrais problèmes »!!! (sic).

Lors d'une réunion, en réponse à la question que me pose la directrice, j'informe chacun que je pense continuer à prévoir une sortie par mois pour les enfants, car ce rythme nous a convenu l'année précédente. Cette même directrice me rétorque alors : « Vous êtes sclérosée. Si vous reprenez le même rythme que l'an passé c'est que vous êtes figée, tels les enseignants de l'Education Nationale »!

On voit déjà comment, à partir de ces quelques observations, des faits anodins se transforment en affaire d'Etat, et comment tout devient sujet à remarques délirantes et règlements de compte.

Pire encore : comme une « ambiance sympathique » régnait dans l'établissement, il fut proposé de remplacer une réunion institutionnelle par une soirée dansante, ce qui fut accepté sur-le-champ. Une des éducatrices, femme d'une cinquantaine d'années, gardait de lourdes séquelles d'une polyomyélite et marchait difficilement avec un felps·(appareil lui soutenant une jambe) et des cannes. Le psychologue, sûr de lui comme à l'habitude, lui demanda alors pourquoi elle ne venait pas danser avec tout le monde, et restait dans son coin... Fait tristement authentique!

Plus ces gens nous abreuvaient de leurs grandes idées, mieux ils exerçaient leur emprise sur nous. En conséquence, notre état de santé se détériorait de plus en plus. Il était rare que les cinq éducatrices scolaires soient toutes présentes.

— L'une était régulièrement absente pour dépression ou angines.

— Une autre avait des crises d'asthme de plus en plus rapprochées. A cela s'ajoutaient des sinusites régulières qui, à la longue, l'ont obligée à prendre tous les quinze jours une demi-journée sur son temps de travail pour subir de douloureux lavages de sinus.

— Une autre encore avait périodiquement des angines.

— J'étais moi-même de plus en plus fréquemment malade : grande fatigue, pleurs fréquents pour des broutilles, rhumes, grippes, constipation, douleurs cervicales et dorsales, perte de trois kilos en un mois à la fin de ma deuxième année ; soit près de quinze jours d'arrêt par trimestre, sans compter les vacances scolaires.

Comble du cynisme, Madame, trouvant que certains en profitaient, suggéra de noter et divulguer à tous, les jours d'absence de chacun.

J'étais obsédée par mon travail, et j'en rêvais souvent la nuit. Mon métier m'intéressait beaucoup, mais je vivais de plus en plus mal ces remises en cause perpétuelles. J'avais l'impression que, si je continuais à travailler dans de telles conditions, je deviendrais « folle », car je n'avais plus aucun point de repère concret.

La seule issue pour moi dans ce contexte fut donc de démissionner. Dans les semaines qui suivirent, je récupérai mon poids normal, et toutes mes « maladies » s'estompèrent très rapidement. La relation de cause à effet fut pour moi, à partir de ce jour, manifeste.

J'étais la neuvième, sur soixante employés, à démissionner dans le même mois :

— Une orthophoniste est partie s'installer en cabinet privé, écœurée par le manque de sérieux dans le travail.

— Une éducatrice fait aujourd'hui du porte à porte pour donner des prospectus, car elle ne supportait plus le climat de l'institution. La malheureuse n'a trouvé aucun autre emploi.

— Une autre orthophoniste, ayant un contrat temporaire que les directeurs voulaient rendre définitif, s'est sauvée bien loin, guérie à tout jamais des réunions sans objet...

— J'ai moi-même cherché du travail ailleurs, mais en vain. J'ai alors repris des études...

Les éducatrices restant dans l'établissement étaient toutes trois des femmes d'une cinquantaine d'années ou plus : deux n'avaient pas de diplôme, la troisième était lourdement handicapée : comment dans ces conditions trouver un autre poste ?

Après mon départ, les directeurs ont embauché une éducatrice spécialisée, qui n'avait aucune formation pour assurer des apprentissages pré-scolaires ou scolaires.

Les directeurs en avaient décidé ainsi, car « ces enfants ont avant tout besoin de s'épanouir, d'être à l'aise dans leurs corps », les apprentissages furent donc bannis de l'établissement. Cette éducatrice se retrouva avec un groupe important d'enfants, l'ergothérapeute et l'orthophoniste furent invités à quitter les rééducations individuelles pour « s'insérer au groupe, travailler sur le groupe... ».

De son côté, le psychologue avait obtenu son jouet tant désiré : une caméra-vidéo lui permettant de filmer et enregistrer les enfants et les éducateurs ; les réunions institutionnelles devinrent alors le cadre privilégié pour l'autocritique forcée de tel ou tel éducateur face à tous les employés de la maison.

Ce qui ressort clairement de cette situation, c'est que les éducatrices s'attachent à s'occuper des enfants, alors que l'autre clan s'intéresse avant tout à faire des exercices de voyeurisme sur les éducateurs. Se trouvant pourtant dans les mêmes lieux, les uns et les autres ne sont pas attelés au même projet. Ils ont une tournure d'esprit radicalement opposée : ce que font les uns, les autres le défont, et aucune conclusion n'est jamais tirée après les échecs répétitifs.

Il ne reste donc plus qu'à tirer l'échelle.

Tension entre un chef et une dactylo, tension entre une coiffeuse et sa patronne, combat de coqs entre deux cadres, deux clans aux objectifs opposés sur un même lieu de travail : évocation rapide de situations *relationnelles* pathogènes dont le milieu professionnel regorge...

A cela s'ajoute un fléau particulier :

## UN CAUCHEMAR : DES CHEFS QUI N'ASSUMENT PAS CORRECTEMENT LEUR FONCTION

Le rôle spécifique du chef consiste à organiser et à coordonner le travail de ses subordonnés. Pour ce faire, il doit être compétent en matière d'organisation et connaître le travail qu'il coordonne.

— Certains chefs sont dotés de ces deux qualités et les développent au grand bénéfice de tous.

— D'autres y ajoutent une note personnelle. Certes ils travaillent pour la bonne marche de l'entreprise, mais ce souci n'est chez eux qu'accessoire ; ce qui leur importe avant tout et qui n'est un mystère pour personne, c'est leur avancement, leur carrière, leurs ambitions.

Ce type de chef occupe généralement un poste important, mais il rêve d'accéder à une fonction plus élevée encore. Dans son service, on travaille sans relâche. Des dossiers sont constitués, des études élaborées, qui viennent chaque fois grossir ses archives. Qu'en fait-il ? On l'ignore ! En réalité, il les compulse attentivement pour les bien connaître, et les garde en attente, puis intrigue avec ses collègues, manigance avec ses supérieurs, et au moment venu, présente à la direction l'un de ces projets qui correspond étonnamment à la demande. Quant aux dossiers inutilisés, ils rejoindront tôt ou tard la poubelle par un « classement vertical ».

Ce chef aux dents longues, peu enclin aux sentiments, n'hésite pas à se débarrasser d'un employé qui ne lui donne pas entière satisfaction... « Business is business ». Ce type d'homme crée autour de lui des tensions qui peuvent devenir pathogènes.

— Il existe encore une troisième race de chefs : ceux-là ne disposent pas des compétences requises soit dans le domaine du travail, soit dans celui de l'organisation, soit dans les deux ! Et pour dissimuler leur ignorance, ils font appel à plusieurs subterfuges. Dans cette galerie des incompétents on compte tout d'abord :

## Le chef brouillon

Il égare les papiers d'un dossier important, oublie des rendez-vous, achemine tardivement des documents de première urgence. Une telle désorganisation suscite un climat d'énervement, de contrariété et de mauvaise humeur. Quant aux heures perdues à cause de ses négligences... elles sont inchiffrables! Faut-il organiser les vacances, c'est le plus grand désordre, chacun est averti au dernier moment, et tous sont mécontents. Mais ne vous hasardez pas à faire une remarque, vous seriez très mal reçu, c'est lui le chef, non?

## Le chef baratineur

D'un abord sympathique, et sans-façon, il est aussi inefficace que le précédent. Un subalterne le consulte-t-il pour un problème très matériel, il lui répond par un long discours abstrait. Le temps passe et l'employé finit par se retirer, sans réponse, mais pire encore, l'esprit complètement embrumé par ces paroles inutiles.

Chez ce bavard, tout est dans la cordialité et le charme, et rien dans l'efficacité ; il est incapable de remplir sa fonction. Ses subalternes l'ont bien compris qui s'arrangent entre eux et vont quérir ailleurs les informations qui leur manquent.

## Le chef contradictoire

C'est l'homme du oui-mais. Incapable de trancher, il a besoin d'un adjoint pour préparer ses dossiers et le seconder en toute chose. Mais quand vient l'heure de la décision finale, c'est au chef qu'il incombe de faire un choix. Alors, il tergiverse, demande un complément d'information, avance, recule, hésite, tant et si bien que les semaines passent... Mis au pied du mur, il finit par prendre une décision « en accord avec son adjoint ». Si, à l'usage, ce choix s'avère désastreux, c'est son adjoint qui en portera le chapeau ; mais s'il est satisfaisant, le chef s'en attribuera tous les mérites.

Ainsi certains adjoints se retrouvent périodiquement dans

de telles situations qui se soldent par un véritable épuisement tant psychique que physique.

**Le chef dominant** vient enfin clore cette galerie de portraits.

« Un ancien collègue m'invite à visiter son nouveau service pour me montrer des produits qui peuvent m'intéresser. C'est pour lui l'occasion de faire des remarques désobligeantes à tous ses employés — situation des plus vexantes pour ces hommes qui ne me connaissent pas. — Personnellement, je suis très mal à l'aise de les voir raser les murs devant ce petit chef que je sais par ailleurs si peu brillant. N'a-t-il pas fait en quatre ans, quatre sociétés différentes ? et pas par choix personnel... Pourquoi cet homme se montre-t-il aussi désagréable avec ses subalternes ? Certainement pas pour les inciter à mieux faire leur travail, ni pour être plus sûr de me vendre ses produits, mais tout simplement pour me démontrer qu'ici, c'est lui le Chef ! »

Ce panorama n'est sans doute pas exhaustif, mais chacun y reconnaîtra des situations quotidiennes. En toutes circonstances, les employés supportent toujours très mal de travailler sous les ordres d'un chef grassement payé, pour une fonction que visiblement il ne peut assumer.

Face à un tel constat, un homme sensé ne peut que s'interroger : **comment de tels personnages ont-ils pu atteindre ce rang hiérarchique** et dépasser des candidats bien plus capables qu'eux ? Pour un observateur attentif qui a passé un bon nombre d'années dans les entreprises, cela ne fait aucun mystère... Mais mieux vaut évoquer clairement certaines situations pour les démystifier tout à fait.

Dans l'industrie, chacun sait que lorsqu'un chef a un bon technicien sous la main, il préférera le garder plutôt que de s'en priver en le faisant monter normalement en grade. Compétences et application sont donc souvent bien mal récompensées !

Par contre, parmi ceux qui ont atteint les sommets, certains ont emprunté d'autres détours :

Ainsi, des *ambitieux* guettent dès leur arrivée dans le

service, les faits et gestes de leur supérieur. Celui-ci commet-il une erreur, le nouveau venu saute alors sur l'occasion pour provoquer un énorme esclandre dans le but de le renverser et de prendre la place tant convoitée.

*D'autres utilisent des moyens plus détournés :* leur principe consiste à faire oublier leur travail et à s'assurer une bonne réputation auprès de leur chef. Pour y parvenir, ils peuvent user de divers subterfuges :

Se sachant peu compétent sur le plan technique et peu enclin à améliorer ses connaissances, celui-ci propose ses services pour effectuer des tâches administratives et de cette façon, il sort du rang. Or, comme le travail de responsable comporte une part de paperasserie, c'est à lui qu'on pense tout naturellement au moment venu.

Celui-là est un joyeux luron. Volontiers il reste le soir après le travail pour boire une bière et blaguer avec les chefs. Faut-il accueillir un grand patron à l'aéroport à vingt-deux heures pour le conduire ensuite à l'hôtel, il s'arrange pour être choisi. Toujours en bons termes avec ses supérieurs, il se fait remarquer d'eux et on ne l'oubliera pas lors des prochains avancements.

Un autre encore a su fermer les yeux, voire servir de complice à son chef lors de douteuses tractations. Cet allié saura rester discret... Mais dorénavant, l'un ne grimpera pas sans l'autre.

Signalons encore que certains, consciencieux au départ, et aptes à assumer leur fonction, suivent une évolution de carrière toute tracée à l'avance. Arrive le jour où ils dépassent le seuil de leur compétence et ils ne sont plus capables de remplir leur tâche. Pour se maintenir à leur poste et poursuivre leur ascension, ils sont prêts à louvoyer de toutes les façons.

S'agit-il d'un réquisitoire ? Pas le moins du monde, il ne s'agit que de se poser une simple question : s'il est vrai que certaines maisons déposent leur bilan pour mauvaise gestion, serait-il faux d'avancer qu'un certain nombre ferment à cause d'un encadrement défectueux, c'est-à-dire incompétent et tourné essentiellement vers des rivalités internes ? En effet, cet encadrement produit indiscutablement trois inconvénients majeurs qui, s'ils ne se chiffrent pas aisément, s'accumulent néanmoins dans le passif budgétaire des entreprises :

— Il crée chez les subalternes un relâchement et une exaspération qui minent toute conscience professionnelle.

— Il se traduit financièrement par un gaspillage de matériel, un grand nombre d'heures perdues dans des travaux à reprendre, des tâches faites « pour rien », et des déplacements inutiles...

— De cet encadrement négligent résulte en outre des désordres psychiques et somatiques chez leurs employés, ce qui ne fait qu'alourdir la marche de l'entreprise ; car au bout du compte, tout se paie, sans parler de tous les effets secondaires qui surgissent dans les foyers : tension dans le couple, entre parents et enfants...

### Quand ce fléau se manifeste jusqu'au sommet

Suivons maintenant la journée-type d'un directeur financier chargé principalement du contrôle de gestion, du service du personnel (trois cents salariés) et des commandes.

Son salaire est de 320 000 F annuel, auquel il faut ajouter une prime de fin d'année de 50 000 F ainsi qu'une voiture de fonction : (une Renault 20) dont l'essence lui est payée par la Société.

*9 h 30 :* le téléphone sonne dans le bureau de la secrétaire. « Tiens, dit-elle, c'est le patron qui appelle pour me prévenir qu'il n'arrivera qu'à 10 heures. » Elle décroche et à l'autre bout du fil une voix annonce en effet : « Je n'arriverai qu'à 10 heures aujourd'hui, Mademoiselle, ayez la gentillesse d'avertir Jean, j'avais rendez-vous avec lui à 9 h 30. Je suis vraiment désolé ; dites-lui que je passerai dans son bureau dès mon arrivée. »

*10 h 15 :* le directeur arrive. Il consulte son agenda et fait le tour des bureaux pour décaler un à un tous ses rendez-vous. A Michel, qu'il devait voir à 11 heures, il lance : « L'amélioration du chauffage de la salle de restaurant ?... Ce n'est pas une affaire urgente. Nous verrons cette question une autre fois, inutile de nous rencontrer aujourd'hui. » Or, ces travaux ont été décidés au cours d'une réunion du Comité d'Entreprise, il y a deux mois, ils devraient donc être démarrés rapidement.

*11 heures :* le responsable des questions juridiques vient lui soumettre un dossier relatif à la sortie du blocage des prix. Voilà deux mois qu'il l'a constitué, il aimerait enfin le lui soumettre. « C'est un dossier trop compliqué pour nos services, lui répond le directeur, il faudra faire appel à un conseil extérieur. Mais je vous verrai tout de même à 14 heures. »

En réalité, ce dossier n'est pas tellement complexe, un financier et un juriste sont tout à fait aptes à l'aborder et à régler ces questions urgentes qui auront une grande incidence sur la marche financière de l'entreprise. Pourquoi le directeur financier ne veut-il pas en parler ? Parce qu'il ne se sent pas compétent ? Parce qu'il ne veut pas prendre de responsabilité ? Parce qu'il n'en a pas envie ? On ne sait. Toujours est-il que les deux mois de travail du juriste n'aboutiront pas puisque c'est un service extérieur qui sera consulté... Coût 42 000 F.

*11 h 15 :* le directeur trouve par hasard sur son bureau un télex arrivé il y a déjà huit jours. Il téléphone à sa secrétaire dont le bureau est contigu au sien :

— Venez tout de suite, c'est très urgent !

Et il lui dicte sa réponse au télex.

Un quart d'heure plus tard, nouveau coup de téléphone chez la secrétaire :

— Venez tout de suite, c'est très urgent !

Le directeur dicte alors une note d'information sur ses dates de congés, note qui sera diffusée aux cadres de la société.

Dix minutes plus tard, il entre dans le bureau de la secrétaire :

— Pouvez-vous me faire immédiatement la photocopie de ce document ?

La secrétaire interrompue pour la troisième fois dans son travail en l'espace d'une demi-heure, sait pertinemment que cette copie ira rejoindre l'original dans un dossier, qu'elle devra classer en fin de journée. Où était l'urgence ?

Cinq minutes plus tard :

— Je voudrais le dossier de demande de subventions.

— Je ne l'ai pas, vous me l'avez déjà demandé il y a quelques jours.

— Oui, mais je vous l'ai rendu.

Prise d'un doute, la secrétaire abandonne encore une fois son travail pour aller consulter les dossiers suspendus. Rien ! Deux jours plus tard, elle apprendra de la bouche même du directeur hilare, que c'était lui qui détenait ces pièces dans son armoire...

*11 h 30 :* c'est l'heure de la visite quotidienne à son ami, le directeur des ventes. Ce qui l'occupera jusqu'à l'heure du déjeuner...

*12 h 30 :* il avertit sa secrétaire :

— Je déjeune à l'extérieur, je reviendrai vers 14 h 15, disons 14 h 30.

En réalité il rentre chez lui, ce qui lui prendra non pas les trois quarts d'heure réglementaires mais au moins deux bonnes heures.

*14 h 45 :* il est de retour, le rendez-vous pris pour discuter du blocage des prix est manqué. Il le remet à une date ultérieure, ce qui lui permet d'aller faire le plein de sa voiture. Il est vrai qu'aujourd'hui vendredi, c'est la veille du week-end.

Cependant un deuxième problème urgent l'attend à son retour : deux clients sont au bord de la faillite depuis un mois. Sans même consulter leurs dossiers, le directeur déclare, péremptoire et définitif, qu'il faut prévoir dans le budget une perte provisoire de 300 000 F. Trois semaines plus tard, il découvrira, un peu gêné, qu'en réalité ces sociétés devaient 1 400 000 F...

Il se penche ensuite pendant une demi-heure sur un problème de la plus haute importance : le contrat de la machine à composter le courrier qu'il faut modifier et qui coûtera 90 F de plus par mois à la société... Il ne prend pas de décision.

*16 h 45 :* il prétexte à sa secrétaire :

— J'ai un rendez-vous chez le dentiste, je ne repasserai pas au bureau ce soir. A lundi !

Et les jours se succèdent, identiques.

*Bilan de son travail effectif :*

| Temps de présence : | 5 heures |
|---|---|
| Nombre de rendez vous reportés : | 3 (tous) |
| Dossiers importants : | – sortie du blocage : reporté |
| | – travaux de la salle de restaurant : reporté |
| | – créances des clients : traité rapidement et mal |
| Dossiers peu importants : | – contrat de location de la machine à composter le courrier : discuté longuement mais non résolu |
| Essence : | Le plein est fait |
| Courrier : | – un télex dicté |
| | – une note dictée |
| | – une photocopie (à faire faire) |
| Coût pour la société : | 1 825 F    de salaire brut |
| | 912,50 F de charges patronales |
| | 2 737,50 F |

... pour *le salaire journalier* de ce directeur, auquel il faut ajouter les heures de travail inutiles de ses employés, le temps perdu en rendez-vous manqués et en dérangement, sans oublier le coût de ses erreurs !

*Bilan somatique :*

– Directeur financier : tics nerveux, problèmes de digestion ;
– chez ses subalternes :
  • sciatique nécessitant un arrêt de maladie prolongé
  • spasmophilie
  • eczéma et maux de tête
  • angines à répétition, bronchite et maux d'estomac fréquents
  • ulcère à l'estomac.

Faut-il mettre ces maux directement en rapport avec la tension nerveuse que crée ce chef autour de lui ? On ne peut l'affirmer, quoique chez quelques-uns le lien de cause à effet soit évident.

# UNE CRISE QUI MASQUE UNE MUTATION ?

Nous avons évoqué jusqu'ici, sous différentes formes, les difficultés matérielles et les tensions relationnelles, dont beaucoup d'employés sont victimes au sein des entreprises, sans négliger leurs conséquences : des troubles somatiques divers pouvant s'aggraver avec le temps, si les difficultés deviennent plus importantes et plus durables.

D'où pourrait venir un renversement de situation qui tendrait à donner à chaque employé sa place, rendant ainsi le travail plus efficace et les maladies moins nombreuses, si ce n'est de la direction même des entreprises ? Pour y parvenir il faudrait que la formation des cadres supérieurs, ainsi que leurs critères d'embauche prennent en compte ces exigences. Or, nous allons voir que c'est l'inverse qui se produit.

## L'ENCADREMENT

### Tests d'embauche

Le type de chef inadapté que nous venons d'évoquer dans le chapitre précédent, paraît correspondre à un profil désormais recherché.

Une entreprise offrant un poste de cadre comptable, a reçu plusieurs dizaines de candidats.

Thierry est finalement retenu. Pourtant, d'autres postulants avaient fait valoir une compétence professionnelle supérieure à la sienne en comptabilité analytique, et cette matière tient une place importante dans la description du poste. Mais, dans le choix de la direction, ce sont les résultats du test de personnalité de Thierry qui ont été déterminants. Quelles sont les conclusions de ce test ? Son profil est décrit à travers une série de traits, établis pêle-mêle.

En les regroupant par genre, on obtient ceci :
— sur le plan *travail* : « S'engage et participe, prend plaisir à agir. »
C'est tout.
— sur le plan *relationnel* : « Socialement audacieux et aventureux, très spontané, pas inhibé, critique et posant des questions, il est difficile à berner ; énergique, sûr de lui, il a une grande confiance en lui-même ; autoritaire, il a tendance à diriger les autres. »
Comment les subalternes, appelés à travailler sous les ordres de ce chef apprécieront-ils ces traits de caractère ?
— sur le plan *conceptuel* : « Très doué pour l'abstraction ; pas conformiste mais créatif, il est plus intéressé par les idées que par les problèmes de tous les jours. »
Force est de constater que la personnalité du chef a subi une réelle mutation : le cadre « conceptuel » est un produit qui monte et que chacun s'arrache, qui pour son entreprise, qui pour sa société-conseil.
Or, une fois ce cadre installé à son poste, que va-t-il se passer ?

**Un conceptuel en pleine action**

Une importante société commerciale vend des produits de finition pour les entreprises du bâtiment : carrelage, moquette, papiers peints, etc. Elle est bien implantée dans tout le pays, et malgré la récession dans le domaine de la construction, elle maintient somme toute un chiffre d'affaires satisfaisant.
Cependant, la direction souhaite diversifier son activité : décision sage en prévision de l'avenir. Après avoir envisagé plusieurs solutions, elle choisit d'embaucher un nouveau chef

de vente, pour superviser les diverses équipes de représentants à travers le pays.

— Est-ce un homme du terrain ?

— Non, c'est un théoricien, diplômé d'une grande école et spécialiste en organisation des ventes.

— Mais il a sans doute une bonne connaissance des produits qu'il va vendre ?

— Pas la moindre. Il était chargé jusqu'à ce jour d'organiser en France la vente de voitures d'une marque étrangère.

— Je suppose alors qu'il va se former sur les produits vendus par sa nouvelle société ?

— Nullement : il se met d'emblée à la recherche de nouveaux « créneaux ».

— Ah, j'y suis, il va faire le tour des différents clients pour tenter de dégager leurs besoins communs.

— Pas du tout. Il s'enferme dans son bureau pour consulter un grand nombre de revues spécialisées, et n'en sort que pour rencontrer — de préférence autour d'une bonne table — d'autres penseurs, comme lui, susceptibles de produire une idée.

Et un jour, l'idée jaillit : la société vendra désormais un système d'isolation par l'extérieur. Il prend aussitôt contact avec le fabricant, et parvient même à décrocher un contrat d'exclusivité pour la distribution de ce nouveau procédé. Bravo !

Mais les vendeurs actuels n'ont pas les connaissances nécessaires pour promouvoir ce système, il faut des bases théoriques en matière d'isolation et une bonne pratique des techniques de pose de ce genre de matériau... Sans doute le chef des ventes va-t-il donc embaucher une nouvelle équipe de vendeurs ?

— Vous n'y êtes pas. Il organise des réunions de formation, tout simplement.

— Mais comment les vendeurs, qui se sont formés sur le tas, pourront-ils ingurgiter des formules compliquées et appréhender une technique spécialisée, s'il leur manque les bases élémentaires ?...

On ne sait...

Faisons le bilan de toute cette affaire :

— Le produit proposé ne correspond pas aux besoins de la

clientèle actuelle de la société. Il va donc falloir en chercher une nouvelle.

— Comme les vendeurs ne connaissent pas bien ce nouveau produit, ils vont avoir beaucoup de mal à le commercialiser.

— Ils consacrent maintenant un certain temps à l'étude du nouveau produit chimérique et à la recherche d'une nouvelle clientèle ; ceci bien sûr, au détriment des autres produits qui se vendaient bien.

Voilà un exemple très simple de ce conceptualisme qui se mêle un peu partout aux techniques commerciales, voire à l'industrie tout entière.

C'est une tout autre voie que celle du bon sens. Pour résoudre un problème, le conceptuel en crée une demi-douzaine d'autres. Dans le souci de simplifier les choses, il complique ce qui existait déjà. Pour économiser, il dépense davantage. Pour assurer l'avenir, il compromet ce qui marchait bien jusque-là...

**D'où viennent donc ces « conceptuels » parachutés dans la dure réalité de ces temps de crise ?**

Une émission télévisée de septembre 1982, intitulée « Le langage des chefs », apporte un élément de réponse à cette question. On y voit comment sont formés les cadres de la nation : une séquence tournée à l'Institut Supérieur des Affaires montre un jeu de rôle qui se déroule de la façon suivante :

L'animateur demande à deux étudiants de venir débattre *sans aucune préparation* un sujet qu'il propose.

— Vous êtes le directeur du personnel d'une entreprise française qui s'apprête à racheter une « boîte » italienne en difficulté. Vous avez dix minutes pour proposer votre solution à votre directeur général ; il faut, pour que l'entreprise italienne soit viable, licencier cent personnes.

Le « directeur du personnel » parle très vite :

— On ne peut pas démarrer une opération en Italie avec un conflit social sur les bras. C'est complètement impossible du point de vue commercial et du point de vue de nos partenaires.

Réponse du « directeur général » :

— Il faut voir si le groupe italien accepte de prendre un risque social au niveau de la société-mère, s'il accepte de décréter l'état de crise dans une de ses filiales...

Qui peut comprendre de tels discours ? Il est frappant de constater combien les mots employés sont abstraits. Que signifie concrètement « décréter l'état de crise » dans une société ? Parler de « risque social » met tout le monde dans le flou : nous ne savons pas ce que ce terme recouvre, en réalité, pour celui qui l'utilise. Le sait-il d'ailleurs lui-même ?

Le dialogue se poursuit mais cette fois entre le « directeur français » et le « directeur de l'entreprise italienne ». Le langage reste aussi abstrait, ils parlent « d'explosif social », le mot « licenciement » n'est jamais prononcé, on préfère parler d'une « opération de dégraissage ».

Ce vocabulaire n'est pas neutre ; il reflète la façon dont ces étudiants voient la réalité économique : comme un ensemble de concepts abstraits, et non pas comme une dure réalité sociale où les uns travaillent dans l'incertitude et d'autres végètent dans un chômage sans espoir.

Jusqu'à quel point cette séquence traduit-elle l'ensemble de la formation dispensée dans les Grandes Ecoles ?

Un ancien élève de Sciences-Po nous répondit que dans son école, ces techniques d'expression ne constituaient qu'une option à laquelle, lui, a renoncé, au profit d'autres matières dans lesquelles il avait préféré se spécialiser.

Un ancien élève d'une autre Grande Ecole nous a dit qu'il avait bien été confronté à ces jeux de rôle, mais les trois premiers jours seulement. Il ajoute cependant que pour tout le monde, ces exercices avaient eu un impact déterminant pour leur avenir.

— « Ces jeux de rôle se déroulent devant toute la promotion. En principe, ils ont pour but de nous faire découvrir les limites de nos connaissances et de nous motiver ainsi à suivre les cours avec application. En fait, ils nous mettent sur une autre voie. Ceux qui, dans ces premiers jeux de rôle, ont réussi à se tirer d'affaire, moins par culture que par une faculté d'improvisation accompagnée d'audace, sont d'emblée auréolés d'une image de marque. L'émotion rattachée à cette réussite ne les quittera plus. D'emblée, ils ont découvert comment « percer » dans leur carrière. En revanche, ceux qui par tournure d'esprit sont plus attachés à une réflexion bien pesée et solidement documentée, ont évidemment manqué d'esprit de réplique et sont sortis de cette épreuve vaincus. Leur image de marque en a été ternie. Eux aussi s'en souviendront longtemps après, avec amertume. Ils ont compris ! Ils ont compris que pour réussir, science et réflexion passent après le brio et le bluff. Ce qui est déterminant dans un débat : savoir soutenir n'importe quelle thèse avec assurance, et parvenir à déstabiliser l'interlocuteur. »

Jusque-là pour *la forme* : elle est donc celle d'un mode relationnel de communication, non pas à base d'écoute mutuelle, de réflexion dans le calme, mais de rivalité et de dominance.

Et que devient une société transformée en un champ d'expériences pour les fantasmes de ces jeunes cadres ?

Une jeune équipe vient de reprendre en main une industrie de produits d'entretien pour l'automobile. Cette société réalise un des plus importants chiffre d'affaires du pays dans son domaine. Elle entretient une clientèle fidèle de garagistes grâce à une solide équipe de représentants expérimentés.

Mais voilà... pour ces nouveaux venus, tout cela paraît bien vieux jeu... Figurez-vous que cette société n'établit même pas de « tableau de bord » avec de grandes statistiques et de jolis graphiques. Amusant non ? Allez, au travail. Il faut « repositionner le produit par rapport à la cible ». Il faut étudier à nouveau la composition du « marketing-mix », et surtout, il faut intégrer la société dans le « marché porteur », c'est-à-dire viser les supermarchés qui développent en ce moment la vente des mêmes produits. Il était plus que temps d'injecter du sang neuf dans cette entreprise. D'ailleurs, « ce n'est pas une société, c'est un asile de vieillards, il faut dépoussiérer tout cela », disent ces messieurs avec une exquise délicatesse qui va droit au cœur du personnel en place...

Dépoussiérons donc... Et pour commencer, les livreurs qui tissent depuis de longues années tout un réseau de relations avec les clients, sont jugés trop coûteux. Ils deviennent maintenant manutentionnaires. Quant aux livraisons, elles sont prises en charge par une grosse société extérieure.

Les représentants, eux, s'attaquent désormais à la « cible » : les supermarchés. On ne se consacre plus qu'à ce nouvel objectif sans plus s'occuper des clients fidèles. Mais, peu à peu, à force d'être délaissés, ceux-ci se sont tournés vers d'autres fournisseurs. Et, au bout de quelques mois, un comptable tire la sonnette d'alarme, chiffres en main. Mais c'est encore un vieux ringard qui n'a rien compris...

Pourtant si, il avait très bien compris, car au bout d'un an, la société est sur le point de déposer son bilan...

On a abandonné une longue expérience commerciale qui avait fait ses preuves pour un modèle de marketing qui paraissait très séduisant dans la théorie des cours. Ce modèle pouvait-il être un facteur de développement ? Peut-être, mais encore fallait-il prendre la peine de s'en assurer. Au lieu d'essayer de nouvelles méthodes, en s'appuyant sur le sol ferme de l'expérience, on a préféré faire du neuf, à tout prix. Résolument, on a fait table rase d'un passé. Au nom des nouvelles méthodes de gestion, une centaine de personnes risquent de perdre leur emploi.

Et quant aux problèmes de *fond ?* C'est ici qu'apparaît la tendance à la « conceptualisation ». Les problèmes humains sont écartés ; l'alternance action-réflexion est remplacée par l'élaboration de systèmes ; au lieu d'apprendre à cerner et à résoudre des difficultés concrètes, on apprend à inventer de nouvelles idées. Après quoi, ce n'est plus la réalité qui est préoccupante, ce sont les idées qui se font fascinantes. Dorénavant, « agressivité et créativité » se feront dans un univers conceptuel. Et la réalité s'en trouvera destructurée, puis détruite.

Tout cela se traduit à travers un nouveau vocabulaire qui par la suite entretient et renforce la restructuration de la pensée elle-même... selon le mode conceptuel.

## STRUCTURE DE LA SOCIÉTÉ

### Le gigantisme

Si la formation n'aide pas les cadres à être concrets, la structure même des entreprises est une autre entrave : certaines entreprises survivent du fait de leur souplesse, mais la plupart se sont regroupées en grandes sociétés nationales, voire multinationales, géantes, employant des centaines de milliers de personnes. Une super-hiérarchie s'y est développée, surmultipliant les postes de responsables, attisant les ambitions, et la recherche de pouvoir d'un certain nombre.

Parallèlement la crevasse qui sépare les productifs des administratifs s'agrandit.

Ainsi, la filiale française d'une grande multinationale américaine est composée de deux mille cinq cents employés, répartis dans quelques usines et services commerciaux (qui comportent déjà chacun leur propre hiérarchie) ; ceux-ci sont supervisés par un millier de personnes employées au siège de la filiale ! Ces dernières, loin des problèmes concrets de fabrication, enfermées dans leurs immeubles parisiens, et préoccupées de leur seul avancement, prennent les décisions les plus inadéquates. Et que dire quand les directives viennent d'un autre continent !...

En voici une illustration.

Le responsable européen de cette multinationale a décidé de fermer une partie de la filiale de son usine localisée dans le Sud de la France, jugée insuffisamment rentable. Il en résulta un départ de trois cents personnes, soit la moitié de l'effectif de l'usine. Certains employés ont été mutés dans celle du Nord de la France, d'autres sont partis en retraite anticipée. C'est ce qu'on appelle « un dégraissage des effectifs ».

Pour faire accepter cette mesure auprès des autorités locales et gouvernementales, la société a annoncé la création d'emplois nouveaux dans sa filiale du Sud, par transfert d'un atelier de conditionnement de la région Nord. La décision a été prise sans consulter les responsables directement concernés, sans évaluer le coût réel de l'opération et sans voir toutes les répercussions sur le personnel.

Or, avant d'effectuer ce transfert il a fallu envoyer une dizaine de personnes dans le Nord pendant six mois pour qu'elles se forment sur la chaîne de conditionnement. Puis, pour sortir la machine de l'usine, on fut obligé d'abattre quelques murs.

Le transport d'un bout à l'autre de la France de ce matériel très lourd et volumineux a été effectué à grands frais par une entreprise spécialisée. Ensuite, dans l'usine du Sud, il a fallu faire de nombreux aménagements : percement de toute une façade d'un bâtiment pour pouvoir faire entrer la machine, renforcement de la dalle de béton, installation d'un nouveau réseau électrique.

Finalement, cette opération qui a abouti au transfert de dix emplois du Nord au Sud de la France, a coûté plusieurs millions de francs, sans réellement créer d'emploi nouveau dans la société.


## CONCLUSION

Pendant que ce gigantisme poursuit son évolution, une partie croissante de la population se trouve mise au rebut.

Le *Nouvel Observateur* évoque en ces termes la situation :

« En 1977, une étude de Michèle Debonneuil sur Reims permettait encore de décrire " des pauvres dans une ville moyenne ". Une étude plus récente sur Rennes, ville bien sous tout rapport, semblait-il, montre déjà qu'une personne sur dix dans la ville et une sur vingt dans le district urbain, ne disposent plus pour subsister que de ressources égales ou inférieures à mille cinq cents francs par mois. Mais à Saint-Quentin aujourd'hui, à Roubaix déjà, à Denain demain, ce ne seront plus les pauvres dans une ville moyenne qu'il faudra étudier, mais ce qui restera de ménages moyens dans des villes pauvres... » (18-24 décembre 1982).

Cette situation n'est pas l'apanage exclusif de l'Europe ; aux U.S.A. les mêmes inquiétudes, les mêmes difficultés rongent la population.

« A mesure que la production baisse, la nation s'appauvrit

(le revenu par habitant est tombé au-dessous de celui de la France). On vient de dépasser le seuil de 10 % de chômeurs, et, si l'on y ajoute les emplois partiels, il ne reste plus que 55,7 % des adultes qui aient droit à un travail à plein temps. Près de la moitié du pays cherche donc du travail. » (*Nouvel Observateur*, 30 octobre-5 novembre 1982.)

Peu de temps avant sa mort, Winston Churchill († 1965), a exprimé sa conviction intime sur les temps à venir. Selon lui, l'ère démocratique née dans la conjoncture tout à fait exceptionnelle du XIXᵉ siècle, n'avait été que provisoire et tendait déjà vers son déclin. Il voyait revenir (et ceci pour des siècles) une nouvelle ère d'oppression où un petit nombre de puissants tiendrait en esclavage l'ensemble de l'humanité.

Bien placé pour observer l'évolution de notre histoire, Winston Churchill a sans doute compris ce qui est en train de nous arriver à travers cette « crise » que tout le monde sait, par bien des côtés, artificiellement créée et amplifiée.

Dans ce cas, il est vain de parler du « bout du tunnel » ; c'est un marché intercontinental d'esclaves qui se réalise sous nos yeux, et certains grands tiennent déjà le langage de l'insolence. Dans les coulisses, la rivalité va bon train entre un petit nombre de puissants, dissimulés derrière les gouvernants sur l'avant-scène ; entre eux, ils se disputent les richesses fabuleuses, et plus encore, le pouvoir sur l'humanité.

S'il est vrai que la démocratie agonise et que pas à pas la tyrannie se réinstalle partout de par le monde, il faut bien parler d'une « mutation » en cours.

# CHAPITRE 4

# UNE BUREAUCRATIE QUI SE DÉVELOPPE A LA FAÇON D'UN CANCER

## LE PATRONAT EXASPÉRÉ

Michel dirige une petite entreprise de cloisonnement. Malgré le marché du bâtiment en perte de vitesse, et la concurrence aiguë dans ce secteur, il réussit tant bien que mal à faire vivre une quinzaine d'ouvriers.

Une entreprise générale de bâtiment, chargée de construire un immeuble administratif, lui a confié la réalisation de toutes les cloisons intérieures. Les travaux sont programmés, et doivent commencer dans deux semaines. Michel a retardé, et parfois refusé d'autres chantiers pour ne pas perdre cette commande importante. Mais voilà : il ignore encore ce que signifie travailler pour l'Administration...

Un jour, un responsable administratif venu visiter le chantier, remarque une petite erreur de conception ; il souhaiterait que quelques cloisons soient déplacées. Oh, c'est très peu de chose ; et le devis ne devrait pas s'en trouver sensiblement modifié. Mais avant que semblable demande de détail ne soit acceptée, il peut passer bien de l'eau sous les ponts.

Ce responsable va trouver l'architecte et lui expose son souhait. L'architecte réalise un nouveau plan, et le transmet à l'entreprise générale afin qu'elle lui établisse un nouveau devis. Celle-ci transmet la demande à Michel qui établit le devis en question et le renvoie à l'entreprise générale, qui à son tour le remet à l'architecte. Bien. Mais nous n'en sommes qu'à la mi-temps...

Il faut à présent que l'Administration donne le feu vert. L'architecte adresse donc le nouveau projet à la direction régionale qui le transmet à la direction générale, qui le transmet à ses services financiers et techniques. Vous suivez toujours ? Ces services financiers et techniques, après une étude de durée indéterminée, renverront leur réponse à la direction générale, qui la renverra à son tour à la direction régionale, qui ne manquera pas de l'adresser dans les plus brefs délais à l'architecte. Ce dernier en avisera l'entreprise générale, qui, elle, donnera le feu vert à l'entreprise sous-traitante. Simple, non ?

Il n'aura fallu après tout que treize transmissions entre la demande et son exécution. Bien sûr, cela peut prendre un temps certain...

Mais en attendant, il faut bien que Michel fasse tourner son entreprise ; or le commencement des travaux est reporté de semaine en semaine. Alors il n'engage ses ouvriers que dans de petits chantiers, pour pouvoir répondre au pied levé à la demande de l'entreprise générale. A bout de nerfs, il fait un ulcère gastrique.

Cinq mois plus tard, il reçoit un coup de fil de l'entreprise générale : « Allez-y, vous pouvez commencer. » L'Administration a-t-elle donné le feu vert ? Non, mais l'entreprise générale est tenue par contrat à des délais très stricts, avec pénalités de retard ; et les autres entreprises sous-traitantes de peinture, plomberie, électricité pressent elles aussi. Alors, il ne reste plus qu'à commencer les travaux, sans avoir l'assurance d'être payé...

Il n'y a pas d'autre solution que de *prendre des risques*. Et si l'Administration refuse le devis ? Eh bien, il n'y aura plus qu'à démonter les cloisons, et à les poser de nouveau conformément au plan initial. Tout cela, bien entendu, aux frais de la princesse...

A moins que l'affaire ne se termine devant un tribunal, par une procédure qui peut durer très longtemps.

Michel, lui, s'en sort avec un ulcère d'estomac. Mais il n'est sans doute pas le seul à payer de sa santé cette organisation aberrante.

Après tout, il s'en est tiré à bon compte : son entreprise a tenu le coup... pour cette fois.

Dans *Le Nouvel Economiste* du 31 mai 1982, on pouvait lire :

« Répressive, incompréhensive, paralysante, nonchalante, irresponsable, coupable, dépassée, immobilisée, etc. Au florilège des épithètes péjoratives, l'Administration est reine. (...) Pour les chefs d'entreprise interrogés par *Le Nouvel Economiste,* l'administration est à 70 % peu accueillante et rébarbative, à 57 % incompréhensive, à 67 % répressive, à 75 % paralysante, à 78 % versatile. Et enfin à 78 % ne s'améliore pas.

(...) Périodiquement, le C.N.P.F. déverse des statistiques assassines : six mois de démarches pour créer une entreprise, 500 formulaires différents pour exporter, 1 600 pages de Code du travail, 3 416 articles sur celui des impôts, etc.

(...) Il faut, de source officielle, quatre à six mois en France pour créer une entreprise contre deux jours aux Etats-Unis dans l'Etat de New York.

(...) Selon une enquête effectuée en 1975, par la Chambre de Commerce de Paris, l'Administration-escargot coûterait à une P.M.E. jusqu'à une demi-semaine par mois. Et combien aux contribuables ? Le coût global d'un fonctionnaire a été évalué au triple de son traitement brut.

(...) Dans leur volonté d'aider, d'améliorer ou de simplifier, les politiciens ont, en dix ans, parachuté près de 130 000 lois, décrets, arrêtés, circulaires ou directives en tout genre.

(...) " La simplification s'est faite, dit M. Fabre. Mais en ordre dispersé et au fil des temps. Si dispersé en effet que 42 000 dossiers sont encore en instance devant les tribunaux administratifs, qui en absorbent 14 000 par an ; et 9 000 devant le Conseil d'Etat, qui n'en traite que 3 000 dans l'année. " »

Réponses à un sondage exclusif du *Nouvel Economiste* (extraits) :

— l'Administration vous apparaît-elle capable de freiner les décisions du gouvernement ?

Oui : 75,1 % — Non : 19,3 %

— Par comparaison avec le secteur privé, le secteur public est-il bon payeur ?

Oui : 19,7 % — Non : 66,7 %

— Dans le cadre de votre entreprise, diriez-vous que vos relations avec l'Administration sont :

|  |  |
|---|---|
| plutôt faciles ? | 46,1 % |
| plutôt difficiles ? | 50,6 % |

— Selon vous l'Administration est-elle :

|  |  |
|---|---|
| accueillante | 28,5 % |
| peu accueillante | 58,8 % |
| rébarbative | 11,8 % |

— Savez-vous quel doit être le bon interlocuteur pour chaque type de problème ?

Oui : 36,7 % — Non : 61,8 %

— Quel est le qualificatif qui vous paraît le mieux adapté au fonctionnaire :

|  |  |
|---|---|
| compétent | 25,3 % |
| courtois | 17 % |
| diligent | 4,3 % |
| peu efficace | 58,8 % |
| revêche | 14,6 % |
| incompétent | 4,7 % |

— Il y a dix ans que l'on parle de simplifications administratives. Des progrès ont-ils été réalisés ?

Oui : 19,3 % — Non : 77,9 %

S'il en est ainsi pour les chefs d'entreprise, qu'en est-il pour les citoyens ?

## LE CITOYEN FACE A LA BUREAUCRATIE

« Il y a dix ans, j'ai eu un accident de circulation en ville : j'avais refusé la priorité à droite dans une grande rue croisant une petite. Or, chaque semaine, il se produisait au moins un accident au même endroit, à cause du manque de visibilité.

J'ai eu sur-le-champ une série de soucis : il fallut emmener ma femme, légèrement blessée, à l'hôpital où on la garda en observation quarante huit heures. Je me suis trouvé plusieurs mois sans voiture, puisqu'avant les réparations qui traînèrent en longueur, il fallut d'abord attendre les expertises. J'ai dû déranger des amis pour ramener ma femme à la maison...

Puis vint la sanction : d'abord une amende, suivie d'un retrait de permis. Je me suis donc rendu à une première convocation du commissariat du quartier — qui par chance, est proche de chez moi — pour remplir des papiers, puis à une deuxième pour y déposer le permis, puis à nouveau pour le récupérer. Tout cela bien sûr pendant mes heures de travail.

Alors que je croyais cette affaire, somme toute banale, enfin classée, j'eus la surprise, quelques mois plus tard, d'ouvrir une lettre de ma compagnie d'assurance m'apprenant que je devais passer au tribunal pour la même affaire. Elle m'indiquait également les coordonnées de l'avocat qui me défendrait. Je pris donc rendez-vous avec lui, à nouveau en pleine journée. Puis vint le jugement, qui dura dix minutes. Il ajoutait un mois de retrait de permis à la première sanction prise par le commissariat. A l'issue de l'audience, mon avocat disparut. Je le rattrapais de justesse sur le parking et lui demandais à quelle époque interviendrait ce nouveau retrait. Bien m'en a pris, car ce n'est que trois mois plus tard qu'une convocation du tribunal me demanda de venir déposer mon permis. Sans ce renseignement, j'aurais attendu semaine après semaine cette convocation et n'aurais pu organiser mes déplacements ni mes vacances.

Combien cet accrochage m'a-t-il coûté en temps, en argent, en dérangements de tous ordres ? Combien a-t-il coûté au contribuable en paperasseries et procédures diverses ?

D'accord, j'avais commis une faute, on pouvait admettre qu'elle soit sanctionnée. Mais la punition est hors de proportion avec l'acte, dérisoire par rapport à l'énorme machinerie qu'elle met en branle. Surtout lorsque l'on sait que six mois plus tard, un « stop » a été installé dans la petite rue pour laisser la priorité à la grande ! Mais en attendant que la municipalité fasse enfin son travail, bien des gens ont été pénalisés, entraînés dans un circuit de complications sans fin, pour des accidents dont ils n'étaient finalement pas responsables. »

Examinons encore la situation de ces deux conjoints qui, proches de la retraite, voulaient effectuer des travaux dans leur maison. Peu fortunés, ils déposèrent une demande de subvention pour amélioration de l'habitat. Alors commença pour eux une longue attente qui désorganisa en partie leur vie et leurs projets.

Durant toute une année, ils n'obtinrent pas la moindre réponse. Ils s'interrogeaient sans fin : auraient-ils dû adresser leur dossier ailleurs ? N'avaient-ils plus droit à cette prestation ? A deux reprises, ils avaient téléphoné à un service, un peu au hasard. La standardiste les avait laissés exposer leur cas, puis avait répondu : « Ne quittez pas... »

— « Allô, qui est à l'appareil ? C'est à quel sujet ? »

— Nouvelle explication.

— « Ce n'est pas moi qui traite ce dossier, je vous passe la personne concernée, ne quittez pas »...

— « Allô, qui est à l'appareil ? »

— Nouvelle explication.

— « Désolé, je ne suis pas au courant de ces questions. »

— « Qui peut me renseigner, alors ? »

— « Je ne sais pas. Au revoir, madame. »

Voilà comment les choses se sont passées. On peut comprendre que la standardiste ne soit pas au courant de l'exacte répartition des tâches entre les services, et qu'elle fasse une erreur d'aiguillage. On peut comprendre même que la personne contactée ne sache pas exactement lequel de ses collègues est le plus apte à répondre à la question. Mais il est inadmissible de renvoyer ainsi le demandeur dans le vide. Car l'employé d'un service est bien là pour répondre aux besoins des gens qui le payent.

Or, il est possible d'établir des rapports sains : « Moi-même fonctionnaire, je connais ce genre de situation de l'autre côté de la barrière. Quand je reçois un appel téléphonique qui ne me concerne pas, j'ai pris pour habitude de demander à mon interlocuteur ses coordonnées et de le rappeler moi-même, une fois que je peux l'orienter convenablement. Il est tout à fait injuste que l'usager, surtout s'il appelle de loin, paye une longue communication pour finalement n'obtenir aucun renseignement. Qu'un employé de l'État traite comme un moins que rien l'administré qui, indirectement, le rémunère chaque mois, voilà le scandale ; il n'est pas dans l'erreur d'aiguillage d'une standardiste. »

Comment l'histoire des deux conjoints s'est-elle terminée ? Un jour, tout à fait par hasard, ce couple a rencontré une personne qui elle-même connaissait quelqu'un qui avait des relations. Dans la semaine qui suivit, le couple fut convoqué par un fonctionnaire très serviable qui parcourut le dossier avec eux, et leur indiqua la pièce qui faisait défaut. Un mois plus tard, les subventions furent accordées. Cette démarche n'a rien à voir avec une quelconque « corruption de fonctionnaire ». Mais « celui qui connaît quelqu'un » a beaucoup plus de chances de voir son dossier traité avec diligence.

Aussi, dans vos rapports avec l'administration, demandez à l'employé que vous avez au bout du fil de se nommer et, lors des communications suivantes, adressez-vous à lui de préférence. Tentez même de le rencontrer lors d'un déplacement : ainsi, vous sortirez du statut de numéro.

La législation est devenue tellement compliquée qu'il manque souvent *la* pièce permettant de débloquer un dossier qui a déjà coûté très cher en temps, en déplacements, en timbres fiscaux, et autres dérangements de tous ordres. Avec la meilleure volonté du monde, les gens ne s'y retrouvent plus. D'un tampon, d'une signature, dépendent pour les uns un emploi, pour d'autres de quoi survivre encore quinze jours, une allocation qui permettra de finir le mois, un permis de construire...

Au stade où nous en sommes arrivés, il y a de quoi rester perplexe devant certaines incohérences : c'est la crise, tout le monde le sait. Des usines ferment en France, rouvrent dans le Sud-Est Asiatique, laissant sur place des chômeurs français... Mais là où l'on ne comprend plus, c'est lorsque l'on voit à quelle montagne s'attaque celui qui en France s'avise de monter une affaire qui elle, crée des emplois ici et maintenant. Ecoutons ce qu'en dit une personne qui tout récemment, s'est risquée dans cette aventure :

« Etudier les lois et règlements, sans cesse courir en catastrophe parce que telle disposition m'avait échappé, m'y retrouver dans le maquis fiscal, me débattre avec l'U.R.S.S.A.F., les caisses de retraite, tout cela me coûte énormément de temps, de démarches, d'énergie. Et pendant ce temps, je ne peux pas m'occuper de la fabrication ni de la commercialisation de mes produits, ce qui est pourtant la raison d'être de ma société » !

Et c'est ainsi, en multipliant les lourdeurs et les rigidités, que l'Administration, au lieu d'encourager les initiatives productives, bénéfiques pour tout le monde, — ce qui devrait être son rôle — arrive à susciter le défaitisme, le découragement, la léthargie chez les uns, le parasitisme ou la petite délinquance chez les autres. Ici le drame se termine en suicide, là en prison, ailleurs encore dans une inconscience devant laquelle les travailleurs sociaux eux-mêmes baissent les bras. La société est malade, de plus en plus malade. Faut-il s'étonner alors que, cellules de cette société, les citoyens tombent malades à leur tour ?

## LES AGENTS DE L'ÉTAT EUX-MÊMES S'Y RETROUVENT DE MOINS EN MOINS

Cette maladie sociale, ce cancer que constitue une administration paralysante, qui entrave les initiatives au lieu de les encourager, finalement, ce sont les *travailleurs sociaux* qui peuvent en apprécier les fruits directs ou indirects dans leur pratique quotidienne. Car ils sont au contact des gens qui en font le plus cruellement les frais. C'est pourquoi nous allons ici leur laisser la parole.

### Lenteur et complication

Une assistante sociale travaille pour de jeunes handicapés. Jusqu'à leurs vingt ans, ils bénéficient d'une couverture sociale « enfants », puis ils doivent changer de législation pour obtenir le statut « adultes handicapés ». Il faut donc que leur nouveau dossier soit prêt pour le jour de leur vingtième anniversaire afin d'éviter l'interruption de prestations.

Or, avec ses vingt ans de métier et sa longue habitude des circuits administratifs, cette assistante sociale sait bien qu'elle doit s'y prendre six mois à l'avance pour avoir quelque chance, quand tout se passe bien, de voir le dossier aboutir à temps! Il lui faut bien sûr le rédiger en quatre exemplaires, car la demande doit passer dans quatre administrations différentes.

Malgré cela, elle peut connaître des surprises : certaines pièces du dossier peuvent se perdre au détour d'un bureau. La réglementation des administrations peut changer à l'improviste. Et voilà que la machine se grippe et il faut tout reprendre à zéro. C'est un « jeu de l'oie » où l'on court sans cesse le risque de retourner à la case « départ ».

Quand vous remplissez un dossier pour une administration, prenez la précaution d'en garder un double complet. Ainsi pourrez-vous justifier en cas de besoin, la date et le contenu de votre demande et obtenir votre dû.

Voilà un cas. Un choisi parmi des milliers d'autres, qui malheureusement se produisent quotidiennement. Mais où est le *Service Public* dans ces conditions? Une entreprise normale qui travaillerait de cette façon risquerait de voir fuir sa clientèle dans un temps record. Mais avec l'administration, le « client-payeur-assuré social-contribuable » n'a que le droit d'espérer, ne disposant pratiquement d'aucun moyen d'action, ni même souvent de protestation.

*Autre exemple*

Dans la législation concernant les retraits de permis de conduire, suite à une alcoolémie au volant, la sanction est infligée par deux ministères différents : le Ministère de l'Intérieur et le Ministère de la Justice.

Pendant longtemps, la peine a été déterminée en fonction du taux d'alcoolémie, à partir d'une seule prise de sang prélevée lors du délit, sans tenir compte des habitudes de l'individu face à la boisson. Ainsi, une personne habituellement sobre, arrêtée au sortir d'un repas bien arrosé, pouvait recevoir une peine aussi lourde que celle infligée à un chauffard alcoolique chronique (invétéré). Disproportion par trop injuste !

Pour remédier à cette confusion, le Ministère de l'Intérieur a fait paraître une circulaire en août 1981, à l'usage des médecins de la commission des permis de conduire, relevant de la Préfecture. Avant d'être sanctionnées, les personnes ayant présenté une alcoolémie doivent maintenant bénéficier d'un examen médical et d'une autre analyse de sang. Ce n'est qu'en fonction de tous ces éléments réunis que le médecin devra prononcer son avis sur le risque réel ou l'aptitude à conduire des intéressés.

Mais dans un département, les juges n'ont pas été prévenus de cette modification apportée à la procédure des médecins ! Ils continuent donc à statuer en fonction de la seule alcoolémie prévue dans leur propre législation...

Résultats : dans de nombreux cas, les médecins constatent que l'alcoolémie n'est que ponctuelle, et ne proposent qu'une peine légère, mais ensuite le tribunal qui n'en tient pas compte, inflige une lourde sanction, en fonction du barème non différencié, en vigueur dans le passé.

Les gens se demandent à quel saint se vouer pour sortir de l'impasse.

*Autre exemple*

Monsieur B. a un retrait de permis de conduire pour une alcoolémie élevée. Il doit récupérer son permis le 10 novembre 1981, à condition qu'une visite médicale l'y autorise. Le 8 novembre 1981, lors de l'examen médical, il est déclaré « apte à conduire pour un an ». Quelques jours plus tard, les gendarmes de sa commune lui rapportent son permis. Or, il y est écrit : « expiré le 10 novembre 1981 ».

Ainsi, les médecins l'autorisent à conduire, mais les gendarmes lui remettent un permis qu'il ne peut utiliser ! Que se passe-t-il ? S'agit-il réellement d'une décision ou d'une erreur de transcription ?

Les gendarmes s'étonnent et lui promettent « de se renseigner ». Depuis un mois, pas de nouvelles. Monsieur B. doit demander à un voisin de le conduire chaque matin à son travail, en attendant de récupérer un permis valable.

Que peut-il faire ? Quelle administration a prononcé cette interdiction ? Comment la faire lever ? Monsieur B. l'ignore totalement.

## Contradictions

Lorsque deux administrations fonctionnent en parallèle sans aucune coordination, il arrive que leurs décisions se contredisent — quand ce ne sont pas deux services au sein de la même administration...

Ainsi, le Ministère de la Santé prévoit une retraite pour les mères de famille ayant élevé un enfant handicapé. Fort bien !

Par ailleurs, le Ministère du Travail organise le « travail protégé » des handicapés. Chacun s'en félicite.

Mais alors, quand un jeune a un emploi dans un Centre d'Aide par le Travail, sa mère a-t-elle droit à une retraite ?

— Oui, puisque son enfant est handicapé.

— Non, puisque son enfant travaille.

Une assistante sociale confrontée à ce cas, a écrit aux deux ministères concernés, les invitant à se concerter et à prendre une décision. Elle n'a, à ce jour, pas de réponse.

Personne n'imagine la gravité de la situation jusqu'au moment où il s'y trouve confronté lui-même.

## Utilité et dangers de l'Ordinateur

Une assistante sociale fait remarquer : « Dans le passé, je pouvais négocier un cas individuel avec certains chefs de service. Quand une famille en détresse ne correspondait pas exactement aux clauses prévues par la réglementation, l'un ou l'autre des responsables savait tenir compte des aléas de la vie des personnes, et acceptait d'accorder exceptionnellement le secours dont ce foyer avait besoin.

Aujourd'hui, mon interlocuteur est un ordinateur froid et intransigeant. S'en tenant aveuglément aux seules « normes », il fait tomber son verdict impitoyable.

Plusieurs fois, j'ai rencontré ce type de situation : un de mes clients reçoit une lettre de la Caisse d'Allocations Familiales annonçant : « Vous n'avez plus droit aux allocations. » Pourtant, il remplit bien toutes les conditions ouvrant droit à cette prestation. Que se passe-t-il ? Je contacte la Caisse, et apprends qu'en fait, il manque au dossier la déclaration des revenus ! C'est donc cela qu'il fallait comprendre derrière la réponse codifiée de l'ordinateur ! »

L'ordinateur, pour avoir simplifié la tâche de certains employés, a considérablement compliqué celle de notre assistante sociale. Et que dire des conséquences pour le client, qui se voit refuser sans explication une allocation sur laquelle il pouvait raisonnablement compter.

Le moment est venu de s'interroger sur la nature et le rôle véritables de l'ordinateur. Invention capitale de notre siècle, il a remplacé bon nombre d'employés aux tâches fastidieuses et répétitives : calculs, écritures, gestion d'un fichier complexe. Mais en même temps, l'ordinateur ne répond « oui » ou « non » qu'en fonction des critères pour lesquels il est programmé. Or des critères, bien souvent, ne définissent pas « le cas » dans toute sa complexité. La réponse de l'ordinateur n'est donc que partielle. Le danger apparaît lorsque cette *réponse « partielle » fait tomber un verdict définitif*. En tout état de cause, ce nouvel « employé très spécialisé » et rapide ne saurait remplacer le directeur de service à qui devrait appartenir la décision finale.

Effectivement, l'emploi de l'ordinateur peut induire certaines rigidités techniques. Mais de là à dire que c'est l'explication principale de toutes les erreurs, il y a un pas. Regardons ce qui se passe dans certaines banques, par exemple. La décision d'octroi d'un crédit est largement informatisée. Parfois, la machine donne une réponse inadaptée au dossier. A cause des particularités de certaines demandes, une imperfection de programmation, impossible à corriger dans l'immédiat, peut faire refuser un prêt, alors qu'il faudrait l'accorder. Que se passe-t-il alors ? Il y a deux solutions : ou bien la personne qui rentre les données dans l'ordinateur a des instructions pour laisser de côté celles qui fausseraient l'étude, ou bien les responsables savent que l'ordinateur ne prend pas en compte la complexité et la particularité de ce type de dossier, et révisent les décisions en conséquence. Il n'y a pas de blocage, il y a simplement une procédure prévue pour combler les *limites* et les *insuffisances* de la machine.

Alors, pourquoi ce qui est techniquement applicable dans une banque ne le serait-il pas dans une administration ? Ne serait-ce pas parce que l'insuffisance n'est pas seulement de nature technique, mais que cet argument est brandi parfois pour servir d'alibi à la paresse des uns ou au manque de courage des autres qui ne prennent pas leurs responsabilités, ou encore, à l'inertie de ceux qui tremblent de s'écarter un peu de la voie toute tracée ? Sans oublier la monotonie inhérente aux tâches administratives qui induit beaucoup de laisser-aller à tous les échelons... Par ailleurs, la cascade de décrets, arrêtés et circulaires qui déferle actuellement, oblige les services informatiques à adapter, modifier les programmes, « démodés » en quelques mois. Parfois, il s'agit d'une opération simple, parfois, elle n'est pas même possible. Mais chaque fois, elle demande du temps et du travail aux agents pour retrouver la maîtrise de leur outil.

Effectivement, certains ordinateurs ne traitent les dossiers que par grandes séries. Et il existe d'autres systèmes qui permettraient un examen immédat, mais rééquiper certaines administrations serait trop coûteux...

Et de toute façon, quelle importance ? Car, si à la banque, ne pas corriger l'aberration amènerait à perdre des clients — et des millions —, ici, ce n'est que l'usager qui paie les frais...

Pourtant, pour cet usager, les conséquences peuvent être graves, très graves, notamment pour toutes ces familles dont la situation précaire dépend du versement des prestations sociales. On devine aisément ce qu'est devenue leur vie depuis l'embauche et la titularisation de l'Ordinateur, promu par le « Times » : « L'homme de l'année 1982... »

——————————— FICHE CULTURELLE ———————————

### LE MORCELLEMENT DES RESPONSABILITÉS

Séquence du film d'Henri Verneuil « I comme Icare » qui met en scène une expérience réalisée aux U.S.A. par le psycho-sociologue Stanley Milgram sur les processus d'obéissance. (Se reporter à l'ouvrage de S. Milgram *Soumission à l'autorité*, Calmann Lévy, 1974.)

Conversation entre trois personnes :

— L'expérimentateur : « Vous rendiez-vous compte que vous commettiez un acte cruel envers une victime innocente, sans défense ? »

— Le volontaire : « Je n'avais pas à juger si mon acte était cruel ou si la victime était innocente. J'avais une autorité qui était là pour ça. J'ai fait ce qu'on m'a dit de faire, moi. Quand on ordonne à un pilote de lâcher une bombe sur une ville, il ne se demande pas si c'est bien de lâcher la bombe. Il lâche la bombe. »

— Le procureur : « Dans le cas d'un génocide, par exemple, un tyran décide de tuer froidement cinq à six millions d'hommes, de femmes, d'enfants. Il lui faut un million de complices, de tueurs, d'exécuteurs. Comment arrive-t-il à se faire obéir ? »

— L'expérimentateur : « En MORCELANT les responsabilités. Un tyran a besoin avant tout d'un « Etat tyrannique ». Alors, il va recruter un million de petits tyrans fonctionnaires qui auront chacun une tâche banale à exécuter. Chacun va exécuter cette tâche avec compétence et sans remords. Car personne ne se rendra compte qu'il est le millionième maillon de l'acte final.

Les uns vont arrêter les victimes, ils n'auront commis que de simples arrestations ; d'autres vont conduire ces victimes dans des camps : ils n'auront fait que leur métier de mécaniciens de locomotives ; et l'administrateur du camp en ouvrant ses portes n'aura fait que son devoir de directeur de prison. Bien entendu, on utilise les individus les plus cruels dans la violence finale. Mais à tous les maillons de la chaîne, on a rendu l'obéissance confortable. »

— L'expérimentateur au volontaire : « Des considérations d'argent ont-elles joué pour vous ? »

— Le volontaire : « L'argent n'a rien à voir là-dedans. J'obéis à une autorité lorsque je respecte l'autorité et je l'accepte. C'est tout. »

## QUE FAIRE ?

En présence de tant de situations bloquées, quelle petite marge de manœuvre reste-t-il aux travailleurs sociaux ?

Certes, l'Etat prévoit des secours ponctuels pour répondre aux situations les plus dramatiques : allocations ; aide sociale ; bons de pain, de sucre, de vêtements ; secours des mairies. Mais ces mesures d'urgence *ne résolvent rien à long terme,* voire à moyen terme. Elles ne permettent que de survivre tant bien que mal, dans l'immédiat. Disons, sans illusion aucune, que « c'est toujours ça » et que « c'est mieux que rien ».

Il est vrai que de nombreuses lois sociales sont votées, mais leurs clauses d'application sont si restrictives que seule une petite catégorie de la population peut en bénéficier. Et pour ce faire, encore faut-il connaître le dédale des décrets d'application ; en somme, il faut être de la partie !

Or, généralement, les citoyens sont mieux renseignés sur leurs devoirs que sur leurs droits ; la plupart du temps, ils ignorent à quelle porte il faut frapper. Et s'ils se trompent, souvent personne ne saura ou ne prendra la peine de leur expliquer à quel bureau ils doivent s'adresser.

L'Education Nationale ne pourrait-elle pas à cette fin procurer aux élèves un vade-mecum efficace de l'administration ? Certes, les cours d'instruction civique déjà existants devraient répondre à ces problèmes, mais ils sont dispensés par des professeurs n'ayant aucune compétence particulière en la matière.

Dans la fonction publique on trouve, bien sûr, la même proportion d'employés coopérants, distants ou contrariants que dans n'importe quel autre milieu professionnel. A force de fréquenter les administrations, les travailleurs sociaux s'adressent de préférence à telle secrétaire plutôt qu'à telle autre... mais leurs clients, eux, n'ont pas la chance d'être aussi prévenus.

Employés comme usagers, nous subissons tous, chacun à notre niveau, la lourdeur de cette machine inhumaine.

Ayons le courage de le reconnaître : certains jours, à la fois excédés et démunis devant des récriminations souvent fondées de notre interlocuteur, nous non plus, nous ne faisons pas pour lui tout ce qui est en notre pouvoir. Parfois, le ton monte et on abrège la conversation téléphonique. Par ailleurs, certains clients s'en prennent aux agents des administrations, simples exécutants, comme s'ils étaient le législateur en personne...

« Aujourd'hui, ce genre de désagrément ne m'arrive plus, précise une assistante sociale, car je mets un terme à la provocation au plus vite, en répliquant à mon client : « Vous vous trouvez dans une situation difficile, je le sais. Je suis payée pour chercher avec vous d'éventuelles solutions. Je ne suis pas certaine de pouvoir vous aider, mais *vous* et *moi* allons tout mettre en œuvre pour vous sortir de cette impasse. Voici ce que, de votre côté, vous pouvez faire (et je lui fais noter les différentes démarches) ; et voici les instances que moi, je vais contacter. A telle date, telle heure, nous nous reverrons pour faire le point de la situation. » (N'est-ce pas là tout simplement le Service Public, c'est-à-dire le Service du public ?)

Je constate qu'avec les clients, il importe d'adopter une attitude de lutte et de collaboration, afin de les arracher à la léthargie qui fait d'eux des « assistés », des êtres passifs et irresponsables. Et, pour moi-même, il est capital de ne pas céder au découragement mais de redoubler de détermination, prenant appui sur les démarches entreprises par ces gens eux-mêmes en vue d'obtenir gain de cause. »

Cette collaboration active avec les défavorisés ralentira peut-être un peu le processus de décomposition en cours.


Un certain *vent de folie* souffle sur la Cité. Des misérables de la base, comme certains conceptuels de haut niveau, commettent pareillement des actes « irresponsables » ; sans égard pour les conséquences qui en résultent, à brève échéance ou à plus long terme. Et les travailleurs sociaux vivent tiraillés entre les deux. Ne sont-ils pas en quelque sorte les « éboueurs » de l'Administration ?

Parmi leurs « clients », il y a des familles qui, au début de chaque mois, paient le crédit de leur télévision couleur ; et en fin de mois, viennent les trouver car ils n'ont plus un sou pour acheter leur nourriture. La télévision leur offre-t-elle un bout d'évasion qui remet à plus tard une crise de dépression ? D'autres s'achètent un beau salon alors qu'ils ne paient plus leur loyer. Un jour ou l'autre, l'huissier viendra saisir leur mobilier... Mais ils sont à ce point habitués à profiter du maigre présent, qu'ils ne s'encombrent plus l'esprit de soucis du lendemain. Le tissu socio-économique se défait, comme mité. *Le corps social semble en voie de décomposition.*

Dans les usines condamnées à disparaître, des actes suicidaires sont parfois commis, incompréhensibles, comme pour précipiter les malheurs pour tout le monde. Sans autre motif que celui du désespoir, des sabotages sont effectués, des vols commis, voire même, des machines détruites. S'agit-il d'actes de folie individuelle ou bien de l'exécution de certains ordres, dont on ignore la provenance ?

De tous côtés, nous voyons donc des décisions se prendre, de vaste envergure ou à petite échelle, selon le mode « délirant ».

Et, en même temps, une bureaucratie de plus en plus étouffante envahit le corps social *à la façon d'un cancer* qui prolifère et propage ses métastases un peu partout. Folie et cancer ! Quel pronostic peut-on réserver à une telle association morbide ? Journaux, hebdomadaires, émissions radiophoniques ou télévisées, enquêtes et ouvrages se succèdent pour donner l'alarme et proposer des bouts de solution, pour tenter d'enrayer cette évolution vers le pire. Quel est leur impact sur la réalité qui se dégrade ? Sans annoncer pour autant l'apocalypse, il faut reconnaître que le ciel ne cesse de s'assombrir. Où allons-nous ? M. Sanguinetti disait un jour avoir remarqué qu'en politique, les choses n'évoluent jamais exactement comme prévu. Est-ce là une parole d'espoir ?

En attendant, l'environnement pathogène existe bel et bien, et remplit cabinets médicaux et hôpitaux.

Il nous a paru nécessaire et honnête d'évoquer succinctement l'ensemble de la pathologie du travail telle que nous la rencontrons tous, jour après jour.

Lorsque nous avons étudié au préalable les conditions MATÉRIELLES susceptibles de provoquer une maladie, nous avons pu proposer quelques solutions pour y mettre fin, ou, mieux encore, pour la prévenir.

De même, étudiant les causes RELATIONNELLES capables d'engendrer la maladie, nous avons pu, là encore, dégager quelques issues.

En revanche, abordant le caractère hautement pathogène de la « CRISE » qui ronge le monde du travail, nous nous sommes trouvés infiniment plus démunis : des amorces de solutions envisagées ne sont que désespérément ponctuelles et individuelles, sans proportion aucune avec l'ampleur et la gravité du contexte socio-économique.

Toutefois, en me rappelant QUAND je suis tombé malade, j'ai peut-être quelques chances de découvrir, parmi les facteurs intervenus simultanément, À LA SUITE DE QUOI je suis tombé malade. A partir de ce constat, l'un ou l'autre pourra réorganiser au mieux certains secteurs de sa vie.

C'est peu de chose... mais que peut-on dire de plus ?

# ÉPILOGUE

Notre environnement est devenu extrêmement contraignant. Il est sociologiquement, économiquement, plus compliqué que jamais, au point de n'être plus du tout adapté à l'homme. Est-il au moins devenu matériellement plus confortable? Peut-être. Mais pour qui? Et pour combien de temps encore? Devant la complexité grandissante des situations dans lesquelles nous devons nous débattre, chacun aurait besoin d'une attention, d'une vigilance, d'une vivacité particulièrement grandes pour faire face à l'inédit.

Cette société multiplie les difficultés, de plus en plus pénibles à surmonter. Mais ceux qui la forgent dans l'ombre ne viennent pas se vanter de leur œuvre. Ils ne veulent pas qu'on puisse les accuser des malheurs dont ils sont pourtant responsables, et surtout ils ne veulent pas être entravés dans leur entreprise. En même temps nous assistons à la mise en œuvre d'un arsenal sans précédent qui vise à nous faire oublier les culs-de-sac dans lesquels cet environnement nous enferme, non pas tant par une détente indispensable ou par une culture élargie, mais par certaines manœuvres de diversion. Autrefois, « La force des religions a été de fournir des grilles de comportement d'un monde qui n'est pas de ce monde, laissant aux hiérarchies toute latitude pour s'établir dans celui-là » (H. Laborit). Pensez à l'Au-delà, levez les yeux vers la cité céleste; pendant ce temps, nous prenons soin de vous vider les poches, et de vous faire plier l'échine sous le joug de l'esclavage que nous vous imposons. Seulement voilà : la supercherie n'a duré qu'un temps ; les philosophes du XVIII^e siècle ont commencé à la mettre à jour, Marx a stigmatisé « l'opium du peuple » qui aujourd'hui ne fait plus recette.

Alors la société moderne a cherché des ersatz. « L'Au-delà » de nos jours n'est plus tellement religieux, il est dans « l'information ». Les médias nous saoulent de nouvelles lointaines, inaccessibles : Le Cambodge, l'Afghanistan, la conquête spatiale, la faim dans le monde... problèmes réels, et souvent brûlants. Mais problèmes qui ne sont pas les nôtres, et sur lesquels nous n'avons aucune prise, aucun moyen d'action, sauf rare exception. L'Au-delà de nos jours, ce sont ces rencontres au sommet entre grands de la terre. Elles nous échappent totalement ; on se contente de nous en jeter en pâture l'écume scintillante pour que nous ne pensions pas à ce qui s'y trame réellement.

L'Au-delà c'est le fameux modèle japonais. Les entreprises françaises sont en difficulté, le chômage sévit ? C'est parce que nous ne faisons pas comme le Japon. On nous fait miroiter ce nouveau paradis industriel pour ne pas aborder les problèmes réels qui se posent chez nous. Quant au Japon, qu'en est-il vraiment de son système idéal ? « Ce modèle (...), ne concerne en fait qu'un tiers privilégié de la population japonaise : les quelque dix millions de travailleurs qui ont eu la chance d'être sélectionnés par les grandes firmes à la fin de leurs études. Le reste se répartit entre les petites et moyennes entreprises (vingt millions de travailleurs beaucoup moins payés que dans les grosses boîtes, mais avec une relativement bonne garantie de l'emploi) et les firmes sous-traitantes (vingt millions de personnes recrutées par des agences de travail temporaire). Cette dernière catégorie constitue une sorte d'armée industrielle de réserve, dont les conditions de vie et de travail sont difficiles et précaires. » (Revue Psychologie, sept. 1982).

L'Au-delà, ce sont tous ces ballons que les nouveaux chantres de cette sinistre liturgie, les médias, lancent dans le ciel pour faire lever les yeux des foules. Et pendant que les gens ont l'esprit occupé, obsédé, par ces événements auxquels ils ne peuvent strictement rien, pendant qu'ils rêvent à ces nouveaux cieux, qu'ils redoutent ces nouveaux enfers, chacun reste là avec ses vrais problèmes dont on ne parle pas, que l'on ne résout pas, et qu'on tente de lui faire oublier.

Et comme si tout cela ne suffisait déjà pas, on vient y ajouter la manipulation à outrance de nos émotions ; manipuler, c'est amener quelqu'un à agir selon une finalité qui lui est étrangère. La manipulation est devenue une véritable science. La publicité commerciale cultive l'art de nous faire acheter ce dont nous n'avons pas besoin, en nous attendrissant sur un visage d'enfant, en nous faisant rêver sur l'image idyllique d'un couple nageant dans le bonheur, en nous donnant l'illusion que nous serons l'homme ou la femme du siècle en nous revêtant de tel chiffon ou en nous aspergeant de telle lotion. Pendant ce temps, nous sommes entraînés bien loin des véritables nécessités. Le marketing politique se fait fort de gagner notre vote non pas par la valeur d'un candidat et de son programme, mais par le sentiment que doit susciter dans le public l'association des couleurs composant son affiche.

Le fin du fin, dans cette manipulation de l'émotionnel, est de varier les registres sur lesquels on joue. C'est l'exaltation du Mundial, par exemple, qui fait régner une excitation euphorique dans des pays entiers, autour d'un ballon, cachant une autre euphorie plus discrète : celle d'une poignée d'individus qui, à l'abri des regards, sont en train d'accaparer les biens des pays pauvres. Puis c'est l'angoisse, l'horreur des massacres du Liban ; puis ce sont les scandales éphémères, montés en épingle pour que l'on ne s'occupe pas des malversations structurelles, institutionnalisées, ce sont tous ces scoops qui se bousculent à la Une des journaux tant de la presse écrite qu'audio-visuelle, sur lesquels on canalise l'indignation des gens. Ainsi, lorsqu'ils épuisent leur énergie sur ce qui se passe à l'autre bout du monde, ou sur un arbre qui cache une forêt, ils ne peuvent plus s'occuper de ce qui se passe devant leur porte.

Dans « La grande parole », Armand Robin dénonce les effets néfastes des médias, particulièrement de la radio et de la télévision. Dans le « Canard Enchaîné » du 13 février 1980, Yvan Audouard résuma la pensée de cet auteur : « Il s'appelait Armand Robin. Il était breton. Il est mort à quarante-neuf ans dans la solitude absolue, de cette « fatigue outre la fatigue » qui était son état naturel. Il ne dormait jamais, parlait vingt langues et passait toutes ses nuits à l'écoute des radios du monde. Dans ce déferlement « d'immenses nappes verbales », dans ce « tam-tam de l'incohérence verbale »... il découvrit que « le monde était *ensorcelé* au sens le plus *strict* du terme ». Alors il convoqua chez lui, en 1953, la « machine à voir » (télé), elle lui parut avenante. Mais elle commit sans tarder quelques imprudences qui firent conclure à Robin que cette machine, si jeunette et d'apparence si modeste, était « logiquement » appelée à servir de « *redoutables opérations de domination mentale à distance* » et qu'elle pouvait créer « une *inédite variété d'aveugles* ». Que cette télé-diffusion d'univers purement verbaux était destinée à détruire chez des *peuples entiers toute faculté de compréhension*, « *à décerveler de loin, sans fil ni trace* ».

« Le Moyen Age, écrit-il, la " mentalité primitive ", c'est seulement en notre temps qu'ils ont commencé à exister fortement. Toutes les opérations de sorcellerie rêvées jusqu'à une époque encore récente par les esprits dits irrationnels, sont maintenant en train d'être réalisées pour la première fois dans l'histoire de l'humanité, par des esprits, dits " rationalistes ", avec l'aide de la Science. Les assassins des âmes sont enfin riants et gras de certitude... L'enjeu de la partie engagée, c'est le triomphe inconditionnel de l'irréel, donc la capitulation inconditionnelle de toute intelligence, et sa descente, de cercle en cercle, jusqu'à ce dernier degré des abîmes, dans lequel sont répétés sans fin, avec grincements des rouages, les formules à jamais interchangeables de la possession » (...). « Connaître cette entreprise, c'est très exactement y avoir échappé ; la nommer, c'est la détruire. Quiconque, déjà *envoûté*, se rend compte qu'il a été dépossédé de ses yeux, de ses oreilles, de son cerveau, est déjà guéri et se rit des maîtres de la démence. »

Celui qui a détecté la supercherie peut reprendre son autonomie vis-à-vis de cette gigantesque emprise. Il ferme la télé, jette son journal à temps, et va se renseigner de plus près. Car une fois que le masque est tombé, le spectacle ne prend plus.

Seulement, s'il est nécessaire d'avoir clairement vu que le monde ainsi construit est hautement pathogène, pour s'engager dans la rude conquête de cette autonomie salutaire, peut-on dire que cela est suffisant pour être motivé ? Hélas non. Car la motivation ne vient pas uniquement d'une nécessité externe clairement discernée ; elle tient infiniment plus encore à la structure interne propre à chacun.

Alors qu'en est-il de cette structure interne ?

Notre cerveau est le centre de commande, très sophistiqué, qui régule tout notre organisme pour lui permettre de trouver les réponses adaptées aux difficultés que nous rencontrons dans notre environnement. Il sert à agir, à réagir, selon l'alternance « action-réflexion ».

Il a recours également à une multitude d'automatismes, que nous acquérons au fil de notre existence, et qui nous sont indispensables. La vie serait impossible s'il fallait réfléchir à chaque fois que nous nous mettons à conduire, à allumer une cigarette ou à prendre le bus pour aller au travail.

Mais c'est aussi là que commence le drame de notre inadaptation à l'environnement, car bien souvent, nous réagissons rapidement, comme par réflexe, alors que justement, il aurait fallu s'arrêter et réfléchir. Or dans ces automatismes qui nous dirigent, il y a malheureusement bien plus que le résultat de nos expériences propres. Il y a une foule d'options, de « petites philos », de programmations, de principes, qui ne sont pas nés de notre histoire personnelle, dont nous n'avons pas même conscience ; et pourtant, ils commandent nos actes.

Le cerveau devrait être notre gouvernail, qu'en timonier attentif, nous orientons d'une main ferme pour faire face aux situations spécifiques de notre propre environnement. En réalité, il est bien trop souvent un pilote automatique, exécutant un programme écrit par quelqu'un d'autre. C'est pourquoi nombre de fois, nos actes sont inadaptés aux besoins du moment, non-conformes à nos intérêts, à ce que réclame notre santé. C'est pourquoi nous nous affrontons, nous nous enlisons avec d'autres dans des conflits dont nous avons tôt fait d'oublier l'objet, si même nous l'avons jamais vraiment cerné. Parce qu'un autre a tracé un cap, parce que c'est ce chemin que nous devrons suivre notre vie durant, en dépit de tout bon sens, en dépit de toute réalité.

L'exploitation de l'homme par l'homme n'est pas seulement un phénomène économique. Elle n'est pas seulement affaire de lutte des classes. Elle vient aussi de ce qu'il existe des gens poussés par leur comportement à une éternelle servitude, qui n'osent jamais réclamer leur dû, et d'autres qui sans cesse se propulsent sur l'avant-scène, certains de leur supériorité qu'aucun élément tangible ne vient pourtant établir.

« Dans ce tissu complexe de relations, où agir, sur quel niveau d'organisation intervenir ? Sur le niveau biochimique, par une thérapeutique pharmacologique ? Sur le niveau neurophysiologique par la psycho-chirurgie ? Par une psychothérapie ou par une analyse ? Sur l'environnement par une thérapeutique institutionnelle ou même sociologique ou politique ? Mais aucun de ces moyens n'est capable d'intervenir efficacement sur la mémoire, sur l'histoire d'un sujet enfermé dans son système nerveux, et avant de créer d'autres automatismes, il serait utile de *faire disparaître ceux qui existent déjà*. Non pas tous, car on ne peut ramener un sujet au berceau. Il faudrait pouvoir passer l'éponge sur les seuls automatismes qui sont à l'origine des conflits neuronaux aboutissant à l'inhibition de l'action » (H. Laborit, L'inhibition de l'action, p. 187).

C'est précisément la suppression de ces automatismes nuisibles qui constitue un des axes essentiels de nos recherches. Déjà dans cet ouvrage, les pages sur le « retraitement » des expériences, entre autres, répondent à cet objectif. Dans « Communication ou Manipulation » également, bien des passages visent à aider l'individu à s'émanciper de ces « réflexes » venus d'ailleurs. Mais nous n'en resterons pas là, et dans les trois ouvrages que nous avons actuellement en préparation sur le couple, l'éducation et les comportements humains, nous nous emploierons à approfondir cette étape décisive dans la marche vers l'autonomie.

Car ces automatismes là sont en même temps aliénants et

pathogènes. Aliénants car notre vie est conduite par des règles imposées par d'autres, et pathogènes car ils constituent une source d'inadaptation constante à notre propre environnement avec toutes les tensions et les impossibilités d'agir que cela entraîne.

C'est donc bien dans l'autonomie qu'il faut chercher la solution. L'autonomie qui n'est pas un système philosophique ni une vertu, mais qui est simplement *la réponse à un malaise, voire à une maladie.*

Lorsqu'un dominé est las de son éternelle soumission, lorsqu'un dominant ne peut plus continuer à vivre aux crochets d'un autre, il ne leur reste qu'à *tomber malade,* ou à *sombrer dans la folie* — ce qui évite semble-t-il les affections physiques —, ou encore à **prendre leur autonomie,** c'est-à-dire à se dégager des automatismes qui leur sont venus de l'extérieur, et ont guidé ensuite leurs actions.

# BIBLIOGRAPHIE

BARBIZET J. et DUIZABO P. — *Neuropsychologie* — Ed. Masson, 1976.

BENSABAT S. et SELYE H. — *Stress, de grands spécialistes répondent* — Ed. Hachette, 1980.

BIBLIOTHÈQUE POUR LA SCIENCE — *Le cerveau* — Diffusion Belin, 1982.

CARDO B. — *L'hippocampe et la mémoire.* La recherche en neurobiologie — Points Sciences S8, p. 256.

CAYCEDO A. — *Sofrologia médica. Oriente-Occidente* — Aura. Barcelonna, 1973.

C.F.D.T. — Aujourd'hui. Revue d'action et de réflexion — N° spécial, nov.-déc. 1975.
*Les conditions de travail* — N° 16.

CHERTOK L. — *Le non-savoir des psys* — Payot, 1979.

CHERTOK L. — *L'hypnose* — Payot, 1963.

CHOMBARD DE LAUWE P. M., COMBE M. et ZIEGLER M. et M. P. — *Effets traumatisants d'un licenciement collectif* — Octobre 1973.

COLLOQUE — *La santé de la classe ouvrière : dégradation ou amélioration ?* — Organisé par l'institut du travail de Grenoble, 1974.

DABROWSKI R. — *La dépression dite nerveuse* — Robert Laffont, 1977.

DELIVRE J. — *Chômage et santé mentale* — Exposé fait devant l'U.N.E.S.C.O.

DELIVRE J., PETIET G., PAGEL E. et DEREN G. — *Archives des maladies professionnelles* — Tome 43, n° 6, p. 350 et sq., 1982.

ERICKSON M. H. — *The collected papers of M. H. Erickson on hypnosis* — Ed. E Rossi, Irvington publishers, inc, New York, 1980.

GANONG F. — *Physiologie médicale* — Ed. Masson, 1977.

GODBAIS G. — *L'analyse des emprises réciproques de la vie de travail et de la vie hors travail* — Bulletin du C.E.R.P., XXIII-2, p. 117 à 151, 1975.

GROSS M. — *Les psychocrates* — Robert Laffont, 1979.

GUÉRIN J., BIOULAC B., HENRY P., et LOISEAU P. — *Le système nerveux végétatif* — Ed. Sandoz, 1979.

GUIRAO M. — *Anatomie de la conscience — anatomie sophrologique* — Maloine, 1979.

HENRY J. P. — *The relation of social and biological processes in desease* — Soc. Sc Med, vol. 16, p. 369-380, 1982.

JAMES W. — *The varieties of religions experience* — Modern Library, New York, 1929.

KARLI P. — *Système limbique et processus de motivation* — Journal physiologie, Paris 60 3-148, 1968.

KARLI P. — *Neurophysiologie du comportement* — in Physiologie, Ed. Kayser Ch.

Tome 2 : *Système nerveux, muscles* — Troisième édition, Flammarion, Paris, 1976.

KOESTLER A. — *Janus* — Ed. Calman-Levy, 1979.

LABORIT H. — *Les comportements* — Ed. Masson, Paris, 1973.

LABORIT H. — *L'inhibition de l'action* — Ed. Masson, Paris, 1979.

LABORIT H. — *La nouvelle grille* — Collection Libertés 2000, Ed. Robert Laffont, Paris, 1974.

LABORIT H. et ROULEAU F. — *L'alchimie de la découverte* — Grasset, 1982.

MAC LEAN P. D. — *L'unité de l'homme. I. Le primate et l'homme* — Ed. Morin/M. Piatelli, Palmarini, Points Sciences Humaines, n° 91.

MAC LEAN P. D. — in *The triune brain, emotion and scientific bias* — The neuro sciences, Second study program., F. O. Smith Ed., Rockfeller univ. press., New York.

MANDELL A. J. — *Toward a psychobiology of transcendence : God in the brain* — in the psychobiology of consciousness, p. 379-464, Ed. Davidson J. M. et J. R., Plenum Press, New York, 1980.

MEYER P. — *Physiologie humaine* — Flammarion, Paris. Médecine sciences, 1977.

MORIN E. — *Le paradigme perdu : la nature humaine* — Ed. Seuil, Paris, 1973.

POIRIER J., RIBADEAU-DUMAS J. L. — *Le système limbique* — Ed. Hoechst, 1978.

ROBINSON D. and HENRY S. — *Self help and health material aid for modern problems* — Martin Robertson, London, 1977.

ROUSSELET J. — *L'allergie au travail* — Ed. du Seuil, 1978.

SCHLESSER M. A., WINOKUR G. and SHERMAN J. M. — *Hypothalamic-Pituitary-adrenal axis activity in depression illness, its relationship to classification* — Arch. gen. psychiat., 37, 737-743, 1980.

SOULAIRAC A., UNAL J. — *L'anxiété* — Dossiers Clin Comar Byla, tome I.

SPERRY R. W., GAZZANIGA M. S., BOGEN J. E. — *Interhemispheric relationships : the neocortical commissures; syndromes of hemisphere disconnection* — Handbook of clinical neurology, IV, 273-290, North holland publishing company, 1968.

# BIBLIOGRAPHIE
# A PROPOS DU TERRITOIRE

BOUISSOU M. F. — *La réduction du stress en élevage par action sur l'environnement physique et social* — Bulletin G.T.V. 80.2 — T.E. 007 — p. 5 à 14, 1979.

BOUISSOU M. F. et SIGNORET J. P. — *La hiérarchie sociale chez les mammifères* — Revue comportement animal, volume IV, 1970.

BUYTENDIJK F. J. J. — *L'homme et l'animal* — Essai de psychologie comparée.

CHRISTIAN J. J., FLYGER V., DAVIS D. E. — *Phenomena associated population density* — Proceeding natural, Academy of science, vol. 47, 1961, p. 428-449.

CALHOUN J. B. — *A behavioral sink* — in E. L. Bliss (ed) Roots of behavior. Harper and Brothers. N. Y., p. 295-315, 1962.

CHOMBARD DE LAUWE P. et M. J. — *Famille et habitation* — Editions du C.N.R.S., Paris, 1959.

CHRISTIAN J. J. — *Endocrine adaptative mechanisms and the physiologic regulation of population growth* — in Mayer W. V. and Van Gelder R. G. (ed), Physiological mammalogy. Academic press. N. Y., p. 189-353, 1963.

CHRISTIAN J. — *The pathology of overpopulation* — Military medecine, vol. 128, n° 7, p. 571-603, 1963.

C.N.R.S. — *Structures et physiologie des sociétés animales* — XXXIVe colloque international, Paris.

DECHAMBRE R. P., GOSSEC C. — *Effet de groupe et tumeurs greffées chez la souris* — Revue comportement animal, 5, 163-168, 1971.

ESSER A. H., CHAMBELAIN A. S., CHAPPEL E. D., KLINE N. S. — *Territoriality of patients on a research ward* — in Wort S. J. (ed.),

Recent advances in biological psychiatry, 7, 37-44, New York (Plenum press), 1965.

ESSER A. H. — *Dominance hierarchy and clinical course of psychiatrically hospitalized boys* — Child develop, 39, 147-157, 1968.

FELIPE N. J., SOMMER R. — *Invasion of personnal space* — Social problems, 14, 206-214.

FRIED M. — *Grieving for a lost home* — Leonard J. Duhl, The urban condition, New York, basic.

FRIED M., GLEICHER P. — *Some sources of residential satisfaction in an urban stream* — Journal of the American institute of planners, vol. 27, 1961.

HACKETT E., ESSER A. H., KLINE N. S. — *Heterogeneous dimensions of chronic schizophrenic behavior* — Als manuskript verbreitet, research center, Rockland Hosp. Orangeburg, New York, 1966.

HALL E. T. — *La dimension cachée* — Collection Points, Ed. du Seuil, 1978.

HARTMAN C. W. — *Social values and housing orientations* — Journal of social issues, 1963.

KLOPPER P. — *Habitats et territoires des animaux* — Ed. Gauthier-Villars, Paris, 1972.

LANGER W. L. — *The black death* — Scientific american, vol. 210, n° 2, fév. 1964, p. 114-121.

LEVIEUX D. — *Stress et immunité* — Bulletin G.T.V. 80.1 — T.E. 004 — p. 17 à 26.

LORENZ K. — *L'agression* — Paris, Flammarion, 1969.

MORRIS D. — *Primate ethology* — Londres, 1967.

PLOOG D. — *Verhaltensporsdrung und psychiatrie* — in Gruhle H. W., Jung R., Mayer-Gross W. und Muller M. (eds), Psychiatrie der gegenwort, 1.1.B., Berlin (Springer), 291-443.

RICHARD P. B. — *Le comportement territorial chez les vertébrés* — Richard G., Territoire et domaine vital, Paris, 1970.

SIEGEL H. S., SIEGEL P. B. — *The relationship of social competition with endocrine weights and activity in male chickens* — Animal behavior, 9 p. 151-158, 1961.

SOLOMON G. F. — *Stress and antibody response in rats* — Int. arch. allergy, 35, p. 97-104, 1969.

SOMMER R. — *Man's proximate environment* — J. Social Issues, 22-59-70, 1966.

STACHELIN B. — *Gesetzmässigkeiten im Gemeinschaftsleben schwer Geisteskranker, verglichen mit tierspsychologischen Ergebnissen* — Homo, 5, 113-116, 1954.

STACHELIN B. — Gesetzmässigkeiten im Gemeinschaftsleben schwer Geiteskranker-Schweiz. Arch., Neurol., Psychiat., 72, 277-298, 1953.

TINDEL M., LAVILLAUREIX J., SINGER L. — *Hygiène mentale et habitat* — Ann. Méd. Psychol., Paris, 133.(2). I : 31.63, 1975.

WELTMAN A. S., SACKLER A. M., SPARBER J. B., OPERT S. — *Endocrine aspect of isolation stress on female mice* — Fed. Proc. U.S.A., 21 : 184, 1962.

# ONT COLLABORÉ A LA RECHERCHE :

## S.I.R.I.M.

| | | |
|---|---|---|
| LAMAZE | Bernard | médecin – chef de service hospitalier |
| LESAGE | Benoît | médecin |
| DEVIN | Bernard | ergothérapeute |
| CARON | Blandine | assistante sociale |
| BLANCHARD | Jean-Paul | médecin – spécialiste pneumologue – allergologue |
| ASSENAT | Anne | infirmière |
| PERRET | Pascale | ergothérapeute en neurologie |
| RAVAUX | Xavier | docteur vétérinaire – directeur départemental des services vétérinaires |
| GEORGE | Denis | médecin |
| LEONARD | Martine | médecin du travail |
| GEORGE | Françoise | infirmière libérale |
| LEBOURDIEC | Laurent | vétérinaire |
| LEBOURDIEC | Brigitte | masseur kinésithérapeute |
| VAN GOEY | Marie-Claire | psychologue |
| VANMAERCKE | Marleen | infirmière |
| JACQUOT | Brigitte | orthophoniste |
| VAN GOEY | Bernadette | infirmière |
| HAWES | Marie-Françoise | aide soignante |
| SEGOT | Monique | psychologue en C.M.P.P. – formatrice dans un centre de formation pour adultes |
| GONZALES | Albane | médecin responsable de centre d'hygiène alimentaire – acupuncture |
| MARMION | Dominique | vétérinaire |
| SERRAZ | André | masseur kinésithérapeute |
| DALBIES | Simone | infirmière |

| | | |
|---|---|---|
| DEVRIENDT | Lieve | psychologue |
| LANSSENS | Françoise | psychologue |
| DESBONNET | Françoise | assistante sociale |
| JAN | Martine | assistante sociale |
| LORTON | Véronique | masseur kinésithérapeute – ergothérapeute |
| SPAAK | Marie | orthophoniste |
| ALDIAS | Hélène | assistante sociale |
| BRAUN | Béatrice | médecin vacataire – protection maternelle et infantile |
| SZYMANSKI | Claudine | médecin de centre d'hygiène alimentaire – acupuncture |
| MARMION | Hélène | assistante sociale |
| BRAUN | Christian | médecin – spécialiste gériatrie et gérontologie |
| COPIN | Hubert | manipulateur en radiologie |
| FUME | Bruno | étudiant en médecine |
| VOIRIOT | Marie | infirmière réanimatrice |
| SOUMADIEU | Jean-Louis | chirurgien dentiste |
| CLAUS | Hadewych | psychologue |
| MARQUIE | Jean-Claude | chercheur au C.N.R.S. en psychophysiologie |
| HISLEN | Marie-Françoise | pharmacien biologiste |
| DUFFEZ | Dominique | médecin généraliste – attesté de pédiatrie |
| DUFFEZ | Sophie | médecin assistant en médecine générale et gériatrie |
| DUMARD | Sylvie | infirmière |
| PERRARD | Christiane | assistante sociale |
| VERMEULEN | Christine | étudiante orthophonie |
| MEYER-CORNET | Jeanne | médecin de protection maternelle et infantile – attestée de pédiatrie |
| AYMARD | Marie-Christine | assistante sociale – santé scolaire |
| THIEBAUT | Josiane | assistante sociale |
| PETIT | Michel | chirurgien dentiste |
| TACONET | Claire | diététicienne |
| ABOUT | Marie-Pierre | infirmière enseignante |
| ALBRIQUE | Catherine | infirmière |
| ESCANDE | Brigitte | infirmière |
| ROUDIER | Patrick | assistant à l'école vétérinaire |
| COPIN | Annie | infirmière en électro-encéphalographie |
| FENOT | Cécile | infirmière ergonomie – chargée de cours |
| FERREZ | Philippe | médecin généraliste |
| PEYRET | Gilles | étudiant en médecine |
| PENET | Brigitte | infirmière |
| DE FINANCE | Marie-Liesse | infirmière |
| LORTON | Olivier | médecin généraliste |
| FERSING | Robert | médecin – spécialiste des maladies de l'appareil digestif |

| | | |
|---|---|---|
| FERSING | Claudine | infirmière puéricultrice |
| LAMAZE | Catherine | médecin du travail |
| LEONARD | Odile | infirmière chirurgie générale |
| REBIEN | Martine | infirmière |
| PENET | Olivier | médecin |
| FERREZ | Sylvie | infirmière urgences |
| BRUNEEL | Martijn | orthophoniste |
| SIBONI | Flavie | psychologue clinicienne |
| VANHUSE | Annick | kinésithérapeute |
| MARTIN | Stéphane | médecin |
| MARTIN | Sophie | assistante sociale |
| NASR | Michel | médecin |
| FERREZ | Anne | assistante sociale |
| MINET | Jean-Claude | vétérinaire |
| HENDERICKX | Sylviane | orthopédagogue |
| MINET | Marie-Claire | assistante sociale |
| POPPE | Walter | directeur d'un centre de réadaptation fonctionnelle |
| NICOL | Jean-Marie | vétérinaire |
| JOUAN | Jacqueline | infirmière puéricultrice en service de P.M.I. |
| CAPELLE | Marie-Flore | infirmière en hôpital |
| MARQUIE | Monique | assistante sociale – vacataire à l'université |
| BUTAYE | Lieve | infirmière-chargée de cours |
| THEVENET | Anne-Marie | infirmière |
| VIGUIE | Jacques | médecin des mines |
| GELIN | Marie-Laure | ingénieur biochimiste |
| BRACQ | Hélène | ergothérapeute |
| MENEAU | Monique | secrétaire médico-sociale |
| VANKOTE | Agnès | assistante sociale – sauvegarde de l'enfance |
| VIDAL | Nadine | assistante sociale |
| BAUJARD | Janine | psychomotricienne |
| ECHARD | Jacques | médecin généraliste – accouchements, homéopathie |
| THEVENET | Claude | infirmier |
| CAVALIE | Colette | assistante sociale et formatrice |
| BUTAYE | Joseph | médecin généraliste |
| DELBEKE | Frank | psychologue |
| PENET | Domitille | médecin interne |
| PAUWELS | Hilde | assistante sociale |
| BRUNEEL | Etienne | ergothérapeute |
| MARMION | Françoise | sage-femme |
| DELRIEU | Elisabeth | médecin conseil |
| PIERRE | Anne | assistante sociale |
| SCHURTER | Anne | médecin du travail |
| PROPHETTE | Eliane | assistante sociale |
| VANHULLE | Noël | kinésithérapeute psychomotricien |

| | | |
|---|---|---|
| LAVIOLETTE | Myriam | infirmière à domicile |
| TOURNIER | Françoise | assistante sociale |
| CARRIO | Chantal | infirmière |
| HAMON | Blandine | médecin – protection maternelle et infantile |
| VILLATE | Didier | vétérinaire |
| VILLATE | Marie-José | pharmacien |
| TAVERNIERS | Luc | manipulateur radiologie |
| VIGUIE | Marie-Sylvie | infirmière |
| VOISIN | Emmanuel | vétérinaire |
| GODEMONT | Marc | psychologue en hôpital psychiatrique |
| BECKERS | Marie-Louise | infirmière spécialisée rein artificiel |
| DE DEYN | Claudine | orthophoniste |
| NYS | Maria | médecin généraliste |
| DUPONT | Danièle | assistante sociale |
| LORTON | Claire | médecin – spécialiste en allergologie |
| LORTON | Hubert | médecin généraliste |
| ROSNET | Chantal | assistante sociale |
| GARÇON | Chantal | assistante sociale |
| GARÇON | Benoît | médecin généraliste – gériatrie |
| SARBACH | Marie-Brigitte | assistante sociale |
| GERARD | François | médecin généraliste – accouchements – acupuncture |
| MERLIN | Philippe | vétérinaire – assistant de parasitologie |
| MERLIN | Marie-Christine | masseur kinésithérapeute |
| VILLATE | Dominique | médecin – assistant anesthésie et réanimation |
| RAMAGE | Thérèse | assistante sociale scolaire |
| GERARD | Marie-Claude | infirmière |

## S.I.R.I.C.

| | | |
|---|---|---|
| ROBERT | Monique | secrétaire de direction |
| VILLATE | Annick | secrétaire de direction bilingue |
| PILLET | Jacqueline | dessinatrice en publicité |
| JODELET | Lionelle | assistante d'ingénieur |
| RAMAGE | Bruno | paysagiste chef d'équipe |
| DELOBBE | Bernard | commis de service judiciaire |
| COLLARD | Sabine | professeur d'éducation musicale spécialisée |
| VENET | Luc | maître ès sciences |
| VILLETTE | Monique | première vendeuse en librairie |
| ROSNET | Bruno | ingénieur physicien électronicien – responsable informatique |
| GUEDEL | Alain | ingénieur de recherche en acoustique – docteur en sciences physiques |
| SZIGETI | Michèle | professeur de musique – disquaire – musicothérapeute |

| | | |
|---|---|---|
| BRAXMEYER | Jean-Marc | ingénieur mécanique développement |
| SARBACH | Pierre | artisan ébéniste |
| CARRIO | Jean | mécanicien automobile |
| RUFFAT | Patrick | contrôleur des douanes |
| HAMON | Jean-Claude | technicien supérieur pétrochimie |
| SERRAZ | Annette | bibliothécaire |
| CROSBY | René | gérant de rayon |
| STROEBEL | Rémi | ingénieur chimique technico-commercial |
| VOISIN | Claire | conservateur de bibliothèque – diplômée de l'école des Chartes |
| CLENET | Anne | secrétaire de direction |
| BRUNETON | Denis | ingénieur de fabrication cosmétiques |
| DOUVILLE-DE FRANSSU | Pierre | ingénieur agronome |
| PATUREL | Claude | ingénieur thermicien |
| CUNE | Florence | architecte d'intérieur et décorateur généraliste |
| LENAERTS | Arsène | directeur-adjoint de société |
| VANDEWIELE | Marleen | professeur de néerlandais et d'anglais |
| CORNELIS | Marcel | directeur de recherche et traducteur |
| VILLERMET | Françoise | comptable |
| HISLEN | Jean-Bernard | professeur certifié d'anglais |
| LEDEUN | Elizabeth | professeur certifié de français |
| PIERRE | Jacques | maître assistant de gestion – docteur d'état ès sciences économiques et sciences de gestion |
| PROPHETTE | Bruno | technicien agricole |
| RAVARY | Sylvie | éducatrice spécialisée |
| DE SOMER | Ignace | auditeur adjoint à la cour des comptes |
| MICHEL | Françoise | professeur agrégée de mathématiques |
| MERVOYER | Marie-France | agricultrice, C.A.P. institutrice |
| DE FINANCE | Philippe | concepteur deviseur en imprimerie |
| SCHURTER | Jean-Michel | photographe |
| SAGET | Jean-Paul | docteur d'état ès sciences – directeur centre de recherche pétrochimie |
| SAGET | Nicole | décoratrice étalagiste |
| JOLIVET | Gérard | ingénieur agronome – conseiller en informatique |
| RIVIERE D'ARC | Catherine | maîtrise de sociologie spécialisée |
| VANDORPE | John | programmeur |
| CROSBY-POTIER | Nathalie | aide-comptable |
| LOWYCK | Johan | professeur de sciences économiques |
| SLABBINCK | Carine | professeur en philologie germanique |
| BRUNETON | Catherine | juriste d'entreprise |
| DELESTRE | Marie-Odile | agricultrice |
| ECHARD | Christiane | secrétaire bilingue |
| SOUMADIEU | Geneviève | secrétaire |
| MANS | Brigitte | adjoint des cadres hospitaliers |

| | | |
|---|---|---|
| CAVALIE | Jean-Louis | ingénieur agronome chargé de mission à la formation continue dans un centre inter-universitaire |
| GELIN | Patrick | ingénieur chimiste – chargé de recherche au C.N.R.S. |
| FUME | Catherine | institutrice en maternelle |
| DANIEL | Lucienne | institutrice en primaire |
| DANIEL | Jean-Claude | secrétaire administratif |
| CORDARY | Noëlle | professeur certifié de lettres |
| AZIMI | Roxane | traductrice trilingue |
| LEDEUN | Alain | ingénieur électronicien – professeur A.F.P.A. |
| FAMY | Jean-Marc | technicien agricole |
| LACHET | Marie | conseillère en économie sociale et familiale |
| HENDERICKX | Karel | inspecteur comptable au ministère de la justice |
| DELRIEU | Robert | chef de service gestion société H.L.M. |
| CHABERTY | Philippe | agent de fabrication publicité |
| HALLE | Vincent | architecte |
| MORAND | Catherine | institutrice en primaire |
| MORAND | Philippe | technicien en gestion |
| LEDEUN | Christiane | professeur certifié biologie et géologie |
| MERVOYER | Xavier | ingénieur agronome |
| DARRIGAN | Sabine | hôtesse d'accueil |
| DARRIGAN | Emmanuel | chef du personnel |
| LESIMPLE | Jacques | attaché de direction centre hospitalier |
| NICOL | Françoise | professeur certifié de lettres classiques |
| MICHEL | Jacques | ingénieur chimiste chef de service recherche et développement |
| LEBOUTEUX | Geneviève | cadre à l'I.N.S.E.E. – chargée de cours à la faculté de sciences économiques |
| BAJ | Claude | analyste financier |
| ROBERT | Marie-Andrée | éducatrice – responsable de halte garderie |
| ARNOUX | Annette | institutrice en maternelle |
| LANSSENS | Jean-René | économe gestionnaire |
| GIROD | Etienne | chef de cave – technicien en oénologie |
| DE LAAGE | Elisabeth | professeur de danse |
| BIJU-DUVAL | Denis | ingénieur – conseiller en stratégie d'entreprise |
| FLIPO | Donatienne | secrétaire de direction |
| DELAFRAYE | Philippe | architecte |
| DE LECLUSE | Marie-Thérèse | chef de rayon disques |
| PATUREL | Marie-Claude | professeur de sciences naturelles et physiques |
| DELAUNAY | Françoise | institutrice spécialisée |
| FENOT | Philippe | directeur société H.L.M. |
| PETITJEAN | Marie-Thérèse | professeur certifié d'anglais |

| | | |
|---|---|---|
| JACQUES | Christian | employé de bureau |
| ROMAND | Bernard | ingénieur électronicien – chef de projet |
| BLANCHARD | Hélène | secrétaire assistante médicale |
| LEURENT | Jean-Vianney | ingénieur électricien |
| FERREZ | Régis | sous-directeur d'agence bancaire |
| LAPORTE | Brigitte | ingénieur – conseiller agricole |
| TACONET | Bruno | docteur ingénieur en automatisme – assistant titulaire en université |
| LESIMPLE | Anne | professeur histoire – géographie |
| AYMARD | Gilbert | ingénieur électricien technico-commercial |
| BAUCHAT | Jean-Paul | ingénieur – professeur en lycée technique |
| BAUCHAT | Viviane | professeur de lycée technique – enseignement ménager, familial |
| BRACQ | Dominique | adjoint au chef du personnel |
| SEGOT | Jean-Pierre | ingénieur E.S.E. – formateur d'adultes |
| PETITJEAN | Luc | ingénieur mécanicien |
| PETIT | Marie-Hélène | éducatrice spécialisée |
| ROBERT | Claude | ingénieur Arts et Métiers – cadre supérieur chef du service exploitation des outillages d'un port autonome |
| DUPONT | Christophe | cadre commercial |
| CHABERTY | Edith | éducatrice en crèche |
| ILLIAQUER | Jean | technicien sélectionneur |
| MARCHANT | Anne | adjoint de direction d'un établissement public communal |
| DELOBBE | Corinne | institutrice en école maternelle |
| LEURENT | Michelle | institutrice spécialisée |
| GIROD | Myriam | directrice école publique |
| MENEAU | Jean | agent technique en faculté d'odontologie |
| LEQUINTREC | Françoise | institutrice primaire |
| DAUXERT | Marie-Odile | cadre administratif |
| REMY | François-Noël | docteur ingénieur – chercheur mécanique des fluides |
| MARCHANT | Isabelle | attachée littéraire |
| STROEBEL | Liliane | inspecteur des douanes |
| DE LAAGE DE MEUX | Patrick | technicien avicole |
| DORBEC | Rémi | ingénieur – attaché commercial |
| SCHMITT | Etienne | enseignant centre de formation d'apprentis |
| BALDY | Michel | docteur ingénieur physique des matériaux – chercheur |
| CAPELLE | Bruno | ingénieur physique des matériaux – télécommunications |
| PENET | Arnaud | analyste programmeur en informatique |
| RIPOCHE | Régine | institutrice |

| RIPOCHE | Pierre | ingénieur recherche et développement en génie chimique |
| BALDY | Véronique | comptable |
| PILLET | Jean-Marie | agent de méthodes de maintenance |
| ROBERT | Jacques | ingénieur électronicien télécommunications |
| MARCHANT | François-Xavier | technicien agricole – régisseur |
| RAVARY | Henri | ingénieur en organisation et bureautique |
| JEANNIN | Michelle | agent P.T.T. |
| JEANNIN | Bernard | éducateur spécialisé |
| WALLUT | Jean-Marie | ingénieur analyste |
| PIATON-HALLE | Véronique | éducatrice jeunes enfants |
| LAPORTE | Georges | comptable |
| ROBERT | Hugues | ingénieur – chef d'agence entreprise de bâtiment |
| VAUSSARD | Odile | éducatrice en crèche |
| ARNOUX | Roland | sous-directeur d'agence bancaire |
| BAYON | Odile | chef de section import-export |
| CUNE | Philippe | disquaire conseil |
| CARON | Philippe | agrégé de lettres classiques – doctorat de 3e cycle maître assistant à l'université |
| RUFFAT | Bernadette | étudiante gestion du personnel |
| VANKOTE | François | cadre commercial |
| LORTON | Philippe | cadre centre hospitalier |
| ASSENAT | Pierre | agent technique en laboratoire de recherche physique |
| BLANCHARD | Elisa | professeur d'anglais |
| VERMAERCKE | Linda | institutrice |
| REMY | Isabelle | agent éducation nationale |
| CROMBEZ | Eric | rédacteur technico-commercial en réassurance |
| SPAAK | Stéphane | ingénieur études électronicien |
| VRAND | Philippe | inspecteur technique P.T.T. |
| VAUSSARD | Max | professeur de conservatoire |
| DUPONT | Nicolette | laborantine |
| HAWES | Patrick | contrôleur P.T.T. |
| BRAXMEYER | Anne-Marie | éducatrice en crèche |
| SZYMANSKI | Gérard | gérant société d'édition |
| LEQUILLEC | Françoise | secrétaire |
| GAILLOT | Dominique | éducateur spécialisé |
| BARBIER | Michel | ingénieur méthodes |
| MARCHANT | Géry | ingénieur travaux publics – régisseur et animateur de société de recherche |
| LEONARD | Philippe | éducateur – chef de service de prévention spécialisée |
| SCHMITT | Brigitte | éducatrice spécialisée |
| DELAFRAYE | Annick | professeur d'anglais |

| | | |
|---|---|---|
| LELOUP | Jean-Pierre | expert-comptable stagiaire |
| HAGUET | Marie-Claire | ingénieur E.N.S.F.A. – enseignante |
| VERMEULEN | Philippe | analyste programmeur |
| DEVIME | Maurice | professeur d'arts plastiques |
| BLANC | Philippe | agent technico-commercial |
| LUROL | Marie-Thérèse | secrétaire de direction trilingue |
| PERDAEMS | Annie | éducatrice centre d'accueil |
| LE GUILCHER | Jean | technicien géomètre topographe |
| LAMBEY | Jacques | représentant de commerce |
| LAMBEY | Martine | secrétaire trilingue |
| SOULAYRES | Cécile | déclarante en douanes |
| GAILLOT | Brigitte | institutrice |
| VANHERCKE | Guido | professeur de philologie germanique |
| PERRET | Guy | moniteur de prothèse dentaire |

# TABLE DES MATIÈRES

TROISIÈME PARTIE

QUELLE THÉRAPIE POUR QUEL MALADE

QUATRIÈME PARTIE

PATHOLOGIE DU MONDE DU TRAVAIL

Ce livre est imprimé sur
du papier contenant plus
de 50% de papier recyclé
dont 5% de fibres recyclées.

Achevé    Imprimerie
d'imprimer  Gagné Ltée
au Canada  Louiseville

Ce cinquième tirage
a été achevé d'imprimer
en octobre 1990